四川旅游绿皮书

2021四川旅游发展报告

四川省旅游学会　四川大学旅游学院　编著

主编　刘俊

四川人民出版社

图书在版编目（CIP）数据

四川旅游绿皮书：2021四川旅游发展报告／四川省
旅游学会，四川大学旅游学院编著；刘俊主编．—成都：
四川人民出版社，2023.5
ISBN 978-7-220-13158-5

Ⅰ.①四… Ⅱ.①四…②四…③刘… Ⅲ.①地方旅
游业-旅游业发展-研究报告-四川-2021 Ⅳ.
①F592.771

中国国家版本馆CIP数据核字（2023）第038351号

SICHUAN LÜYOU LÜPISHU：2021 SICHUAN LÜYOU FAZHAN BAOGAO

四川旅游绿皮书：2021四川旅游发展报告

编　　著　四川省旅游学会　四川大学旅游学院
主　　编　刘　俊

出 品 人	黄立新
策划组稿	郭　健
责任编辑	陈　纯
特约校对	蓝　海
封面设计	张　科
内文设计	张迪茗
责任印制	周　奇

出版发行	四川人民出版社（成都三色路238号）
网　　址	http://www.scpph.com
E-mail	scrmcbs@sina.com
新浪微博	@四川人民出版社
微信公众号	四川人民出版社
发行部业务电话	（028）86361653　86361656
防盗版举报电话	（028）86361653
照　　排	四川胜翔数码印务设计有限公司
印　　刷	成都东江印务有限公司
成品尺寸	170mm×240mm
印　　张	24.75
字　　数	415千
版　　次	2023年5月第1版
印　　次	2023年5月第1次印刷
书　　号	ISBN 978-7-220-13158-5
定　　价	98.00元

四川旅游绿皮书：2021 四川旅游发展报告编委会

编　　著　四川省旅游学会　四川大学旅游学院

顾　　问　陈加林　吕红亮

主　　编　刘　俊

副 主 编　（按姓氏笔画排序）

　　　　　向和频（四川省旅游培训中心）

　　　　　李　想（新华社新华网四川公司）

　　　　　杨　丹（成都体育学院经济管理学院）

　　　　　何　阳（四川看四川杂志社）

　　　　　汪洪亮（四川师范大学历史文化与旅游学院）

　　　　　张先智（四川旅游规划设计研究院）

　　　　　周道华（成都中科大旗软件股份有限公司）

　　　　　钟　洁（西南民族大学旅游与历史文化学院）

　　　　　徐　光（四川蓝海文化旅游发展集团）

　　　　　郭　凌（四川农业大学商旅学院）

　　　　　龚　宇（四川华可都市文化旅游集团）

主要编撰者简介

陈加林 四川省旅游学会会长、四川省委省政府决策咨询委员会委员、四川省政府参事室特约研究员、四川大学旅游学院客座教授。《中国国家旅游》杂志社顾问、亚太旅游联合会顾问、联合国世界旅游组织成都观测点咨询专家。国家旅游局政策法规司原副司长（挂职）、四川省旅游发展委员会原副主任、一级巡视员。主要研究成果：《区域旅游学》（科学出版社）、《发展旅游学纲要》（中国旅游出版社）。

吕红亮 四川大学教授、博士生导师。现任四川大学历史文化学院（旅游学院、考古文博学院）院长，长期从事青藏高原及西南山地史前考古研究，入选教育部长江学者奖励计划青年学者、四川省学术与技术带头人、天府青城计划教学名师。曾担任剑桥大学、哈佛大学、香港中文大学访问学者。任东亚考古学会理事会成员兼中国区总代表、中国考古学会边疆考古委员会副主任委员、四川省考古学会副会长、第四届四川省专家评议（审）委员会委员，研究成果获首届中国考古学大会青年学者奖、教育部第八届人文社科优秀成果奖青年成果奖等。

刘　俊 四川大学旅游学院教授、博士生导师。2018 年入选四川大学"校百人"计划。兼任中国自然资源学会资源生态研究专业委员会副秘书长、四川省旅游学会青年专家委员会主任、四川省智慧城乡大数据研究会旅游大数据专委会副主任等。

前　言

新形势下四川旅游发展的"变"与"不变"并行不悖。市场格局、产业形态、驱动方式和发展模式是为"变"，旅游发展基本面长期向好的趋势与高质量发展的要求是为"不变"。为及时把握我省旅游发展之"变"，更好服务我省旅游发展之"不变"，四川省旅游学会和四川大学旅游学院作为发起单位，联合四川省内多所旅游高等院校、科研机构、旅游企业和行业协会等共同编著《四川旅游绿皮书：2021 四川旅游发展报告》（简称《绿皮书》），总结 2021 年四川旅游发展历程、发展特征以及发展成就，研判新时期四川省旅游业发展机遇，提出新形势下四川省旅游高质量发展的对策建议，为推动四川旅游高质量发展提供智力支持。

今年是发布《四川旅游绿皮书》（系列年度报告）的第二年，我们继续秉承了学术性的特点，注重对客观数据的科学分析，同时也延续了行业性特色，强调对四川旅游产业问题的关切。《绿皮书》由主报告和专题报告组成，涉及四川旅游发展的重点、热点与难点问题。主报告对四川旅游经济运行总体状况、旅游需求基本态势、旅游供给基本态势进行了全面剖析，指出旅游业在疫情冲击之下艰难复苏，消费需求迎来新趋势，要坚持科技赋能以推动旅游业高质量发展；专题报告围绕智慧旅游、文旅融合、可持续旅游、民族旅游、旅游饭店、旅游消费者、乡村旅游、城镇文旅、红色旅游进行了聚焦研究，总结行业内各领域发展现状与模式，提出了旅行社、酒店、景区、企业应对迭代变化与挑战实现长远发展的新路径。

《绿皮书》是多研究机构参与、多视角剖析、多业态呈现，是集体智慧的结晶。《绿皮书》由四川省旅游学会陈加林会长策划统筹、学会秘书长杨丹负责推进，四川大学旅游学院刘俊教授进行统稿编撰工作。《绿皮书》采取开放合作模式，广泛汇聚各方研究力量。参与此次撰写工作的有四川大学、四川农业大学、四川师范大学、西南民族大学等 20 余家单位机构，共 60 余位长期从事旅游教学和研究的专家学者、中青年学术骨干参与完成，历时近一年。

本书期望能够客观、全面、系统地梳理和审视四川旅游业发展现状，但由于产业涉及面广，加之时间仓促，书稿中难免有笔漏之失，期待广大读者审阅斧正为感，同行专家不吝赐教为谢。同时，愿能以此书为平台，提供一个广泛交流和深度评析的空间，汇聚和发挥各界的力量，为推进四川旅游高质量发展提供更多创新的思路与方法，提出更多切实的建议与策略。

四川大学旅游学院　刘　俊

序

  2021 年，是中国共产党和新中国历史上具有里程碑意义的一年，我们迎来了党的百年华诞和全面建成小康社会彪炳史册的伟大时刻。这一年，四川旅游业持续复苏，旅游强省建设取得了新进展。我省出台《四川省红色资源保护传承条例》，全面开展"重走长征路·奋进新征程"红色旅游年系列活动，为庆祝党的百年华诞营造浓厚氛围；在九寨沟召开全省文化和旅游发展大会、第七届中国（四川）国际旅游投资大会，命名第三批 11 个天府旅游名县、首批 66 个天府旅游名牌，向全球发布九寨沟景区全域恢复开放，进一步提振了建设旅游强省的信心决心；科学编制四川省"十四五"旅游发展等系列规划；巴蜀文化旅游走廊建设成势见效，发布跨省区精品旅游联线 70 余条。我省持续推动旅游业恢复发展，在抓实落细疫情防控措施的基础上，大力发展乡村旅游、度假旅游、研学旅游等业态，推出冰雪阳光冬季旅游"大礼包"，努力实现冬季不"冷"、淡季不"淡"；出台支持旅行社纾困发展措施，落实纾困资金 8000 余万元；认定 30 家省级全域旅游示范区，递补 17 个天府旅游名县候选县；新增国家文旅消费试点城市 3 个、国家级夜间文旅消费集聚区 6 个、国家级旅游休闲街区 3 个，数量均居全国第一。2021 年春节、五一、国庆等假期全省旅游收入、旅游人次均居全国第一，文旅经济恢复性增长、补偿性消费势头旺盛，为全省经济稳增长做出了贡献。全省上下形成了各级党委政府高度重视、文旅部门奋发有为、各类市场主体广泛参与、各方面共同发力的文旅发展格局。开展评选天府旅游名县，引领全省县域文旅经济蓬勃发展。创新开展全省文化和旅游资源大普查，为发展全域旅游、建设世界旅游目的地奠定基础。

  2021 年，四川省旅游学会联合省级文旅社会组织主办"新文旅、新发展"建党百年线上献礼展活动；发布建党百年献礼书——《改革开放四十年 四川旅游万亿级发展纪实》；受文化和旅游厅委托，组织开展全省文旅宣传好作品评选活动；旅游职业技能体系建设取得新进展，牵头承担的《客房服务员》标准被纳入人力资源和社会保障部国家职业技能标准修订；参与编制的四川省地方性标准《研学旅行基地（营地）设施与服务规范》已正式发布；轮值主办"2021 全国旅游学会年会暨新时代旅游高质量发展论坛"，发布《第三届全国旅游学会年会成都共识》《2021 新时代旅游高质量发展论坛四川倡议》；《加快旅游业高质量恢复振兴观点摘编》由省委政研室、省新型智库建设领导小组《智库成果专报》报送省领导参阅；与四川大学旅游学院等会员单位编著四川第一本《四川旅游绿皮书：2019—2020 四川旅游发展报告》；联合重庆市文化和旅游发展研究会、贵州旅游协会与融创文旅集团签订文旅融合发展战略合作协议；与四川长征干部学院甘孜泸定分院签订合作协议，助力泸定县红色旅游资源开发和长征国家文化公园建设；设立咖荟文旅大讲堂，组织文旅专家进学校、进企业、进地方、进机关，开展旅游业高质量发展宣讲活动；组织专家服务天府旅游名县、全域旅游示范区创建和全省文化和旅游资源普查工作。

在新的一年里，我们必须要深刻认识到中国特色社会主义进入新时代，我国社会主要矛盾已经转化为人民日益增长的美好生活需要和不平衡不充分的发展之间的矛盾，人民群众对文化和旅游生活新的期待应不断得到满足；要深刻认识到"立足新发展阶段、贯彻新发展理念、构建新发展格局，推动高质量发展"这一重大科学论断，对文化和旅游工作提出新的要求；要深刻认识到面对严峻复杂的国内外经济形势，特别是疫情防控常态化条件下，文化和旅游行业面临新的挑战。

在新一年里，四川省旅游学会的科研工作，必须坚持战略导向、趋势导向和问题导向。重点围绕服务党和国家重大战略、落实省委省政府重要部署，主动开展调查研究，为提升旅游经济竞争力和头部企业、知名品牌、拳头产品及中高端旅游产品供给力提出政策建议；重点研究"山强水弱、景强文弱、夏强冬弱、日强夜弱"区域性短板等系列问题，为促进我省旅游业的高质量发展做出新的贡献。

四川省旅游学会会长　陈加林

目　录

Ⅰ　主报告

一　旅游经济运行总体状况 ……………… 查建平　严敏清　谢　天　马　蓉／3

二　旅游需求基本态势 ……… 贺腊梅　陈淄涵　陶虹伶　叶祎然　胡雅迪／10

三　旅游供给基本态势 ……… 李志勇　邹　婧　谢金池　赵　勉　崔　睿／22

Ⅱ　专题报告

01　智慧旅游

四川"智游天府"公共服务平台应用效应评价研究

………………… 程福梅　黄萍　卓莉评　吴勇科／47

耦合多源大数据的旅游发展空间适宜性评价研究

——以都江堰市为例 ……… 李　越　阳宁东　石　洪／60

02　文旅融合

恐龙文旅产业联盟年度发展报告（2020）

………………… 恐龙文旅产业联盟年度报告编写组／78

农商文旅融合视域下的"共享乡村"建设与运营模式研究

………………… 李　杰　吴海宏　赵小丽　尹　璐　文绍琼／104

四川各市州文化资源与旅游产业耦合协调发展的区域差异分析

………………………………………………………… 罗　威 / 112

文旅融合与乡村振兴发展研究 ………………… 于　萌　夏　倩 / 121

03　可持续旅游

四川省山地旅游可持续竞合模式开发研究 ………………… 刘业双 / 127

国家级全域旅游示范区综合效益竞争力评价研究

——以四川省为例 ……… 马彬斌　黄　萍　郝若琳　宣小岚　谭光顺 / 137

社区参与视角下民族生态旅游管理模式的探讨与实践

………………………………………………… 陆相钱　杨　波 / 147

四川省"中国天然氧吧"品牌的康养旅游度假影响力评价

………………… 宣小岚　黄　萍　马彬斌　郝若琳 / 157

04　民族旅游

文化生态学视角下民族节庆旅游资源保护和开发研究

——以凉山彝族火把节为例 ……… 王　敏　廖　峰　欧　静 / 168

四川民族地区旅游演艺市场结构调整及其发展问题研究

………………… 阳宁东　李　越　石　洪　邓　文 / 176

文化基因视角下四川省民族文化保护与文旅融合发展路径分析

——以阿坝藏族羌族自治州为例 ……………… 樊宁宁 / 187

05　旅游饭店

四川省饭店品牌建设的相关思考 ………… 李　原　聂　斌　谢　波 / 194

对主题酒店主题的深度理解

——基于成都西藏饭店的思考 ………………………… 陈　蓉 / 199

关于网红民宿产品生命周期的实证研究

——以四川省为例 ………………………… 刘　韫　闵慧琳 / 205

对微度假目的地酒店的思考

——以成都笨酒店业态为例 …………………………… 李　原 / 216

06 旅游消费者

后疫情时代民宿旅游消费者行为调查 ……… 肖 晓 黄 萍 魏嘉豪 / 227

四川省 5A 级旅游景区线上评论的文本情感分析

……………… 郝若琳 黄 萍 何慧敏 马彬斌 宦小岚 / 241

中外游客美食旅游关注焦点研究

——以成都为例 ……………… 李志勇 邵雨虹 李 丽 李 济 / 248

07 乡村旅游

成都乡村旅游高质量发展研究 ……………………… 李如嘉 / 259

旅游地生命周期视角下民族乡村旅游可持续发展研究

——以甲居藏寨为例 ………………… 杨 波 陆相钱 / 278

国家级田园综合体"旅游+"示范效应的 PDIBIS 评价模型研究

——以都江堰市天府源为例 ………………… 熊水泉 黄 萍 / 286

08 城镇文旅

疫情防控常态化背景下四川文旅产业恢复发展建议 ………… 邢亚楠 / 308

四川省剧本杀行业发展现状及数据分析 ……………… 马 腾 龚 宇 / 316

"交通+旅游"融合发展的机理、路径、模式：以泸定大渡河大桥超级工程

旅游景区项目为例 …… 万 俊 张广胜 汤 敏 廖妮娜 王 宇 / 325

微度假背景下城市公园的场景研究 ……………… 杜思灿 / 333

09 红色旅游

磨西古镇红色文化旅游地游客重游意愿研究 ………… 凡金玲 钟 洁 / 339

体育对红色旅游的创新发展

——以长征国家文化公园四川段的建设为例 ………… 邢亚楠 / 353

红色旅游演艺产品开发策略思考 ……………… 龚 宇 马 腾 / 359

高职院校旅游专业"课程思政"教学改革探究

——以《导游业务》为例 ………………… 罗雪翠 / 371

后 记 …………………………………… 379

I　主　报　告

旅游经济运行总体状况

［作　者］查建平　严敏清　谢　天　马　蓉（四川大学旅游学院）

（一）疫情压力持续，旅游经济艰难"回春"

疫情防控压力持续重挫旅游业，国内旅游在艰难中复苏。近年来，我省旅游业以供给侧结构性改革为主线，在发展全域旅游、加快转型升级中取得明显进步，呈现积极向上的发展趋势。疫情暴发后，四川旅游业受疫情冲击明显，国内旅游首次出现负增长，旅游经济几大核心指标均出现较大程度下滑，尤其是旅游总收入跌破万亿，经济效益受损严重。疫情暴发已经第二年，疫情反复发生的特性导致国内旅游想要持续向好具有一定难度，但四川省通过启动文旅消费季活动、策划建设一批引领性示范性标志性新项目，以及通过"三九大"等景区的火爆等引领旅游市场强劲复苏，扭转旅游负增长趋势，实现2021年的艰难恢复。

图 0-1　2017—2021 年四川省实现旅游总收入及其增长速度

2021 年，四川全省实现国内旅游收入 7352.8 亿元，全省地方接待国内旅游人数 4.8 亿人次，按可比口径推算，2021 年四川全省国内旅游收入名义增长率达到了 2.5%，地方接待国内旅游人数增长了 6.7%。

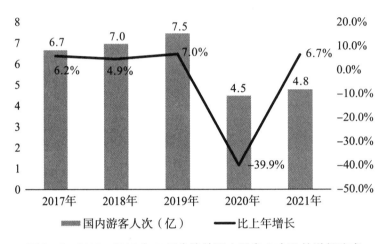

图 0-2　2017—2021 年四川省接待国内游客人次及其增长速度

疫情影响旅游业，旅游产品结构发生改变。疫情暴发前，出入境游、跨省游、周边游全面发展，旅游增长迅猛，为经济增长做出巨大贡献。疫情暴发后，各省全面实施动态清零政策以及出入境防疫政策，限制了游客在各省和境内外的流动，并且在疫情不断反复的情况下，很多游客逐渐减少长途旅行，而更多地选择省内中短途自驾游。数据显示，一日游游客占比较 2020 年上升 14.78%，说明因为疫情影响，国内游客多为短途游、本地游。五一假期，全省文旅消费需求得到充分释放，中长途自驾游成为游客主要出游方式。端午小长假，游客们出行以中短途周边游为主，其中阆中古城和三圣花乡观光旅游区接待游客超 9 万人次、街子古镇和邛海泸山风景名胜接待游客量超 5 万人次，旅游景区恢复性增长形势喜人。国庆长假，自驾游成为游客出行的首选，省内多条高速公路车流量激增，中长线自驾出游备受青睐。西昌邛海泸山景区接待 5.97 万人次，阆中古城景区接待 3.8 万人次，四姑娘山景区接待 0.62 万人次，海螺沟景区接待 0.33 万人次，同比均实现增长。

旅游消费券撬动旅游大市场，助力旅游经济"回春"。四川省政府全面落实党中央、国务院关于促进文化和旅游消费的决策部署，更好满足人民美好生活需要，决定组织开展 2021 年全国文化和旅游消费季活动。全省发放 3.89 亿元文旅消费券，消费券涵盖酒店民宿、景区景点、影院剧院等核心文旅业态，同时举办各类文旅优惠活动来点燃群众旅游消费热情。数据显示，2021 年的春节、清明、五一假期，四川旅游收入和接待游客人次均居全国前列。2021 年一季度全省游客消费达 1975 亿元，同比上涨 62.9%。国庆假期，四川文旅市场强劲复苏，数据显示，全省 702 家 A 级旅游景区共接待游客量超 2500 万人次，最终实现门票收入 3.45 亿元。较 2020 年同期同口径比较，接待人次和门票收入分别增长了 13.04% 和 15.21%；分别恢复到 2019 年同期的 75.56% 和 95.02%，恢复态势喜人。

（二）坚持科技赋能，推动旅游业高质量发展

深度融合科技与旅游，引领旅游业高质量发展。利用科技创新和数字化变革来促发旅游业的发展动能，是这些年旅游业高质量发展的特性，四川省遵循新发展理念、推动高质量发展的理念，以最高效率将优势资源整合起来，从而推动了全省旅游业的科技创新迸发出新的活力，引领旅游业高质量发展。旅游服务平台"智游天府"经过三年时间的建设，目前已经完成了基础建设并且已经投入市场运行，在一定程度上实现了整个四川省文化旅游行业的智能监管、公共服务的线上供给、机关办公的线上运转以及行业内重要数据的收集整理和共享，完善了保障运维制度，进一步满足了文旅行业对智慧化管理服务的基本需要，有效赋能文化和旅游生产方式、体验方式、服务方式、管理模式创新发展。目前，四川在全域旅游、智慧景区、智慧文博、智慧酒店、超高清视听技术和沉浸式体验在文旅行业的应用、文化和旅游智能装备方面涌现出一些典型的数字文旅新技术新应用新场景案例，包括"智游天府"文化和旅游公共服务平台项目、青城山—都江堰景区大数据智能预测及三码合一项目、四川博物馆展陈文物预防性保护项目等。

科技赋能旅游业，创意引领新文旅。电子竞技赛事在各方面的不断完善发展使其逐步成为体育数字化的重要趋势，在各类政策及政府部门的扶持帮助下，电子竞技入选杭州亚运会的正式比赛项目。通过主流赛事以及大部分年轻有活力的电子竞技职业选手的带动，电子竞技的正面影响进一步得到公众的认可，目前四

川省政府积极通过各种政策手段推动"电竞＋文旅"的跨界融合发展。电子竞技这种年轻化新兴产业，作为能够引起年轻人兴趣的一种娱乐活动，能够成为城市文化精神传承的新窗口，将本地文化融入电子竞技中，通过开展多样化的电竞文旅融合性活动，能够推动川蜀文化焕发新貌。借助新兴数字文化载体盘活旅游资源，以年轻人喜闻乐见的电竞模式，推动当地文旅产业的高质量发展。2021年9月，QQ飞车"飞跃华夏"四川文旅联动版本暨QQ飞车手游全国公开赛S4总决赛在成都开启，该赛事除了为大众玩家提供竞技舞台外，"电竞＋文创"也是一大亮点。QQ飞车联合"智游天府"等平台推出文旅电竞路线，进一步深挖"青年文旅电竞"模式，玩家或观众可以追随游戏中角色的脚步游览三星堆博物馆、宽窄巷子等知名旅游景点。这次QQ飞车在游戏内推出的四川古今赛道就是在借助数字手段来创造与提升地域文化，兼具了审美、功能和内涵，也是产品探索IP产业价值与文化价值良性循环的有益尝试，成为电竞IP与地域联动的一个标杆。2021年，《成都世界赛事名城建设纲要》正式发布，这是加快推进世界赛事名城建设的纲领性文件，也是四川省向全世界发出的热情邀约与美好蓝图。高标准建设世界赛事名城，着力点就是赛事，而"办赛、营城、兴业、惠民"的理念，也推动着"赛事＋"向文创、旅游拓展。

深耕智慧景区建设，旅游景区焕发新活力。青城山—都江堰景区通过多年建设发展，应用大数据、物联网、人工智能等新兴科技，探索现代信息技术和旅游业融合，逐步完善景区管理、营销、服务等策略，将"两个中心、一个运行数据库、三大平台"作为核心理念，完善整理了30多个囊括了智慧管理、智慧营销、智慧服务三大板块的业务子系统的智慧体系，最终形成了一个信息数据高度共享化、管理与服务精细化、业务覆盖全面化的智慧旅游信息化体系。通过使用旅游大数据应用平台，对旅游行业进行运维监管和旅游资源保护，同时通过大数据系统统计分析旅游高峰期的交通预警，实现对游客的合理分流和景区流量的均衡调控，以期构建一种能够应对突发事件和应急响应等风险预防方面的全新管理模式，把分散的管理变成能够多方联动的协同管理、把多级的繁杂管理变为扁平化管理、把粗放管理变成合理的精细化管理，逐步向"资源保护数字化、经营管理智能化、产业整合网络化"的目标靠拢。2021年11月24日，四川省发布《2021年"智游天府"文化和旅游大数据分析报告》，其中青城山—都江堰景区在景区预约量和景区闸机客流数据排名均位列第一。

（三）文旅融合加速发展，由内向外接轨全球

回首过往，四川经济蓬勃发展，文化影响日益深远，文旅产业不断向高质量要求靠拢并取得卓越成效，四川向建成文旅强省的目标不断迈进。

2021 年 3 月三星堆考古重大发现，震惊中外，频繁登上热搜、刷屏网络，相关主题游戏、音乐剧、电影等应运而生，大放光彩，三星堆遗址正在打造具有中国气度、国际形象的超级 IP。2021 年 5 月 28 日，"三星堆文化全球推广战略合作" 9 大项目正式发布，从国内三星堆主题项目到全球的文化体验产品设计推广，各类计划如火如荼地展开，在国内外都得到了非凡反响。另外，四川省文化和旅游厅官网发布的《2021 年国庆节假日文化和旅游市场每日小结》的数据显示，三星堆遗址在国庆首日共接待来访游客 1.24 万人次，门票收入达到 69.54万元，分别较 2019 年同期增长 415%、316%，较 2020 年同期增长 588%、378%，三星堆旅游迎来爆发式增长，成果显著。

四川作为文化大省，更要建设文旅强省，为打造世界级文化旅游品牌、提升在国际旅游市场中的竞争力，谋划打造了四川"十大"文旅精品。"十大"文旅品牌分布于四川省 21 个市（州）和 156 个县（市、区），所涵盖的地区文化旅游资源富集，创造的旅游总收入超过 1 万亿元，占全省旅游总收入的 92%，通过示范地区彰显旅游品牌形象，大力促进文化旅游国际化发展。另外，在"十四五"规划期间，四川将推进打造成都成为世界旅游名城，建设峨眉山、青城山、都江堰、稻城亚丁、九寨沟、黄龙、三星堆等一批饱含文化底蕴的世界级旅游胜地，培育大熊猫生态互动旅游、世界遗产文化旅游、古蜀文明探寻旅游和藏羌彝民族走廊体验旅游等诸多国际旅游高品质路线，打造具有国际风范、中国特色、巴蜀韵味的世界知名旅游目的地。

要将文旅融合这一理念付诸实践并壮大发展，不能缺少的是机制体制创新，四川在省级层面首先开创财政支持文旅融合示范项目，2019 年至 2021 年，示范项目建设专项资金投入达到 8.1 亿元，累计投入项目 91 个，由此引导和撬动其他企业、个人投入资金约 1200 亿元，此创新性举动带动效果明显。四川持续重视重大文旅项目，提升文旅品质档次，预计投资 1.63 万亿元，重点发展 618 个

文旅项目，累计已投入 5900 亿元。一系列具有标志性、引领作用、枢纽功能的重大文旅项目投入建成，无一不在成就四川文旅高质量发展。另外通过实施文艺精品创作展演、文旅特色小镇培育、文化遗产保护利用、文旅交流合作、节会活动品牌培塑、文旅精品线路推广、历史名人文化传承创新和全域旅游创建等八大文旅融合重点工程，四川持续聚焦文旅融合，推进业态创新。

一方面把游客"引进来"，自身的文化底蕴和人文精神更要"走出去"，川渝携手共建巴蜀文化旅游走廊，致力于打造富含巴蜀文化的特色国际旅游消费目的地。在成渝地区双城经济圈合作共建基础上，组织搭建川渝旅游行业交流服务平台，打造空间布局一体化、产业发展一体化、市场开放一体化、公共服务一体化的旅游发展格局，与重庆一同深化巴蜀文化旅游品牌影响力。至 2021 年底，川渝两地共达成 63 份文旅战略合作协议，组织成立 12 个文旅合作联盟，规划超70 条精品旅游线路，累计重大文旅项目投资 119.3 亿元，合作创新的步伐仍在深入，由内向外的发展阔步向前。

国际交流日益紧密，国际文化旅游贸易与日俱增，国家层面不仅建设了文化出口基地，四川也建设了自贸试验区。平台的建立与机制的完善有助于四川将自身亮眼的文化产品名片推向国际，例如"川灯耀世界"四川海外灯会品牌，除此之外，"川菜走出去""熊猫走世界·美丽四川"等都属于文旅产品向国际传播的重点营销项目。目前，四川已与世界旅游及旅行理事会、世界旅游联盟、联合国世界旅游组织、亚太旅游协会等国际组织之间构建了常态化稳定化合作机制，同时也与国外友好省州级文旅部达成互惠互通共识，与国外媒体、旅行社、旅游协会密切沟通搭建高层次合作平台，四川文旅势必成为国际交流合作的一条重要路径，四川文旅国际化的步伐越迈越稳，走向全球的态势已经形成。

（四）建党百年意义非凡，红色旅游迎来热潮

2021 年是中国共产党成立 100 周年，是"十四五"规划奋斗元年，也是社会主义现代化国家建设的新征程之年。同时，为落实省委、省政府部署要求，四川将 2021 年定为"红色旅游年"，一波"红色"浪潮正席卷而来。2021 年 4 月 9日，主题为"重走长征路·奋进新征程"红色旅游年启动仪式在雅安市石棉县安顺场纪念广场顺利举行。启动仪式上，四川省 11 条红色旅游精品线路和 40 个

红色旅游经典景区首次发布并亮相，红色旅游金牌讲解员热情高昂，正式拉开"红色旅游年"系列活动序幕。此外，省委省政府安排部署了推出红色旅游经典景区和精品线路、加强研学实践教育、推进国家文化公园建设、实施革命文物保护提升等10个方面17项活动。

四川地区红色资源丰富、分布范围广、层次高，红色文化氛围底蕴浓重。从主题资源看，全省红色旅游资源包括九大主题，类型丰富，其中资源最多的是长征丰碑主题，川陕苏区和将帅故里主题紧随其后。从区域分布看，红色旅游资源遍布四川省21个市（州），其中甘孜州占到11.9%，位居首位，然后依次是广元、巴中和阿坝州，红色旅游活动可谓"遍地开花"。从文化继承看，四川红色文化历史丰厚，红色精神传唱至今，红色基因永续传承，成为红色文化发展链条最完整的省份之一。至2021年，四川4A级及以上红色旅游景区已达到43个，成果斐然，享有较高知名度和影响力。

红色旅游影响力不断，同程旅行2021年3月30日发布的《2021清明及五一假期红色旅游报告》指出，3月以来，全国主要红色旅游目的地网络关注度持续上升。清明假期已经让部分景区提前"感受"到红色旅游的热度，五一前不少业内人士预判，五一长假有望迎来2021年第一个红色旅游客流高峰。正如预期，五一假期，祖国大江南北超百万游客来到四川红色旅游景区参观旅游、研学旅游，重温红色故事、学习红色精神、缅怀革命先辈，红色旅游氛围浓重。多数红色旅游景区接待量较2020年同期翻倍增长，其中泸定桥、陈毅故里景区的增长率分别高达584%、459%，四川"红色旅游年"成效显著。

为响应"红色旅游年"的号召，一系列配套活动和优惠政策在南充、绵阳、雅安、广安、泸州、宜宾等地推出，刺激旅游出行，推广红色文化，弘扬红色精神。雅安地区将红色文化A级景区2021年全部设置免费，部分收费景区如龙苍沟、碧峰峡、蒙顶山等也设置了优惠购票，旨在能让更多游客感受红色文化的熏陶。广安地区华蓥山景区，"七一"建党节、"八一"建军节前后三天购票五折优惠，若是当天游览，景区实行免门票政策……游客们在享受优惠政策的同时，当地可歌可泣的红色故事、风景怡人的自然风光、一饱口福的特产美食，也是吸引游客前来体验和消费的重要旅游资源。游客不仅可以实地学习红色历史、纪念革命先驱、走进大国重器，还可以体验美丽乡村、助力乡村振兴，游客对于红色旅游的认知和选择也会不断上升，红色旅游的热潮正感染着我们每一个人。

二

旅游需求基本态势

[作　者] 贺腊梅　陈淄涵　陶虹伶　叶祎然　胡雅迪（四川大学旅游学院）

（一）我国旅游需求基本态势

1.1　国内旅游逐步复苏，内需潜力巨大

据 2021 年文化和旅游发展统计公报，2021 年我国国内旅游人数 32.46 亿人次，同比增长 12.8%；国内旅游收入 2.92 万亿元，同比增长 31.0%。但受疫情反复的影响，2022 年上半年国内旅游人数为 14.55 亿人次，相比上年度同期降幅达 22.2%；国内旅游收入达到 1.17 万亿元，相比上年度同期下滑了 28.2%。其中 2022 年第一季度国内旅游人数为 8.30 亿人次，同比下降 19.0%；第二季度国内旅游人数为 6.25 亿人次，同比下降 26.2%[1]。

就国际旅游需求而言，国际入境和出境旅游在短时间内恢复难度较大。部分区域内或特定国家相互间国际旅游可能有局部性回暖。根据文化和旅游部发布的统计数据，2020 年，我国共接待入境游客 2747 万人次，同比下降 81%。其中，入境过夜游客 797 万人次，外国游客 412 万人次，外国过夜游客 184 万人次，分别下降 88%、87% 和 93%。其中主要的入境旅游客源地为中国澳门、中国香港、缅甸、越南、中国台湾、菲律宾、蒙古、韩国、俄罗斯、日本、美国、印度、印度尼西亚、马来西亚和加拿大。出游动机主要为留学与商务会议。中国澳门成为支撑我国入境旅游的首位客源市场。这主要因为自 2020 年 8 月 12 日起，内地开始放宽澳门居民入境，允许符合防疫要求者免隔离进入。2020 年澳门来内地游客达到 1364 万人次，虽然与 2019 年相比，澳门来内地旅游人数下降 21%，但远低于入境旅游市场的整体下滑幅度。

就旅游黄金周而言，2022 年五一五天假期，全国国内旅游出游 1.6 亿人次，

同比减少 30.2%，按可比口径恢复至疫情前同期的 66.8%；国内旅游收入 646.8 亿元，同比减少 42.9%，恢复至疫情前同期的 44.0%[2]。2022 年中秋节假期期间，国内旅行出游人数为 7340.9 万人次，相比上年度同期降低了 16.7%，依据可比口径出游人数已恢复至疫情前同期水平的 72.6%；国内旅游收入达到 286.8 亿元，相比上年度同期下滑 22.8%，恢复至疫情前同期的 60.6%。"十一"七天假期，全国国内旅游出游人次达 4.22 亿人次，同比减少 18.2%，按可比口径恢复至疫情前同期的 60.7%；国内旅游收入 2872.1 亿元，同比减少 26.2%，恢复至疫情前同期的 44.2%[3]。

总的来说，2022 年可能是过去三年受疫情影响最深，旅游市场景气最弱的一年，面临前所未有的压力和挑战。假日市场一定程度上支撑着全年旅游经济。但国内旅游因为我国疫情防控成果显著，发展空间巨大。特别是因出境游暂时无法恢复，具有一定"替代"作用的国内长线旅游需求潜力较大。

1.2 旅游消费群体城乡二元特征明显，Z 世代消费潜力大

从城乡划分来看，城镇居民仍是国内旅游市场的主力客源。2021 年城镇居民出游人数为 23.42 亿人次，占到国内旅行出游总人数的 72.1%，相比上年度同期上升了 13.4%；城镇居民旅游消费达 2.36 万亿元，占到了国内旅游总消费的八成，相比上年度同期上涨了 31.6%；城镇居民的人均每次出游消费 1009.57 元，更是农村居民人均每次出游消费 613.56 元的 1.6 倍多。2022 年前三季度城镇居民出游 15.99 亿人次，是农村居民国内旅游人次 4.94 亿的 3.2 倍，前三季度城镇居民的出游消费已达 1.42 万亿元，远高于前三季度农村居民出游消费的 0.3 万亿元，相当于农村居民出游花费的 4.7 倍。但随着近年来乡村振兴战略全面持续推进，农村居民的出游率在最近三年不断稳步上升，成为国内旅游发展的重要潜在客源。

"Y 世代"是旅游消费主力军，"Z 世代"成为最具旅游消费潜力的主力群体。去哪儿平台数据显示，2021 年春节旅游消费市场，近一半的旅游消费者属于"Z 世代"，占比为 45%，其次是"Y 世代"人群。当年五一出游群体中，90 后成为所有出游人群中的绝对主力军，出游人数占比超过五成，其中 95 后出游人数占到总出游人数的 23%。非但如此，1995—2000 年出生群体的出游增速相当于 2019 年同期的 1.85 倍；00 后群体出游增速更是达到了 2019 年同期的 2.5 倍，成为最具活力且出游增速最快的人群。00 后对武汉、天津、重庆、济南、

青岛、长沙等目的地城市的预订占比甚至超过 70 后[4]。

此外，随着"新生代"群体的崛起，女性旅行者也正在经历一次消费主力的代际迁移，80 后女性成为商旅及休闲度假的绝对消费主力以及最具价值的消费群体，90 后女性则是最大的需求增量贡献群体，00 后女性正成为新潮流、新消费的引领者[5]。同程旅行发布的《2022 年女性旅行报告》也反映了这一现象。该报告显示，平台上女性用户占比中，70 前用户占比 13%，80 后占比 24%，90 后占比 45%，00 后占比 18%，90 后女性成旅行主力军。女性旅行者的职业以上班族占比最大，显示出这部分群体在工作生活之外，也有强烈的旅行意愿[6]。

1.3 客源地旅游经济复苏更快，微度假引消费潮流

受疫情影响，多个省市倡导"无必要不出行"，很多游客将远程出游计划转向近程和本地，出游需求在局部区域集中释放。据《2022 年上半年旅游热度报告》显示，2022 年上半年总游客量（包括本地游客量和流入游客量）空间上呈现"两点一线"的分布特征，其中一线指成都、重庆、武汉、上海等长江流域沿线城市。一线城市和省会城市的周边城市正在成为重要的客源市场。重庆、天津、成都等城市本地游客占比高，这说明其本地旅游市场活跃。整体上，北上广深等中国一线城市以及江苏、浙江、湖南、湖北、河南、重庆、成都等人口密集的省市区的旅游经济恢复程度要好于其他西南地区城市。

本地游客占比高也反映了疫情期间，游客更倾向于选择人口密度低和距离较近的目的地，微度假正在引领旅游消费潮流。微度假是以本地、近郊和周边为主要游览区域，以周末为主要游览时间，以网络为主要发酵平台，以兴趣和时尚为主要聚合因素的新型度假方式，一般具有短停留、高频度、高关注、多玩法的特点。2022 年中秋节假期期间游客的平均出游半径只有 117.4 公里，相比上年度同期降低了 5%；不仅如此，游客的目的地平均游憩半径同比下滑了 20.6% 降到了 7.8 公里。而在 2022 年国庆假期期间，游客的平均出游半径相比上年度同期也降低了 16% 至 8.7 公里；游客在目的地的平均游憩半径更是同比大幅下滑了 26.5% 至 9.6 公里。文化和旅游部数据中心的监测数据显示，2022 年国庆假期期间游客选择跨省游的比例降低了 14.4%；而选择省内游的游客比例也下降了 9.5%。前往城郊公园、城市周边乡村、城市公园的游客占比居于前三位，分别达 23.8%、22.6% 和 16.8%[3]。总的来说，短途游、本地游成为大众休闲旅游的热点，以精致露营、亲子游乐、户外运动等为主要形态的微度假方式正在赋予

旅游业新的内涵和生机。

（二）四川省旅游需求基本特征

以文塑旅、以旅彰文，党的十八大以来，四川不断丰富文旅融合发展的内涵，拓展文旅融合发展的路径，四川文旅产业持续由"量增"向"质变"跃迁，加快推动四川由文旅资源大省向文化强省旅游强省的跨越。

2.1　假日文旅消费回暖，文旅市场活力充足

2021 年，四川全省接待国内旅游人数达 48395.58 万人次，实现国内旅游收入 7352.76 亿元。当年度四川省内纳入统计的 A 级旅游景区共计 654 家，这些景区共计接待了 1755.55 万人次游客，实现了 1.44 亿元门票收入。而四川全省的文化馆、博物馆和图书馆则共计接待了 161.73 万人次群众参观学习。文化产业和旅游业对全省地区生产总值的综合贡献率达到 20% 以上。2022 年国庆假期期间四川全省累计接待了 4326.33 万人次游客，恢复到了 2020 年同期的 82.21%，恢复到 2021 年同期游客接待量的 64.46%。国庆假期期间四川省实现了旅游综合收入 146.61 亿元，恢复到 2020 年同期旅游综合收入的 60.4%，恢复到 2021 年同期的 53.46%。2022 年四川全省纳入统计的 A 级旅游景区共计 632 家，累计游客接待量达 1009.66 万人次，门票收入共计 8361.31 万元，分别较中秋小长假增长 318% 和 632%。全省图书馆、文化馆、博物馆累计接待群众超过 200 万人次。假日文旅消费逐步回暖。

在 2022 假日文旅消费中，成都、峨眉山、四姑娘山、青城山、九寨沟、乐山大佛、都江堰、三星堆、欢乐谷、成都市博物馆、亚丁、龙泉山风景区、天台山、蜀南竹海成为 TOP 热搜景点。这些热搜景点分布在四川省各州市。图 0 - 3 报告了四川省部分州市 2022 年五一假期旅游消费情况，文旅市场活力充足。《全国县域旅游研究报告 2022》暨"2022 年全国县域旅游综合实力百强县"发布，四川省居全国第二。

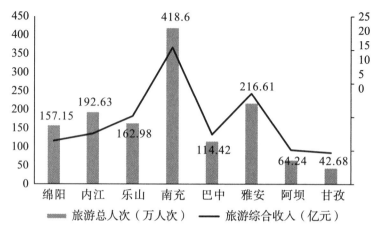

图 0-3   2022 年五一假期四川省部分市州旅游消费情况

四川建立的文化旅游发展协同联动机制不局限于省内，更融入成渝地区双城经济圈建设，拓展到川渝地区。四川携手重庆共建巴蜀文化旅游走廊。截至 2021 年 10 月，川渝两地共签订文旅战略合作协议 63 份，成立文旅合作联盟 11 个，推动重点项目 99 项，累计向川渝两地市民和游客发放惠民消费券 180.59 万张，拉动文化旅游市场消费 7.96 亿元[7]。培育了一批具有巴蜀特色的旅游精品，如以"巴蜀脊梁"为主题的红色旅游、以"巴山蜀水"为主题的生态康养旅游、以"巴蜀文脉"为特点的人文旅游和以"巴蜀风韵"为特色的民俗旅游。这些优质景区景点共同串联起了川渝两地一程多站式旅游线路，打造出了跨越省市的精品旅游联线产品，两地先后联合发布了 70 余条精品旅游线路如红色研学、生态康养、乡村旅游等。川渝互为重要的旅游目的地和客源地，每年互访游客超过 1 亿人次。

2.2   文旅消费呈新亮点，文旅产品丰富多样

2.2.1   文旅消费群体特征

从年龄分布来看，四川省文旅消费群体也呈现年轻化特征。2021 年国庆来川的游客年龄结构相比 2020 年更加年轻化，90 后成为主力军，占 31.6%，00 后游客占 5.2%，80 后游客占 21.6%，70 后游客占 16.6%，60 后游客占 25%，其中男性游客较多，占比 52.1%[8]。各年龄阶段的游客对文旅产品的偏好也各有千秋。

年轻的 95 后、00 后更加偏爱小众旅游目的地，相比传统的旅游形式，年轻

人更加喜爱的是各种新型旅游形式，如房车游、户外游、定制游等大受欢迎。相比上一代旅行者，95后群体的旅行更加高频，每年旅行2至3次的人群占比45.34%，每年出游4次及以上的人群占比也达到12.42%[9]，显现出远高于其他年龄段的出游频率。而且，年轻的群体文旅消费并不逊色。00后旅游消费直追80后。消费结构上，年轻一代在饮食和购物方面的花费比重高，当地美食对其吸引力非常强。2021年00后的文旅消费对比同期增长了2.5倍，90后增长40%[10]。

80后喜爱具有文化和美学功能的目的地和旅游产品，并且80后父母成为亲子游主力军[11]。据统计，2020年通过网络平台下单亲子游的游客中，80后父母成为主力的客源群体，占比高达41%；90后父母占下单人群的比重也达到了32%；70后父母只占到了20%。邓小平故居和纪念馆、川陕革命根据地红军烈士陵园、苍溪县红军渡纪念地和达州市通川区宣达战役纪念馆等红色旅游目的地广受亲子游的青睐[12,13]。2021年上半年亲子旅游在红色景点的门票销量超过30%。

在旅行方式上，短途自驾游、近郊游和城市游成为新的主流，如2021年春节假期期间，在所有出游方式中自驾游出行的比例高达87.37%。近郊游、城市游的代表如三圣花乡、洛带古镇、街子古镇、阆中古城和邛海泸山景区的游客接待量都超过了30万人次；青城山—都江堰景区和成都欢乐谷的门票收入更是双双突破600万元大关；文化馆、博物馆和图书馆等文化体验游形式更是大受民众青睐，七天假期共计接待了161.73万人次到访。

2.2.2　文旅产品丰富多样

疫情虽然给旅游行业带来冲击，但同样也带来了机遇。四川省文旅产业克服疫情影响逆势而上，呈现出持续向好的发展态势。红色旅游、康养旅游、乡村旅游、夜间旅游、云上旅游等丰富多样的文旅产品深受游客喜爱。

（1）红色旅游

作为红色旅游资源大省，四川省依托革命文物资源积极发展红色旅游，创建了一大批红色主题A级景区，并推出了红色旅游精品线路。2021年五一期间，四川省内各类红色旅游景区共计接待了99.81万人次游客，与上年同期相比增长了193.43%；实现了红色旅游收入270.4万元，同比上升了224.73%。四川省内超过一半的红色旅游景区相比上年同期游客接待量都大涨了100%以上，其中尤为亮眼的是泸定桥景区游客接待量暴涨了 584.22%，陈毅故里景区游客接待量也大涨了 459.04%，成绩喜人。2022 年国庆期间四川各地积极开展寓教于游的红色文旅活动，朱德故里、邓小平故里以"喜迎二十大·多彩向未来"为主题，举办了"伟人将帅故里行·川渝连线——伟人将帅军旅生涯专题联展"。四川省广元市旺苍红军城景区等红色景区开展"喜迎二十大·奋进新征程"系列活动，成为全家游、亲子游的主要目的地，省内 36 家红色旅游景区累计接待游客 81.34 万人次。

而且，红色旅游客群逐渐年轻化。00 后、90 后占比超过四成，其次是 80 后人群，占比近三成，整体 40 岁以下人群占比 89.1%。在 2021 年清明假期，00 后对于红色旅游预订量甚至同比增幅超过 630%，可以说，以 90 后、00 后为代表的"Z 世代"人群正在成为红色旅游消费的主力人群。主要归因于红色旅游在场景、体验感营造方面的个性化突破，"红色＋绿色""红色＋乡村""红色＋研学""红色＋科技"等旅游新业态也让红色旅游在年轻群体中焕发出独特的吸引力。

（2）康养旅游

近年来，四川省积极开发生态康养、健康旅游品牌，打造了森林康养、冰雪温泉、阳光康养等不同主题的康养基地。广元市朝天区坚定贯彻广元建设中国生态康养旅游名市决策部署，突出生态特色，推进全域旅游发展，成功创建天府旅游名县。近三年，朝天区实现年均旅游综合收入超 60 亿元，同时带动了当地群众人均实现增收超过 3000 元，旅游产业贡献了 GDP 的 25.7%。峨眉山市在"十四五"时期将康养旅游产业视为经济发展的头部产业，强调以大景区承载大康养，以大康养生成大项目，而要引领经济高质量发展必然需要大项目的拉动。聚焦打造成渝地区康养产业发展新高地、世界级康养文旅度假胜地，并已聚集华西康养、高桥里等一批高端康养项目[14]。

同时，中医药健康旅游作为近年来深度发展传统文化与康养旅游相融合的一种新风尚新文旅业态，满足着人们日益增长的康养服务需求，四川文化和旅游厅在 2022 年 8 月认定了都江堰问花村中医药特色养生花海、绵阳七曲山中医药康养风景区、峨眉山五色仙草园等 10 个项目为"2022 年四川省中医药健康旅游示范基地"[15]。2022 年 9 月，蜀南竹海旅游度假区成功创建全国康养旅游基地。

针对旅游季节性特征，四川省在冬季推出了冰雪温泉康养产品。2021年春节期间，实施预约接待方案的瓦屋山景区人气极旺，连续6天游客预约人数都达到了景区接待能力的上限；峨眉山景区同样火爆，七天假期期间接待游客达8.55万人次，实现了1111.11万元的门票收入；成都市近郊的西岭雪山景区游客接待量也达到了5.41万人次，实现门票收入565万元；同样坐落于成都市附近的成都融创文旅城更是接待了18.71万人次游客，旅游综合收入达到2200万元。2022年元旦，攀枝花市适时推出冬季康养旅游精品线路，全市景区景点日接待游客环比增长44.21%。

（3）乡村旅游

近年来四川省以乡村旅游为抓手，全面贯彻落实乡村振兴战略，先后打造出一批生态美、生产美、生活美的乡村旅游目的地，如崇州竹艺村、蒲江明月村、绵竹年画村等。2021年年画村的年画产品销售收入达五千余万元，当地农户人均年增收3500元以上。同年明月村实现旅游收入三千六百余万元，文创产品年产值过亿，乡村旅游合作社实现营收100万元[16]。据《2021四川省乡村旅游年度报告》，四川省乡村旅游实现总收入3637.43亿元，同比增长了15%；接待游客达4.66亿人次，同比增长17%。四川省乡村旅游经济呈现出恢复性增长的态势[17]。

2022年元旦期间，乡村旅游发展作为乡村振兴战略的重要实现途径和抓手，受到各地政府的支持，通过开发多种多样的旅游形式如乡村徒步、采摘体验、亲子体验、土特产采购等拉动乡村旅游产品整体质量提升。战旗村景区接待人次较去年同期增长9.6倍，同时深受成都市人民喜爱的三圣花乡景区和洛带古镇景区分别接待了22.3万人次和11.24万人次游客到访，热度始终不减。

（4）夜间旅游

夜间旅游作为盘活景区资源、提升景区效益甚至提高整个城市的活跃度和开放度的"一把抓手"，已经成为旅游经济的新增长点，也成为各景区和旅游城市发展的新动力。20—39岁的年轻人是夜间经济的核心客源群体，其夜间消费能力与40岁及以上消费者不相上下，但消费频率相比40岁及以上群体更高，六成以上的年轻消费群体每周都会进行夜间消费。20—39岁年轻群体尤其喜爱夜间活动，同时也非常注重文化方面的体验，收入较高愿意为高品质的夜游活动买单，热衷于演艺剧场、书店影院、文创集市等有吸引力的夜间文化场景。夜游多为情侣出游和家庭亲子出游，其需求动机多样，包括观光、饮食、娱乐、购物、休闲等，钟爱潮流夜市、文创集市、微演艺、沉浸式夜游、展会等丰富多元的夜游消费体验场景。传统的夜间旅游消费集中在餐饮及购物，如今的夜间旅游业态已不断丰富，从游船、演艺、灯光秀到景区夜游等项目，成为景区增加过夜游客及延申消费链条最有效的方式之一。

在 2022 年国庆节期间，夜间经济打造出了假日旅游的新亮点，全省各地围绕"欢度国庆主题"推出丰富多彩的夜间旅游景点，使因疫情被压抑的夜间消费得到释放，全省夜间消费金额 74.45 亿元，占消费总金额的 28.45%，同比增长 5.93%。在国庆首日，10 个未受疫情影响的国家级夜间文旅消费区营业额达到 1.23 亿元。成都大慈坊街区推出"庆国庆——夜游锦江"活动；乐山市世界茉莉博览园推出夜间赏灯、西游情景剧等文旅新项目，成为国庆热门景点[18]。

（5）云上旅游

四川积极培育线上旅游、网上博物馆等新兴文旅消费热点。2021 年春节假期期间，四川省通过推出以"2021 云上天府过大年"为主题的一系列线上文旅展演展播活动，以及非遗皮影闹新春、丁真家书等一系列短视频，实现了总计 9261 万的播放量。同时，成都市组织开展了以"雪山下狂欢，公园里过年"为主题的一系列文旅活动，广大市民走出家门观演、赏秀、畅游、看展；宜宾市另辟蹊径地举办了以"长江首城，大美宜宾"为主题的摄影展，带给市民不一样的文化体验，受到广泛好评；绵阳市则结合当地民族特色，举办了"羌族婚宴展示"系列活动。三星堆博物馆线上全景展现文物，2021 年 9 月到 2022 年 6 月各渠道文创收入达 1800 万元，同比增长了 36.7%[19]。

2022 年文化和旅游厅举办"喜迎二十大　奋进新征程"线上展演展播，"剧美天府"优秀剧目展演、四川艺术基金资助作品展演推出了我省文华奖获奖剧目《草鞋县令》、群星奖获奖节目《蜀道》、"荷花奖"获奖舞剧《努力餐》、国家艺术基金资助话剧《雾中灯塔》等 36 部优秀舞台艺术作品，观看点击率累计超过 43 万人次；四川省非遗馆精选了 28 部优秀非遗视频进行线上展播、宣传。成都"江河奔腾看中国·水润锦官城"、宜宾"走进川南民居——夕佳山"川南民俗直播游、资阳"资足常乐"大足文化旅游摄影展等活动，丰富了群众假日文化生活。

（三）四川省旅游需求新趋势

四川具有丰富独特的文旅资源，在新的时代发展背景下，将会衍生出新的文旅产品，持续推进文旅业态创新。

新一轮科技革命正重构当今世界的经济结构和创新版图，大数据、物联网、云计算和人工智能成为新时代信息技术的引领力量。在这种冲击下，旅游业也不可避免地迎来了向数字化、智能化和网络化转型的趋势。旅游产业碰撞上数字科技，二者的融合改变了当今的旅游消费方式和旅游供给方式，同时推动了旅游商业模式的转变。具体而言，现代科技与旅游融合，衍生了太空旅游、深海漫步、低空旅游、邮轮旅游、文旅元宇宙和智能酒店等旅游产品。尤其是在疫情背景下，外出旅游成为奢望，游客的注意力从传统的实地旅游走向高科技旅游。如在到达景区之前，游客借助高科技手段，在线直播、VR 等，提前欣赏景区景色，感受特色文化。到达景区以后，游客为了减少不必要的接触，会选择智慧酒店或者无人酒店。并且，越来越多的游客在旅游目的地内更加注重互动与体验，他们在游玩过程中，会选择提前体验 AR 云景区，识别 AR 地标、展品等获取讲解，与 AR 场景互动等以增加在游玩途中的趣味性。

但是高科技不止积极的一面，与之相伴而生的信息过载及科技异化同时也对旅游活动产生了一定的消极影响。如人们经常使用的信息和通信技术，尤其是手机的使用，已被有关研究证明直接对人们的身心健康产生了负面影响。越来越多的旅游者旅游观念发生转变，相比较于信息发达的景点，他们更倾向于选择没有高科技的旅游地。数字排毒的目的地提供一个尽量减少信息污染的环境，让游客在不被外界打扰的情况下，尽情享受当下的生活，更能够让游客投入旅游之中，从而获得更好的旅游体验。疫情期间多地露营旅游热度居高不下，这正是一种返璞归真的去高科技旅游形式，被视作数字排毒的一种方式。四川省因地制宜，为游客们提供了诸多露营场地，既有优美的自然环境又有奇特的民族风情的凉山州泸沽湖，被誉为"川西第一海""成都后花园"的黑龙滩等，都为游客的露营旅游提供了很好的目的地选择。

说明：本文部分依托统计年鉴二手数据，鉴于年鉴数据出版的滞后性与疫情的干扰，本文分析纳入了 2020 年和 2022 年的数据，以便更好地阐释旅游需求的变化趋势与最新状况。

参考文献

［1］中华人民共和国文化和旅游部．2022 年上半年国内旅游数据情况［N/OL］．https：//zwgk. mct. gov. cn/zfxxgkml/tjxx/202207/t20220715_ 934711. html，2022 － 07 － 15.

［2］中华人民共和国文化和旅游部．2022 年五一假期国内旅游出游 1. 6 亿人次国内旅游收入 646. 8 亿元［N/OL］．https：//mct. gov. cn/whzx/whyw/202205/t20220504_ 932779. htm，2022 － 05 － 04.

［3］迈点网．戴斌：2022 年中秋、国庆节假日旅游市场数据解读［N/OL］．https：//www. meadin. com/zl/247252. html，2022 － 10 － 09.

［4］搜狐网．专题丨Z 世代：文旅消费新群体崛起［N/OL］．https：//www. sohu. com/a/471227487_ 121124422，2021 － 06 － 09.

［5］新闻资讯．中国女性旅行消费报告 2021［N/OL］．http：//www. hljlt. com/article/detail/2655，2021 － 03 － 12.

［6］Forbes China．报告：2021 年女性旅游人均花费比男性高 33%［N/OL］．https：//www. forbeschina. com/life/59889，2022 － 03 － 08.

［7］四川省文化和旅游厅．四川：深化文旅合作交流 融入"双城"发展大局［N/OL］．http：//wlt. sc. gov. cn/scwlt/hydt/2021/11/16/acbbc4a7ac75401a83bf1bbbb8721052. shtml，2021 － 11 － 16.

［8］人民资讯．游客的画像、游客的出行方式［N/OL］．https：//baijiahao. baidu. com/s？ id = 1713393697144263116&wfr = spider&for = pc，2021 － 10 － 12.

［9］中国经济网．年轻一代旅游消费观生变了［N/OL］．https：//baijiahao. baidu. com/s？ id = 1671646715361980049&wfr = spider&for = pc，2020 － 07 － 08.

［10］华舆．中国旅游市场年轻化？"00 后"同期增长 2. 5 倍［N/OL］．https：//baijia-hao. baidu. com/s？ id = 1703450898765403887&wfr = spider&for = pc，2021 － 06 － 24.

［11］人民资讯．同程："80、90 后"父母成亲子游消费主力军［N/OL］．https：//bai-jiahao. baidu. com/s？ id = 1700880001163006426&wfr = spider&for = pc，2021 － 05 － 27.

［12］澎湃新闻.四川通江｜红色基因永传承，革命老区新发展［N/OL］.https：//baijiahao. baidu. com/s？id = 1702877514047914482&wfr = spider&for = pc，2021 - 06 - 18.

［13］金台资讯.“80 后”父母成亲子游主角　亲子游市场不断升温［N/OL］.https：//baijiahao. baidu. com/s？id = 1689360674660174094&wfr = spider&for = pc，2021 - 01 - 20.

［14］四川省文化和旅游厅.峨眉山将康养列为首位产业　力争 2025 年形成 1000 亿以上产业规模［N/OL］.http：//wlt. sc. gov. cn/scwlt/hydt/2022/1/14/c91e6290289d436fb9a397088a59a3ec. shtml，2022 - 01 - 14.

［15］四川省文化和旅游厅.10 个项目入选“2022 年四川省中医药健康旅游示范基地”［N/OL］.http：//wlt. sc. gov. cn/scwlt/hydt/2022/8/3/bc664acb511e40d89d6615078855f6a9. shtml，2022 - 08 - 03.

［16］中华民居杂志官博.乡村振兴｜四川明月村：农民与艺术家共建的诗意乡村［N/OL］.https：//k. sina. com. cn/article_ 5703913885_ 153fad19d001018bgd. html，2022 - 09 - 23.

［17］中华人民共和国文化和旅游部.2021 年四川省乡村旅游经济大幅增长［N/OL］.https：//mct. gov. cn/whzx/qgwhxxlb/sc/202207/t20220727_ 934960. htm，2022 - 07 - 27.

［18］封面新闻.国庆假期第二天　四川夜间经济成假日旅游新亮点［N/OL］.https：//baijiahao. baidu. com/s？id = 1745581603195779248&wfr = spider&for = pc，2022 - 10 - 02.

［19］封面新闻.四川广汉市获评天府旅游名县这一年：文创产品火出圈、乡村旅游提质升级［N/OL］.https：//baijiahao. baidu. com/s？id = 1740139808682059540&wfr = spider&for = pc，2022 - 08 - 03.

三
旅游供给基本态势

［作　者］李志勇　邹　婧　谢金池　赵　勉　崔　睿（四川大学旅游学院）

（一）旅行社服务业

1.1　行业规模

根据中华人民共和国文化和旅游部官网发布最新的有关四川省旅行社的报告，截至2021年12月31日，四川省内共有旅行社1413家，与2020年1336家的旅行社数量相比，增长5.76%，虽然四川省旅行社总量在逐年递增，但每年的增长率较前年都有所下降（图0-4），2020年增长率为7.57%，2019年增长率为13.53%。可见旅行社规模的发展持续受疫情影响，正逐年放缓。另外四川省旅行社数量排在全国第11位，较2020年倒退了一位，但其增长速度仍高于全国平均水平。

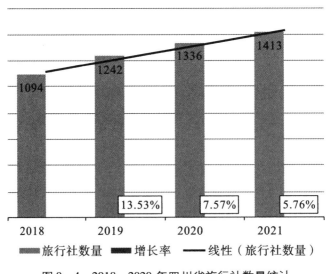

图0-4　2018—2020年四川省旅行社数量统计

1.2 分布情况

根据四川省文化和旅游厅官网上发布的四川省旅行社的地址信息（截至2022年6月10日），可以得出四川省内56.9%的旅行社集中分布在成都市，其余的旅行社较为均匀地分布在另外17个地级市和3个自治州（如图0-5）。旅行社的分布情况一定程度上能反映各地旅游业的发展状况，成都经济较为发达，旅游景点密集，客流量大，为旅行社的发展提供良好的市场条件。

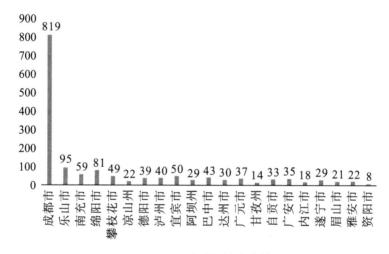

图0-5 四川省旅行社分布情况

1.3 经营情况

2020年度，四川省旅行社旅游业务营业收入为2225463.81千元，旅游业务利润51912.86千元。2021年度，四川省旅行社旅游业务营业收入为4028198.87千元，旅游业务利润－106086.21千元。2020年旅行社享受到了税收减免的普惠性政策，2021年应交税金总额较2020年出现增长。

2020年度四川省旅行社国内旅游组织1952082人次（排名9）、5889057人天（排名10），接待2005106人次（排名13）、5131099人天（排名12）。2021年度四川省旅行社组织国内旅游1788983人次（排名13），5076372人天（排名14），接待1287469人次（排名18）、356996人天（排名21）。2021年较2020年旅行社组织和接待人次、人天均有所减少，由于新冠疫情常态化发展，旅游者多选择就近旅游、就地休闲，是以旅行社的作用较难发挥。

2020年度全国旅行社出境旅游组织341.38万人次、1672.63万人天，其中四川省组织人次数排名第 11。2021 年度全国旅行社出境旅游组织 0.94 万人次、1.90 万人天，其中四川省组织人次数排名第 7。

2020 年度全国旅行社入境旅游外联 41.31 万人次、156.05 万人天，接待 66.15 万人次、216.00 万人天。其中四川省外联人次数排名第 14、人天数排名第 8，接待人次数排名第 15、人天数排名第 10。2021 年度全国旅行社入境旅游外联 1.17 万人次、4.47 万人天，接待 2.20 万人次、6.50 万人天。其中四川省外联人次数排名第 13、人天数排名第 13，接待人次数排名第 24、人天数排名第 25。

2021 年，受疫情影响，旅行社及在线旅游企业经营的出入境团队旅游及"机票＋酒店"业务没有恢复，截至本文成稿时暂未获得出入境团队业务相关数据。

1.4 发展现状

旅行社生存环境恶劣。受疫情影响，全国远程旅游受阻，就近旅游、就地休闲成为当下的新风向，四川省也不例外，而在就近旅游中旅行社的作用不能得到很好的发挥，省内很多导游反映现在带团难，面临失业。

同质化问题严重。随着时代的进步，越来越多的旅游者已不满足传统的跟团旅游，而是追求更有趣味性更个性化的旅游体验。但大多数旅行社还停留在过去组织旅游的模式中，走马观花式的旅游方式很难给旅游者难忘的旅游体验。

低价竞争阻碍旅游服务质量的提升。受疫情影响，很多景区的客流量受到很大限制，旅行社为在这种恶劣的大环境下招揽顾客，不得不频频降低旅游产品价格，推出低价旅行团。这种旅行团往往暗含许多隐藏消费，如到达目的地后的娱乐活动、特产推销等，此外，宣传时为了显示旅行团的活动充实，自然会包含很多景点，这样一来分摊在每个景点的时间会很短，给游客一种被催促着走完全程的感受，不能起到很好的解压效果，违背了旅游的本来意义，加上游客的真实体验与宣传预期效果落差较大，很多游客不会再选择跟团旅游，更加剧了旅行社恶劣的生存环境。打价格战必须在保质保量的基础之上，或者换一种营销思路，增强旅行的趣味性和体验感。

（二）旅游景区

2.1 数量规模及其变化

四川省 A 级景区数量在疫情期间仍保持稳步较快增长，3A 级景区数量增长最快，3A 级、4A 级景区占比进一步提高，形成以 3A、4A 级景区为主导的景区等级格局。

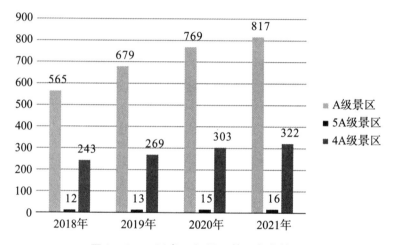

图 0-6 四川省 A 级景区数量变化情况

截至 2021 年 7 月 21 日，四川省共有 A 级旅游景区 817 家，其中 5A 级景区 16 家，4A 级景区 322 家，3A 级景区 385 家，比 2020 年同期分别增长了 6.2%、6.7%、6.3% 和 11.9%。增速略有下降，但仍保持了稳步增长。

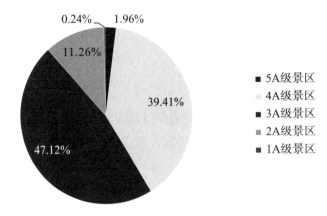

图0-7 四川省A级景区等级结构

从等级结构来看，目前四川省5A级、4A级、3A级、2A级和1A级旅游景区数量分别占比1.96%、39.41%、47.12%、11.26%和0.24%，其中3A级、4A级景区占比合计超过86.53%，相较于2021年1月的84.13%，提高了2.4个百分比，3A级、4A级景区的主体地位进一步提升。

2.2 位置分布及其变化

各市州A级景区数量普遍有所增加，三州地区和中心城市成为主要增长点，以中心平原、三州地区、川南、川北、川东各支点带动的全域旅游格局初步形成。

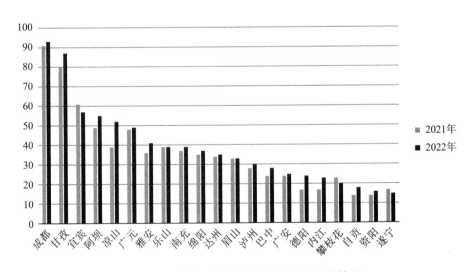

图0-8 四川省A级景区数量分布及变化情况

目前，A 级景区数量居于前 10 位的成都、甘孜、宜宾、阿坝、凉山、广元、雅安、乐山、南充、绵阳分布于中心平原、三州地区、川南、川北、川东，其交织形成的网络覆盖了四川大部分地区，成为各区域旅游支点。从内部结构来看，四川省 A 级景区分布保持着以成都为中心、西强东弱的基本格局。

对比 2021 年，除宜宾、攀枝花、遂宁外，四川省各市州 A 级景区数量大多有所增加，德阳以 41.1% 的增长率位列全省第一，内江以 35.3% 的增长率紧随其后。三州地区表现依然亮眼，凉山 A 级景区数量增长了 33.3%，领跑三州地区，阿坝、甘孜分别以 12.2%、8.8% 的增长率持续发力。这可能得益于成德眉资同城化文旅融合发展等政策的出台，以及脱贫攻坚工作的持续深入推进，随着全域旅游的发展和大量基础设施的建设和改善，释放了这些地区的优质旅游资源供给潜力。

2.3　经营效益及其变化

四川省景区经营效益随疫情防控形势变化，接待人次、门票收入两项指标均有所波动。

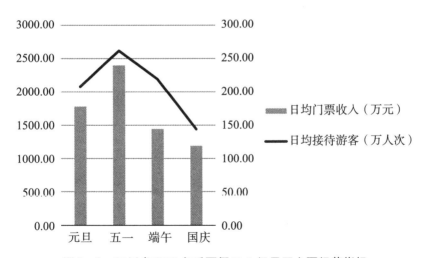

图 0-9　四川省 2022 年重要假日 A 级景区主要经营指标

以重要节假日文化和旅游市场统计数据为例，2022 年元旦、五一、端午、国庆节假日期间，四川省纳入统计的 A 级景区，分别实现门票收入 5347.73 万元、12000 万元、4341.79 万元、8361.31 万元，分别实现接待游客 623.86 万人次、1308.6 万人次、658.21 万人次、1009.66 万人次。按日平均计算，分别实现日均门票收入 1782.58 万元、2400 万元、1447.26 万元、1194.47 万元，分别实现日均接待游客 207.95 万人次、261.72 万人次、219.4 万人次、144.24 万人次。2022 年以来，四川省采取系列措施推动文化和旅游业从"门票经济"向"产业经济"转变、从单一景区景点向综合旅游目的地转变，组织全省旅游景区开展送门票和门票直降直减以及免票和套票折扣等暑期促销优惠政策；印发《A 级景区文旅融合发展实施导则》，推动创意人才、文创企业进景区；全省拥有演艺收入的旅游景区数量由 2021 年的 83 家增加至当前的 98 家，演艺收入达 12.3 亿元，同比增长 172.37%。

由于疫情严峻复杂，四川省景区经营状况受到不同程度的影响。五一假期，受疫情影响严重的文化和旅游市场"满血复活"，较当年清明小长假同口径比较分别增长 46% 和 110%；端午期间，各地坚持一手抓疫情防控和安全生产，一手抓文旅经济恢复发展，推出多项惠民利民文旅优惠政策，较当年清明小长假的接待游客和门票收入分别增加 18.35% 和 24.48%。受暑期疫情的后续影响，国庆期间，"轻旅游""微度假"受到游客青睐，成都市东郊记忆、崇州市竹艺村景区、国际非物质文化遗产博览园等 41 家城市周边 A 级景区接待人次同比增长 100% 以上。

（三）旅游住宿业

3.1 数量规模及其变化

2015 年，四川星级酒店总数达到 395 家，达到近五年最高值。此后，2016 年星级酒店总数出现大幅下降，减少了约 100 家，降幅为 24.56%。随后三年，四川星级酒店开始不断增长，疫情后数量回落至 2022 年的 295 家。根据国家旅游局数据显示，2022 年四川共有 295 家星级酒店，比上一年减少 33 家，2021 年四川共有 328 家，比上一年减少 38 家，表明疫情对四川省酒店业打击较为严重，酒店抗风险能力仍需提高。

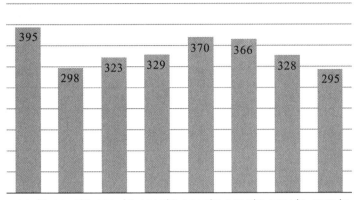

图 0-10 2015—2022 年四川星级酒店数量统计

从星级酒店的结构来看，与其他各地的省市一样，三星级酒店在四川省星级酒店市场占有很大比例，四星级和二星级酒店次之。2022 年，四川省共拥有 54家二星级酒店、112 家三星级酒店、97 家四星级酒店和 32 家五星级饭店，除了五星级酒店外，其他星级酒店有较大减少，分别减少了 5 家、15 家、11 家。

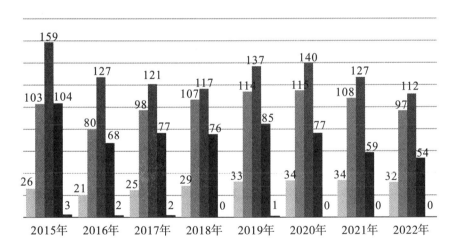

图 0-11 2015—2022 年四川各星级酒店数量分布

住宿设施增速放缓，产品质量稳步改善。根据《中国饭店协会：2022 年中国酒店业发展报告》显示，2022 年四川地区有 18，894 家酒店，位列全国第二、仅次于广东，客房数 864，689 间，位列全国第三、仅次于广东和江苏；四川省的酒店设施平均规模较小，不到 46 间客房。

3.2 经营效益及其变化

2022 年是中国酒店行业深受疫情冲击的第三年，随着全国范围内常态化防控的展开，酒店从业者面对疫情已经具备一定的应对经验；然而未来的动荡因素仍然存在，市场信心要恢复到疫情前水平依然任重道远。

在经营状况方面，2019 年，四川星级酒店实现营业收入 171.88 亿元，居全国第四位，其中餐饮收入占 18.3%，客房收入占 13.63%。2020 年，实现营业收入 46.90 亿元，降幅高达 72.71%，表明疫情对住宿业的打击较为严重；2021 年实现营业收入 55.56 亿元，增幅 18.46%，但仍未恢复到疫情前。

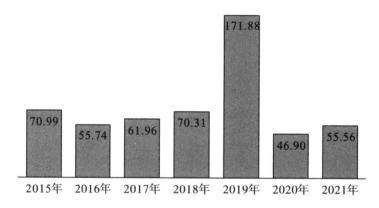

图 0-12　2015—2021 年四川星级酒店营业收入统计

2020 年，四川星级酒店实现利润总额 -4.57 亿元，人均利润 -13770 元，是近年首次出现负利润，与全国整体情况相一致；2021 年四川星级酒店利润总额 -2.24 亿元，人均利润 -6890 元，较 2020 年有大幅的提升，但仍处于亏损状态。

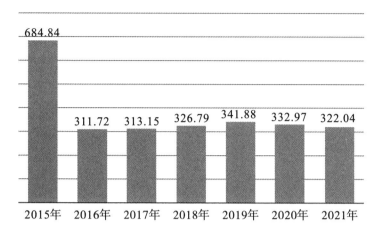

图0-13　2015—2021年四川星级酒店平均房价变化趋势图（元/间夜）

在平均房屋的出租比例上，2019年，四川星级酒店的平均房屋出租比例大约为55.18%，远远超过了全国的平均水准。在我国31个地方和省市中，四川酒店的入住率仅仅排在第7位。2020年，受到疫情的影响，平均房屋出租率约为44.04%，较往年有大幅下降，2021年出租率为43.96%、基本与2020年持平。

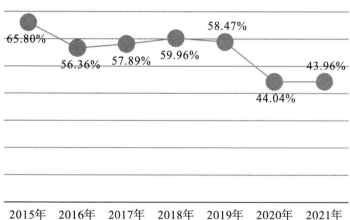

图0-14　2015—2021年四川星级酒店平均出租率（%）

3.3　地区分布及其变化

在酒店供给量及酒店客房总量方面，成都平原经济区位居全省五大经济区首位，均占比60%以上；根据国家文化和旅游部数据显示，2021年成都市营业收入26.58亿元、占全省总营业收入的47.8%，平均出租率47.78%、高于全省的

43.96%，平均房价 422.15 元、显著高于全省的 322.04 元。

在市州方面，据 2021 年四川省文化和旅游厅数据显示，四川省酒店客房供给依然以成都为主体（占比 24.26%），其次是凉山州（占 6.51%）、绵阳（占 6.51%）、乐山（占 6.21%）、广元（占 5.92%）、南充（占 4.73%）、泸州市（4.44%）、攀枝花（4.44%）、遂宁市（4.44%）、阿坝州（占 4.14%）。四川省酒店客房供应主要集中在成都和"三州"等旅游热门地，其酒店客房供给占比达 64.22%。同时，成都及川西北地区酒店网络评分高于整体水平，供应满意度较高。

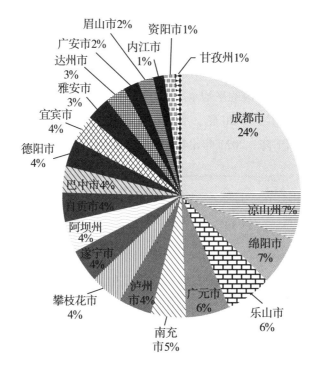

图 0-15 四川省酒店客房供给主体

（四）旅游新变化

此部分数据的文本来源主要为行业报纸与数十位从业人员访谈。总结当下的旅游新变化主要包括四个方面：（1）游客行为习惯变化；（2）旅游营销方式的改变；（3）旅游从业者身份（职业）转变；（4）旅游新业态的涌现。以下依次呈现：

4.1　游客行为习惯转变

4.1.1　年轻游客获取旅游信息热门渠道改变，多为线上平台

年轻游客多通过各大线上平台获取旅游信息。据 2022 年 5 月 5 日小红书发布五一假期旅游出行报告显示：2022 年五一假期期间，小红书旅游出行类笔记发布量同比增长超过 80%，相比 2021 年十一黄金周同时段增幅也超过 80%。五一前三天，小红书上"露营"的搜索量比上一年同期上涨 230%，巨大的涨幅说明了当今受碎片化生活方式及新媒体发展影响，年轻游客对旅游信息获取渠道多青睐于线上平台。其中不仅包括如携程、去哪儿网、大众点评网等典型的旅游网站，还包括抖音、快手、小红书、B 站等新媒体平台。

4.1.2　年轻群体旅游出行方式改变，偏向自由行、自驾

年轻游客已不拘泥于传统跟团游的旅行方式，更多选择自由行与自驾来满足自己的个性化需求，这其中又以自驾游方式为主。据携程发布《2022 年暑期租车自驾报告》显示，2022 年暑期租车自驾游需求旺，订单量同比实现双位数增长，较 2019 年增长 152%；人均租车花费较 2021 年实现 18% 的上涨；单均车日同比增长 5.5%（指每个订单的租车时长）；近乎每十个租车订单就有一个续租，平均续租天数为 2.1 天。据马蜂窝旅游《2021 年自驾数据报告》显示，选择自驾游人群的年龄分布中，80 后、90 后、00 后占比高达 70%，且 2021 年自驾游热度持续不减，搜索热度较上年同期增长 137%。约有 70% 的用户选择自驾作为大交通后的出行方式。

4.1.3　老年群体旅游习惯趋于追求健康生活方式的旅游体验

由于人们思想观念的转变，生活水平的提高，我国人口老龄化比例越来越高，据国家统计局第七次人口普查数据显示，我国超过 60 周岁的老年人口已超 2.64 亿。在这个大背景下，越来越多的初老群体、准老年人参与到旅游中来，

也更愿意去享受生活。但与年轻群体相比，老年群体更倾向于较长期功能性的基于健康生活方式的旅居，如疗养型的休闲旅游，因其更灵活，更尊重老年人的选择，非常适合老年人慢节奏、低强度的旅游特点，从而也受到了更多老年群体的青睐。

在这个过程中，老年群体关注的是深度的异地生活及沉浸式的健康体验，地区多选择适合养生且养生旅游发展完善的地方：如基于自然优势、资源优势的暖冬地点北海；基于健康生活方式的峨眉山；也有基于中医特色的健康养生旅游产品，如都江堰。地区选择也显示出了现在老年人旅游习惯的改变：向健康、养生层面发展。但能够参与旅游的老人的地域分布呈现明显地域特征，在《2021年旅居养老需求调查报告》中，有93%老人皆来自城市或县城，这说明了我国基层老年旅游市场远没有发掘，能够享受健康旅游的仅是大多数城镇居民中的老年群体。

4.2　旅游营销方式改变

4.2.1　内容营销是王道

在信息轰炸，产品迭代迅速的今天，线下门店或一般官方宣传已经不再是主流，而围绕各类APP的内容营销已成为主流。旅游内容营销也以有针对性地打造吸引潜在游客的旅游内容为重点，以各种线上平台成为宣传媒介，以更精准化地吸引网民、赢得口碑为方式。如利用正能量传递旅游信号、利用网红效应、针对中老年客群的网络流量博主从而培养粉丝群等方式进行精准营销，以适应和迎合新媒体和互联网的迅猛发展。

4.2.2　价值共创是途径是目标

价值共创的本质是充分发挥消费者的主观能动性，让消费者参与到产品价值的创造中，最后供给方根据消费者的需求来设计新产品的方式来进行营业与交易。而在旅游中基于平台多方利益体的价值共创是途径也是目标。如"甘孜文旅局长刘洪"这位抖音博主，他的账号中发布了很多自己深入当地景点体验生活，与当地人打成一片的视频，引起众多网友的共鸣和向往，在评论区会有当地居民或到访过当地的游客加入到这种价值共创中，一起展现出当地的形象。在这个过程中作为消费者也可以向他提建议，这使当地的旅游业蓬勃发展：据数据统计，2022年7月1日至7月20日，单国道318甘孜段进州车辆就达38.43万辆，同比2019年增长22.61%，环比增长29.99%；纳入统计的28家景区旅游接待游客

68.78 万人，实现门票收入 991.19 万元，环比分别增长 432.76% 和 248.83%。旅游收入增长的同时，不仅赋予消费者更多的权利，更为旅游企业提供更加明确的目标。可以说旅游价值共创通过整合游客和旅游服务提供者的资源，对提升游客体验和促进旅游服务创新都具有重要意义。

4.3　旅游从业者身份（职业）转变

4.3.1　旅游从业者转行房地产、保险销售、医美或小老板

旅游客流量较疫情前大幅度下降，很大程度上削弱了旅游从业者的作用，在这种恶劣的大环境下，部分旅游从业者被迫转为房地产销售、保险销售、医美从业者、小店铺老板或发展地摊经济。2021 年 11 月 3 日，文旅部发布的 2021 年前三季度国内旅游的数据显示，2020 年有 22.47% 的旅行社从业者转行，而 2021 年转行的从业者可能会超过 6 成。

4.3.2　导医、健康顾问、心理健康咨询师成旅游从业者新方向

为响应四川省《关于进一步推动健康旅游发展的实施意见》号召，推进旅游与医疗融合发展，发展旅游新业态，找寻旅游业新路径。访谈中了解到部分旅游从业者职业规划转导医、健康顾问、心理健康咨询师等方向。这说明部分旅游从业者也为适应不断变化的环境而实时更新自己，成为跨学科知识的综合型人才，将职业导向转为行业的交会处。

4.3.3　旅游从业者转身成为多面手：兼自媒体旅游达人、博主

疫情的来袭导致许多旅游业服务人员失业或改行，与此同时，也有一批旅游人在困境下看到了机遇，通过互联网做起了"云导游"，如拥有 900 万互联网粉丝的网红导游"普陀山小帅"，通过走心的解说吸引了来自全国各地的游客，不少忠实粉丝后来从线上走到线下，报名跟他的团旅游，促进了当地旅游业的发展，类似的这样一批自媒体导游正在探索开启旅游的新方式。更有携程 CEO 梁建章直播卖旅行套餐、广西市县长带货等范例让我们看到了后疫情时代旅游与多媒体的深度融合为旅游业开启了新的发展方式。

4.4　旅游新业态的涌现

4.4.1　旅游各要素发展日趋独立与个性化

传统跟团游，旅行社包办一切的时代已成为过去，进而与传统旅游关系密切的六大要素食、住、行、游、购、娱也开始独立个性化发展。如不少所谓的网红打卡地都有一个特别吸睛的产品，用户在直播中或者博主视频分享中被吸引住并

产生来此一游的意愿，这一特别的产品可能是美食，可能是民宿，也可能是一个免税店，这就展示了受游客青睐的要素不必全部出现在同一旅游过程中，而是其中一种要素的独立与个性化发展更符合未来趋势。而对于其中的个性化因素，四川大学"美丽中国"研究所所长蔡尚伟指出，"新、美、奇"是构成网红打卡地的三个主要要素。几乎所有网红打卡地都满足其中一项或者几项要素，即——新："新的景观或新鲜感"，美："美的景观或展现美的平台"，奇："奇特的景观或奇特的体验"。

4.4.2 小众技能型户外游中冰雪游借机火热

体育旅游是主要以参赛型、观赛性旅游为突破口，建设特色跑道，打造集休闲娱乐与户外行康养于一体的特色体育旅游。而四川的冰雪旅游得益于"迎冬奥·游四川"冬季旅游系列活动的宣传推广带动，各地围绕"迎冬奥"，开展各类娱乐项目，丰富冰雪旅游产品形态，冰雪游、温泉游、阳光康养游备受游客青睐。据《2021中国滑雪产业白皮书》发布的数据显示，2021—2022雪季财年，四川共有124万人次参与到滑雪运动中，较上年的99万人次同比增长25%，参与人数位居全国第五位、南方省份首位。

4.4.3 露营、乡村精品民宿成为新方向并持续火热

露营休闲游成为2022年五一假期新潮流。据企查查数据显示，2022年上半年，我国新增露营相关企业1.53万家，同比增长51.70%。2020年新增露营相关企业9989家，同比增长149.29%。2021年新增2.22万家，同比增长122.38%。（如图0-16）"星空露营＋篝火舞会""露营＋研学""露营＋踏青赏花"等"露营＋"新玩法不断涌现，带有户外装备、儿童乐园、过夜套餐的组合式露营产品同比显著提升，露营地周边酒店预订量平均增幅达70%，露营公园门票预订量同比超过30%。

此外，通过精品民宿进行深度文化、乡村体验也是非常典型的方向。据《2021上半年全国乡村民宿发展研究报告》显示，2021年1—8月新注册的民宿企业有17460家，2021年在线民宿市场交易规模有望达到2020年的1.3倍。露营、精品民宿的持续火热体现了现代游客从观光游走向深度自然、文化体验游的转变的新趋势。

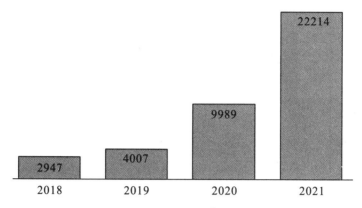

图 0 - 16　2018—2021 年露营相关企业注册量

4.4.4　近郊自然体验游、微旅游受到大力支持并逐渐成为主流

在国务院印发的《十四五旅游业发展规划》中就已经提到，"要推动更多城市将旅游休闲作为城市基本功能，充分考虑游客和当地居民的旅游休闲需要，科学设计布局旅游休闲街区，合理规划建设环城市休闲度假带，推进绿道、骑行道、游憩道、郊野公园等建设，提升游客体验，为城乡居民'微度假''微旅游'创造条件。"而微旅游也因其具有时间短（一般不超过两日）、距离近等特点，与当下提倡的"就地旅游，就近休闲"不谋而合，适应了后疫情时代下人们的旅游方式的变化，同时符合游客对缓解压力及个性化的追求，丰富了城乡居民的生活。2022 年 10 月 7 日，途牛旅游网发布《2022 国庆旅游消费报告》显示，2022 年国庆旅游消费市场由周边游、本地游主导，出游人次占比为 68%。较前两年的出游人数有所增长（如图 0 - 17），这是微旅游形式兴起的直观体现。近年来国家重视公园的建设，注重提高人们福祉，统计数据显示，目前我国城市公园类型已达 10 余种，截至 2021 年底，全国城市综合公园、社区公园、专类公园等超过 2 万个。

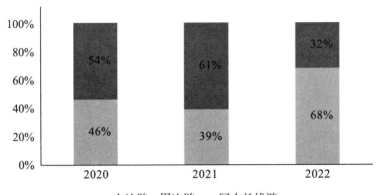

图 0 - 17　途牛旅游网 2020—2022 年国庆假期用户出游类型分布

4.4.5　旅居相关产业大力发展并呈现"生活方式化"

生活方式，顾名思义，是传导、呈现某种能带给人的享受型和体验型生活方式。民宿独特多样的风格迎合了现在游客对于个性化的追求，提高了"住"在旅游中的地位。据途家数据显示，假日期间，四川民宿预订量较前一周环比增长16 倍。成都市、雅安市、乐山市周边精品民宿入住率超过 90%。80 后、90 后成为民宿度假游主力军，占比达 60%。与此同时，酒店行业也在随着大众的需求而做出创新，2022 年 4 月 1 日，成都旅游住宿业协会、健康生活方式酒店联盟在眉山青神禅驿·忆村院子召开"健康生活方式酒店研讨会"，酒店的场景化、沉浸式体验感，便是酒店的生活方式化，这种充满个性化的酒店已经不单单是旅行中的附属品，反而很可能"生活方式型酒店"本身就是一处旅游目的地，游客到此的目的就是沉浸式体验一种自己偏爱的生活方式。

而在老年群体中，由于其对健康的关注较高，且旅游活动多与康养有关，加之老年群体偏好慢节奏的旅游方式，旅居养老恰好具有慢生活、医疗条件良好、气候适宜等特点，旅居养老在老年群体中有着很高的需求。这一趋向在《中国旅居养老发展报告》问卷调查中也得到了充分显示。

4.4.6　城市微度假聚焦新场景和新玩法，旅游场景呈现多样化

由于整个旅游行业受疫情环境影响，跨境旅游在大多数地区的出行选择中仍处于观察状态，人们的生活压力多释放于对周末的休闲度假以及对娱乐的日常需求中，恢复对日常生活的快乐追求，成为人们潜在心理需求。而微度假恰好配合

了这方面需求。克服了距离障碍，利用多元化的业态组合、差异化的场景体验，城市差异化主题酒店、综合性旅游地产项目、旅游综合体大力发展，满足了不同客群的不同需求。"旅游＋剧本杀""旅游＋娱乐""旅游＋演出""民宿＋剧本杀"等形式广受青睐。此外，在政治层面国家也给予了支持，《"十四五"文化和旅游发展规划》提出，要培育云旅游、云直播，发展线上数字化体验产品。鼓励定制、体验、智能、互动等消费新模式发展，打造沉浸式旅游体验新场景。《文化和旅游部关于推动数字文化产业高质量发展的意见》也明确提出，要顺应数字产业化和产业数字化发展趋势，培育云演艺业态，丰富云展览业态，发展沉浸式业态，以数字化推动文化和旅游融合发展。

说明：受疫情影响，本文成稿时间为 2022 年下半年，为了结合旅游市场最新的供给情况，本文结合了 2022 年已有数据一并进行讨论，希望对当下旅游供给市场有更好的理解。

特别感谢：四川省中国青年旅行社有限公司黄琴经理在访谈过程中给予的宝贵意见建议。

参考文献

［1］四川省文化和旅游厅．四川省 A 级旅游景区名录［N/OL］．http：//wlt. sc. gov. cn/scwlt/c100297/introduce. shtml，2022 - 07 - 21.

［2］成都全关注．四川省 A 级旅游景区名录［N/OL］．http：//cd. banzhengshi. com/lvy-ou/5665. html，2022 - 04 - 26.

［3］中华人民共和国文化和旅游部．四川 2022 年假日旅游"开门红"冬季旅游表现抢眼［N/OL］．https：//www. mct. gov. cn/whzx/qgwhxxlb/sc/202201/t20220104_ 930223. htm，2022 - 01 - 04.

［4］中华人民共和国文化和旅游部．四川五一假期累计接待游客 4401. 08 万人次［N/OL］．https：//www. mct. gov. cn/whzx/qgwhxxlb/sc/202205/t20220505_ 932788. htm，2022 - 05 - 05.

［5］中华人民共和国文化和旅游部．四川："五不准"为文旅市场"暖客"［N/OL］．ht-tps：//www. mct. gov. cn/whzx/qgwhxxlb/sc/202206/t20220621_ 934002. htm，2022 - 06 - 21.

［6］中华人民共和国文化和旅游部．四川2022年国庆假期文旅市场情况［N/OL］．https：//www.mct.gov.cn/whzx/qgwhxxlb/sc/202210/t20221008_936311.htm，2022-10-08.

［7］中华人民共和国文化和旅游部．四川推动"门票经济"向"产业经济"转变夯实行业稳增长基础［N/OL］．https：//www.mct.gov.cn/whzx/qgwhxxlb/sc/202206/t20220622_934015.htm，2022-06-22.

［8］中华人民共和国文化和旅游部．四川"轻旅游""微度假"受游客青睐［N/OL］．https：//www.mct.gov.cn/whzx/qgwhxxlb/sc/202210/t20221008_936302.htm，2022-10-08.

［9］四川省文化和旅游厅．四川省旅行社名录［N/OL］．http：//wlt.sc.gov.cn/scwlt/c100299/introduce.shtml，2022-10-19.

［10］中华人民共和国文化和旅游部．2021年度全国旅行社统计调查报告［N/OL］．https：//zwgk.mct.gov.cn/zfxxgkml/tjxx/202205/t20220510_932908.html，2022-05-10.

［11］程卫进，刘根固．国内旅行社发展的现状、问题及对策研究［J］．齐齐哈尔师范高等专科学校学报，2021（02）：103-106.

［12］四川在线．五一假期收官！四川累计接待游客4401.08万人次［N/OL］．https：//sichuan.scol.com.cn/ggxw/202205/58511835.html，2022-05-05.

［13］旅游预订研究报告．马蜂窝旅游：2021年自驾游数据报告［N/OL］．http：//www.199it.com/archives/1295988.html，2021-08-16.

［14］谭雅文，任莉英．四川体育产业与旅游产业耦合发展研究［J］．当代体育科技，2021，11（35）：124-127+133.

［15］杨施思．基于RMP理论的微旅游产品开发实证研究［D］．兰州大学，2015.

［16］中华人民共和国文化和旅游部．四川：2021年元旦期间特色文旅产品带热旅游市场［N/OL］．https：//www.mct.gov.cn/whzx/qgwhxxlb/sc/202101/t202101103920440.htm，2021-01-04.

［17］杨丽娟．以"民"之名：民宿认知的三种层次［J］．旅游导刊，2022，6（04）：25-41.

［18］冯镇涛．积极老龄化视角下旅居养老综合体规划设计研究［D］．苏州科技大学，2021.

［19］北京青年报．中老年人短视频使用报告：抖音增进老年人社会适应与社会参与［N/OL］．https：//www.163.com/dy/article/GIBMQ4I10514R9KQ.html，2021-08-26.

［20］中国日报网．20天412万人收入44亿元　今夏甘孜旅游火爆出圈［N/OL］．http：//cn.chinadaily.com.cn/a/202207/25/WS62de2a49a3101c3ee7ae0974.html，2022-07-25.

［21］吴亦铮.网红打卡地能否"长红"的学问与挑战［N］.成都日报，2022－05－05（008）.

［22］铭星冰雪（北京）科技有限公司.《2021中国滑雪产业白皮书》发布［N/OL］.http：//www.esnow.com.cn/news/3059.html，2022－07－29.

［23］中国日报网.乡村民宿大数据中心发布《2021上半年全国乡村民宿发展研究报告》［N/OL］.http：//cn.chinadaily.com.cn/a/202109/14/WS61404787a310f4935fbed9f1.html，2021－09－14（88）.

［24］中华人民共和国文化和旅游部.2022年第二季度全国星级饭店统计调查报告［N/OL］.https：//zwgk.mct.gov.cn/zfxxgkml/tjxx/202208/t20220818_935412.html，2022－08－18.

［25］中华人民共和国文化和旅游部.2021年度全国星级饭店统计调查报告［N/OL］.https：//zwgk.mct.gov.cn/zfxxgkml/tjxx/202204/t20220415_932490.html，2022－04－15.

［26］中华人民共和国文化和旅游部.2020年度全国星级饭店统计报告［N/OL］.https：//zwgk.mct.gov.cn/zfxxgkml/tjxx/202105/t20210507_924310.html，2021－05－07.

［27］中华人民共和国文化和旅游部.2019年度全国星级饭店统计报告［N/OL］.https：//zwgk.mct.gov.cn/zfxxgkml/tjxx/202012/t20201204_906492.html，2020－08－14.

［28］中华人民共和国文化和旅游部.2017年度全国星级饭店统计公报［N/OL］.https：//zwgk.mct.gov.cn/zfxxgkml/tjxx/202012/t20201204_906485.html，2018－09－25.

［29］中华人民共和国文化和旅游部.2016年度全国星级饭店统计公报［N/OL］.https：//zwgk.mct.gov.cn/zfxxgkml/tjxx/202012/t20201204_906478.html，2017－10－07.

［30］中华人民共和国文化和旅游部.关于2015年度全国星级饭店统计公报［N/OL］.https：//zwgk.mct.gov.cn/zfxxgkml/tjxx/202012/t20201204_906461.html，2016－09－02.

［31］四川省文化和旅游厅.四川省旅游星级饭店名录［N/OL］.https：//zwgk.mct.gov.cn/zfxxgkml/tjxx/202012/t20201204_906453.html，2022－06－09.

［32］中国饭店协会.2022年中国酒店业发展报告［N/OL］.http：//wlt.sc.gov.cn/scwlt/c100298/2022/6/9/17f3a914527c43e287214b5d1d1b22af.shtml，2022－06－09.

［33］酒店观察网.下一个十年，是生活方式酒店崛起的时代！［N/OL］.https：//mp.weixin.qq.com/s？，2022－10－19.

［34］店小三的思考.健康生活方式酒店学术定义发布与"忆村宣言"［N/OL］.https：//mp.weixin.qq.com/s/MINaIES73buzoD3LvkRnFg，2022－04－01.

［35］申倩，王璐.无锡市社区居民健康生活方式分布情况及与慢性病患病关联分析

［J］.现代预防医学，2022，49（19）：3558－3564.

［36］吴延莉，周婕，王艺颖，等.健康生活方式对代谢综合征发病影响的队列研究［J］.中国健康教育，2022，38（08）：675－680＋685.

［37］老年人对旅居养老的看法数据统计［N/OL］.https：//m.book118.com/html/2021/0713/8056107136003120.shtm，2021－07－13.

［38］魏斌.城市微度假：新场景潮玩法，"旅游＋"拥抱无限可能［N/OL］.https：//mp.weixin.qq.com/s/vyxcumdllEvrRZE5BGfjZQ，2020－06－30.

［39］宋晓，梁学成，张新成，等.旅游价值共创：研究回顾与未来展望［J］.旅游科学，2022，36（03）：36－57.

［40］施紫姣.试论我国旅游业态的创新与发展［J］.旅游研究，2011，3（1）：4.

［41］四川发布.晒家底！四川文旅白皮书重磅发布［N/OL］.https：//kuaibao.qq.com/s/20200927A0EEZ800？refer＝spider_map，2020－09－27.

［42］四川日报.重点项目签约落地文旅消费新场景不断涌现［N/OL］.http：//www.sc.gov.cn/10462/12771/2020/9/26/f7b719f064984e6ba2afedc727112179.shtml，2020－09－26.

［43］四川日报.2020年四川实现旅游收入6500亿元接待国内游客4.3亿人次［N/OL］.http：//sc.people.com.cn/n2/2021/0120/c345167－34536991.html，2021－01－20.

［44］中华人民共和国文化和旅游部.文化和旅游部2019年度全国旅行社统计调查报告［N/OL］.http：//zwgk.mct.gov.cn/zfxxgkml/tjxx/202012/t20201204_906493.html，2020－08－24.

［45］中华人民共和国文化和旅游部.文化和旅游部2020年度全国旅行社统计调查报告［N/OL］.http：//zwgk.mct.gov.cn/zfxxgkml/tjxx/202104/t20210416_923778.html，2021－04－16.

［46］四川省文化和旅游厅.2021年春节假期全省文化和旅游市场情况综述［N/OL］.http：//wlt.sc.gov.cn/scwlt/wlyw/2021/2/17/9461a5bdab184dd195adf2137d116d70.shtml，2021－02－17.

［47］四川省文化和旅游厅.2021年清明假期全省文旅市场强劲复苏［N/OL］.http：//wlt.sc.gov.cn/scwlt/wlyw/2021/4/6/c1a430354b324d33801e536ab926b13f.shtml，2021－04－06.

［48］中华人民共和国文化和旅游部.四川：五一假期文化和旅游市场"爆棚"［N/OL］.https：//www.mct.gov.cn/whzx/qgwhxxlb/sc/202105/t20210506_924181.htm，2021－

05－06.

［49］中国饭店协会．2020 中国住宿业市场网络口碑报告［N/OL］．https：//max. book118. com/html/2020/0821/7103042166002161. shtm，2020－08－21.

［50］四川日报．重点项目签约落地文旅消费新场景不断涌现［N/OL］．https：//www. sohu. com/a/421242569_ 120059555，2020－09－27.

［51］人民网四川频道．第三届中欧国际会展业合作圆桌会在成都举行［N/OL］．ht-tps：//m. gmw. cn/baijia/2020－11/12/34363309. html，2020－11－12.

［52］段志祥，李泽庚．中医药健康旅游的策略研究［J］．中医药管理杂志，2017，25（13）：7－9.

［53］四川中医药管理局．2020 年四川省中医药健康旅游示范基地（项目）名单公示［N/OL］．http：//sctcm. sc. gov. cn/sctcm/gggs/2020/12/17/69f842e822b94c12807e0df861e42881. shtml，2020－12－17.

［54］四川省文联党组书记、常务副主席平志英．《四川美术史》出版助推巴蜀文艺发展［N/OL］．https：//baijiahao. baidu. com/s？id＝1684840483622549493&wfr＝spider&for＝pc，2020－12－01.

［55］四川省人民政府．四川：构建八大红色旅游品牌［N/OL］．http：//www. sc. gov. cn/10462/10464/13183/13184/2021/4/27/4d826f55ac034fc79dae09466116ba89. shtml，2021－04－27.

［56］川报观察．3 年后四川将迈入智慧旅游时代！一个平台全搞定［N/OL］．http：//sc. ifeng. com/a/20200731/14425069_ 0. shtml，2020－07－31.

［57］新华社．中共中央国务院印发《"健康中国2030"规划纲要》［N/OL］．http：//www. gov. cn/zhengce/2016－10/25/content_ 5124174. htm，2016－10－25.

［58］人民日报．首次举办！成渝地区双城经济圈健康旅游博览会9 月9 日开幕［N/OL］．https：//wap. peopleapp. com/article/rmh23269408/rmh23269408，2021－09－16.

II 专题报告

智慧旅游

四川"智游天府"公共服务平台应用效应评价研究

［作　者］程福梅　黄　萍（成都信息工程大学）

卓莉评　吴勇科（成都网传文化传播有限公司）

摘　要： "智游天府"APP 是四川省文化和旅游信息中心旗下的一款四川地区旅游服务软件，这款软件为想要去四川地区旅游的用户们提供丰富的旅游资讯服务。笔者采用 AHP 层次分析法、模糊综合评价法等方法构建了一套适用于各旅游公共服务平台应用效应的评价指标体系，并依此对"智游天府"平台做出分析。通过本文研究发现，用户对"智游天府"应用效应的整体评价较好，但目前还存在一些问题，通过对"智游天府"应用效应的评价分析，为平台改进和发展提供了一定的理论依据。

关键词： 智慧旅游；公共服务；AHP 层次分析法；模糊综合评价法

1　引言

随着大众旅游时代的到来，旅游产业和信息技术快速发展，人们对旅游公共服务的需求也在不断提高，传统的旅游公共服务体系已经无法满足游客的个性化需求，为游客提供标准化、个性化服务成为各级政府和旅游主管部门所关注的问题[1]。在此背景下，构建旅游公共服务体系在旅游工作发展过程中的作用日益明显。

在国外发展智慧旅游的过程中，新加坡、韩国等旅游发达国家较早开发智慧旅游，目前已经形成了比较完整的智慧旅游公共服务平台体系。现阶段我国学者对智慧旅游公共服务平台这一领域的研究还处于起步阶段。曹丽娟学者主要分析我国旅游业所处的环境，指出我国智慧旅游公共服务平台建设面临的发展障碍，最后提出的可行性办法是：搭建准确、共享、动态的数据库基础平台。王谦学者概括出了我国重要的几种发展模式以及主要存在的问题，提出了"四端联动、三位一体"管理模式，由政府搭台，各相关主体支持，共同建立资源平台、云平台和应用平台等[2]。

目前国内外相关学者在对旅游公共服务平台的研究上主要集中在服务技能、门户网站功能、建设模式和服务内容等几个方面。本文从构建旅游公共服务平台应用效应评价指标体系视角出发，以四川"智游天府"平台为例，通过构建的指标体系对其进行分析，以供该平台在改进过程中参考。

2 旅游公共服务平台应用效应评价指标的选取

2.1 确立评价指标的目标

旅游公共服务平台应用效应评价指标体系要以提升平台实用性、稳定性和满足用户需求为目标，应从平台、信息系统、用户三个环节进行评价和改进。因此构建指标应涉及旅游公共服务的各个环节，贯穿旅游者出游的全过程，通过发现平台发展过程中的问题和瓶颈，不断完善和解决，为旅游公共服务平台的高质量实施提供保障。

2.2 评价指标选择的原则

本文在评价指标的选取上，主要考虑完整性、独立性、典型性三个原则。完整性是指评价指标的选取必须是科学、全面的，要覆盖与旅游公共服务平台相关的各个方面；独立性是指构建的指标不存在重复，应该是相互独立的，同时指向性应该明确；典型性原则是指评价指标体系指标的选取上，应当选择精炼而具代表性的项目。

2.3 评价指标选择的依据

本文的评价指标来源主要从两方面获得，其一基于 131 份有效问卷，其中调研的问题涉及页面设计、服务内容、系统实用性、内容吸引力、链接准确性等元素；其二本文在参考了大量的相关文献后增添了目的地信息提供服务、用户利益保障、旅游安全保障等元素。最后本文在综合考虑问卷结果及文献后，决定在指标层选取以下 7 个维度，目的地信息服务、旅游安全保障、用户利益保障、平台服务内容、页面设计、系统及数据、平台应用渠道及关注度。

2.4　评价指标选择及应用效应评价方法

首先，运用层次分析法构建旅游公共服务平台应用效应评价指标体系及确定各指标的相对重要性。层次分析方法由美国运筹学家 Saaty 在 20 世纪 70 年代初提出，它是一种定量分析与定性分析相结合的决策分析方法。其基本思路是根据系统总目标和研究问题的性质，将系统拆分成不同的因素，并根据因素间的隶属关系按照不同层次进行分析，形成一个多层次分析结构模型[3]。其次，运用模糊综合评价法对"智游天府"平台的应用效应进行评价。模糊综合评价法是一种基于模糊数学的综合评价方法。该综合评价法根据模糊数学的隶属度理论把定性评价转化为定量评价，即用模糊数学对受到多种因素制约的事物或对象做出一个总体的评价。它具有结果清晰、系统性强的特点，能较好地解决模糊的、难以量化的问题，适合各种非确定性问题的解决[4]。

3　旅游公共服务平台应用效应评价指标体系的构建

3.1　构建旅游公共服务平台应用效应评价指标体系

对旅游公共服务平台应用效应的评价研究集中在目的地信息服务、旅游安全保障、用户利益保障、平台服务内容、页面设计、系统及数据、平台应用渠道及关注度等方面，本文参照徐菊凤《旅游公共服务：理论与实践》《国家基本公共服务标准》（2021 年版）构建三层评价指标体系，即目标层 A、要素层 B、评价指标层 C，具体如表 1－1 所示。

表 1－1　旅游公共服务平台应用效应评价指标体系

目标层（A）	要素层（B）	评价指标层（C）
旅游公共服务平台应用效应评价指标体系	目的地信息服务（B1）	景点指引及简介（C1）
		当地文化介绍（例人文风情、习俗、信仰）（C2）
		当地注意事项（例禁忌事项、特殊文化）（C3）
		当地气候（例天气预报、注意事项、温度）（C4）

目标层（A）	要素层（B）	评价指标层（C）
旅游公共服务平台应用效应评价指标体系	旅游安全保障的提供（B2）	旅游安全预警、提示（C5）
		紧急救援和突发事件处置服务（C6）
		购买旅游保险服务（C7）
		住宿安全服务（C8）
		饮食安全服务（C9）
		政府保障政策公示（C10）
	用户利益保障服务（B3）	透明的评价方式（C11）
		投诉及维权（C12）
		适用于所有群体（C13）
		提供特殊人群服务（例老弱病残等弱势群体）（C14）
		提供反馈意见和建议平台（C15）
		平台及时搜集问题及改进（C16）
	服务内容板块（B4）	交通便捷多样（C17）
		住宿安全卫生（C18）
		美食安全美味（C19）
		购物、休闲多样（C20）
		卫生间指引（C21）
	页面设计（B5）	色彩搭配合理、有特色（C22）
		切换方式迅速、有设计感（C23）
		logo简洁有深意（C24）
		内容板块设计合理（C25）
		登录方式多样且安全（C26）
	系统及数据（B6）	导航功能明确（能根据导航的指引准确快速地找到需要的内容）（C27）
		检索功能健全（能通过检索准确快速地找到需要的内容）（C28）
		排除网速原因响应迅速（界面跳转迅速）（C29）
	平台应用渠道及关注度（B7）	完成目标便捷（用户达成目标快速，操作简便）（C30）
		推广形式多样、渠道多样（APP、小程序、公众号）（C31）
		用户关注度（下载量、点击量、阅读量）（C32）
		影响程度及效果（C33）

3.2 旅游公共服务平台应用效应评价指标权重及结论分析

以下结果基于笔者发放的 131 份有效问卷及 SPSSAU 软件共同分析得出。SPSSAU 是一款专业的在线智能统计分析工具，提供研究所需的常用分析方法，如 T 检验、方差分析、回归分析、相关分析等约 150 类智能分析方法。根据图 1 - 1 可知，B4 > B3 > B1 > B6 > B2 = B5 > B7，在综合评价指标层中，服务内容板块权重值最大，即用户在平台使用过程中最关注的是平台所提供的服务内容。

项	特征向量	权重值	最大特征值	CI值
目的地信息服务	1.007	14.389%		
旅游安全保障的提供	0.987	14.100%		
用户保障服务	1.012	14.461%		
服务内容板块	1.033	14.751%	7.000	0.000
页面设计	0.987	14.100%		
系统及数据	0.992	14.172%		
平台应用渠道及关注度	0.982	14.027%		

图 1 - 1 一级指标层 AHP 权重分析

根据图 1 - 2 可知，C3 > C4 > C2 > C1，在目的地信息服务的提供上，用户最关心的是当地注意事项的提供。

项	特征向量	权重值	最大特征值	CI值
景点指引	0.969	24.235%		
当地文化介绍 (例人文风情、习俗、信仰)	0.995	24.872%		
当地注意事项 (例禁忌事项、特殊文化)	1.020	25.510%	4.000	0.000
当地气候 (例大气预报、注意事项、温度)	1.015	25.383%		

图 1 - 2 目的地信息服务 AHP 权重分析

据图 1 - 3 可知，C8 > C6 > C5 = C10 > C9 > C7，在旅游安全保障服务中，用户最关心的是住宿安全服务。

AHP层次分析结果				
项	特征向量	权重值	最大特征值	CI值
旅游安全预警、提示	1.008	16.793%		
紧急救援和突发事件处置服务	1.023	17.046%		
购买旅游保险服务	0.942	15.696%	6.000	0.000
住宿安全服务	1.053	17.553%		
饮食安全服务	0.967	16.118%		
政府保障政策公示	1.008	16.793%		

图 1-3 旅游安全保障服务 AHP 权重分析

据图 1-4 数据显示，C16 > C14 > C11 > C13 > C15 > C12，在利益保障方面，用户最关心的是平台及时搜集问题并进行改正。

AHP层次分析结果				
项	特征向量	权重值	最大特征值	CI值
透明的评价方式	1.012	16.861%		
投诉及维权	0.967	16.110%		
适用于所有群体	0.997	16.611%		
提供特殊人群服务（例老弱病残）	1.017	16.945%	6.000	0.000
提供反馈意见和建议平台	0.972	16.194%		
平台及时搜集问题及改进	1.037	17.279%		

图 1-4 用户利益保障服务 AHP 权重分析

据图 1-5 数据显示，C20 > C19 > C21 > C18 > C17，在服务内容板块，用户最关心的是购物、休闲的服务。

AHP层次分析结果				
项	特征向量	权重值	最大特征值	CI值
交通便捷多样	0.981	19.616%		
住宿安全卫生	0.991	19.818%		
美食安全美味	1.011	20.222%	5.000	0.000
购物、休闲多样	1.021	20.425%		
卫生间指引	0.996	19.919%		

图 1-5 服务内容板块 AHP 权重分析

据图 1-6 数据显示，C22 = C25 > C23 > C26 > C24，用户在使用平台时最关心的是色彩的搭配和内容板块的设计。

AHP层次分析结果				
项	特征向量	权重值	最大特征值	CI值
色彩搭配合理，有特色	1.023	20.464%		
切换方式迅速，有设计感	1.008	20.161%		
LOGO简洁有深意	0.948	18.952%	5.000	0.000
内容板块设计合理	1.023	20.464%		
登录方式多样且安全	0.998	19.960%		

图 1-6　页面设计 AHP 权重分析

据图 1-7 数据显示，C29＞C27＞C28＞C30，用户最关心的指标是界面响应迅速。

AHP层次分析结果				
项	特征向量	权重值	最大特征值	CI值
导航功能明确（能根据导航的指引准确快速地找到需要的内容）	1.010	25.251%		
检索功能健全（能通过检索准确快速地找到需要的内容）	0.990	24.749%	4.000	0.000
排除网速原因响应迅速（界面跳转迅速）	1.030	25.754%		
完成目标便捷（用户达成目标快速，操作简便）	0.970	24.246%		

图 1-7　系统及数据 AHP 权重分析

据图 1-8 数据显示，C31＞C33＞C32，用户最重视的指标是多样的推广形式和渠道。

AHP层次分析结果				
项	特征向量	权重值	最大特征值	CI值
推广形式多样、渠道多样（APP、小程序、公众号）	1.023	34.110%		
用户关注度（下载量、点击量、阅读量）	0.968	32.280%	3.000	0.000
影响效果及范围	1.008	33.611%		

图 1-8　平台应用渠道及关注度 AHP 权重分析

通过对上述 8 个图表的数据分析，可得出以下结论：在综合评价层中，服务内容板块权重值最大，这说明平台的服务内容是用户评价旅游公共服务平台应用效应的最主要因素，也是提升用户满意度的重点；在因素评价层中，当地注意事项、安全的住宿服务、及时搜集并改正问题、购物休闲的服务、色彩搭配和内容板块设计、界面响应迅速、多样的推广形式和渠道是影响平台应用效应的最主要因素，是进一步对"智游天府"应用效应评价的重点。

4 基于模糊综合评价分析法对"智游天府"应用效应的分析

4.1 建立因素集与评价集

在以层次分析法建立的旅游公共服务平台应用效应评价指标体系中，以 B 层的 7 个指标为因素集的元素：U = {U1，U2，…，Un} （n = 7）。

本文根据"智游天府"平台应用效应现状，将评价结果分为 5 个等级，将其评价集定义为 V = {优秀，较好，一般，较差，差} [5]。

4.2 单因素评判

本结果主要通过问卷调查的方式获得。其中调查对象涵盖专家学者、旅游相关从业者、从事旅游公共服务平台研发及运营人士、"智游天府"忠实使用者、智慧旅游爱好者等调查对象，共计收回有效问卷 105 份，经调查结果统计，得到"智游天府"公共服务平台应用效应初始量化值（表 1 - 2）。

表 1 - 2 "智游天府"模糊综合评价法结果

指标项	优秀	较好	一般	较差	差
"智游天府"目的地信息服务是否提供到位（包括景点指引及简介、当地文化介绍、当地注意事项、当地气候）	0.38	0.29	0.13	0.12	0.08
"智游天府"旅游安全保障的提供是否到位（包括旅游安全预警和提示、紧急救援和突发事件处置服务、购买旅游安全保险的功能、提供安全住宿指引服务、提供安全饮食指引服务、政府保障政策公示）	0.36	0.29	0.19	0.11	0.05

指标项	优秀	较好	一般	较差	差
"智游天府"用户利益保障服务是否到位（包括透明的评价方式、透明的投诉及维权渠道、适用于所有群体、提供弱势群体服务、提供反馈意见和建议平台、提供收集建议和意见的平台）	0.33	0.3	0.21	0.13	0.03
"智游天府"服务内容板块是否完善（包括交通信息、住宿信息、饮食信息、购物信息、卫生间指引信息）	0.28	0.35	0.14	0.21	0.02
"智游天府"页面设计是否合理（包括色彩搭配合理有特色、切换方式迅速、logo简洁有深意、内容板块设计合理、登录方式多样）	0.3	0.35	0.16	0.14	0.05
"智游天府"的系统及链接是否实用（包括导航功能明确、检索功能健全、系统响应迅速、目标检索快捷且准确）	0.4	0.28	0.2	0.1	0.02
"智游天府"的平台应用渠道和关注度是否到位（包括推广形式和渠道多样、用户关注度广泛、影响程度和效果好）	0.47	0.27	0.23	0	0.03

4.3 智游天府应用效应模糊综合评价

对一二级指标层的模糊综合评判，需要计算出指标层各因子对各评价结果的隶属度，根据指标隶属度的大小判断指标所处水平，进而对各指标进行评分及重要度分析。以下结果均通过 SPSSAU 软件所得。根据最大隶属度原则，结果中隶属于"优秀"的隶属度最大，由图 1-9 数据判定"智游天府"在目的地信息服务上居"优秀"水平。

权重计算结果					
	指标项权重	优秀	较好	一般	较差	差
隶属度	0.123	0.333	0.254	0.114	0.105	0.070
隶属度归一化【权重】	0.123	0.333	0.254	0.114	0.105	0.070

图 1-9 目的地信息服务隶属度

同理，由图 1-10 数据判定"智游天府"旅游安全保障服务处于"优秀"

水平。

权重计算结果						
	指标项权重	优秀	较好	一般	较差	差
隶属度	0.123	0.316	0.254	0.167	0.096	0.044
隶属度归一化【权重】	0.123	0.316	0.254	0.167	0.096	0.044

图 1 - 10   旅游安全保障服务隶属度

由图 1 - 11 数据判定用户利益保障服务处于"优秀"水平。

权重计算结果						
	指标项权重	优秀	较好	一般	较差	差
隶属度	0.130	0.287	0.261	0.183	0.113	0.026
隶属度归一化【权重】	0.130	0.287	0.261	0.183	0.113	0.026

图 1 - 11   用户利益保障服务隶属度

由图 1 - 12 数据判定"智游天府"内容板块完善性处于"较好"水平。

权重计算结果						
	指标项权重	优秀	较好	一般	较差	差
隶属度	0.130	0.243	0.304	0.122	0.183	0.017
隶属度归一化【权重】	0.130	0.243	0.304	0.122	0.183	0.017

图 1 - 12   内容板块完善程度的隶属度

由图 1 - 13 数据判定"智游天府"页面设计合理性处于"较好"水平。

权重计算结果						
	指标项权重	优秀	较好	一般	较差	差
隶属度	0.123	0.263	0.307	0.140	0.123	0.044
隶属度归一化【权重】	0.123	0.263	0.307	0.140	0.123	0.044

图 1 - 13   页面设计合理性的隶属度

由图 1-14 数据判定"智游天府"系统及链接的实用性处于"优秀"水平。

权重计算结果						
	指标项权重	优秀	较好	一般	较差	差
隶属度	0.123	0.351	0.246	0.175	0.088	0.018
隶属度归一化 [权重]	0.123	0.351	0.246	0.175	0.088	0.018

图 1-14 系统及链接实用性的隶属度

由图 1-15 数据判定"智游天府"应用渠道和关注度到位程度居"优秀"水平。

权重计算结果						
	指标项权重	优秀	较好	一般	较差	差
隶属度	0.123	0.412	0.237	0.202	0.000	0.026
隶属度归一化 [权重]	0.123	0.412	0.237	0.202	0.000	0.026

图 1-15 应用渠道和关注度到位程度的隶属度

4.4 "智游天府"应用效应模糊综合评价结果分析

将评价集 V = {优秀，较好，一般，较差，差} 的各个评价要素进行赋值，即分别赋值为 5、4、3、2、1，得到"智游天府"公共服务平台应用效应评价结果汇总表（如表 1-3）。

表 1-3 "智游天府"公共服务平台应用效应模糊评价结果汇总表

目标层	指标层	评价值
"智游天府"公共服务平台应用效应模糊评价结果汇总表	目的地信息服务	3.303
	旅游安全保障服务	3.359
	用户利益保障服务	3.28
	内容板块完善程度	3.18
	页面设计合理性	3.253
	系统及链接实用性	3.458
	应用渠道和关注度到位程度	3.64

　　根据表 1－3 数据分析"智游天府"应用效应可得以下结果：用户对平台应用渠道和关注度的评价值最高，这说明用户对"智游天府"在应用渠道和推广方式上最为满意，是"智游天府"目前发展的优势；系统及链接的实用性位列第二，这说明"智游天府"的系统实用性在用户使用过程中口碑较好，在后续研发的过程中应该继续保持；对目的地信息服务、旅游安全保障服务、用户利益保障服务的评价值居中等水平，在后续的运行过程中还应该继续完善和提升；除此之外，用户对内容板块完善程度的评价值最低，这说明内容板块的设计不能满足用户的使用需求，因此是平台后续改进的重点对象；对页面设计合理性的评价值位列倒数第二，说明"智游天府"的页面设计还存在着不合理之处，不能达到用户满意度，还需进一步优化和完善。

5　提升"智游天府"应用效应的建议

5.1　优化内容板块、提升内容覆盖面和吸引力

　　从上述内容中可知，用户对内容板块完善程度评价值最低，可以考虑从游客的实际需求出发，通过大量的市场调查分析，添加更多用户关注的内容，例如政府服务板块，旅游目的地注意事项提供；除此之外，还应考虑内容新颖性、稀缺性、独特性等元素，例如搜集当下热点新闻，结合热点和用户需求设计出创新内容。

5.2　改进页面设计、注重页面细节

　　用户对页面设计评价值居倒数第二，在页面设计板块还应重点进行提升。在参考同类型的"游云南"APP 后，可以考虑从页面设计细节入手，例如页面切换 logo 的卡通化、页面登录方式的多元化和人性化、切换背景图融入四川本土风景的动静图形式等。

5.3　全方位服务升级、提升服务质量

　　用户对旅游安全保障服务和用户利益保障服务评价值居中，还有较大的提升空间。因此平台在改进的过程中可以从多维度进行服务升级，提升服务质量，加强对用户利益保障、安全保障、信息保障等方面的服务保障，进一步提升平台的服务质量，提升用户满意度。

6 结论

本文针对"智游天府"公共服务平台应用效应构建了综合评价指标体系。从目标层、综合评价层、因素评价层 3 个层次选取富有代表性的指标，并采用模糊综合评价法对"智游天府"的评价指标进行分析，最终得出以下结论，广泛的应用渠道和大量的用户关注度、系统及链接的实用性既是影响"智游天府"应用效应的关键指标，又是"智游天府"平台的现有优势，需要不断地保持和完善；而内容板块完善程度、页面设计合理性、用户利益保障服务、目的地信息服务、旅游安全保障服务既是影响"智游天府"平台应用效应的关键指标，又是"智游天府"平台现阶段的薄弱点，需考虑从这些方面进行改进与提升。旅游公共服务平台是现阶段我国发展智慧旅游的重要手段，通过对各平台应用效应进行评价分析，可以不断地提升和改进平台发展质量，进一步促进智慧旅游的发展。

参考文献

[1] 陈玉香. 谈智慧旅游和旅游公共服务体系建设[J]. 旅游纵览（下半月），2019（20）：51-52.

[2] 孙晓琳. 大连智慧旅游公共服务平台建设问题研究[D]. 辽宁师范大学，2018.

[3] 袁文军，石美玉. 社区居民视角下旅游目的地公共服务评价指标体系研究[J]. 旅游论坛，2017，10（04）：104-112. DOI：10.15962/j.cnki.tourismforum.201704047.

[4] 黄俊，郭强. 模糊综合评价法在旅游度假公寓投资决策中的应用[J]. 商场现代化，2011（09）：57-59.

[5] 杨珧，王川. 基于 AHP-模糊综合评价法的农旅融合度分析——以恩施贡水白柚产业为例[J]. 中国农业资源与区划，2021，42（01）：220-230.

耦合多源大数据的旅游发展空间适宜性评价研究

——以都江堰市为例

［作 者］李 越 阳宁东 石 洪（西南民族大学旅游与历史文化学院）

摘 要： 适宜性旅游发展空间是旅游业高质量发展的基础，是地区国土空间规划的重要手段。目前研究主要以访谈和问卷调研为主，缺乏空间上的定量研究。基于此，本文利用 GIS 技术，耦合多源大数据，提出了旅游发展空间的双评价方法（适宜性—限制性评价方法），建立了其旅游发展空间适宜性评价的指标体系，以都江堰市为例进行了实证研究。结果表明：（1）都江堰市旅游适宜和较适宜发展区为 278.93 平方公里，占都江堰国土面积 23.09%；（2）其中与基本农田和生态红线有冲突的区域分别为 17.67 和 28.32 平方公里，占都江堰国土面积 1.46% 和 2.34%。相关结论可为都江堰市旅游功能区识别和国土空间发展提供科学依据。

关键词： 旅游发展空间；适宜性评价；GIS 技术；都江堰市

引言

当前，我国经济正在由高速增长阶段转向高质量发展阶段。习近平总书记指出，高质量发展是"十四五"乃至更长时期我国经济社会发展的主题，关系我国社会主义现代化建设全局。旅游业的高质量发展是推动我国经济高质量发展的重要动力[1]。尽管当今世界正处在百年未有之大变局，新冠疫情给我国经济带来极大冲击，但不可否认的是，我国旅游业的发展势头依旧向好。数据显示，我国的旅游业对国家经济贡献已超过 10%，是推动我国经济高质量发展的重要推手。

旅游发展是促进经济发展的有效手段，但旅游开发存在盲目无计划问题。许多地方政府在旅游开发前对当地的空间环境质量、旅游资源现状并未进行深入调查和科学论证，未对旅游发展空间进行适宜性评价和评估，就盲目确定旅游发展定位、战略和路径，使得旅游资源、环境遭受严重浪费和破坏，致使旅游特色不凸显、旅游产品同质化和区域旅游发展不协调。同时，国家出台政策文件要求划定三生空间，确定生活、生产、生态边界，优化空间布局，这也给旅游业发展带来一定限制[2]。因此，如何实现旅游资源合理开发，区域旅游差异化、可持续和高质量发展，是当前旅游业亟须解决的问题。

近年来，大数据技术从互联网行业兴起并迅速传播应用到各行业，如今大数据在旅游规划领域也得到认可和应用。2019年，国务院发布《关于建立国土空间规划体系并监督实施的若干意见》，提出可运用大数据等手段提高规划编制水平。鉴于大数据可为规划研究提供海量的、动态的、相对准确的基础数据[3]，本文将多源大数据应用到旅游发展空间适宜性评价指标体系中，以期为旅游适宜性评价提供相对准确的数据。

都江堰市是有着2000多年历史的文化名城，随着旅游业的高速发展，也面临着重大机遇和挑战。都江堰市委、市政府高度重视区域旅游业发展，运用本土文化资源强化旅游资源的整合开发，成功打造城市品牌，并在深入挖掘历史文化资源、培育文化旅游新业态等方面取得重大成效，旅游业发展前景广阔。然而。都江堰市旅游业发展存在着旅游特色不鲜明、规划编制不深入、旅游开发为考虑资源特色、部分区域旅游发展定位不准确等问题，成为制约都江堰旅游可持续和高质量发展的瓶颈。

因此，本文以都江堰为研究对象，从空间旅游质量、空间开发强度、空间发展潜力三个方面开展旅游发展空间适宜性评价，并从生态红线、基本农田和其他保护红线开展限制旅游发展空间评价，并在综合评价的基础上，结合都江堰市的自然环境、社会经济、生态系统和发展战略等条件，划分都江堰市的旅游空间功能区，为都江堰市旅游发展战略选择和制定提供参考依据。

1 文献评述

国外旅游开发适宜性评价始于土地利用方式的适宜性评价[4]。随着旅游业的兴起与发展，旅游气候的舒适度和旅游地形的适宜性评价等方面引起广泛讨论。国外对旅游气候的舒适度研究已经持续五十余年，研究领域从军事服务转向生产生活方面，研究成果十分丰富。舒适指数、风效指数、温湿指数和风寒指数等概念被首次提出[5,6]。Freitas 于 1979 年提出并构建着衣指数的标准模型[7]，David D. H 于 1985 年提出并构建舒适指数测评的标准模型[8]。这些研究成果均运用到旅游气候舒适度评价和生态旅游开发及规划以及度假旅游开发及规划等研究领域。国外对旅游地形适宜性评价的研究主要是根据旅游活动类型不同而对地形的要求不同进行评价。

国内旅游适宜性评价主要从生态旅游开发适宜性、非物质文化遗产旅游开发适宜性、森林公园适宜性、旅游气候适宜性、乡村旅游开发适宜性、旅游空间适宜性、土地利用开发适宜性等方面进行研究，主要是涉及区域具体案例的研究。从研究对象来看，主要涉及福建省、海南省、贵州省、陕西省、四川省等地的生态旅游地、风景名胜区、森林公园、湿地公园、山地旅游地等，如福州国家森林公园、青田农业文化遗产地、秦岭山系、马岭河峡谷地区、骆驼峰森林公园、花溪国家湿地公园、麦积山风景区、普陀山国家级风景名胜区、长白山自然保护区、秦巴山地、芦山县等旅游地[8-20]。从研究内容来看，有学者针对不同类型的旅游地建立不同的适宜评价体系，也有学者运用着衣指数、风效指数和温湿指数等对旅游气候开展适宜性评价[21]，并确定适宜旅游期和不同时期的适宜旅游地[23]。另外也有学者对土地适宜性评价进行研究，并提出了旅游土地用地的新方法。从研究方法来看，主要是通过文献研究法、实证研究、AHP 层次分析法和 GIS 空间分析等方法，研究方法从定性分析到定量分析，同时不少学者采用定性与定量相结合的方法进行旅游开发适宜性评价探析。

近年来，旅游适宜性评价不仅是针对不同类型旅游地建立指标评价体系，并且与空间功能区识别和空间优化相结合，因此本文以都江堰市为例，运用耦合多源大数据的方法，结合生态红线、基本农田和其他保护区红线，建立旅游发展空间适宜性评价指标体系，将适宜性评价和限制性评价相结合，划定空间功能分区，并针对在其中发现的问题，提出对策。

2 研究区域及数据来源

2.1 研究区域概况

都江堰市（30°44′~31°22′N，103°25′~103°47′E）位于成都市西北面，总面积1208平方公里，位于岷江上游和中游接合部的岷江出山口。都江堰市西面、北面与阿坝藏族羌族自治州汶川县接壤，东面与彭州市、郫都区、温江区交界，南面与崇州市相连。距离成都市区约60公里，区域内交通相对发达，旅游资源众多且品质较高，旅游产业多样。

都江堰市已有2000多年建城历史，因其山、水、林、堰、桥浑然一体，城中有水、水在城中，所以呈现出"灌城水色半城山"的布局特色，有着"拜水都江堰、问道青城山"之美名。都江堰市在2018年9月入选首批国家全域旅游示范区。

2.2 数据来源

研究区域内旅游发展空间适宜性评价所需数据主要有三类：第一类是POI数据集。本文利用的住宿和餐饮数据来源于高德地图API（https://lbs.amap.com/tools/picker），抓取数据后，对数据进行去重、提取、纠偏和分类处理后，统筹概括了空间信息和属性类别信息的旅游发展空间POI矢量数据集。第二类是遥感图像数据。海拔、坡度、坡向、植被覆盖率、气温、降水、风速和PM2.5等数据来源于中国科学院资源环境科学与数据中心（https：//www.resdc.cn/），空间分辨率30米。第三类是三区三线、土地利用、可达性和旅游资源等数据，分别来源于都江堰政府部门。

3 都江堰市旅游发展空间适宜性指标构建

3.1 评价指标体系构建原则

（1）系统性原则

旅游发展空间是一个相互联系、相互作用而形成的具有某些功能的系统整体，涉及自然环境和社会经济等多方面的影响因素，进行评价时需要考虑到所有与旅游相关联的影响因子，因此需要用系统性分析方法来确定和分析其影响因子，并处理好各因子间错综复杂的关系，通过筛选因子，确定主要影响因子。

（2）操作性原则

为了进一步提高评价工作的效率和评价结果的精准度，在筛选因子时，需要选择相对容易测量和比较的因子，建立切实可具操作性的评价指标体系，使用相对简单操作的评价方法，数据获得及其评价具有可操作性和简便性。

（3）代表性原则

旅游发展空间适宜性评价涉及内容丰富，评价影响因子广泛，且因子之间相互联系、相互作用，因此在选择评价因子时，要注意选择对旅游发展空间适宜性评价影响大且有代表性的因子，避免因子重叠。

3.2 评价指标体系构建

指标体系是评价旅游发展空间适宜性和空间划分的关键，通过查阅相关文献，在已有旅游发展空间适宜性评价研究成果的基础上，吸收借鉴主体功能区划、国土空间规划的理论和方法，通过分析旅游区域的自然环境和资源禀赋以及社会经济情况，最终确定目标层为旅游发展空间适宜性评价，按照适宜性发展空间和限制性发展空间两个维度对旅游发展空间适宜性进行评价。一方面，适宜性发展空间分为三个准则层，通过将 13 个具体指标进行专家评分确定权重，并统一赋值，对适宜性发展空间展开评价。另一方面，通过对生态红线、基本农田和其他保护线对限制性空间进行评价，最后对旅游发展空间适宜性进行综合评价，以此发现在旅游发展空间规划中可能会出现的问题，并给与对策。

在旅游发展适宜性空间评价指标中，共有 13 个具体指标（表 1-4），包括海拔高度、坡度、坡向、植被覆盖率、PM2.5、用地条件、观光旅游资源、着衣指数、风效指数、温湿指数、住宿、餐饮、可达性，具体指标的解释见表 1-5。

表 1 - 4　旅游发展适宜性空间评价指标及文献来源

Table 1 - 4 spatial evaluation indicators and literature sources of Tourism Development Suitability

目标层次	维度	准则层		指标层		文献来源
旅游发展空间适宜性评价	适宜性发展空间	空间旅游质量	环境质量	海拔高度		[18]、[19]、[23]、[25]
				坡度		[18] [19] [23] [24] [25] [26]
				坡向		[4]
				植被覆盖率		[24]、[25]
				PM2.5		[19]、[24]
				用地条件		[19]
			资源质量	观光旅游资源		[4]
				度假气候旅游资源	着衣指数	[21]、[22]
					风效指数	[22]、[28]
					温湿指数	[22]、[26]、[28]
		空间开发强度		住宿		[4]、[19]、[27]
				餐饮		[4]
		空间发展潜力		可达性		[4]、[19]、[21]、[22]、[23]、[24]、[26]
	限制性发展空间	生态红线 基本农田 其他保护红线（如风景名胜区、森林公园、地质公园等）				

表 1 - 5　旅游发展适宜性空间评价指标及其解释

Table 1 - 5 spatial evaluation indicators of Tourism Development Suitability and their interpretation

指标层	指标解释
海拔高度	地面某个地点高出海平面的垂直距离。不同的海拔高度适宜开展的旅游活动类型不同。
坡度	坡度是影响用地适宜性评价的重要因素。从生态环境承载力角度来看，承受力越强的地区，坡度相对更小。
坡向	坡向是坡面法线在水平面上的投影的方向。坡向不同，接收日照时长和太阳辐射强度不同，对于山地生态也存在较大影响。
植被覆盖率	通常指森林面积占土地总面积的比例。用植物茎叶对地面的投影面积计算。植被覆盖率越高，环境越好。

指标层		指标解释
PM2.5		环境空气中空气动力学当量直径小于等于 2.5 微米的颗粒物。PM2.5 越低，空气质量越好。
用地条件		根据国土空间规划，依据现状用地性质评价适宜开发程度。
观光旅游资源		观光旅游资源的等级对游客的吸引力不同，等级越高，吸引力越大。根据《旅游资源分类、调查与评价》GB/T 18972—2017 确定旅游资源等级。
度假气候旅游资源	着衣指数	反映人们可通过着衣感受气候改变并缓解气候带来的不舒适情况。通过 LCL 公式计算。
	风效指数	反映体表与周围环境之间的热交换[28]。通过风冷力或风寒指数计算式 WCI 计算。
	温湿指数	通过湿度与温度的综合作用来反映人体与周围环境的热量交换[28]。通过 THI 公式计算。
住宿		以住宿旅游设施聚集度代表旅游热度，旅游热点越大，住宿等资源集中度越高，越适宜开展进一步旅游产业开发。
餐饮		以餐饮旅游设施聚集度代表旅游热度，旅游热点越大，餐饮等资源集中度越高，越适宜开展进一步旅游产业开发。
可达性		用交通便捷度表示。

4 都江堰市旅游发展空间适宜性评价

4.1 评价指标体系权重

在确定旅游发展空间适宜性评价指标体系的前提下，将调查问卷以邮件形式发送给专家进行权重确定。这些专家学者在旅游规划、旅游管理等相关领域有深入研究，其评审意见代表性很强。问卷包括旅游发展空间适宜性评价指标体系表及评价指标解释表，供专家学者在指标重要性判断时做参考。此次共发放问卷 20 份，收回有效问卷 18 份。通过综合专家们的意见，利用 Excel 软件对每项指标的重要性评分进行统计，计算出每项指标相应的权重值（表 1 - 6）。

表1-6 旅游适宜性发展空间评价指标及其权重

Table 1-6 evaluation index and weight of Spatial Suitability of tourism development

	准则层	权重	指标层		权重
适宜性发展空间	空间旅游质量	环境质量	34.02	海拔高度		4.94
				坡度		4.12
				坡向		3.98
				植被覆盖率		6.45
				PM2.5		7.54
				用地条件		7.00
		资源质量	33.47	观光旅游资源		15.64
				度假气候旅游资源	着衣指数	6.04
					风效指数	5.21
					温湿指数	6.58
	空间开发强度		21.67	住宿		10.97
				餐饮		10.70
	空间发展潜力		10.84	可达性		10.84

4.2 评价指标标准及方法

适宜性发展空间评价体系包括13个具体评价指标，评分标准多参考旅游、环境监测等行业标准和国家标准，部分标准参考相关研究成果，并做出相应调整。本体系单项评价指标最高分为10分，最低分2分，根据分级条件和大数据采集信息给予相应分数（表1-7）。

采用表1-7的评价标准及方法，计算出每一项指标的相应得分，再乘以对应各指标的权重，最后把每项指标得分相加，即为旅游发展空间适宜性评价总得分。特别说明：观光旅游资源按照国家标准分为五类，其每一类得分需与各自的系数相乘。

表 1 - 7　旅游适宜性发展空间评价标准及方法

Table 1 - 7 evaluation criteria and methods of Spatial Suitability of tourism development

准则层	指标层		分级得分（单位：分）				
			10	8	6	4	2
空间旅游质量	环境质量	海拔高度	800~1500m	1500~3000m	<800m	3000~5000m	>5000m
		坡度	≤5°	5~10°	10~15°	15~20°	>20°
		坡向	南面、平面	东南、西南	西向、东向	西北、东北	北向
		植被覆盖率	>0.7	0.5~07	0.3~0.5	01~0.3	<0.1
		PM2.5	<35	35~55	55~75	75~95	>95
		用地条件	建设用地、农业设施建设用地	园地、林地、草地、湿地	耕地、水域	城乡工矿居民用地	未利用土地
	资源质量	观光旅游资源 五级景点资源（10）	≤500m	500~1000m	1000~1500m	1500m~2000m	>2000m
		四级景点资源（8）	≤400m	400~800m	800~1200m	1200~1600m	>1600m
		三级景点资源（6）	≤300m	300~600m	600~900m	900~1200m	>1200m
		二级景点资源（4）	≤100m	100~300m	300~600m	600~900m	>900m
		一级景点资源（2）	≤50m	50~100m	100~300m	300~500m	>500m
		度假气候旅游资源 着衣指数	0.7~1.3	0.5~0.7 或 1.3~1.5	0.3~0.5 或 1.5~1.8	0.1~0.3 或 1.8~2.5	<0.1 或 >2.5
		风效指数	-300~-600	-200~-300 或 -600~-800	-50~-200 或 -800~-1000	80~-50 或 -1000~-1200	>80 或 <-1200
		温湿指数	60~65	55~60 或 65~70	45~55 或 70~75	40~45 或 75~80	<40 或 >80
空间开发强度		住宿	0~300m	300~500m	500~1000m	1000~1500m	1500m 以上
		餐饮	0~300m	300~500m	500~1000m	1000~1500m	1500m 以上
空间发展潜力		可达性	0~300m	300~500m	500~1000m	1000~1500m	1500m 以上

4.3 都江堰市旅游发展空间适宜性评价

通过对三类数据的叠加分析处理，借鉴国内外相关旅游发展空间适宜性评价指标体系所使用的分级标准，初步将都江堰市旅游发展适宜性分析分为4个等级：旅游适宜发展区、旅游较适宜发展区、旅游一般适宜发展区和旅游不适宜发展区。

4.3.1 都江堰市旅游发展空间适宜性评价

根据都江堰市适宜性发展空间评价等级结果划分都江堰市旅游发展适宜性分区，见图1-16。

图1-16 都江堰市旅游发展适宜性综合评价图

由图 1 - 16 可见，都江堰市旅游适宜性发展空间主要集中于中部和西南部，为灌口城区和青城山所在区域，旅游资源好，环境质量高，气候适宜，交通通达性好，住宿餐饮等设施较为完备。龙门山横贯境内，地势西北高，东南低，西北部为中高山区，东南部为都江堰灌溉平原，耕地、农田较多。旅游较适宜发展区和适宜发展区面积达到 324.70 平方公里，占都江堰国土面积 26.88%（表 1 - 8）。

表 1 - 8　都江堰市旅游适宜性发展空间分区

Table 1 - 8 tourism suitability development space of Dujiangyan City partition

类别	比例（%）	面积（平方公里）
旅游不适宜发展区	40.06%	483.87
旅游一般适宜发展区	33.07%	399.43
旅游较适宜发展区	25.31%	305.72
旅游适宜发展区	1.57%	18.98

4.3.2　限制性条件下都江堰市旅游发展空间适宜性评价

在综合考量空间旅游质量、空间开发强度和空间发展潜力后生成旅游发展适宜性分区，再叠加生态红线和基本农田限制性区域，呈现都江堰市最终的旅游发展空间适宜性分区（图 1 - 17）。

由图 1 - 17 可见，在限制条件下，都江堰市的适宜性区域明显减小，生态红线保护区域和基本农田区域更为凸显，这也解释了适宜性区域减小的原因。北部和西南部的生态红线区域内，生态环境良好，为重要的水源涵养地，不适宜进行旅游开发和发展。东部及东南部为都江堰灌溉平原，适宜农作物生长，基本农田面积较大。

在删除都江堰市生态红线和基本农田区域后，旅游较适宜发展区和适宜发展区面积达到 278.93 平方公里，占都江堰国土面积 23.09%（表 1 - 9）。

表 1−9　都江堰市旅游发展空间适宜性分区

Table 1−9 Spatial Suitability zoning of tourism development in Dujiangyan City

类别	比例	面积 （平方公里）	除去生态 红线和基本 农田（比例）	除去生态 红线和基本农田 （平方公里）
旅游适宜发展区	1.57%	18.98	1.53%	18.48
旅游较适宜发展区	25.31%	305.72	21.56%	260.44
旅游一般适宜发展区	33.07%	399.43	22.10%	266.97
旅游不适宜发展区	40.06%	483.87	54.81%	662.10
合计	100.00%	1208	1208	1208

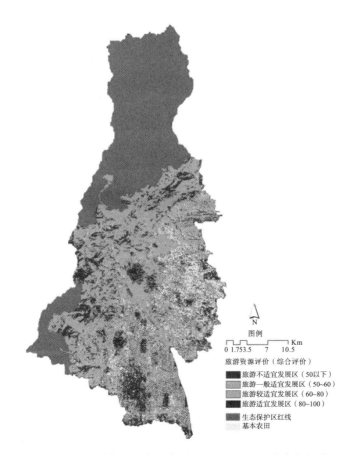

图 1−17　限制性条件下都江堰市旅游发展适宜性综合评价图

4.4 都江堰市旅游发展空间冲突分析

由图 1 - 18 和图 1 - 19 可见，都江堰市旅游发展空间内存在和生态红线以及基本农田区域的冲突，但是面积较小，这说明都江堰市旅游开发规划具有科学性，其旅游发展势头较好。旅游发展重视自然资源和生态环境以及气候的舒适度，不可避免的与生态保护区和基本农田会有重叠区域，这也是冲突产生的重要原因。其次，都江堰市旅游资源品质高，知名度和美誉度高，开发较早，不可避免会出现破坏环境生态问题，且"三区三线"划定时间相对较晚，这也是导致冲突的重要原因。

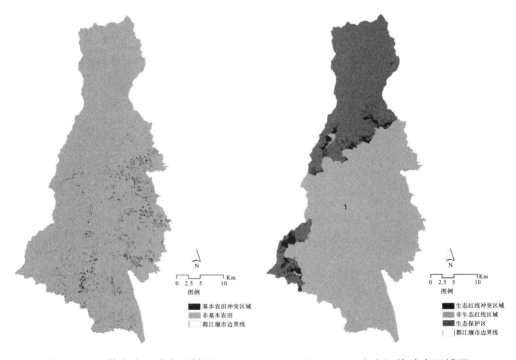

图 1 - 18　基本农田冲突区域图　　　　图 1 - 19　生态红线冲突区域图

5　结论与发展建议

5.1　结论

本文运用耦合多源大数据的方法，建立了双维度旅游发展空间适宜性评价体系，将限制性空间对都江堰市的旅游发展空间进行了适宜性分区，并发现其中存在一定问题。

在适宜性空间评价中发现，都江堰市适宜和较适宜发展区面积达到324.70平方公里，占都江堰国土面积26.88%，属于旅游空间质量佳、空间开发强度大且空间发展潜力大的地区。但是通过叠加生态红线和基本农田区域后发现，都江堰市适宜和较适宜发展区面积减少到278.93平方公里，占都江堰国土面积23.09%。都江堰旅游发展空间与"三区三线"划定空间产生冲突，这与自然环境和气候因素有关，也与国家法律法规和政策变动相关。

本文具有两大创新点，一是在对都江堰市旅游发展空间适宜性评价过程中采用了耦合多源大数据的方法，此方法可以普遍性适用；二是对都江堰市旅游发展空间适宜性评价中加入了限制性发展空间评价，与实践相结合，具有很强的现实意义。

5.2 发展建议

通过对都江堰市的旅游发展空间进行适宜性评价，针对其存在的问题，提出以下建议：一是在适宜和较适宜发展区域内，要充分利用现有的资源条件进行旅游发展，因其区域内山地、丘陵较多，气候良好，可大力开展山地康养度假旅游。二是严格遵守生态红线，注意生态保护，保持水源涵养，不占用和破坏基本农田，坚持基本农田底线不退让。三是要关注国家法律法规和政策调整，在进行旅游空间规划时注意与国土空间规划相对接，规划留有余地。注意规划的时效性，规划时间不宜过长。在旅游发展与生态红线和基本农田发生冲突时，旅游规划及时做出调整并注意避开生态红线和基本农田。

参考文献

[1] 陈岩英. 新时代旅游城市的高质量发展：内涵与路径[J]. 旅游学刊，2022，37（02）：12-13.

[2] 王昆. 基于适宜性评价的生产—生活—生态（三生）空间划定研究[D]. 浙江大学，2018.

[3] 陈玉兰，牛勐. 基于多源大数据的区域空间关系视角下城市空间发展战略研究——以梅州市为例[A]. 中国城市规划学会、成都市人民政府. 面向高质量发展的空间治理——2020中国城市规划年会论文集（05城市规划新技术应用）[C]. 中国城市规划学

会、成都市人民政府：中国城市规划学会，2021：500-507.

［4］尚璐.陕西黄龙县旅游开发适宜性评价及旅游空间功能分区研究［D］.西北大学，2014.

［5］TERJUNG W H. Physiologic climate of the conterminous united states：a bioclimatic classification based on man［J］. Anal. A. A. G，1996，5（1）：141-179.

［6］OLIVER J E. Climate and man's environment：an introduction to applied climatology［M］. NewYork：John Wiley & son's Inc，1973：195-206.

［7］FREITAS C. Human climates of northern China［J］. Atmospheric environment（1967），1979，13（1）：71-77.

［8］HOUGHTON D D. Handbook of applied meteorology［M］. New York：John Wiley，1985.

［9］齐增湘，熊兴耀，徐卫华，等.基于 GIS 的秦岭山系气候适宜性评价［J］.湖南农业大学学报（自然科学版），2011，37（03）：321-324.

［10］司马丽.马岭河峡谷地区的气候适宜性评价［J］.黔西南民族师专学报，1999（03）：87-91.

［11］那守海，张彦彦，肖小英.骆驼峰森林公园旅游气候资源适宜性评价［J］.森林工程，2009，25（03）：34-38.

［12］赵仕慧，周长志，汪圣洪，等.花溪国家城市湿地公园旅游气候资源适宜性评价［J］.安徽农业科学，2014，42（31）：10989-10991.

［13］陈玉玲.麦积山风景区旅游气候资源适宜性评价［J］.甘肃科技，2010，26（20）：82-84.

［14］许靖，桑广书，付海燕，等.朱家尖旅游气候资源适宜性评价［J］.云南地理环境研究，2011，23（05）：38-41+49.

［15］任明明.长白山自然保护区探险旅游气候适宜性评价［J］.现代商贸工业，2010，22（17）：117-118.

［16］殷浩然，张平平，董庆栋，等.基于海拔梯度的秦巴山地旅游气候适宜性评价［J］.山地学报，2021，39（05）：710-721.

［17］文雯，邓豪.基于 NDVI 的芦山县旅游气候适宜性评价［J］.高原山地气象研究，2022，42（S1）：135-140.

［18］张子雪，王媛，唐建.乡村旅游资源空间格局及适宜性评价实证——以山东省探沂镇为例［J］.山东农业工程学院学报，2022，39（03）：18-27.

［19］殷章馨，夏赞才，唐月亮，等.城市群地区乡村旅游点空间格局演变与优化调控——以长株潭城市群为例［J］.经济地理，2021，41（09）：214－224.

［20］徐静，张雷.县域旅游设施开发适宜性评价探索——以湖北省黄梅县为例［A］.中国城市规划学会、成都市人民政府.面向高质量发展的空间治理——2021中国城市规划年会论文集（12风景环境规划）［C］.中国城市规划学会、成都市人民政府，2021：211－221.

［21］谢思源，刘鹏翔，雷旭升.多维度视角下的土地资源空间优化配置方法研究——以长株潭绿心昭山片区为例［A］.中国城市规划学会、成都市人民政府.面向高质量发展的空间治理——2020中国城市规划年会论文集（05城市规划新技术应用）［C］.中国城市规划学会、成都市人民政府：中国城市规划学会，2021：538－546.

［22］刘清春，王铮，许世远.中国城市旅游气候舒适性分析［J］.资源科学，2007（01）：133－141.

［23］吕梁，朱捷，汪子茗.基于用地适宜性评价的福州滨海游憩空间发展策略［J］.中国城市林业，2021，19（03）：43－48.

［24］卫淑芸.基于GIS的河南省生态旅游适宜性研究［D］.河南农业大学，2017.

［25］杨俊，张永恒，席建超.中国避暑旅游基地适宜性综合评价研究［J］.资源科学，2016，38（12）：2210－2220.

［26］袁开国，刘莲，向云波，等.基于GIS的异地互动旅游养老目的地适宜性评价［J］.经济地理，2013，33（11）：163－168.DOI：10.15957/j.cnki.jjdl.2013.11.026.

［27］潘洋刘，曾进，文野，等.森林康养基地建设适宜性评价指标体系研究［J］.林业资源管理，2017（05）：101－107.

［28］唐焰，封志明，杨艳昭.基于栅格尺度的中国人居环境气候适宜性评价［J］.资源科学，2008（05）：648－653.

［29］范业正，郭来喜.中国海滨旅游地气候适宜性评价［J］.自然资源学报，1998（04）：17－24.

［30］刘钱威，王金亮，玉院和.基于遥感数据的北回归线云南段旅游气候适宜性评价研究［J］.云南大学学报（自然科学版），2020，42（05）：906－915.

［31］王柱，郭湘，周佩.“重组”“优化”：耦合多源时空大数据的湖南省撤县（市）并区行政区划调整研究［A］.中国城市规划学会、重庆市人民政府.活力城乡　美好人居——2019中国城市规划年会论文集（05城市规划新技术应用）［C］.中国城市规划学会、重庆市人民政府，2019：515－528.

［32］李瑞军，龙先菊，吴晓丽．黔东南州山地旅游气候适宜性评价［J］.福建林业科技，2019，46（02）：102－104＋110.

［33］吕梁．基于GIS的福州市滨海游憩空间分布特征与优化研究［D］.福建农林大学，2019.

［34］杜正静，潘进军，赵卫华，等．中国旅游气候适宜性评价研究［J］.气象与环境科学，2018，41（04）：17－26.

［35］马黎进，董靓．广西柳州旅游气候的适宜性评价研究［J］.绿色科技，2018（22）：224－226.

［36］赵云涵，陈刚强，陈广亮，等．耦合多源大数据提取城中村建筑物——以广州市天河区为例［J］.地理与地理信息科学，2018，34（05）：7－13＋1.

［37］郭屹岩，宁生全，齐钟程，等．基于GIS促进城乡生态旅游发展的绿道线路优化——以丹东为例［J］.辽宁学院学报（自然科学版），2017，24（01）：57－63.

［38］陈真，王丽莉，王丽俊，等．大同市旅游气候适宜性分析及评价［A］.中国气象学会．第33届中国气象学会年会S11大气成分与天气、气候变化及环境影响［C］.中国气象学会，2016：71－74.

［39］刘姝萍，车震宇．旅游小城镇总规层面城镇空间发展方向决策研究——以云南澜沧县惠民镇总体规划为例［J］.价值工程，2014，33（15）：4－6.

［40］何瑛．新疆旅游气候适宜性评价［J］.湖北农业科学，2012，51（20）：4510－4512＋4526.

［41］黄赛群，曾虎龙，刘光伏，等．南洞庭湿地气候资源分析评价及应用［J］.安徽农业科学，2012，40（15）：8642－8643＋8676.

［42］游珍，杨艳昭．基于ArcEngine的气候适宜性评价模型软件设计与实现［J］.科技资讯，2011（19）：63－66＋68.

［43］龙茂兴，孙根年，马丽君．遵义建设红色休闲之都的气候适宜性评价［J］.经济地理，2011，31（04）：701－704.

［44］李俊英，胡远满，闫红伟，等．基于景观视觉敏感度的棋盘山生态旅游适宜性评价［J］.西北林学院学报，2010，25（05）：194－198.

［45］张欢，杨尚英．陕南旅游气候适宜性评价［J］.枣庄学院学报，2010，27（02）：125－128.

［46］曹小星，延军平，杨尚英．陕北旅游气候的适宜性评价［J］.榆林学院学报，2008（04）：13－16.

［47］李瑞萍，胡建军，荆肖军，等．太原市旅游气候资源评价［J］．太原科技，2008（02）：21－22＋24．

［48］余珊，戴文远．福建省旅游气候评价［J］．福建师范大学学报（自然科学版），2005（02）：103－106．

［49］梁平，舒明伦．黔东南旅游气候适宜性评价［J］．贵州气象，2000（04）：14－17＋21．

02

文旅融合

恐龙文旅产业联盟年度发展报告（2020）

［作　者］　恐龙文旅产业联盟年度报告编写组（自贡文旅投集团　四川轻化工大学）

摘　要：　2020 年新冠疫情给恐龙文旅产业带来了前所未有的冲击和挑战，产业连续多年的稳定增长转为断崖式下跌。虽遭受重创，但危机中也孕育着新机。通过翔实的数据分析发现，2020 年危机加速了行业洗牌，产业各板块表现不一；产业探索数字化转型，数字文旅逆势上扬；产业链日趋完善，产业矩阵初步形成；科技引领效能提升，创新赋予产业竞争力；国潮经济悄然兴起，优质文创产品受追捧；企业融资破局艰难，盈利能力略显不足。报告同时对 2021 年及未来的产业发展趋势进行了判断，认为文旅产业即将全面复苏，有望迎来爆炸式增长。恐龙文旅企业应该拥抱"双循环"新格局，重心向内循环转移；积极寻找跨界合作机遇，争取多方面支持；关注需求侧改革，瞄准未来改革红利；推动产城融合，搭建"城＋产"命运共同体；紧跟文旅业态的新旧更迭，重视全新职业的培育。

关键词：　疫情危机；发展特征；发展趋势；恐龙文旅产业

1　引言

2020 年是新中国历史上极不平凡的一年。面对新冠肺炎疫情的严重冲击和严峻复杂的国际形势，我国政府沉着冷静应对风险挑战，坚持高质量发展方向不动摇，统筹新时期疫情防控和经济社会发展的关系，保证了国民经济运行逐季改善，并逐步恢复常态。2021 年 2 月 28 日，国家统计局发布的《中华人民共和国

2020年国民经济和社会发展统计公报》显示：全年国内生产总值1015986亿元，比上年增长2.3%（分季度看，一季度国内生产总值同比下降6.8%，二季度增长3.2%，三季度增长4.9%，四季度增长6.5%）。我国成为2020年全球主要经济体中唯一实现经济正增长的国家，交出了一份人民满意、世界瞩目、可以载入史册的答卷。

2020年的新冠疫情也给我国文化旅游产业（简称文旅产业）带来了前所未有的冲击和挑战。由于高度市场化和高度依赖流动性的产业特征，文旅产业成为受疫情影响最大的产业之一。面对突如其来的"黑天鹅"，文旅从业者没有怨天尤人，而是主动投身于疫情阻击战，全力以赴复工复产，写就了一部波澜壮阔的文旅抗疫史。全年全国规模以上文化及相关产业企业营业收入98514亿元，按可比口径计算，比上年增长2.2%；全年旅游经济总体呈现深度"U形"走势，即在经历了前三季度的快速萧条、底部盘整和缓慢复苏之后，旅游经济在四季度步入"U形"右侧通道。中国旅游研究院（文化和旅游部数据中心）2021年2月发布的《中国旅游经济蓝皮书（No.13）》显示：2020年，我国旅游经济运行季度综合指数分别为68.95、75.69、78.47和85.32（2019年旅游经济运行指数为116.44），总体处于"相对不景气"水平且同比下降，但可喜的是环比稳步回升。而且游客满意度提升没有因疫情而中断，全年游客综合满意度评价指数高达80.95，同比增长0.77%。其中，尤以旅游社、景区满意贡献度最为突出。2020年，旅行社、景区的游客满意度分别达到84.41和82.91，位居涉旅相关行业前列，旅游服务质量超预期增长。

总体而言，我国文旅产业虽遭受重创，但也在危机中孕育着新机。国内文化旅游市场的率先复苏，引领境外消费向国内大规模回流，以内循环为主体的双循环体系正在加速形成；游客满意度逆势上扬，数字文旅产业异军突起。这些都表明我国文化旅游市场的筑底回升和文化旅游经济的有序复苏进程不可逆转。随着疫情的有效控制并逐渐结束，文旅经济有望迎来全面恢复，并实现报复性增长。文化旅游市场的发展空间和消费潜力有望得到进一步的拓宽和释放。面对激荡的2020年，恐龙文旅产业作为我国文旅产业的重要组成部分，为应对新形势下的产业困境，实施企业的战略转型升级，把握未来产业的发展趋势，有必要对一年来产业的发展情况进行梳理和剖析，以求较全面地展现产业发展面貌，为从业者进行科学决策提供些许参考。

2 产业发展背景

2.1 文旅产业遭受重创

文旅产业是属于高度依赖流动性、具有脆弱性的一种产业。其流动性依赖体现在产业的发展需要依靠人口的空间流动和可自由支配的时间。新冠疫情的暴发直接限制了人们的出行需求，流动性被切断，文旅产业随即陷入困局，"吃、住、行、游、购、娱"等各个方面都受到非常致命的影响，整个产业的损失预计在数万亿左右的规模。文旅产业的脆弱性是因为文旅消费属于非刚性的需求，不同于生活必需品等刚性需求，文旅消费对于外部影响的应激反应显著性更强。在疫情的冲击下，文旅系统的工作重心由"繁荣市场、保障供给"调整为"停组团、关景区、控疫情"。2020 年 1 月 24 日，文化和旅游部办公厅下发《关于全力做好新型冠状病毒感染的肺炎疫情防控工作暂停旅游企业经营活动的紧急通知》，要求所有"线上旅游产品"和旅游团全部停止出行，所有旅行社暂停组团和地接业务。海关总署、国家移民管理局等单位也联合发布了国民非必要不参与出入境旅游的建议，减少人员跨境流动。2020 年的出境旅游发展基本停滞，至今也未恢复旅行社及在线旅游企业出入境团队旅游。受此影响，2020 年全年国内游客 28.8 亿人次，比上年下降 52.1%，是近五年来的首次下降（图 2 - 1）。其中，城镇居民游客 20.7 亿人次，下降 53.8%；农村居民游客 8.1 亿人次，下降 47.0%。国内旅游收入 22286 亿元，下降 61.1%。其中，城镇居民游客花费 17967 亿元，下降 62.2%；农村居民游客花费 4320 亿元，下降 55.7%[1]。出入境旅游方面，全年入境旅游人数 2720 万人次，同比减少 81.3%。实现国际旅游收入 170 亿美元，同比减少 87.1%。中国公民出境旅游人数 2023 万人次，同比减少 86.9%[3]。

游客的减少也影响到运输业、住宿餐饮业等涉旅行业。据统计，2020 全年旅客运输总量 97 亿人次，比上年下降 45.1%；旅客运输周转量 19251 亿人公里，下降 45.5%；住宿和餐饮业增加值 15971 亿元，下降 13.1%；租赁和商务服务业增加值 31616 亿元，下降 5.3%[1]。

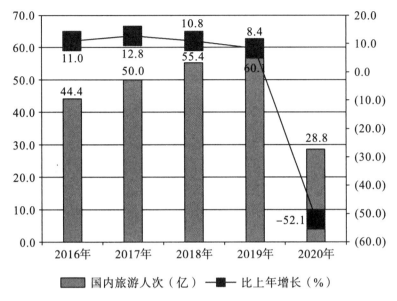

图 2-1 近五年国内游客人次及其增长速度

（数据来源：国家统计局）

2.2 危机中孕育新机遇

文旅产业虽具有明显的脆弱性，但也具有显著的"鲁棒性"（Robustness 的音译），即在异常和危险情况下系统生存的能力。历史经验证明，文旅产业即使在短期内遭受到致命打击，危机过后仍会迅速复苏并实现进一步发展。疫情既是对文旅产业的一次严峻考验，也是一次重新思考和反思产业未来的契机。这些思考将有助于提升文旅产品品质、培育文旅新业态，进而推动文旅产业的转型升级。

危机中也有一些行业逆势高速增长，与旅游业收入显著下降形成鲜明反差。如信息传输、软件和信息技术服务业增加值 37951 亿元，比去年增长 16.9%；全年移动互联网用户接入流量 1656 亿 GB，比上年增长 35.7%；年末互联网上网人数 9.89 亿人，其中手机上网人数 9.86 亿人[1]。这些都是数字文旅产业异军突起的坚强保证。随着 5G、物联网、虚拟技术、软件定义、人工智能、区块链等新一代信息技术与文化创意的进一步融合，数字文旅产业将形成完善的基础架构，成为文旅产业新的增长极。

同时，受益于出境旅游的停滞和海南一系列免税利好等相关政策刺激，出境旅游需求持续向国内转移，每年约 1.55 亿人次超过 1 万亿人民币的出境旅游消费需求急需在国内引导。2020 年十一黄金周期间，海口、三亚、琼海等 4 家免税店零售额同比增长 167%，免税购物人次同比增长 64%，高端景点、离岛免税购物明显增长。国内一些中高端休闲度假产品包括定制游、主题游、家庭游、租车自驾游等旅游新消费也呈爆炸式增长趋势，且有望引领国内跟团市场的复苏增长。海外游国产替代景区也被纷纷挖掘，如中国版"66 号公路"、中国版"恶魔之眼"、中国版"羚羊谷"等，它们依靠中西部独有的地貌特色，进一步助推国内文旅消费需求持续升温。这些现象均表明：文旅消费供给体系可以完全国产化，不受国际关系变化的影响，进而成为稳定国内经济发展的"基本盘"。

2.3 产业联盟运行良好

恐龙文旅产业联盟自成立以来，一直致力于建立全球恐龙相关产业单位链接，联合推进恐龙文旅产业创新融合，做大恐龙文旅消费市场和产业市场，打造恐龙及古生物学术、科普和产业交流合作新平台。2020 年，产业联盟保持了良好的运行状态。

2020 年 4 月 28 日，恐龙文旅产业联盟第一次理事会和第一届会员大会在自贡恐龙博物馆召开，因疫情原因会议采取了线下现场与线上视频相结合的形式。会上，恐龙文旅产业联盟轮值主席、自贡恐龙博物馆馆长李健做了联盟 2019 年年度工作总结，并发布了《恐龙文旅产业联盟年度发展报告（2019）》，报告以联盟成员单位的经营数据为基础，结合国内恐龙文旅上市企业的经营数据，细节、全面地展现了恐龙文旅产业的发展面貌，深入剖析了恐龙文旅产业发展现状、主要特征及未来发展趋势，探索了科学前瞻的应对措施。会议也诚邀到了业界知名的常州恐龙园文化科技有限公司来共同见证这次产业年度盛会。会议表决通过了自贡市文化旅游投资开发有限公司担任 2020 年新一届轮值主席单位，并将活动主办权进行了交接。自贡恐龙博物馆馆长李健认为，相较传统产业，恐龙文创产品产值更高，可挖掘空间和潜力巨大，相关企业若把握好新基建、新经济，深耕产品内容，革新营销模式，开拓资本市场，培育核心竞争力，将会实现产业的跨越式发展。自贡市文旅投公司副总经理虞向柏表示，下一步将以恐龙化石与文旅产业为抓手，结合恐龙 IP、方特恐龙王国的打造，举办恐龙文化创业大赛等活动，让恐龙元素进入百姓生活的方方面面。

顺应产业发展需求、致力于架起产业沟通桥梁的恐龙文旅产业联盟在成立之初便吸引了全国56家成员单位加入。截至目前，联盟共有成员单位60家，2020年新增4家。从行业分类来看，以制造业及服务业为主，共43家，占比71.7%；旅游景区9家，占比15%；科研管理单位8家，占比13.3%（图2-2）。

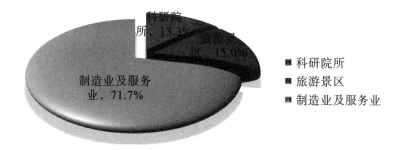

图2-2 2020年恐龙文旅产业联盟成员行业分类

从空间分布来看，成员单位的分布地区以四川为主，共37家，占比61.7%；北京9家，占比15.0%；甘肃3家，占比5.0%；广东、河南、云南各2家，各自占比3.3%；山东、台湾、重庆、黑龙江、香港各1家，各自占比1.7%（图2-3）。2020年新增的4家成员单位分别来自四川、甘肃、广东和河南。

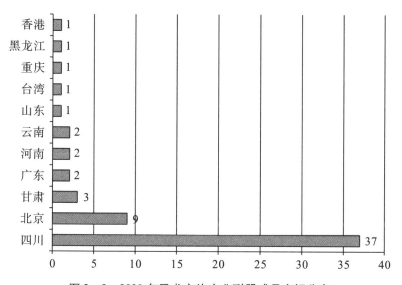

图2-3 2020年恐龙文旅产业联盟成员空间分布

3 产业发展概况及重点行业分析

3.1 产业发展概况

2020 年新冠肺炎疫情暴发以来，作为文旅产业重要组成部分的恐龙文旅首当其冲，联盟成员单位的营业收入普遍受到影响，成员经营数据的收集更为困难。因此，本报告通过收集全国范围内恐龙文旅产业中主要代表单位和龙头企业的经营数据，以求更客观地揭示本产业 2020 年度发展概况。

如图 2-4 所示，2020 年恐龙文旅产业联盟代表单位的营业总收入同比减少22.75%；而在这之前的 2018 年和 2019 年，联盟代表单位的营业总收入均实现了同比正增长。可见疫情对恐龙文旅产业的发展造成了较严重的影响，连续多年的稳定增长态势变为断崖式下跌。

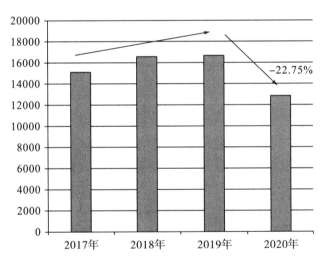

图 2-4 恐龙文旅产业联盟代表单位 2017—2020 年营业总收入
（单位：万元，数据来源：恐龙文旅产业联盟）

3.2 重点行业分析

3.2.1 旅游景区

旅游景区是有机链接产业上下游、与消费者接触最密切、产品应用最集中的产业主体。联盟中旅游景区的数量虽然不多，却是恐龙文旅联盟中最具实力、最重要的一部分。这些景区主要包括恐龙主题公园、恐龙博物馆、自然博物馆等。

联盟内恐龙主题公园以西峡恐龙遗迹园为代表，博物馆类以中国古动物馆、自贡恐龙博物馆、北京自然博物馆、诸城恐龙博物馆、成都理工大学博物馆、崇州天演博物馆等为代表。此外，国内还有一些知名的恐龙类旅游景区，以常州中华恐龙园和云南禄丰世界恐龙谷为代表。

2020 年，联盟内代表景区的营业总收入出现较大下滑。如图 2 - 5 所示，2020 年联盟代表景区的营业总收入同比减少 62.6%，打破了营收同比正增长的趋势（2018 年和 2019 年营收同比增长 0.76% 和 7.88%）。2020 年，联盟代表景区的游客接待量也同比下滑 51.46%；而在 2018 年和 2019 年，景区游客接待量分别同比增长 4.94% 和 16.88%（图 2 - 6）。虽然营收和游客接待量均大幅减少，但景区举办活动的数量却有所增加，2020 年实现了同比增长 9.09%，这主要得益于互联网的发展，使景区活动的举办从线下转为"线上 + 线下"。疫情期间，更多的景区采取"云旅游"等方式举办活动、宣传推介旅游产品。这些活动主要包括科普活动、学术活动、研学活动、节庆活动等，而且科普、研学活动逐渐成为主流。如金昌市博物馆在 2020 年 11 月举办了"梦回远古，相约恐龙时代"主题活动，邀请青少年参观"金昌古生物化石展"，进行金昌地区中生代探秘；成都理工大学博物馆也在 2020 年"国际博物馆日"期间积极开展线上科普教育活动，在微信公众号和网站上向公众推出了"蕨类植物""恐龙大观"和"宝石文化鉴赏"3 场在线科普讲座，并推出 10 期恐龙幼儿园系列科普童话。

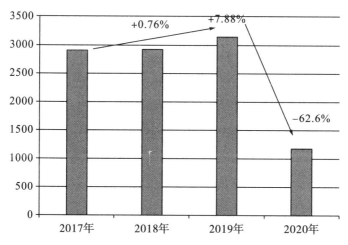

图 2 - 5　联盟内代表景区 2017—2020 年营业总收入
（单位：万元，数据来源：恐龙文旅产业联盟）

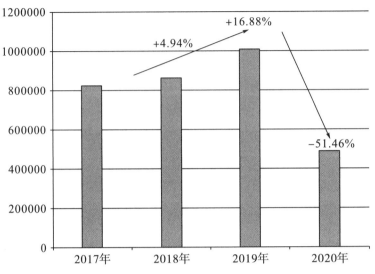

图 2-6 联盟内代表景区 2017—2020 年游客接待量
（单位：人，数据来源：恐龙文旅产业联盟）

国内其他恐龙类旅游景区的经营状况也大致相同。以常州恐龙园、云南禄丰世界恐龙谷这两个知名恐龙主题景区为例，常州恐龙园的营业收入在 2017 年上半年至 2019 年上半年期间大幅增长，从 19306.04 万元增长到 27005.90 万元，两年时间增幅达 39.88%；归属股东净利润也从 2017 年上半年的 2646.55 万元增长到 2019 年上半年的 4072.94 万元，增幅达 53.89%（图 2-7）。但在 2020 年，上半年营业收入仅 11022.77 万元，较 2019 年同期下滑达 59.18%；归属股东净利润更是达到了负值（-6007.81 万元），较 2019 年同期下滑达 247.51%。

云南禄丰恐龙谷 2017 年上半年至 2020 年上半年的营业收入分别是 2243.27 万元、1600.86 万元、1318.47 万元和 1255.46 万元，业绩处于逐年缩水的状态。因近几年经营业绩处于低谷，2020 年的疫情对其营业收入的影响不是很大，较 2019 年同期下滑 4.78%。但其归属股东净利润下滑明显，从 2017 年上半年的 485.17 万元降至 2019 年上半年的 45.05 万元，两年间降幅达到 90.71%。2020 年上半年归属股东净利润为 -3469.50 万元，较 2019 年同期下滑 7800.61%（图 2-8）。受疫情影响，业绩严重恶化。

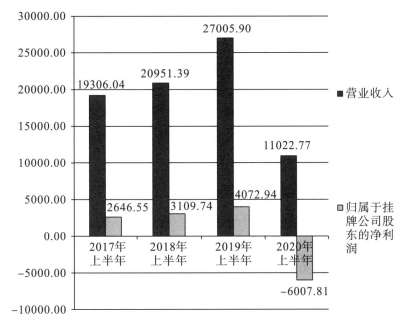

图 2 - 7　常州恐龙园 2017—2020 半年度营收及归属股东净利润
（单位：万元，数据来源：全国中小企业股份转让系统）

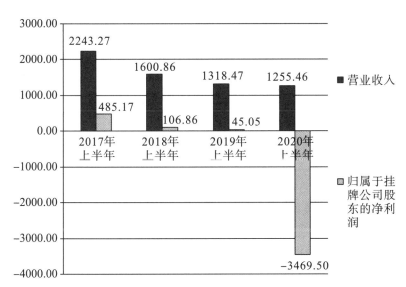

图 2 - 8　云南禄丰恐龙谷 2017—2020 半年度营收及归属股东净利润
（单位：万元，数据来源：全国中小企业股份转让系统）

3.2.2 制造业及服务业

恐龙文旅产业中的制造业和服务业是生产和供应文旅产品的主要行业之一，可细分为制造业、文化创意服务业、旅行服务业等。其中，联盟内制造业主要业务集中在电动仿真恐龙、仿真动物、彩灯、人造景观等方面；文化创意服务业主要业务集中在动漫、演艺、影视宣传、创意礼品等方面；旅行服务业主要业务集中在出入境旅游、定制旅游、研学旅游等方面。

2020 年，联盟内制造及服务代表企业的营业总收入下滑明显，较 2019 年减少了 13.47%（图 2-9）。其中，企业产品的出口营收下滑最严重，较 2019 年下滑 37.44%，反映了疫情致使全球出口锐减的背景下恐龙相关制造业海外订单的减少。而另一方面，2020 年企业内销产品的营收较 2019 年增长 18.92%（图 2-10）。显示出国内市场的需求正在扩大，这不仅与我国率先完成了对疫情的有效控制相关，还与我国"国内大循环"为主体新发展格局的加速形成密不可分。

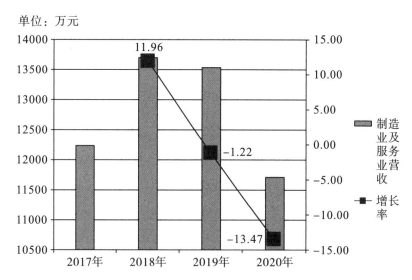

图 2-9　联盟内制造及服务代表企业 2017—2020 年营收和增长率
（数据来源：恐龙文旅产业联盟）

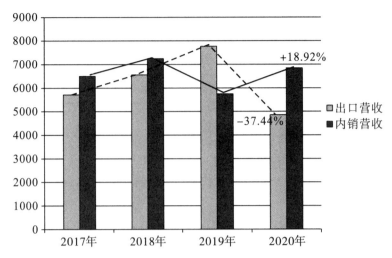

图 2-10 联盟内制造及服务代表企业 2017—2020 年出口营收及内销营收
（数据来源：恐龙文旅产业联盟）

　　制造业及服务业的各细分行业受疫情影响情况也各不相同。其中，受疫情影响最严重的当属旅行服务业。由于国外疫情失去控制，占旅游社营收较大比重的出入境旅游基本停滞，对旅行服务业的收入造成巨大打击。而得益于我国完备的制造体系和强大生产制造能力的制造业，在疫情期间受到的影响较小，业绩整体虽有下滑，但相比景区和旅游服务业的下滑程度较轻。如在新三板上市的海天文化，其主要从事节庆及主题灯会、灯光产品的设计和制造等，是国际恐龙灯会的重要承制企业。该企业在 2020 年上半年的营收为 14637.30 万元，较 2019 年同期仅减少 3.91%；2020 年上半年归属股东净利润达 987.12 万元，较 2019 年同期增长 155.84%（图 2-11）。再如制造仿真恐龙的代表公司自贡亘古龙腾科技有限公司，其在 2020 年相继完成了海南 5A 景区、桫椤湖景区、犍为县芭沟镇芭马峡侏罗纪探险谷等地仿真恐龙的设计和安装，保证了年度目标业绩的实现。

单位：万元

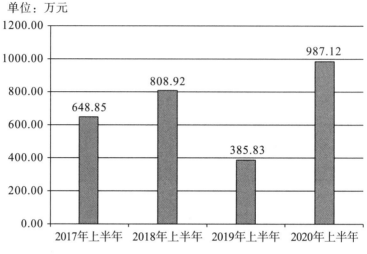

图 2-11 海天文化 2017—2020 半年度归属股东净利润情况

3.2.3 科研院所

科研院所在科技服务、人才培养、恐龙文化发掘、科技成果转化、潜在客户维护等方面发挥着支撑引领作用。联盟内的科研院所主要包括中国科学院古脊椎动物与古人类研究所、甘肃农业大学古脊椎动物研究所、山东诸城市恐龙文化研究中心、电子科技大学机器人研究中心等。由于这些科研院所大多属于事业单位，收入主要来源于国家财政拨款，所以受疫情影响较小。

2020 年，这些科研院所在恐龙化石研究与保护、科普推广、产业带动、人才培养等方面做出了突出成绩。诸城市恐龙文化研究中心以化石保护为重点，以科研科普为支撑，促进了当地恐龙文化旅游产业的良好发展。其科研工作者自主研究命名的恐龙新属种——"诸城中国甲龙"，建立了甲龙类恐龙的新属种，增加了诸城恐龙动物群中恐龙的多样性，数百家媒体予以报道。中国科学院古脊椎动物与古人类研究所付巧妹团队的"古基因组揭示近万年来中国人群的演化与迁徙历史"研究成果入选"2020 年度中国科学十大进展"，该研究所还获得 2020 年中科院科普讲解大赛一等奖和优秀组织奖。人才培养方面更是亮点频现，中国科学院古脊椎动物与古人类研究所徐星研究员获英国古生物学会理事长奖章并入选亨尼希学会会士；王敏研究员荣获第十六届中国青年科技奖，成为当年最年轻的获奖者之一；付巧妹研究员入选世界经济论坛 2020 年全球青年领袖，全球共有 115 位 40 岁以下的学术界人士、艺术家、活动家、企业高管等入选。

4 产业发展主要特征

4.1 危机加速行业洗牌，产业各板块表现不一

疫情是灾难，也是试金石。2020 年的新冠疫情不仅给整个恐龙文旅产业带来严重冲击，样本群营业总收入同比减少达 22.75%，还引发了产业内的局部调整，行业加速洗牌。一些抵抗风险能力较弱、现金流紧张、经营成本较高、融资难度大的中小微企业降薪、裁员甚至破产；而一些抵抗风险能力较强、资金充沛、融资成本低的头部企业占据了更多的市场和资源。恐龙文旅产业内部各板块的经营表现也各不相同。如图 2-12 所示，2020 年联盟内代表景区的营业总收入同比减少 62.6%，而联盟内制造及服务代表企业的营业总收入较 2019 年仅减少了 13.47%。从产品的出口和内销分类看，2020 年企业产品的出口营收下滑较严重，较 2019 年下滑 37.44%。而另一方面，2020 年企业内销产品的营收较 2019 年增长 18.92%。可见，产业内部各行业各贸易类型的发展分化明显。

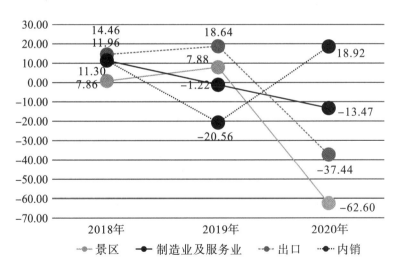

图 2-12 恐龙文旅产业联盟各板块 2018—2020 年营收增长率
（单位:%，数据来源：恐龙文旅产业联盟）

据统计，在疫情期间倒闭的企业大都为传统旅游企业和旅行服务企业，其中不乏一些老牌企业，甚至一些细分领域头部企业也没能熬过寒冬。如作为国内签证行业龙头企业和新型出境旅行服务机构的百程旅行网，共设有六家分公司，已

成功登陆新三板，由于出境人数的大幅缩减，该公司于 2020 年 2 月底宣布关闭并启动清算准备。疫情也催生了一种新的经济形态——"云经济"的大爆发。主要行业形式包括"云旅游""云教育""云剧场""云讲堂""云游戏"等。"云经济"的爆发得益于疫情导致的居家模式使大量的线下消费需求逐渐向线上转移，越来越多的企业、机构主动拥抱"云经济"，创新商业模式，开辟新的市场空间。"云经济"在恐龙文旅产业的表现形式主要为"云旅游"，如自贡恐龙博物馆与中国电信合作，首次向市民推出主题为"云上翼龙"的"5G + VR"、5G 直播和"5G + 无人机航拍"等一系列新兴的线上观光体验，让观众身临其境地感受到侏罗纪远古恐龙时代的生活面貌。

4.2 产业探索数字化转型，数字文旅逆势上扬

2020 年提出的新基建本质上是信息数字化的基础设施建设，随着 5G、物联网、虚拟技术、软件定义、人工智能、区块链等新一代信息技术与文化旅游的融合，可逐步形成数字文旅产业的基础架构，有力推动文化旅游服务内容的数字化、渠道的数字化和用户的数字化。国家层面也印发了《关于推动数字文化产业高质量发展的意见》，该宏观性、指导性政策文件向社会和行业发出支持数字文化产业高质量发展的明确信号，对夯实数字文化产业发展基础、培育数字文化产业新型业态、构建数字文化产业生态等内容提出具体要求，将进一步引导产业发展方向。

恐龙文旅产业在此基础上积极探索数字化转型，通过内容、渠道和用户的数字化，融合产生数字文化旅游、数字创意设计、数字营销等新业态，深刻改变着大众的旅游体验。如北京自然博物馆已启动"虚拟展厅制作项目"，计划对馆内古哺乳动物展厅、古爬行动物展厅、无脊椎动物的繁荣展厅进行数字虚拟化扫描，并选取标本进行三维扫描建模，实现对这些选取的标本 720°观赏。2020 年也被称为中国"旅游直播元年"，线上 OTA、线下文化场馆、旅游景区、行业门店等齐发力，纷纷开拓直播电商销售渠道，"文旅直播经济生态圈"已初现雏形，直播带货正成为破解文旅消费难题的重要手段。2020 年 12 月 26 日晚，由中央广播电视总台央视新闻新媒体中心推出的大型直播栏目《夜游中国》走进常州，开展了主题为"玩转恐龙园，一起穿越侏罗纪"的直播，通过直播镜头带领网友云端"夜游"中华恐龙园，该节目在全网各大平台的播放量已突破百万。

中国经济网数据显示：2020 年前三季度，与互联网数字化相关的文化新业态产业实现了 2.12 万亿元营业收入，同比增长 21.9%。数字文旅在疫情期间实现逆势上扬，成为拉动文旅产业高质量发展的新动能。

4.3 产业链日趋完善，产业矩阵初步形成

文旅产业链的不完整通常体现在传统门票经济和地产模式上，"圈地收钱"模式是最大的利润来源，导致业态缺失、运营低效，受到突发事件和经济周期影响较大。随着恐龙文旅产业的快速发展，以及"文旅＋演艺""文旅＋影视""文旅＋创意""文旅＋教育"等产业融合模式的创新，整个恐龙文旅产业链日趋完善。常州中华恐龙园作为恐龙文旅产业的典型代表，一直致力于恐龙文旅产业链的融合完善。除了开展主题游乐，还深耕恐龙文化，推出衍生产品，融合动漫、演艺、文创等产业，形成了"形象—内容—体验—衍生"的主题公园文化产业链。还裂变出了文旅规划设计、文旅管理、文化科技、景区运营管理、模块娱乐五大企业集群，形成了从理论到产品的一整套"文化旅游产品服务清单"，业务涵盖了文旅全产业链，对外提供整体解决方案服务。

自贡市近几年以恐龙文化品牌和产业为优势，擦亮恐龙名片，打造自贡特色旅游、文化、商品、娱乐的综合产业链。国内首个以恐龙文化为主题的大型高科技现代产业园"方特恐龙王国"即将开园，连续三届成功举办恐龙国际灯光节，联合功夫动漫打造的 3D 动画片《时空龙骑士》正在热播，仿真恐龙企业集群占据全球绝大部分市场份额，恐龙旅游综合服务中心及恐龙小镇加速建设，自贡市逐渐形成一条"恐龙名片＋恐龙博物馆＋恐龙主题乐园＋恐龙 IP 动漫＋恐龙节庆＋仿真恐龙企业集群＋文创商品＋旅游小镇"的完善产业链条。恐龙品牌正成为城市发展和文旅产业的文化推动力。并且，随着自贡市"井盐""恐龙""彩灯"等名片的有序打造，三条产业链上的各个组成部分环环相扣，初步形成了一个相互促进、相互补充、密不可分的文旅产业矩阵。

4.4 科技引领效能提升，创新赋予产业竞争力

后疫情时代，传统的文旅发展模式难以为继，产业发展需要新思维、新动能和新模式。而科技的加持，不仅可以赋予文旅产品鲜活的生命力，更深入地展示产品的文化内涵与底蕴，还可以进一步促进产业的文化、品牌传播，助力文旅复苏。中国旅游研究院副院长唐晓云分析认为：科技红利赋予文旅产业更多可能，

科技将成为文旅产业效能提升的主渠道。文旅产业正在进入科技引领发展的新时代，景区和企业通过不断开发科技文旅产品，让游客不再置身事外，而是融入舞台和情境中，成为其重要的组成部分。如上海迪士尼的"穿越地平线"、数字圆明园 E-MAX 全域沉浸互动体验、高铁模拟驾驶舱"京和号"的虚拟驾驶等，一经推出便成为热门"打卡地"，成功激发了人们科技游的热情。

常州中华恐龙园长期致力于文旅和科技的融合，用科技创造新颖的娱乐体验方式，用创新提供专业化、智慧化、系统化的文旅解决方案。其最新一代主题游乐项目——恐龙基因研究中心被评为江苏数字文化和智慧旅游示范项目。其在科普研学、数字互动技术、博物馆创意秀、主题创意节展等方面的实践经验，也诠释了科技在助推 IP 体验升级中的作用。自贡·中华彩灯大世界暨第27届自贡国际恐龙灯会利用更多科技元素设计了奇幻侏罗纪灯组，其全长320米，由"奇幻穿越""梦幻雨林""恐龙时代"三个主题组成。通过多主题、多层次的设置，不仅有地标性灯组"生命之树"，其余灯组层层递进、环环呼应，打造沉浸式游览体验。尤其是地标性灯组"生命之树"，一经亮相便刷爆全网、登上热搜榜，被誉为"展现了自贡彩灯的最高艺术水平"。中国台湾作家廖信忠对"生命之树"灯组也极为推崇，认为"要达到这种水平的作品，非凡的想象力、深厚的美学底蕴、科技的进步、精湛的工艺，缺一不可"。自贡·中华彩灯大世界也因此进入西南热门景区 TOP10 之列。

4.5 国潮经济悄然兴起，优质文创产品受追捧

国潮经济指将中华传统文化融合时尚设计风格、多元化营销手段等现代潮流元素，建立品牌 IP，以品牌为载体应用至各品类商品中形成国潮。国潮经济兴起的背后是我国制造业水平的提高，是中华民族自信的显著提升。通过国潮的发展，能够帮助传统国牌实现品牌重塑，同时为国内商家提供发展机遇，助力经济内循环发展。一些旅游景区、博物馆、文化馆等纷纷挖掘自身传统文化，推出具有鲜明特色的文化创意产品，成为新卖点。如故宫博物院研发的朝珠耳机、"奉旨旅行"行李牌、"朕就是这样汉子"折扇、"朕在休息"眼罩等文创产品，既有文化内涵又有趣味性，成功抓住年轻人消费心理而走红。

北京自然博物馆重视恐龙类文创产品的开发，官方网站还专门开设了博物馆商店作为文创产品的销售渠道。该馆现已开发马门溪龙浮雕瓷杯、恐龙铜尺、卡通恐龙纸胶带、恐龙木质笔袋、三叠纪恐龙学习贴纸等特色文创产品。与中国邮

政集团合作的异形邮资片，正面的霸王龙卡通骨骼形象一改霸王龙凶猛的特征，背面有天安门图案的邮资票面，不用另购邮票即可邮递。2020 年还与北京麋鹿生态实验中心合作研发了鹿科动物木质拼插模型等文化创意产品。借着 3D 动画《时空龙骑士》的热播，自贡文旅投旗下龙漫公司作为《时空龙骑士》IP 版权方，深度挖掘 IP 价值，以恐龙科普、恐龙仿真模拟、亲子娱乐、儿童智力开发、时空龙骑士内容介绍等五大板块，通过一年时间的研发与包装，于 2020 年 7 月正式投放市场。经典爆款授权玩具"时空龙骑士变形机甲"受到全国粉丝小朋友的喜爱和追捧，全网销量上千万。

4.6　企业融资破局艰难，盈利能力略显不足

企业融资方式一般可分为债务性融资和权益性融资，前者包括银行贷款、发行债券和应付票据等，后者主要指股票融资。随着信用逐渐收紧，恐龙文旅企业的融资难度不断加大，大部分企业只能通过银行高息贷款缓解资金压力。据新三板企业"海天文化"年报显示：报告期内公司短期借款显著增加，融资方式为商业银行贷款，利息为 8%，借款增加导致企业的财务成本、经营压力加大。产业内的一些龙头企业尝试通过 IPO（首次公开募股）的方式融资也受到重重阻力。如常州中华恐龙园（简称恐龙园）从 2012 年就开始了艰难的上市之路，前两次 IPO 申请均被否定。2020 年 7 月，在证券交易所实施注册制改革后，恐龙园向深交所创业板递交了上市申请，计划发行股票不超过 5870 万股，拟募集资金 5.72 亿元，将用于投资恐龙科普研学基地建设项目、中华恐龙园夜间精品旅游体验项目、中华恐龙园沉浸式场景体验项目、文科融合创意技术研发中心项目、恐龙 IP 提升及文创开发项目和补充流动资金项目。但在 2021 年 2 月 8 日，恐龙园向深交所申请撤回创业板上市申请，上市计划再次搁浅。撤回原因可能是公司主题公园业务受新冠疫情影响，经营业绩较上年出现较大幅度下滑，出现自公开数据以来的首次亏损。恐龙文旅企业的融资问题破局艰难。

而与同在新三板准备冲击创业板 IPO 的主题公园公司华强方特相比，恐龙文旅产业龙头公司的盈利能力略显不足。华强方特的主营业务为文化科技主题公园及文化内容产品（特种电影及数字动漫），拥有主题公园"方特"品牌和动漫"熊出没"IP。该公司是新三板龙头企业，连续多年荣膺全国文化企业三十强，旗下"方特主题乐园"的游客接待量连续三年位列全球第五，"熊出没"继续保持中国最具影响力的国产动画品牌地位。与恐龙园相同，华强方特也在 2012 年

开始谋求上市，至 2020 年 12 月，华强方特发布上市辅导备案的提示性公告，准备第三次冲击 IPO。虽然同在新三板均未实现 IPO，但华强方特的盈利能力远超恐龙文旅产业在新三板的龙头企业。如表 2-1 所示，华强方特 2017—2019 年的营业收入分别为 38.53 亿、43.37 亿和 53.42 亿，即使受疫情影响，2020 年上半年也营收 15.32 亿。而恐龙园在 2017—2019 年的营收分别为 4.8 亿、5.7 亿和 6.5 亿，2020 年上半年营收仅 1.1 亿。海天文化在同期也分别营收 1.0 亿、1.6 亿、1.8 亿和 1.4 亿。恐龙谷在同期营收最低，分别为 4754 万、3432 万、3710 万和 1255 万。归属于挂牌公司股东的净利润方面，华强方特在 2017—2019 年分别获得 7.4 亿、7.8 亿和 8.1 亿，2020 年上半年受疫情影响亏损 83.81 万。而恐龙园在 2017—2019 年分别获得 6761 万、8752 万和 9669 万净利润，2020 年上半年受疫情影响亏损 6007 万。其他两个恐龙文旅企业的净利润更低，其中的恐龙谷更是连续两年亏损。

通过图 2-13 可发现，华强方特的毛利率一直保持在较高水平，2017—2019年分别达 56.51%、58.09%、56.42%，即使是疫情期间也高达 46.03%，显示出较高的盈利能力。而恐龙园在 2017—2019 年的毛利率为 45.05%、43.67% 和 41.46%，2020 年上半年疫情期间低至 -30.00%。主要从事灯贸的海天文化毛利率更低，2017—2019 年仅为 23.31%、22.09% 和 16.81%。恐龙文旅企业毛利率偏低、业绩波动大、自身 IP 优势较弱、盈利能力不及同行华强方特等问题需要引起从业者重点关注。

表 2-1　华强方特与恐龙园等恐龙文旅企业盈利能力分析

新三板企业	盈利能力指标	2017 年	2018 年	2019 年	2020 上半年
华强方特	营业收入（万元）	385345.49	433774.05	534215.72	153292.45
	归属于挂牌公司股东的净利润（万元）	74699.23	78794.76	81319.24	-83.81
	加权平均净资产收益率%	10.22%	8.58%	8.27%	-0.01%
	毛利率%	56.51%	58.09%	56.42%	46.03%

续表

新三板企业	盈利能力指标	2017 年	2018 年	2019 年	2020 上半年
恐龙园	营业收入（万元）	48344.51	57959.23	65281.45	11022.76
	归属于挂牌公司股东的净利润（万元）	6761.08	8752.02	9669.53	-6007.80
	加权平均净资产收益率%	10.08%	11.76%	11.52%	-6.55%
	毛利率%	45.05%	43.67%	41.46%	-30.00%
恐龙谷	营业收入（万元）	4754.28	3432.34	3710.31	1255.46
	归属于挂牌公司股东的净利润（万元）	2106.24	280.20	-1246.89	-3469.50
	加权平均净资产收益率%	12.33%	1.53%	-7.01%	-22.47%
	毛利率%	46.02%	37.35%	18.22%	-136.59%
海天文化	营业收入（万元）	10700.21	16196.91	18994.20	14637.30
	归属于挂牌公司股东的净利润（万元）	103.49	162.21	-1133.84	987.11
	加权平均净资产收益率%	5.04%	7.43%	-66.75%	61.91%
	毛利率%	23.31%	22.09%	16.81%	24.41%

（数据来源：全国中小企业股份转让系统）

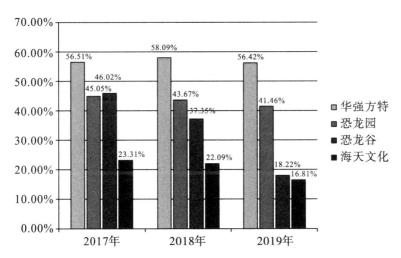

图 2-13　华强方特与恐龙园等恐龙文旅企业 2017—2019 年毛利率比较
（数据来源：全国中小企业股份转让系统）

5 产业发展趋势展望

5.1 文旅产业全面复苏，有望迎来爆炸式增长

2021年年初，中国旅游研究院发布的《2020年旅游经济运行分析与2021年发展预测》研究报告中提出：旅游经济将从全面复工复业走向消费、投资全面复苏。并预计2021年国内旅游人数会达到41亿人次，国内旅游收入达3.3万亿元，分别比上年增长42%和48%。实际情况也表明全国文旅产业正在全面复苏，2021年牛年春节，在全国倡议"就地过年"的背景下，基于电信大数据平台的分析显示：长假7日游客出游量同比增长达两位数，呈现明显的复苏之势；2021年五一假期，经文化和旅游部测算：全国国内旅游出游2.3亿人次，同比增长119.7%，按可比口径恢复至疫前同期的103.2%；实现国内旅游收入1132.3亿元，同比增长138.1%，按可比口径恢复至疫情前同期的77.0%。假期游客满意度达84.8，处于"满意"水平。

跟全国文旅产业的复苏态势一致，恐龙文旅产业也迎来了一波爆炸式增长。常州中华恐龙园五一长假期间持续火爆，园区单日总营收与人均二消营收总额均破历史纪录，双创历史新高。并强势占据飞猪旅行发布的"五一全国景区抢票榜"第2位，与上海迪斯尼、珠海长隆海洋王国成为2021年五一期间最热门的三大主题乐园。还荣登驴妈妈《2021五一出游总结报告》"全国热门景区TOP10"和"华东热门景区TOP10"双榜。2021年5月2日，中华恐龙园在客流量即将触达园区承载量75%时，及时采取高峰限流措施。自贡恐龙博物馆也以一串亮眼的数据刷新了2021年五一黄金周的接待纪录，黄金周5天共接待观众8.87万人次，与疫情前的2019年五一节同比（扣除2021年五一节多1天的数据）增幅达78.45%。其中，5月2日、3日连续两天达到2万人次限量。从游客来源看，省内观众占80.34%，省外观众19.66%。旅游收入278.22多万元，与2019年同比增长约86.61%。国内新冠疫情的缓解促使民众正在找回"失去的旅行"。

5.2 拥抱"双循环"新格局，产业重心向内循环转移

面对当前复杂严峻的经济形势，以及较大的不稳定性和不确定性，党的十九届五中全会提出了"加快构建以国内大循环为主体、国内国际双循环相互促进的

新发展格局"的重大战略部署，这是新发展阶段把握发展主动权的先手棋，是夺取经济发展新胜利的关键招。而构建新发展格局，必须坚持以国内大循环为主体。即国家层面将扩大内需作为战略基点，形成强大国内市场，充分发挥我国市场优势，实现经济高质量发展。

国家"双循环"政策出台以后，文旅产业以内循环为主的新发展格局正在加速形成。由于文旅产业对应服务消费、最终消费、多层次消费和可重复消费，是未来居民消费回补和消费升级的重要内容，新格局下文化旅游消费有望成为促进国内经济大循环的新抓手和推动结构转型、经济增长的新动能。恐龙文旅产业要抓住国内大循环促进旅游消费回流的机遇，紧密拥抱"双循环"，将产业重心向内循环转移。如过度依赖出境旅游的旅游社，与其祈祷国外疫情尽快结束，不如深耕国内，吸引高端客群回流，通过发展定制化、精品化、主题化旅游作为企业未来的重要突破口。景区也应着重挖掘中国版海外游替代景区。随着旅游产品供给数量和品质的显著进步，相信越来越多的游客会认识到出境走马观花不如在国内"走透透"，出境游转国内游将成为重要发展趋势。

5.3　跨界合作寻新机遇，强强联合争多方支持

文化没有跨界就产生不了力量。随着新一轮消费升级的到来，人们越来越注重生活的品质化、多元化，而跨界合作不仅可以实现资源整合、营造更具新鲜感的消费体验，还可以使传播效果最大化、覆盖更多目标人群。跨界合作因而成为新风尚，文艺界出现了《跨界歌王》《跨界喜剧王》等爆款节目，产业界出现了5G和众多应用领域的常态化跨界合作。而文旅产业与创意产业的跨界合作也结出了丰硕的果实，众多文博馆借助专业机构的创意设计能力、产品开发能力、销售渠道等，拓展了文创产品的市场。

恐龙文旅产业当前发展的关键瓶颈之一就是缺少政策包，文旅政策多是"毛毛雨"，而乡村振兴政策、教育政策、体育政策、环保政策等都是"真金白银"的实惠。而越是跨界，越能寻求政策包。如文旅产业与乡村振兴的跨界，随着国家乡村振兴局挂牌、《中华人民共和国乡村振兴促进法》的通过，乡村振兴迎来万亿级蓝海。未来数十年，乡村振兴必将是文旅产业的超级风口。文旅产业有望成为将乡村生态资源转化成经济来源的首位产业，通过改变农村经济社会发展方式、改变乡村生态面貌、消弭城乡基建鸿沟，加快实现乡村振兴。四川省第十一届（秋季）乡村文化旅游节和第三届自贡国际恐龙灯光节的联合举办就是恐龙

文旅和乡村振兴的一次跨界合作，该活动以"安逸四川，秋约盐都"为主题，将田园之美与恐龙文化、美食文化等融为一体。再如文旅产业与教育的跨界，随着研学旅行被正式纳入中小学必修课程，文旅与教育实现全面的跨界结合。恐龙文旅从业者必须要具备创新性思维，更多地去理解教育，更多地去参与行业内活动，与教育产业链上的合作伙伴共同开发各种文旅教育产品。

5.4 关注需求侧改革，瞄准未来改革红利

2020年底，"十四五"来临前夕，中共中央政治局会议首次提出"注重需求侧改革"。要求"打通堵点，补齐短板，贯通生产、分配、流通、消费各环节，形成需求牵引供给、供给创造需求的更高水平动态平衡"，即坚持扩大内需这个战略基点，加快培育完整内需体系，激发内需潜能。需求侧改革有望成为未来五年贯穿市场的主线，其影响消费端的路径主要有：一是通过探寻新消费模式和体系，挖掘潜在消费需求。典型的如免税经济、银发经济、网红经济、健康经济、C2M（Customer‑to‑Manufacturer，短路经济）等模式；二是发布需求侧改革的具体政策，释放改革红利，提升居民消费能力和提高居民消费意愿。如2021年5月31日发布的"三孩政策"，即实施一对夫妻可以生育三个子女政策及配套支持措施，释放了人口红利，有助于提高居民在儿童用品、亲子产品等方面的消费意愿。

文旅产业作为未来居民消费回补和消费升级的重要内容，上升空间较大。面对需求侧的新变化，恐龙文旅企业要关注并拥抱趋势，努力在变局中开新局。一是要聚焦新消费模式，如免税旅游、老年旅游、网红直播、C2M等。据统计，中国居民境外免税消费的规模超过了1800亿元，占全球免税市场消费额的35%。疫情期间这部分需求回流国内，对旅行社来说是一次绝佳的机遇。C2M是一种用户直连制造商的新型工业互联网商业模式，消费者直达工厂，强调的是制造业与消费者的衔接，是工业4.0时代的典型应用场景。恐龙文旅制造业要把握趋势，及时进行商业模式的探索和转型。二是关注需求侧的政策改革，瞄准未来改革红利，推进业务精准布局。如当前的国家"三孩政策"，与恐龙文旅产业最密切的受益方向是儿童玩具、游乐设施和亲子旅游等。相关文旅企业要积极推出高品质的恐龙文创产品，丰富恐龙类游乐设施，重视亲子旅游的巨大市场。

5.5 产城融合升级加速，搭建"城＋产"命运共同体

城市发展与产业兴衰关系密切，一些老工业城市因传统产业衰落而遇到发展

瓶颈。近年来，这些老工业城市积极展开探索，通过整合资源、壮大新产业、培育新动能等方式，寻找产业与城市的新共振，期望实现传统产业转型升级，走出一条高质量发展之路。文旅产业作为新兴产业，逐渐成为这些城市共同的选择。文旅产业与城市的融合，将城市深厚的文化积淀转化为城市经济发展的"助推器"，为城市的创新发展注入了全新的动力。城市超级 IP 的打造就是文旅"产城融合"之路的典型案例。作为恐龙文旅产业联盟成员的功夫动漫专注打造城市超级 IP，以城市文化为突破口，构建完整的文化 IP 产业生态链。目前已成功携手德阳市、宁波市、福鼎市、自贡市等城市制作了四川德阳市城市 IP《三星堆之荣耀觉醒》，宁波市城市 IP《神奇布袋小子》，福鼎市城市 IP《太姥娘娘与白茶仙子》，自贡市城市 IP《时空龙骑士》等超级 IP。一些城市的超级 IP 如江西兴国城市 IP《长征总动员》、山东临淄城市 IP《蹴鞠小子》、江苏泗洪城市 IP《环保特攻队》、四川眉山城市 IP《少年苏东坡传奇》等也即将登上舞台。其中，德阳城市 IP《三星堆之荣耀觉醒》四次央视重播，在全国带起一阵古蜀文化风潮。良好的市场效果也带动着更多的城市如云南省安宁市、江西省赣州市石城县、四川省宜宾市翠屏区等加入到城市超级 IP 打造的大军中。宜宾市翠屏区计划联手功夫动漫，深入挖掘哪吒文化底蕴，彰显哪吒文化特色，以打造翠屏哪吒城市超级 IP 为引爆点，全面打造中国哪吒之乡。文旅"产城融合"之路升级加速。

文旅产业与城市的融合发展，也搭建起"城 + 产"共兴衰的命运共同体。如自贡市作为全国首批、四川唯一的国家文化出口基地，在挖掘本地特色文化资源的基础上，注重运用新时代传播手段推介城市文化，率先打造城市超级 IP，探索"文化资源 + 动漫产品→IP 产业链→文旅生态圈"新模式。不但将恐龙、彩灯等"城市名片"推向全国，还面向全球传播中华恐龙文化，助力中华文化超级 IP 的打造。并将从全球的 IP 授权产业链到与当地文旅产业深度结合的延伸产业中，打造出超百亿级的超级 IP 相关市场。2021 年五一假期，自贡旅游迎来了新高峰。全市 17 个 A 级景区全部正常开放，文化和旅游市场产品供给丰富，全市 A 级旅游景区共接待游客 36.02 万人次，同比增长 281.26%，实现门票收入 1118 万元，同比增长 1652.69%。在这些门票收入中，国际恐龙灯会约占 9 成。随着方特恐龙王国开园的脚步临近，恐龙文旅产业将成为自贡旅游的一大亮点，门票收入也将爆炸式增长。恐龙文旅产业的发展也带动了城市其他产业的繁荣，截至 2021 年 5 月 4 日，全市五一住宿业接待总数 45370 人次，平均入住率达 98.62%，酒店房间价格直逼一线城市，出现一房难求的局面。文旅"产城融合"之路助力自贡老工业城市转型升级，实现"再造产业自贡"。

5.6 文旅业态新旧更迭，全新职业层出不穷

随着我国文旅消费结构逐渐与国际接轨，文旅业态也已开始了新旧更迭，新冠疫情的发生更是加快了业态更替的进程。疫情前，传统的文旅业态如观光旅游、商务旅行、会奖旅游等占据文旅消费的重头。在疫情防控常态化的背景下，居民从长距离观光游向中短距离度假转变，从低频次跨省旅游向高频次城市周边休闲转变，从高密度"扎堆"式旅游向低密度闲适放松转变。休闲度假旅游成为主流业态。一些新业态的发展潜力也加速释放，夜间旅游、亲子旅游、美食旅游、冰雪旅游、研学旅游、自驾旅游等旅游景气度走高。据中国旅游研究院统计，清明假期游客自驾出游比例超过 7 成，旅游市场呈现客源地由中大型城市向中小型城镇的梯度下沉。

人们对精神需求的不断升级，也使得游客需求从"旅行机构能给我带来什么旅游产品"，向"我能从旅游过程中得到什么样的心灵体验"转变。在这种背景下，优质的旅行设计变得更加重要，"旅行设计师"这一全新职业也应运而生。好的旅行设计是一种美好体验，要将游客内在的精神追求与外在的景观人文资源相连接，打造走心有温度的作品。实现好的旅行设计，离不开各行各业有创造力的独立旅行设计师的共同参与。浙江省文化和旅游厅副厅长王峻更是断言："未来旅游行业最核心、最激烈的竞争一定是对优质旅行设计师及导游的竞争。"恐龙文旅企业要加速培养优秀独立旅行设计师，让他们成为优质旅游的创造者、组织者，成为行业变革的引领者、推动者。在人力资源和社会保障部拟新增的 10 个新职业中，与文旅产业相关的就有 4 个，分别是互联网营销师、在线学习服务师、社群健康助理员、老年健康评估师。尤其是互联网营销师，对于文旅产业具有重要意义。疫情期间，互联网营销师的直播带货是文旅景区"自救"的重要途径。在未来，文旅产业也不妨专门培养本领域的"李佳琦"，把更多优秀文旅产品推介给人们，既可以推动单一文旅产品的销售，还能带动文旅全产业链的发展。

说明：本报告使用的数据已是目前可获得的能反映恐龙文旅产业联盟发展情况的最新数据。

参考文献：

［1］国家统计局．中华人民共和国2020年国民经济和社会发展统计公报［N/OL］．http：//www. stats. gov. cn/tjsj/zxfb/202102/t20210227_ 1814154. html，2021－02－28.

［2］中国旅游研究院，中国电信股份有限公司．2021年春节长假旅游客流大数据报告［N/OL］．http：//www. ctaweb. org. cn/cta/ztyj/202103/124ccef062e54a92b590d38cbb1c7e61. shtml，2021－02－22.

［3］中国旅游研究院．2020旅游经济运行分析与2021年发展预测（中国旅游经济蓝皮书No. 13）［N/OL］．http：//www. ctaweb. org. cn/cta/ztyj/202103/80532de9677f4c8685428b5a362e5ed9. shtml，2021－02－22.

［4］文化和旅游部办公厅．关于全力做好新型冠状病毒感染的肺炎疫情防控工作暂停旅游企业经营活动的紧急通知［N/OL］．http：//www. gov. cn/xinwen/2020－01/26/content_ 5472279. htm，2020－01－24.

［5］曾博伟．把握经济发展新格局，促进文化旅游新突破［N/OL］．中国旅游协会，https：//www. sohu. com/a/456419374_ 100014970，2021－03－19.

［6］文化和旅游部．文化和旅游部关于推动数字文化产业高质量发展的意见［N/OL］．http：//www. gov. cn/zhengce/zhengceku/2020－11/27/content_ 5565316. htm，2020－11－18.

［7］川观新闻．自贡"网红灯组"：50余万游客前来都为了看她这张"脸"［N/OL］．https：//cbgc. scol. com. cn/news/1116356，2021－04－06.

农商文旅融合视域下的"共享乡村"建设与运营模式研究

［作　者］李　杰（四川科技职业学院 四川省旅游学会三线建设文旅专委会）

吴海宏（四川省旅游学会三线建设文旅专委会 成都市乡村旅游产业商会）

赵小丽（三亚学院）　尹　璐（四川城市职业学院）

文绍琼（成都农业科技职业学院）

摘　要： 农商文旅融合型共享乡村是以主客共享美好生活为目标的乡村振兴发展模式。基于数字乡村和共享理念，通过重塑乡村经济形态和人文生态环境，构建农商文旅融合型共享乡村建设运营模式，打造兼具本土化、现代化、特色化的新型乡村旅游社区，推动乡村产业发展、农民持续增收、乡村社会文明、社区治理进步，建立乡村振兴的长效机制。

关键词： 农商文旅；产业融合；共享乡村；运营模式

在乡村振兴的时代背景和政策红利下，实现乡村产业持续发展和城乡社区双向融合，是实现乡村振兴战略目标的重要内容。课题组通过对乡村的大量调研、文献研究和政策梳理，提出构建"农商文旅融合型共享乡村"，其核心是着力打造有温度、有情怀的主客共享乡村，重塑乡村产业体系、消费体系和生活方式，致力于呈现乡村资源共享的生活社区和农商文旅融合的产业社区基本形态。

1　以产业融合为基本路径和核心的"共享乡村"建设

1.1　乡村产业创新推动农商文旅融合发展

在大力实施乡村振兴战略的路径选择与创新实践中，从产业发展层面解决乡村发展的突出问题成为共识，只有产业的蓬勃发展才能带来乡村经济的持续繁荣。按照"产业兴旺、生活富裕、生态宜居、治理有效、乡风文明"总体要求，牢牢把握"绿水青山就是金山银山"的发展理念，促进一二三产业融合发展，由过去单纯的农业生产向农商文旅体教融合拓展，提升农业产业附加值、延伸农业产业价值链，构建乡村产业发展的新经济、新模式、新业态，是乡村振兴战略形势下乡村产业发展的题中之义和必然趋势。

国务院办公厅《关于推进农村一二三产业融合发展的指导意见》提出："要加强统筹规划，推进农业与旅游、教育、文化、健康养老等产业深度融合。"通过"乡村＋"，链接农业、工业、服务业等多种产业，聚合农民、乡贤、返乡创业者、文创从业者、公益志愿者等多种资源，激活现代农业、农村电商、乡村旅游、乡村文创、乡村非遗等多种业态，对农村土地、房屋、人才、资金、资源等重新组合，衍生新的产业空间和产业链条，带来城乡新形态下新的要素市场和农商文旅的融合发展。

乡村振兴"农商文旅"四位一体融合发展模式，以农业为基础、产业为目的、文化为核心、旅游为载体。以农业农村现代化为指引，筑牢发展基础；以一二三产业互动，提升传统农业产业价值；以农耕文化、民俗文化挖掘利用，促进创意产业提升文化含量；大力发展休闲度假、体验观光、田园康养，全方位打造现代农业综合体。打造集农事体验、旅游观光、民俗表演、历史文化、休闲养生、特色餐饮为一体的乡村旅游农商文旅融合发展新业态，在绿水青山间绽放出"美丽经济"，推动乡村振兴战略的全面实施。

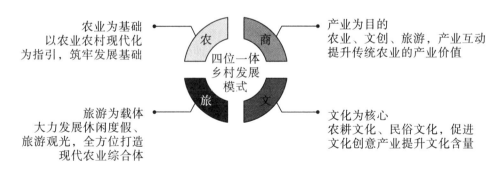

1.2　新时代新技术催生共享经济新模式

共享经济是信息技术变革与生产生活方式发展相结合的产物，表现为将闲置资源的使用权（而非所有权）让渡给他人而创造出新的价值。共享经济的新模式、新理念也深入到各个领域，并不断被创新和应用，乡村农庄是乡村领域较早体现和应用的重要场景。

2017 年，国家发布政策，允许包括北京在内的 13 城市试点集体土地建设租赁住房，共享农庄也是遵循此政策应运而生。2018 年，在共享农庄基础上，陕西省、北京市试点"共享村落"，村集体或农民通过"共享村落"平台（农村产权交易平台）将闲置的宅基地或房屋使用权进行流转交易，增加财产性收入。"共享人"获得农民闲置宅基地和闲置农房使用权后，发展乡村旅游、农村电商、文化创意等产业。在共享经济发展和相关政策催化下，以实现"乡村振兴"、促进"城乡统筹"、实现"三产"融合发展为主要发展目标，推进农商文旅空间、业态和功能融合，乡村资源共享商业模式日渐成熟。

1.3 后疫情时代乡村成为旅居体验的稀缺资源

疫情的常态化防控也在潜移默化中改变着人们的出游行为，越来越多城市居民选择近郊游、周边游。根据韩国李明基等（2020）的调查研究显示，与疫情发生前相比，城市居民返农返乡意向"增加"的占比为 20.3%，受访者参加乡村旅游次数将"增加"的比重（44.5%）高于回答"减少"的比重（12.9%），平均预计乡村旅游数量增加 46.8%（数据来源：韩国农村经济研究院调查结果）。

从乡村振兴来看，乡村旅游已经从"传统乡村"转变为"精致乡村"，从"白天观光"转变为"日夜休闲"，从"打造旅游"转变为"社区营造"，乡村打造的核心不再仅仅是旅游，而是围绕原住民、返乡创客、生态移民的幸福生活。将乡村打造为一个为原住民、返乡创客、生态移民共享的生态宜居社区。社区再造后的乡村，真正成为和城市生活并行的一种生活方式。

2 农商文旅融合型"共享乡村"建设模型

2.1 "共享乡村"要素与内涵

以乡村振兴为背景，以共享理念为核心，以农商文旅融合为路径。在乡村林盘空间内，充分遵循传统乡村"田、林、水、院"空间格局、维持乡村周边环境景观要素完整，结合当地的区位优势及资源，以"轻资产、重生态、高附加、广辐射"为原则，以林盘为基本单元和载体围绕生产、生活、生态、治理等要素，打造生态共享、产业共融、文化共兴、社区共治、风险共担的宜居、宜业、宜游、宜养、宜学的乡村社区，推动"共享乡村"建设。

2.2 "共享乡村"建设模型

以"四项要素、五大功能、六个体系"为核心的"共享乡村"建设模型，即以乡村林盘为单位和载体，坚持乡村社区发展治理理念，以乡村社区整体营造为切入点，涵盖生产、生活、生态、治理四项要素，实现乡村宜居、宜业、宜游、宜养、宜学的社区功能，构建自然生态、健康养老、创新创业、文化创意、休闲度假、智慧治理等六大乡村社区共享体系。

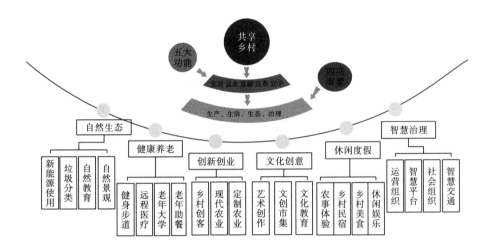

通过"共享乡村"建设，重塑乡村经济形态和人文生态环境，着力打造有温度、有情怀的乡村社区，助推文创、民宿、康养、研学等新兴业态发展，呈现城乡资源共享型生活社区和农商文旅融合型产业社区基本特征。将生态环境优势转化为生态旅游发展优势以及产业优势，促进乡村人居环境的改善，促进乡村地区人与自然和谐共生，形成可持续、景观化的乡村空间格局、产业结构和生活方式。

3 农商文旅融合型"共享乡村"六大运营共享体系

3.1 自然生态共享体系

在长期社会经济发展和历史演进过程中，广大乡村区域形成了聚居的院落空间，乡村建筑与周边自然环境有机融合，构成了以山、水、林、田、宅为一体的人居环境，形成沃野环抱、密林簇拥、小桥流水的田园画卷。自然生态共享体系是利用乡村的独特优势，在建设和运营的过程中，遵循"绿水青山就是金山银山"的生态优先原则，协调人与自然环境的相互关系，维系自然资源的可持续利用与永续维护。共享乡村应做好清洁能源推广和使用、污水处理及生态厕所建设、垃圾分类及无害化处理，成为绿色发展的示范地和先行区。同时，利用良好的自然生态资源和乡村民俗文化，建设自然学校、科普展馆、郊野公园、实践教育基地等，开展自然研学教育、生态科普教育和农耕劳动实践，使其成为集休闲度假、亲子互动、研学教育为一体的自然生态综合场域。

3.2 健康养老共享体系

四川省社科院李后强教授在《生态康养论》中提出："温度、湿度、高度、优产度、洁静度、绿化度是判断一个地方是否适合发展生态康养产业的六个重要维度，简称'六度理论'。"乡村是一个过渡性质的半开敞空间，点状分布的乡村院落所形成的绿岛网络结构，为生活其中的居民创造了温润适宜的小气候。这些具有异质性的景观系统具有经济、生态与美学等多重价值。

健康养老共享体系依托乡村林盘独特的生态美学价值，打造宜居宜养的健康养老场景，服务当地老年原住民和城市康养群体。一是结合优美的乡村自然环境和田园风光，修建乡村步道，提供舒适的乡村康养场所；二是增加适老化设施，提供高品质的远程医疗服务；三是依托有机的鲜活农产品，提供绿色餐饮服务；四是挖掘乡村文化，开办乡村老年大学，提供丰富的教育休闲活动。

3.3 创新创业共享体系

创新创业共享体系是乡村承载新功能、新业态的场景设计，围绕创新产业和青年人的需求，提供服务和配套设施，体现乡村价值优势。利用闲置的院落打造乡村创客基地，既为共享乡村提供内生动力，又创造了外在吸引力。打破传统的封闭式经营模式，以开放的形式、平台化的思维和共享经济的理念，建设乡村创客基地成为可能。政府搭建平台，提供共享的办公会务空间，为返乡创业或新村民提供优美的自然环境和宜人的工作空间，并提供一站式的政府相关服务和丰富的休闲活动场所。服务青年创新创业，提供扶持政策，降低创业成本，让乡村成为青年创业的始发地，也为乡村注入持续的产业与持久的活力。

3.4 文化创意共享体系

文化资源具有产业属性，能在劳动分工和产业分化发展中创造经济价值。发挥乡村特有的美学价值和丰富的非物质文化遗产资源优势，结合乡村更新，为文创人才提供室内外艺术创作和展示交流共享空间。文化创意共享体系需要打造乡村文创IP和文创产业链，建立文创产品市集，为都市人提供休闲娱乐的消费场景；实施乡村更新计划，推动美丽乡村建设，为艺术季、丰收节、市集等乡村活动提供服务和设施；弘扬乡村传统文化和匠人精神，为乡村研学提供工艺体验、艺术课堂、非遗传承和专业文博等体验场景。构建主客共享的乡村文化空间，激发现场文创消费活力，激活乡村文化内在的价值。

3.5 休闲度假共享体系

乡村旅游休闲资源供给主要有优美的自然环境、舒适的度假生活、新奇的文化体验、惊艳的乡村味道。随着旅游者需求的日趋多元化，景区向田园拓展、观光向体验转变，乡村旅游发展增加了更多可能性。"共享乡村"建设在坚持生态优先，突出乡村特色的基础上，满足人们多样化的需求，丰富乡村"食、宿、游、购、娱、体、教"等功能。以"原生态游憩"为导向，营造乡村慢生活场景，增加乡村趣味性农事体验，为游客提供具有乡村特色的多元服务和产品，打造休闲度假共享体系。积极发展夜间经济和文化旅游是促进乡村经济发展，实现乡村振兴的重要方向，也是延长游客在乡村的逗留时间和增加消费的重要方式。乡村夜经济围绕田园夜景、乡村夜市、深夜食堂、乡村演艺、夜间娱乐、特色民宿等开发能引起游客主动传播的网红乡村夜间产品，增加乡村旅游的吸引力。

3.6 智慧治理共享体系

随着互联网、大数据等新一代信息技术的日益普及，在"共享乡村"的治理中，基于互联网技术和共享理念创新治理形式，结合智能技术构建以人为本、便捷高效的社会管理体系。一是以数字乡村为抓手，将互动智能化技术运用到"共享乡村"的医疗、商业、文化、交通等各项服务，将城市优质服务和乡村优质资源远程对接，构建城乡一体化服务平台，提升村民舒适度和幸福感；二是以成立乡村经营集体经济组织或引入社会资本主要出资，区域内实现统一规划、统一设计、统一运营，形成宜居宜营的共享乡村，吸引城市居民团体、乡村创客成为"新村民"，有效盘活乡村资源；三是充分运用信息化技术，搭建乡村数据平台，提供一体化、集成化、可感知在线网站、共享APP，实现各类乡村资源及配套的供需对接。构建智慧化的乡村公共服务设施体系，服务生产、生活、生态和治理需求。

4　结语

农商文旅融合背景下的"共享乡村"建设，以乡村资源共享为核心，通过共创治理机制、共商乡村需求、共绘规划蓝图、共建田园社区、共享建设成果、共维治理成效的"六共路径"，进一步制定共享乡村建设规范和标准，将产业和人才聚集到乡村。农民盘活了闲置资源的财产权，资本方充分利用了经营权，来乡村休闲旅游、创业发展、旅居养老的"新村民"获得了美丽乡村的"享受权"，形成农商文旅融合、产业人气聚集的可持续发展格局。

参考文献

［1］李杰．乡遇未来——乡村研学与乡村振兴[J].知识－力量，2019（06）.

［2］赵荣昌，祝箫．品川西林盘韵味 享诗歌田园之美[N].成都日报，2018－07－17（006）.

［3］成都市郫都区乡村管理导则[Z].2019－8－28.

［4］上海市规划与自然资源局．上海市乡村社区生活圈规划导则（试行）[Z].2021－12－02.

［5］"共享农庄"到底是啥？怎么共享、怎么赚钱？[J].农业工程技术，2018，38（03）.

［6］兰州田园综合体建设发展研究课题组．田园综合体建设发展路径探析——以兰州为例[J].社科纵横，2019，34（05）.

［7］眉山市"十四五"文化和旅游发展规划（征求意见稿）[Z].眉山市文化广播电视和旅游局，2019－08.

［8］眉山市乡村振兴战略规划（2018—2022年）[Z].四川省眉山市发展与改革委员会.

［9］杨海峰．推进农商文旅体融合发展的对策[J].文化产业，2018（16）.

［10］赵莉，梁荣．房地产市场发展与区域经济增长耦合协调性研究——以呼包鄂城市群为例[J].内蒙古科技与经济，2022（14）.

［11］宁华宗．治理空间的再造：边远山区乡村治理的新路径——以黔江生态移民工

程为例[J].社会主义研究，2014（06）.

　　[12] 叶国伟，杨坤，李玲玲，等. 成都市农商文旅体融合发展助推乡村振兴研究[J].农村经济与科技，2019（22）.

　　[13] 黄和平，杨新梅，周瑞辉，等. 基于人与自然和谐共生的绿色发展：DGE 理论框架与城市面板检验[J].统计研究，2022，39（05）.

　　[14] 边语. "共享村落"对促进农村经济发展的影响[J].今日财富，2018（23）.

　　[15] 中共中央国务院. 乡村振兴战略规划（2018—2022 年）[N].人民日报，2018 - 09 - 27（001）.

　　[16] 曹广明. 休闲农业是农村一二三产业融合发展的最佳选择[J].休闲农业与美丽乡村，2016（11）.

　　[17] 朴龙洙. 韩国新乡村运动述论[J].西南民族大学学报（人文社会科学版），2011（04）.

　　[18] 王云才. 国际乡村旅游发展的政策经验与借鉴[J].旅游学刊，2002（04）.

四川各市州文化资源与旅游产业耦合
协调发展的区域差异分析

［作　者］罗　威（四川师范大学地理与资源科学学院）

摘　要：　文化资源与旅游产业具有内生的关联关系，因此本文以四川省 21 个市州 2019 年数据为研究对象，利用熵值法选取 24 个指标构建文化资源与旅游产业评价指标体系，运用耦合协调度模型分析四川各市州文化资源与旅游产业耦合协调度的空间分异。结果表明：总体上看文化资源与旅游产业耦合度较高的地区集中于成都平原地区和川东地区，耦合度较低的地区主要是川西三州。而耦合协调度同样是成都市领跑各市州，较高区域集中于川北、川西地区以及乐山市、泸州市和南充市，低值区为遂宁市、资阳市和内江市三个邻近市州，主要是自然因素和历史经济方面导致。

关键词：　文化资源；旅游产业；文旅融合；耦合协调模型

引言

文旅融合成为国家旅游发展的战略纵深，文化和旅游将在更大平台、更深层次、更多环节融合发展，以更大的活力推动文化产业、旅游产业以及两者有机结合的发展[1]。文化资源是人类在自然资源的基础上通过社会实践创造的满足人类文化需求的各种物质与精神财富。文化资源与旅游产业具有内生的关联关系，文化资源是旅游产业的核心与灵魂，旅游产业又是文化资源的外延与表现[2]。因此研究文化资源与旅游产业的耦合协调程度具有很大的现实意义。

1 数据来源与研究方法

1.1 研究区域与数据来源

四川省位于我国一二级阶梯分界线上，受地形地势的影响形成多种多样且风格迥异的自然景观，同时该地区属巴蜀文化区，因开发历史早，多民族杂居等原因，形成丰富厚重的历史民族文化底蕴，对文化资源的开发与利用成为发展其产业和经济的重要举措[3]。由于文化资源与旅游产业具有天然的耦合性，该地区也可作为研究文化资源与旅游产业发展耦合协调程度的代表性区域。因此综合前人的研究成果后[4]，在对文化资源与旅游产业发展耦合协调程度的评价中，以2019 年四川省21 各市州为研究对象，选取23 个指标（表2-2），构建文化资源和旅游产业的指标体系。其中将文化资源分为"物质文化""非物质文化"和"生态文化"，是在推进生态文明建设，文化与生态深度融合大背景下的改进。旅游产业则分为"旅游绩效"和"旅游要素"，侧重体现旅游产生的收益以及满足旅游配套的设施[5]。数据来源于四川省统计年鉴、国家文物局公布名录、中国非物质文化遗产网、四川省非物质文化遗产网、中华人民共和国中央政府门户网站和四川省文化和旅游厅等。由于选取指标数据之间的标准和量纲不一，采用最大最小值标准化进行处理。

1.2 研究方法

1.2.1 熵值法确立权重

熵值法是根据各指标本身所携带的信息量、相互之间的关联作用来确定指标权重的客观赋权方法。熵值越小，不确定性越低，反之，不确定性越高。因此采用熵值法确定文化资源与旅游产业两个子系统各指标权重，最大程度降低主观因素带来的偏差[6]。具体步骤如下：

数据预处理：数据标准化后，为避免计算结果为负或无意义，对数据进行非负化（对数据加上 0.01）和对数化处理。

确立权重：计算指标比重，随后计算指标熵值，然后计算指标差异系数，最后确定指标去权重。

表2-2 文化资源与旅游产业耦合协调度指标评价指标权重

目标层	准则层	一级指标	权重	二级指标	权重
综合指数	文化资源 0.4	物质文化	0.358	国家级文物保护单位	0.1510
				省级文物保护单位	0.1574
				历史文化名城名镇名村	0.1003
				A级以上旅游景区数量	0.1219
				4A级及以上旅游景区数量	0.1415
				博物馆数量	0.0482
				图书馆数量	0.1397
				文化馆数量	0.1400
		非物质文化	0.3681	国家级非物质文化遗产	0.4803
				省级非物质文化遗产	0.5197
		生态文化	0.3333	国家级、省级自然保护区	0.2141
				国家级风景名胜区	0.1429
				风景名胜区	0.1310
				国家地质公园	0.2656
				国家森林公园数量	0.2464
	旅游产业 0.6	旅游绩效	0.5496	国内旅游收入/亿元	0.1943
				国际旅游创汇/万美元	0.2802
				国内旅游人次/万人次	0.2287
				国际旅游人次/万人次	0.2967
		旅游要素	0.4504	旅行社数量	0.1959
				旅游星级饭店数量	0.3750
				文化主题旅游饭店数量	0.1967
				绿色旅游饭店数量	0.2324

1.2.2 耦合协调模型

耦合协调模型来源于物理学，是能够有效反应系统间相互作用和相互协调程度，并被广泛应用于经济学、地理学、旅游管理类等学科的数学模型[8]。旅游是文化的载体，而文化是旅游的灵魂，因为文化资源与旅游产业具有内生的关联与耦合，本文采用耦合协调度模型来刻画文化资源与旅游产业协同发展程度。

分别计算各市州文化资源和旅游产业评价指数：

$$U_i = \sum_{i=1}^{m} A_{ij}, E_i = \sum_{i=1}^{m} B_{ij}$$

分别计算各市州文化资源和旅游产业综合指数（根据前人研究系数分别为

0.4 和 $0.6^{[9]}$）：

$$T_i = \alpha U_i + \beta E_i$$

计算各市州文化资源和旅游产业系统耦合度：

$$C_i = \sqrt[2]{\frac{U_i E_i}{\left[\dfrac{U_i + E_i}{2}\right]^2}}$$

为进一步体现四川省各市州耦合协调水平差异，计算其耦合协调度：

$$D_i = \sqrt{C_i \cdot T_i}$$

2 文化资源与旅游产业耦合协调度空间分异特征

2.1 文化资源丰度与旅游产业发展程度空间差异分析

运用 ArcGIS10.2 绘制四川省各市州文化资源丰度与旅游产业发展程度空间分布图，采用自然断点法将其分为四个等级（见图 2-14）。

成都市、川西以及川北地区文化资源禀赋较高，其中成都市（0.8617）、甘孜州（0.6261）和阿坝州（0.6911）处于四川省领先地位，绵阳市、广元市和凉山州三地的文化资源也较为丰富，文化资源丰度处于 $0.34 \sim 0.69$ 之间。四川省文化资源禀赋较低的市州集中于川南、川东地区，主要是资阳市（0.0470）、内江市（0.0771）、攀枝花市（0.0970）、遂宁市（0.1030）和广安市（0.1116）等。由此易得四川省各市州文化资源丰度差异相当显著，最为丰富的成都市是最为匮乏的资阳市的 20 倍左右，第一梯队的市州平均也是最后一梯队的 $6 \sim 7$ 倍。成都市厚重的历史底蕴与省会优势造就其丰富的物质文化与非物质文化，而主城区周边如邛崃、都江堰、崇州等县级市又为其提供优厚的生态文化景观。攀枝花市成立时间短，在物质文化与非物质文化中有着短期无法解决的劣势；资阳市、内江市、广安市和遂宁市位于四川盆地中东部，地势相对平缓，经济历史也不足以产生当量的文化资源，因此四地文化资源相对薄弱。综合可得自然与经济历史因素对四川各市州旅游资源丰度影响巨大，是导致旅游资源丰度空间分异的主要原因[10]。

旅游产业发展程度也可从图 2-14 中看到，成都市具有超然的地位，在四川省各市州中一枝独秀，旅游产业发展程度达到1.0100，而第二位的乐山市仅为0.3315。四川省各市州主体处于第三、第四阶梯，总体旅游产业发展水平低下。这与四川省整体经济水平密不可分，成都市以外的各市州GDP较低直接导致包含道路建设、旅游设施建设以及文化宣传水平等旅游产业发展因素得不到满足，间接导致其他市州旅游产业发展水平滞后。

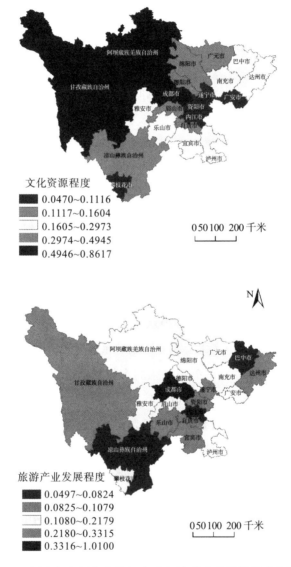

图2-14 四川省各市州文化资源丰度与旅游产业发展程度空间分异图

2.2 文化资源与旅游产业耦合协调度空间差异分析

为进一步揭示四川省各市州文化资源与旅游产业的耦合协调空间分异特征，应用AcrGIS10.2绘制四川省各市州文化资源与旅游产业耦合协调度空间分异图（图2-15）。总体上看文化资源与旅游产业耦合度较高的地区集中于成都平原地区和川东地区，耦合度较低的地区主要是川西三州。而看具体数值仅甘孜州、阿坝州和凉山州处于（0.5，0.8］区间，属于磨合阶段，其他市州皆处于（0.8，1］区间，属于良性耦合。而耦合协调度同样是成都市领跑各市州，较高区域集中于川北、川西地区以及乐山市、泸州市和南充市，低值区为遂宁市、资阳市和内江市三个邻近市州。具体数值中，极度耦合协调区[11]：成都市（0.9735），成都市是中国西部著名的旅游城市，依据其特有的历史文化优势和区域经济地位，同步具备高水平的旅游产业和文化资源，呈现极度耦合协调的状态。高度耦合区域：乐山市（0.5633）、阿坝州（0.5358）、绵阳市（0.5189），乐山市与绵阳市依托于相对深厚的历史文化和经济条件，文化资源与旅游产业耦合协调较高；而阿坝州具备极其丰富且优质的如全国熟知的九寨沟和黄龙等物质文化与生态文化资源，以其为基础发展水平较高的旅游产业，文化资源与旅游产业耦合协调程度也较高。中度耦合区域：广元市、德阳市、阿坝州等15个市州；低度耦合区域：内江市（0.2433）、资阳市（0.2728），内江市和资阳市自然因素导致生态文化资源匮乏密切且旅游要素建设少，使得耦合协调度低。综上，这反映了四川绝大部分市州文旅系统耦合协调水平还处于中低水平，仅成都市一市独大，两级差异巨大。

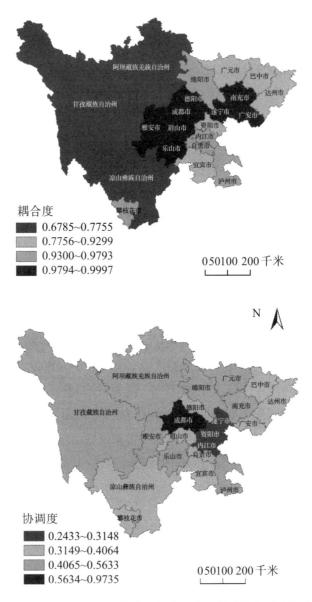

图 2-15　四川省各市州文化资源与旅游产业耦合协调度空间分异图

3　结论与讨论

成都市、川西以及川北地区文化资源禀赋较高，四川省文化资源禀赋较低的市州集中于川南、川东地区。综合可得自然与经济历史因素对四川各市州旅游资源丰度影响巨大，是导致旅游资源丰度空间分异的主要原因。

　　旅游产业方面，成都市具有超然的地位，在四川省各市州中一枝独秀，旅游产业发展程度达到1.0100，而第二位的乐山市仅为0.3315。四川省各市州主体处于第三、第四阶梯，总体旅游产业发展水平低下。这与四川省整体经济水平密不可分，成都市以外的各市州GDP较低直接导致包含道路建设、旅游设施建设以及文化宣传水平等旅游产业发展因素得不到满足，间接导致其他市州旅游产业发展水平滞后。

　　总体上看，文化资源与旅游产业耦合度较高的地区集中于成都平原地区和川东地区，耦合度较低的地区主要是川西三州。而耦合协调度同样是成都市领跑各市州，较高区域集中于川北、川西地区以及乐山市、泸州市和南充市，低值区为遂宁市、资阳市和内江市三个邻近市州，主要是自然因素和历史经济方面导致。而当前成渝经济圈的建设无疑是这一区域最大的发展契机，耦合度较低的市州应该进一步挖掘自己的特色文化资源，提炼出更加优质的文旅产品，建设丰富的旅游设施，进而发展本地区的旅游产业，形成良性循环。

参考文献

　　[1] 张琰飞，朱海英. 西南地区文化产业与旅游产业耦合协调度实证研究[J].地域研究与开发，2013，32（02）：16-21.

　　[2] 刘祥辉. 风景道沿线省市文旅产业耦合发展及协调路径研究——以318国道为例[D].云南财经大学，2021.

　　[3] 侯兵，周晓倩.长三角地区文化产业与旅游产业融合态势测度与评价[J].经济地理，2015，35（11）：211-217.

　　[4] 翁钢民，李凌雁. 中国旅游与文化产业融合发展的耦合协调度及空间相关分析[J].经济地理，2016，36（01）：178-185.

　　[5] 洪学婷，黄震方，于逢荷，等. 长三角城市文化资源与旅游产业耦合协调及补偿机制[J].经济地理，2020，40（09）：222-232.

　　[6] 侯国林，黄震方. 旅游地社区参与度熵权层次分析评价模型与应用[J].地理研

究，2010，29（10）：1802–1813.

［7］陈晓红，万鲁河. 城市化与生态环境耦合的脆弱性与协调性作用机制研究［J］. 地理科学，2013，33（12）：1450–1457.

［8］杨艳，丁正山，葛军莲，等. 江苏省乡村旅游信息化与区域旅游经济耦合协调关系［J］. 经济地理，2018，38（11）：220–225.

［9］孙剑锋，李世秦，纪晓萌，等. 山东省文化资源与旅游产业协调发展评价与优化［J］. 经济地理，2019，39（08）：207–215.

［10］廖重斌. 环境与经济协调发展的定量评判及其分类体系——以珠江三角洲城市群为例［J］. 热带地理，1999（02）：76–82.

［11］殷红卫，黄震方. 基于外部性视角的旅游商业化研究［J］. 生产力研究，2010（01）：207–208＋222.

文旅融合与乡村振兴发展研究

［作　者］于　萌（四川大学旅游学院）

夏　倩（成都纺织高等专科学校外语与文化旅游学院）

摘　要： 产业兴旺是乡村振兴的重要基础，是解决农村问题的前提。推动文化产业赋能乡村振兴的工作中，以文化为根本，产业为载体，既保护传承传统的乡土文化，又创新培育乡村发展的新动力。文化与旅游融合发展能够在乡村振兴中发挥积极作用。本文以四川省崇州市道明竹艺村为例，探讨文旅融合背景下，乡村旅游文化内核挖掘、文化创新与资源整合、创新运营与经营合作模式、文旅人才的引进与培育等四个方面，并对乡村旅游的文旅融合发展提出发展策略。

关键词： 文旅融合；非物质文化遗产；旅游；文化创新

1　引言

党的十八大以来，习近平总书记多次围绕乡村振兴发表重要论述，提出"三农"问题是关系国计民生的根本性问题，明确了实施乡村振兴战略的重要意义。习近平总书记提出"文化振兴是乡村振兴的灵魂"，而文化也是旅游业发展的核心要素。2022年4月，文化和旅游部等六部门印发《关于推动文化产业赋能乡村振兴的意见》，提出以文化产业赋能乡村人文资源和自然资源保护利用，促进一二三产业融合发展，融合农文旅，以及建成一批特色鲜明、优势突出的文化产业特色乡镇、特色村落，推出若十具有国际影响力的文化产业赋能乡村振兴典型范例的发展目标。然而，农村村民创业初期难以通过建立自己的品牌和声誉获得良好的市场业绩，"新进入缺陷"导致农民新创企业普遍存活率较低。同时，乡村旅游的同质化、人才的缺失、产业的缺乏、治理的缺位等问题都阻碍了乡村旅游的进一步发展。本研究以四川省崇州市道明竹艺村为案例，探讨文旅融合背景下，乡村旅游发展的路径与策略。

2　乡村旅游发展的相关研究

乡村旅游的研究中，国外研究多以"community"（社区）代表乡村旅游研究尺度。乡村旅游的研究主要集中于农户参与、旅游就业、影响作用机制等方面。在旅游经营范畴，国外学者多集中于旅游小企业的研究方向。国外旅游学者从不同的视角展开了对乡村旅游小企业经营的研究。Thomas（2011）指出旅游小企业的发展依赖于当地社区，虽然具备能够创造就业、提升经济收入等有利发展，但是由于其自身吸引力和游客停留时间问题，所能获得的经济收益也是有限的[1]。在旅游经营者方面，Hegarty & McDonagh（2003）的研究强调了乡村旅游经营者具备创新、风险承担、管理和经营能力的重要性，同时也需要教育和培训[2]。Kline & Milburn（2010）在研究中提出了影响乡村旅游小企业的重要因素包括地区的基础设施建设、人力资源、商业配套服务、教育、培训、经营者自身属性等[3]。学者对于旅游经营的研究主要集中在从地区的角度管理旅游小企业经营和如何提升小企业服务质量等问题。

国内研究中，乡村旅游小企业主要以农户为承担者，由于经营者自身综合水平问题，早期很多学者指出乡村旅游小企业的发展问题和对策建议。李星群（2008）指出我国乡村旅游经营有家族经营的特性，多以家庭成员、亲戚为主，其经营管理面临着不规范，散、小、弱、差等特征[4]。王显成（2009）指出乡村民宿发展中在规划层面缺少整体合理规划，导致乡村风貌的破坏，缺乏农村文化内涵，难以实现可持续发展，经营者素质整体不高影响整体发展。随着乡村旅游小企业研究的进展，一些学者提出建立服务的标准化系统以规范行业经营管理[5]。陈雪钧（2012）以重庆市为例，提出乡村旅游创新发展的路径组合，具体包括创新新农村旅游品牌、创新多层次多形式的合作经营体系[6]。

3　文旅融合赋能乡村振兴的案例分析

道明竹艺村位于四川省成都市崇州市道明镇。道明自古就是产竹之乡，竹编的历史可以追溯到清朝初年，包括平面竹编和瓷胎竹编。随着道明竹编的发展，如今竹编的产品种类繁多，不仅包括竹筐、竹篓、竹椅等日常用品，还有很多造型新颖、设计别致的艺术品。如今，"道明竹编"是国家非物质文化遗产，也是国家地理标志性产品。2021年8月，道明竹艺村入选"天府旅游名村"，2021年12月，被命名为四川省首批省级乡村文化振兴样本村（社区）并获授牌。

3.1 非物质文化遗产为内核

文化与旅游的融合发展中，深入挖掘文化资源的历史与内涵，把握当地资源的文化特色，实现以文塑旅、以旅彰文的良性融合互动。文旅资源良好的融合发展不仅能够富裕当地村民的物质基础，也能够使得当地村民在精神上富有。道明竹艺村的发展依托当地竹编非物质文化遗产资源，并且探索创新转化非物质文化遗产，创新发展新途径。20世纪80年代，道明竹艺的发展一度受到塑料制品和钢制品的冲击，发展遭遇到极大的瓶颈。机器化大生产带来物质文明繁荣的同时，也带来全球化城市发展的"特色危机"问题[7]。近年来，非遗项目和旅游目的地的结合重新激活了竹艺村的发展，一方面能够丰富游客在非遗项目的深度旅游体验，使游客不仅能够进行观赏，也能够进行非遗产品如竹编的体验活动，另一方面，以文化为基础的非遗与旅游的融合也有利于非遗项目的保护与传承。

3.2 文化创新与资源整合

活态流变对于非物质文化遗产的传承起到至关重要的作用，传统手工艺如何通过复兴有效进入当代社会更值得思考与探究。在深挖地方文化特色的基础上，通过文化的创新转化，资源整合，从而实现与旅游的融合发展。在发展过程中，竹艺村一方面加强校企合作，如与中央美术学院建立校企合作，加强了竹编产品的研发与创作；另一方面，竹艺村也引入文创公司与研究院助力非遗产品的相关开发研究。竹编进入商业市场的同时，也开启了文旅之路的发展。在地理区位上，竹艺村位于崇州市重庆路一侧，重庆路贯穿南北，全长42公里，道路穿越平原、丘陵，有"最美乡村公路"之称。在建筑及旅游设施方面，"竹里"是道明竹村的标志性建筑，其建筑形似无穷大符号"∞"，因其独特的造型而吸引了大量游客，成为"网红"打卡地。此外，特色乡村度假酒店、民宿、餐饮、茶馆、美术馆、竹编艺术坊及书院等为游客带来更多深度体验和以竹村为主题的慢时光体验。相关资源的整合带动了以非遗为发展主轴，以生态川西林盘为风景的文旅融合发展。2020年，道明镇竹编产业创收超过1.3亿元，"卖竹编"卖出了近3600万元，接待游客62.2万人次，旅游综合收入1.9亿元，村民人均可支配收入显著增加[8]。

3.3 创新运营与经营合作模式

个体发展受到市场等其他因素的制约较多，而资源整合发展中，乡村旅游发展所涉及的利益相关者众多，本研究对文旅融合背景下乡村企业发展的主要利益相关者梳理见表2-3。道明竹艺村通过崇州文旅集团的运营进行统一管理、培训及服务等。经过前期调研了解当地村民的真实内在需求，最后通过探索平台经营型、资本合作型、资产经营型三种运营模式，对原住村民的闲置房产进行统一收储整合，对现有民居进行改建等。竹艺村通过以村股份合作联合社为主体，以集体经济组织为带动的方式，盘活土地资产4536.9亩，经营性土地资产19.63亩，2020年村集体经济收入87.4万元[9]。

表2-3　文旅融合背景下农村创业主要利益相关者及分类

利益相关者	类别
市政府相关部门（如文旅局、城乡规划局等）	当地政府
县政府相关部门（如文旅局、城乡规划局等）	
文旅开发投资商	当地企业
文旅产业运营公司	
创业孵化公司	
非遗产品采购商	外部企业
非物质文化遗产传承人	当地社区
非物质文化遗产手艺人	
原农村居民	
政府引进"人才型"新村民	
旅游从业居民	
专家及研究机构	压力集团
旅游者	
媒体	

3.4 文旅人才的引进与培育

非物质文化遗产的传承主要依托于手艺人。目前，竹艺村拥有国家级非遗传承人、省级与市级非遗传承人以及新生代非遗传承人，是竹艺村发展的重要支撑。一方面，竹艺村在人才引进方面进行了"新村民"引入，通过新村民的进入建造了书院、美术馆、传统手工民俗体验馆、民宿等，丰富了竹艺村的业态，也为文旅融合发展奠定了良好的基础。竹编非物质文化遗产的创意设计、销售渠道以及市场运营等都需要专业人才，竹艺村在发展中也进行了人才资源库的建立。另一方面，竹艺村也注重在地人才的培养，培育新生代非遗文化传承人。在竹艺村打造的第一年，竹艺村原本外出的居民返乡率达到了50%，回到家乡进入竹编产业或旅游相关创业之中，随着文旅融合的发展，更多的村民加入了乡村振兴的队伍中。同时，竹艺村还成立了竹里创新促进会、旅游合作社、竹编合作社等，形成村民共治共享。

4 文旅融合带动乡村振兴的发展策略探讨

4.1 深挖文化价值，整合当地资源

乡村旅游发展前期需要对当地的文化背景、历史渊源进行挖掘梳理，一方面能够树立当地村民的自信，另一方面避免出现乡村发展中的同质化问题，让游客能够感受到不同的文化维度。旅游的开放要基于当地文化民俗，尊重不同地区的文化差异、了解地区的地理风貌差异，对于旅游资源开发都具有重要意义。乡村旅游发展重点在于对当地的支撑产业进行规划，并以旅游为拓展进行特色融合发展。

4.2 加强规划，完善交通与旅游配套设施

规划的缺失是目前很多乡村发展旅游所面临的问题。交通道路的规划与交通系统的完善对于地区经济发展起着至关重要的作用。建立当地交通网络体系，完善相关旅游配套设施，乡村旅游发展中需梳理原有的道路，补充完善地区的快速通道、区间通道及旅游通道等，形成互通互联的运输体系。在当地居民住宅改造中，既要考虑统一协调，又要考虑个性特色，依托当地住宅民居建筑风格与文化传承进行规划，既不大拆大建，也不过度设计。

4.3 政府领导，创新运营合作模式

以政府为主导，完善监管体系与框架，在乡村旅游发展中发挥着重要组织和协调作用。政府制定相关政策、营造环境、引导扶贫作用，同时结合当地情况探

讨引入专业旅游运营公司模式，对于管理运营进行统筹，对于当地参与旅游发展的原住民进行统一的培训。探索适合当地的经济运营与合作模式，带动乡村集体村民的经济发展。同时，达成可持续发展的共识，对于乡村原有生态原貌进行保护，进行先生态后产业的发展。通过文化创新、文化产品孵化、平台建设、市场运营等系列运营方式，建立乡村特色的文旅融合道路，创新旅游深度体验的模式。

参考文献

［1］THOMAS R，SHAW G，PAGE S J. Understanding small firms in tourism：a perspective on research trends and challenges［J］. Tourism management，2011，32（5），963 - 976.

［2］HEGARTY C，MCDONAGH P. Journeying towards becoming a destination：tourism development in rural Ireland［J］. Tourism（Zagreb），2003，51（3），301 - 317.

［3］KLINE C，MILBURN C. Entrepreneurial climate and rural tourism development：a review of the literature［J］. Annals of Leisure Research，2010，13（1/2），320 - 348.

［4］李星群. 乡村旅游经营实体创业影响因素研究［J］. 旅游学刊，2008，23（1）：19 - 25.

［5］王显成. 我国乡村旅游中民宿发展状况与对策研究［J］. 乐山师范学院学报，2009，24（06）：69 - 72.

［6］陈雪钧. 基于创新理论的乡村旅游创新路径——以重庆市为例［J］. 江苏农业科学，2012，40（09）：391 - 393.

［7］中国非物质文化遗产网·中国非物质文化遗产数字博物馆. 非遗手工艺的活态传承和文化创新［EB/OL］. https：//www. ihchina. cn/Article/Index/detail？id = 7741，2016 - 11 - 29/2022 - 05 - 27.

［8］齐鲁壹点. 非遗竹编带动竹艺村发展 成都崇州"竹里"成网红打卡地［EB/OL］. https：//baijiahao. baidu. com/s？id = 1722348920022383471，2022 - 01 - 19/2022 - 05 - 27.］

［9］品质崇州. 非遗竹编 编织乡村振兴好风景［EB/OL］. https：//www. sohu. com/a/514880031_ 100014672，2022 - 01 - 07/2022 - 05 - 27.

03

可持续旅游

四川省山地旅游可持续竞合模式开发研究

[作　者] 刘业双（四川师范大学）

摘　要： 旅游业在经济中的比重越来越重，但区域性旅游产业发展不平衡日益凸显，区域旅游发展不协调可能会使社会其他方面出现失调情况。为了实现区域的协调发展，合作共赢成为各地区发展旅游业的必然选择。四川省山地资源丰富，文化底蕴深厚，具备发展山地旅游竞合模式的有利条件。本文通过对四川省山地旅游竞合动力及模式进行分析，提出发展竞合模式是四川省山地旅游的突破口，从而对山地旅游开发模式进行统一规划、优化资源配置、提升要素保障水平、开展整合营销，希望能为四川省打造国内乃至世界知名的山地旅游目的地提供帮助。

关键词： 山地旅游；可持续开发；竞合模式

1　引言

随着我国改革开放的全面深化和经济的飞速发展，可持续理念逐渐渗透到我国发展的方方面面，这不仅要求在社会经济方面达到可持续发展，同时也要在其他领域中做到可持续发展，其中，旅游的可持续发展也是可持续发展的重点之一，并受到了国家的高度重视和支持。近年来，山地旅游开发受到广泛关注，各种新型的山地旅游项目层出不穷。与此同时，旅游资源同质性的现象越来越多，并带来了各种问题，如山地旅游定位模糊、市场竞争激烈、旅游经济效益差，而且引起了一系列的山地生态过程变化，如破坏生态景观功能、影响物质流和能量流的稳定，并产生了一系列生态环境保护问题。就四川省而言，除贡嘎山、四姑娘山外，其他山地旅游对省外游客的吸引力较小，市场远程吸引力不足。

竞合是指在以竞争为基础的前提下，区域之间进行的良性合作，从而推动和实现旅游一体化发展。竞合是对传统的"打败竞争对手即是成功"的竞争观念的颠覆，是在竞争与合作的博弈中寻找平衡点。在山地旅游产业中进行竞合式发展可以促使各个区域在经营开发、资源禀赋等方面实现优势互补，形成区域整体优势，强化整体竞争力，保证区域山地旅游业的可持续发展。

2 四川省山地旅游竞合分析

2.1 竞合动力分析

CTS 三维空间分析是由能力（Capability）、时间（Time）、环境（Surrouding）三大维度综合构成，该分析方法是在能力维度的基础上，将时间变量引入该框架，并在此基础上加入环境空间维度，从而构成了三维空间分析框架，本文基于该三维空间框架对山地旅游竞合发展的动力进行综合分析。

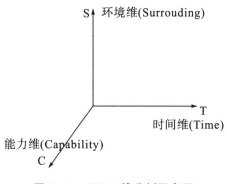

图 3 - 1　CTS 三维分析示意图

2.1.1　能力维——山地旅游发展竞合的内部因素

每个区域的资源禀赋和承载能力不相同，而山地旅游竞争优势主要来源于资源禀赋的不同和区域利用资源的独特方式，主要包括自然位置、交通条件以及旅游资源。

①自然位置

　　四川省主要位于青藏高原和四川盆地的过渡地带,处于中国三大阶梯中的第一级与第二级之间,西高东低的地势特征较为明显。西部地区大部分为高原、山地,海拔多在3000米以上,东部地区以盆地、丘陵为主,海拔多在500—2000米之间。而川西地区主要位于青藏高原边缘及横断山脉腹地,地质环境较为复杂,地貌种类众多,山地以高山、极高山为主,民族文化丰富,原生环境保护良好,具有巨大的旅游发展潜力。从地理环境特征和社会市场需求来看,该地区进行山地旅游资源发展具有非常优越的条件,而从区域经济发展和地缘格局上看,山地旅游的发展对整个四川具有十分重要的意义。

　　②交通条件

　　四川省除东部平原地区外,山地旅游资源多位于偏僻的西部山区,交通基础设施较差,缺乏较好的可进入性或者交通成本较高,尤其是川西地区,虽然具有较高的游览价值、科考价值以及户外运动价值,但由于大部分山地交通不便,距离客源地较远,导致交通成本过高,因此交通条件对发展四川山地旅游的影响较大。

　　③旅游资源

　　四川省内具有丰富的山地旅游资源,较著名的如四姑娘山、贡嘎山、毕棚沟、稻城亚丁等,在东部平原地区有著名的峨眉山风景区、都江堰—青城山等生态山地旅游区,这不仅为旅游者、户外爱好者提供了广阔的场所,以进行各种旅游活动,而且为区域间发展竞合提供了基础。此外,以该区域山地旅游资源为基础,一些旅游区开发了各种山地旅游项目,如太子岭滑雪、峨眉山滑翔、海螺沟冰川索道等,以增加山地旅游的趣味性和独特性。

表3-1　四川省部分景区发展山地旅游情况一览

景点	地址	发展概况
虹口	都江堰	全国第一个山地度假旅游示范区,打造山地户外迪士尼
西岭雪山	大邑县	打造集观光、户外探险、运动休闲等为一体的国际山地旅游景区
天台山	邛崃市	成都市周边最大的山水型户外运动基地
龙门山	彭州市	打造国际山地度假区

景点	地址	发展概况
葛仙山	彭州市	中国最具有影响的地震地质山地公园
四姑娘山	小金县	中国山地旅游天堂，东方阿尔卑斯山
稻城亚丁	稻城县	最后的香格里拉，打造世界高山高原自然风光和生态旅游目的地
海螺沟	泸定县	国际山地休闲旅游度假胜地
九寨沟	九寨沟县	打造观光童话世界，夏日避暑圣地，度假休闲天堂
峨眉山	峨眉山市	云上金顶、天下峨眉，打造国际知名旅游目的地

2.1.2 时间维——山地旅游发展的趋势

①山地旅游发展过程

国家体育产业基地早在2007年就正式成立于成都温江，这为四川省的山地旅游奠定了良好的基础。2009年10月1日起施行的《全民健身条例》为户外登山运动提供了良好的政策支持。近年来，山地旅游发展更加迅速，如2019年四川甘孜山地旅游节在丹巴县举行，并在甘孜州各大市县及重点景区开展相关配套活动，如冰川温泉节、康定情歌国际音乐节、山地运动挑战杯等，时间跨度贯穿全年。

②山地旅游产业生命周期

产品生命周期指的是从产品进入市场后，经历发展、成熟、衰退等一系列过程，最后被市场淘汰，退出市场。随着山地旅游的进一步发展，区域之间的优势互补以及创新不仅丰富了旅游产品和服务，而且使游客体验到更独特的旅游感受，而且从宏观上来说，也在较大程度上延长了旅游产业及产品的生命周期。四川省具有丰富的山地旅游资源，尤其是西部地区，多为高山和极高山，资源禀赋优越，西部山区同时也是藏族、彝族、羌族等少数民族聚居的地区，民族文化丰富多彩，将民族文化与山地资源进行整合发展，对延长四川山地旅游产业的生命周期具有一定的积极意义。

2.1.3 环境维——山地旅游发展竞合的外部条件

将环境维度进行尺度分级，依次分为宏观、中观和微观尺度。宏观尺度主要包括政府政策、大众经济水平、社会文化发展、技术进步等大环境尺度；中观尺度指与行业有关的发展环境；微观尺度主要指对企业产生影响的小环境。

图 3 - 2　环境维结构示意图

（1）宏观尺度——GECT 分析法

宏观尺度主要用于分析外部环境因素的改变对该区域的影响。外部环境指政府政策、经济水平、社会文化发展以及技术进步四方面。因此将该分析法概括为GECT 分析法。

①政府政策：首先，于 2009 年 10 月 1 日起施行的《全民健身条例》为户外登山运动提供了良好的政策支持。原国家旅游局确定将 2018 年定为"全域旅游年"，国内旅游产业发展形势一片向好，发展空间巨大，前景广阔。四川省委、省政府明确表示将四川省打造成为中国旅游强省和世界重要旅游目的地。

②经济环境：数据显示，在 2020 年以前，四川旅游业显示出强劲的发展态势。2020 年因新冠疫情影响同比增长有所下降，但同时也给四川山地旅游发展提供新的契机，侧面反映出山地旅游具有强大的发展潜力。

表 3 - 2　四川省近五年旅游业发展情况

年份	旅游总收入（亿元）	同比增长（%）
2016	7705. 5	24. 10%
2017	8925. 4	16. 10%
2018	10112. 75	13. 30%
2019	11594. 32	14. 70%
2020	6500	-43. 98%

③社会环境：我国大众旅游的消费观念在近年来逐渐发生转变，已经由以自然观光、山水旅游为主的方式开始向体育旅游、户外拓展发生转变，并将其作为区域经济发展的新动力。随着科学技术不断进步和发展，取代体力劳动的方式越来越多，导致体力劳动需求不断减少，同时当代生活节奏、更新换代的速度越来越快，使人们的心理压力也逐渐增大。因此人们的消遣旅游、休闲娱乐等需求正在快速增长。四川省利用丰富的山地资源已开发温泉疗养旅游、冰川冰雪旅游、山地探险旅游、康体健身旅游等特色旅游项目，满足了人们多种旅游体验需求。

④技术环境：针对川西山地区域面积大、景观分布广、地质环境复杂、生态脆弱性强、安全风险高等特点，综合运用云计算、地理位置技术（LBS）、物联网、虚拟显示技术等现代科技手段构建"智慧旅游"平台。

表 3 - 3 山地旅游竞合宏观环境分析

方法	内容
G	政府政策支持，社会稳定
E	山地旅游业呈现持续增长的态势
C	消费者观念转变，旅游需求多样化
T	数字地球、全球化和知识经济时代的推动，旅游信息网络的建立

（2）中观尺度

山地旅游竞合中的中观尺度是指该区域的旅游企业发展及旅游消费市场。

①旅游企业环境

近年来，四川省各山地旅游景区不断进行整合发展，如峨眉山生态旅游发展区、大九寨旅游发展区、都江堰—青城山生态文化旅游区等，逐渐形成了成熟的综合旅游目的地，共同开创了四川旅游的新时代，四川旅游发展势头迅猛。区域旅游的发展受到区域内社会经济条件的制约，四川旅游业的蓬勃发展为本地区山地旅游的竞合提供了强劲的动力支持。

②山地旅游消费市场

滑雪、登山等项目吸引了众多群众参与，形成了较好的山地旅游消费市场。四川省已经提出着力打造九大品牌赛事，建立三大户外运动基地，构建户外运动的"一极一片一带",并将四姑娘山建造成"中国山地旅游天堂"。此外,都江堰的虹口景区根据自身的特点,推出"山地户外迪士尼"的发展定位,并形成以山地运动为基础,集合多种旅游功能,如山地漂流、温泉养生、户外拓展、体育锻炼、观光游览、生态旅游、商务会议、休闲娱乐等为一体的综合性旅游目的地。各景区山地运动项目的开展及一系列山地户外活动的举办,推动四川省山地旅游产业的快速发展。

(3)微观尺度

微观尺度是指该区域的产业构架和竞争现状,旅游景区的发展是以微观尺度为基本环境的。

①文旅产业融合

文旅产业是文化和旅游产业进行深度融合产生的,也是旅游事业发展的重要组成部分,在推进城乡融合发展、乡村振兴战略中起着重要作用。四川省政府有过明确表示,即在宏观上通过政府政策引导两大产业的融合协调发展。2018年,中共四川省委十一届三次全体会议对文旅产业提出明确战略部署。2019年4月,在四川省文化和旅游发展大会上,省委书记彭清华表示,应顺应市场环境的大趋势,把握发展机遇,创新发展机制,综合各方力量,大力促进文旅协调融合发展,加快对文化强省和旅游强省的建设。可见四川文旅产业的融合发展为山地旅游竞合发展提供了基础,同时也促进了"文旅强省"的目标实现。

2.2　竞合模式

"点—轴渐进扩散式"开发:四川省区域范围的山地旅游发展模式可以概括为"一带""两核""五组团"。首先,"一带"是指以龙门山断层带中的独特山地资源为依托,并在该轴带的基础上,对相邻旅游资源进行综合开发,形成龙门山国际山地旅游发展带。同时,该轴带向两侧辐射,逐渐形成"两核",分别是龙门山断层两侧的龙门山和西岭雪山,在"两核"的辐射影响下,经济开发的重点向四周转移,持续扩大山地旅游消费市场,并进一步延伸到较低级别的旅游目的地,带动不发达地区或距离较远地区,逐渐形成"五组团",分别为嘉陵江流域生态旅游线、中国第一山国际旅游区、香格里拉旅游环线、大熊猫栖息地精品旅游地以及大九寨环线。最终形成"一带""两核""五组团"的山地旅游资源整合模式。

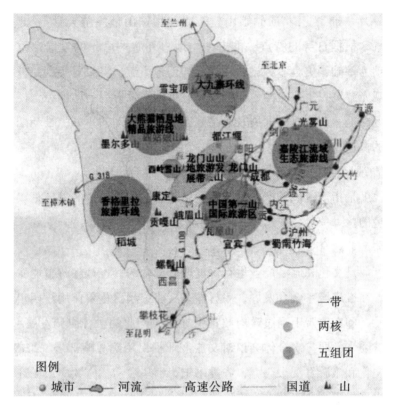

图 3 - 3　山地旅游资源竞合模式

（资料来源：刘霞《山地旅游竞合模式研究——以中法山地中心为例》，2010）

该竞合模式包含了四川省绝大部分山地旅游资源。通过与周边山地旅游景区合作，达到了双赢的目的。在这种竞合模式下，每个山地都具有其独特性和不可代替性，不仅有利于自身的发展，还增加了对消费者的吸引力，从而带动整个区域的山地旅游发展。

3　对策建议

3.1　制定山地旅游发展规划，加大支持力度

在竞合式发展中，政府具有十分重要的意义。通过政府制定相应政策，开展相关合作，引导山地旅游的发展方向，如对全省的山地旅游发展进行整体的规划，整合山地旅游资源，有组织地引导山地旅游产业的整体发展，同时加强各个

地区山地旅游的竞争力，构建区域旅游路网体系。通过政府的引导下，促进区域内山地旅游竞合式发展，共同打造"四川山地旅游经济圈"。

3.2 区域合作，共建山地旅游联动走廊

四川省山地旅游在景区景点方面存在很大的协作空间，推进与周边山地旅游景区的密切合作，除了政府的支持外，旅游企业之间、政府与企业之间也应积极参加，形成综合合力，积极开展山地旅游项目。而在这个协作过程中，进行有效的旅游信息资源共享，从而实现跨区域合作。一些媒介机构的推介作用就显得十分重要，如各大旅行社、户外俱乐部等。因此应与四川省内各大旅行社和户外运动机构达成友好的合作关系。

3.3 实施差异化战略，塑造旅游品牌

山地旅游资源开发应采取"整体开发、和谐发展"的开发模式，可以通过形成一致的宣传口号和旅游形象来加强区域之间的合作，并以此来塑造山地旅游区域品牌。在强调整个区域特点的同时，也要对各个景区进行差别化发展，通过对各区域的山地旅游形象、旅游服务与产品进行差异化发展，实施错位开发，来增强自身的核心竞争，提高对游客的吸引力，发挥旅游发展潜力。

3.4 打造国际山地旅游文化节，共建共赢

四川省少数民族较多，具有浓厚、独特的少数民族风情，因此在开发山地旅游项目时，须考虑到当地的民族特色节庆，如藏族的赛马节等，充分利用独特的民风民俗，吸引游客了解当地民族风情、人文历史等文化。同时，山地旅游的竞合发展需要当地居民的支持和参与，因此在区域开发与规划中，要充分考虑和尊重当地居民的利益，一方面，通过开发当地旅游资源，促进当地社会经济发展和生活质量提高，另一方面，要引导当地居民形成良好的旅游合作意识。

结合以上内容，山地旅游实现竞合发展的主导战略是对各区域进行差别化发展、塑造旅游品牌。进行差异化发展，塑造知名山地旅游目的地的重点是有规划地利用四川山地旅游资源，科学整合周边山地旅游资源，合作共赢将是四川省山地旅游实现竞合式发展的必然选择。

参考文献

[1] 刘霞．山地旅游竞合模式研究——以中法山地中西为例[D]．西南交通大

学，2010.

[2] 张哲．区域旅游发展竞合研究——以咸阳市为例[D].陕西师范大学，2008.

[3] 陈兴，覃建雄，史先琳．川西横断山高山下谷区旅游资源评价及开发构想[J].国土资源科技管理，2012（5）：60-62.

[4] 李娴，殷继成．山地可持续开发模式探讨——以川西贡嘎山地区为例[J].旅游论坛，2011（2）：34-35.

[5] 陈兴．中国西部山地旅游可持续发展战略思考[J].西南民族大学学报，2013（2）：154-155.

[6] 江帆．雅安市山地旅游发展现状和对策研究[D].四川农业大学，2018.

[7] 刘宇峰，孙虎，原志华．陕西秦岭山地旅游资源特征及开发模式探讨[J].山地学报，2008，26（1）：113-119.

[8] 冯德先．山地旅游资源特征及景区开发研究[J].人文地理，2006，21（6）：67-70.

[9] 鄢和琳，包维楷．川西山地生态旅游开发及其持续发展初步研究[J].自然资源学报，2001，16（6）：557-561.

[10] 文学菊，朱创业，朱鸿业．四川省山地旅游开发研究[Z].中国地质学会旅游地学与地质公园研究分会年会暨北京延庆世界地质公园建设与旅游发展研讨会，2014.

[11] 罗绒昂汪．稻城县域亚丁景区与周边片区旅游竞合研究[D].西南民族大学，2021.

[12] 黄波．区域旅游竞合理论模型的构建与应用研究[D].广西大学，2008.

[13] 李鑫江，李开远．阿坝州四姑娘山景区体育旅游发展现状及策略研究[J].运动精品，2021，40（8）：39-40.

[14] 孙文杰，张素莉，许骏，等．长白山旅游数据爬取及可视化[J].吉林大学学报，2021，39（4）：418-419.

[15] 张洪，李中元，李彦．基于生态安全的山地城镇土地可持续利用模式研究——以云南大理市为例[J].地理研究，2019，38（11）：2682-2683.

[16] 易丽蓉．重庆区域旅游"竞合"的空间格局和资源整合模式[J].旅游管理，2006，17（018）：70-72.

[17] 田瑾，明庆忠．国外山地旅游研究热点、进展与启示[J].世界地理研究，2020，29（5）：1071-1072.

国家级全域旅游示范区综合效益竞争力评价研究

——以四川省为例

［作 者］马彬斌 黄 萍 郝若琳 宦小岚 谭光顺（成都信息工程大学）

摘 要： "国家级全域旅游示范区"创建，是关乎全域旅游战略落地的重大工程。测度其综合效益竞争力有利于推动创建动力，形成示范引领。本文研究围绕全要素、全发展、全管理和全方位四个方面，采用层次分析法构建国家级全域旅游示范区综合效益竞争力评价体系。并以示范区数量排名第一的四川省为对象，选取8个县（市）作为实证样本，通过政府统计年鉴和 Python 获取数据，利用聚类分析法对各示范区综合效益竞争力进行实证分析。研究发现：（1）指标体系方面，全要素中国家级旅游资源这一指标对示范区竞争力影响较大；（2）在综合竞争力排名方面，都江堰、峨眉山、市中区位居前三，青川县和崇州市排名靠后；（3）在聚类结果方面，第一类示范区共同具备独一无二的旅游资源，第二类示范区具备发展旅游业的地理优势，第三类示范区有一定的旅游资源，但需加强管理，注重宣传营销，加大基础设施建设。

关键词： 全域旅游；国家级全域旅游示范区；综合竞争力

1 引言

全域旅游是推动经济发展的新常态，是促进旅游业转型升级的方针，是旅游业贯彻落实新发展理念的重要体现[1]，于2017年召开的全国旅游规划会议被写入政府工作报告，并纳入国家重点战略体系中。2018年，国务院发布《关于促进全域旅游发展的指导意见》，指出旅游业应加大供给侧改革，着力推进旅游业从门票经济转型产业经济，从粗放式管理转型精细化管理，从封闭的产业内循环转型内外双循环，从企业个体经营转型社会共建共享，从政府部门行为转型政府统筹协调，从单一的目的地转型区域综合服务等，为推动各地发展全域旅游做全面部署，这标志着全域旅游上升为国家战略[2]。

原国家旅游局为推动全域旅游概念落地，于 2015 年首次开展"国家级全域旅游示范区"创建工作，先后发布《关于开展"国家全域示范区"创建工作的通知》《关于完善促进消费体制机制 进一步激发居民消费潜力的若干意见》等。全域旅游示范区创建工作的开展，在全国范围内发挥创建区示范、引领作用，有助于旅游发展新生态建立、旅游资源优化配置、特色旅游品牌塑造，推动开创旅游发展新格局。截至 2021 年 9 月，全国分两批开展"国家全域旅游示范区"创建工作，参与创建单位共 500 多家，命名 168 个。

四川省深入贯彻党中央、国务院关于建设社会主义文化强国和发展全域旅游战略，积极组织"国家全域旅游示范区"申报，目前已成功申报 8 家，与江苏省、山东省等并列第一。2019 年 4 月，中共四川省委、四川省人民政府发布《关于大力发展文旅经济 加快建设文化强省旅游强省的意见》，把实施全域旅游创建工程纳入文旅融合发展重点工程，《意见》指出，坚持统筹推进、突出融合发展、加强基础配套、实施综合营销、强化共建共治，推动 5 个市（州）、50 个县（市、区）创建国家全域旅游示范区，争创国家全域旅游示范省。对四川 8 个"国家级全域旅游示范区"综合效益竞争力的研究，可以补齐短板、发挥优势，推动其成为引领其他县域创建"国家级全域旅游示范区"的标杆，从而带动全省全域旅游的发展。

2　文献综述

全域旅游这一概念由我国提出，从最初的部门产业政策上升为现在的国家级产业政策，我国学者对全域旅游的研究集中在三个方面。

全域旅游概念及内涵是学者研究的重点。当时胡晓苒（2010）最早提出了全域旅游这一概念，然后将大连市作为研究案例，提出当地旅游建设的路径和渠道[3]。王国华（2017）指出全域旅游核心内涵是推进当前我国旅游行政管理体制的改革和旅游观念的创新[4]。石培华（2016）提出全域旅游的五个"新"看法，即全域旅游是旅游业发展的新模式和新战略，新形态和新品牌，新平台和新整体，新空间，新未来[5]。

全域旅游发展模式、路径的研究成为热点。王磊、刘家明（2016）从管理、资源、文化、产业、空间、运作、人才等七方面提出具体的发展路径[6]。杨永权、靳畅（2016）提出"旅游+"是实现全域旅游的一大核心路径[7]。刘赐贵（2016）提出点线面全面推进，由点及面形成示范带动效应的观点[8]。汤少忠（2014）提出全域发展的"渝中模式"：一是"四全"模式，即"全景、全时、全业、全民"；二是"全域5A"模式[9]。

全域旅游示范区研究比较有针对性。在发展模式与建设路径方面，邓泽平（2019）从五个方面对广东省6个县级国家全域旅游示范区进行旅游竞争力评价分析，归纳总结出共建共融、共享共兴，全域旅游+，主客共享、城旅共荣，全域景区发展型，生态旅游+等五种发展模式[10]。陶少华（2021）对调研重庆市的8个全域旅游示范区创建区县现状进行调研，归纳全域旅游示范区创建经验，并设计优化路径[11]。在空间方面，赵慧莎、王金莲（2017）发现262个国家全域旅游示范区呈现中东部密集、西部稀疏的空间分布[12]。徐珍珍、余意峰（2019）进一步发现500个国家全域旅游示范区主要形成了江苏、海南、河南、湘赣鄂交汇地区以及四川在内的五个高密度核心区[13]。此外，石培华（2020）以中国60个重点旅游城市为研究样本，选取2009—2018年的面板数据，运用双重差分法评估了全域旅游示范区实施对于地区经济发展的影响，并探究其发展路径[14]。

综上所述，我国学者对全域旅游的研究起步晚但发展迅速，目前集中于对全域旅游概念、发展路径及模式以及全域旅游示范区的研究，并取得一定进展。测度全域旅游示范区综合效益竞争力既是示范区创建的基础和关键，也有利于推动创建动力，形成示范引领。但学者对这一方面的研究较薄弱，亟待完善。

3 四川省"国家级全域旅游示范区"综合效益竞争力评价

3.1 样本选择

文化和旅游部分两批命名"国家级全域旅游示范区"共168个，其中，四川省已成功申报8家，与江苏省、山东省等并列第一。其中，首批示范区为：成都市都江堰市、乐山市峨眉山市、广元市青川县；第二批分别是：德阳市绵竹市、成都市崇州市、成都市锦江区、乐山市市中区、阿坝藏族羌族自治州九寨沟县。四川省除积极申报"国家级全域旅游示范区"以外，也在大力推动创建"国家级全域旅游示范省""省级全域旅游示范区"。因此，选择四川省8家创建单位为研究对象，可以推动其成为引领其他单位创建"国家级全域旅游示范区"的标杆，从而带动全省全域旅游的发展。

3.2 指标体系构建

目前国内外最具代表性的竞争力评价指标有三种：一是评价国家、地区间的竞争力，由世界旅行与旅游委员会（World Travel&Tourism Council，WTTC）和诺丁汉大学旅行与旅游学院联合发布[15]，包括价格、开放性、技术、基础设施、人文旅游、社会发展、环境和人力资源等八大项指标体系[16]；二是用于比较不同城市竞争力，Calgary[17]基于系统视角，从目的地吸引力、管理、组织架构、信息和效率等方面构建旅游竞争力指标体系；三是适用于不同层级的旅游目的地竞争力评级，是波特钻石模型指标体系，包括生产要素、需求条件、相关与支持性产业、企业战略及其结构以及同业竞争四个基本要素和政府与机遇两个变量[18]。本文在借鉴竞争力评价指标代表性与数据可获取性的基础上，参考《国家全域旅游示范区验收标准（试行）》，选取全要素、全行业、全过程、全方位、全时空、全社会、全部门、全游客[19]八个方面中的四个方面，构建本文全域旅游示范区综合效益竞争力评价体系，涵盖旅游主体、客体、介体三大要素。最终根据专家打分，采用层次分析法赋予指标权重，如表3-4所示。

表3-4 全域旅游示范区综合效益竞争力评价指标体系

二级指标	三级指标	变量	权重	单位	数据来源
全要素 （权重： 0.3952）	国家级文旅资源丰富度	X1	0.2086	个	②③⑤
	旅游业态融合度	X2	0.1314	无	④
	公共文化机构数量	X3	0.0552	个	⑤

续表

二级指标	三级指标	变量	权重	单位	数据来源
全发展 （权重： 0.1976）	年人均旅游收入	X4	0.0405	万元/人	①
	年旅游收入占 GDP 比重	X5	0.0583	%	①
	第三产业从业人数	X6	0.0238	人	①
	公路网密度	X7	0.0166	Km/Km^2	①
	城镇居民人均可支配收入	X8	0.0444	万	①
	空气质量指数	X9	0.0142	%	①
全管理 （权重： 0.1682）	年均文旅项目投资额	X10	0.0259	亿元/个	②
	文旅规划与政策实施	X11	0.0165	无	④
	新媒体运营效益	X12	0.0576	无	③
	智慧旅游在线平台数量	X13	0.0286	个	③
	旅游宣传营销	X14	0.0395	无	③
全方位 （权重： 0.2930）	特色餐饮数量	X15	0.0453	个	⑤
	旅游住宿数量	X16	0.0257	个	③⑤
	社会消费品和零售总额	X17	0.0617	万元	①
	游客满意度	X18	0.1063	无	③

注：①各省、市、县 2021 统计年鉴，国民经济和社会发展统计公报

②各市、县 2021 政府工作报告 ③网络爬虫 ④专家访谈、问卷 ⑤智游天府

全要素指区域内旅游吸引物。二级指标中 X1 包含 3A 级以上旅游景区、国家级乡村旅游重点村、中国旅游百强县、国家级旅游度假区；X2 指商业、文化、旅游等业态融合程度；X3 指图书馆、博物馆、文化馆。这三个指标直接反应该区域旅游吸引力大小与旅游发展潜力。

全发展指区域经济、社会、生态发展现状。二级指标中 X4、X5、X6、X8 这四个指标反映该区域经济与旅游发展水平；X7 指区域内公路总里程与区域总面积之比，反映当地交通便捷性与通达性；X9 反映区域生态环境质量。

全管理指政府针对区域旅游业发展的管理行为。二级指标 X10 指 2020 年文旅项目招商投资总额与数量之比，反映政府招商能力与对旅游项目的重视程度；X11 是政府执行力的体现；X12 为官方经营的微博、抖音账号转赞评与粉丝数之比；X13 指官方运营的 APP、小程序数量，反映区域智慧旅游发展水平与大数据

分析处理能力；X14 指区域景点曝光度，反映旅游宣传效益。

全方位从游客角度出发，指吃住行游购娱一系列旅游行为的支撑业态和产生结果。二级指标 X15、X16 可以体现区域旅游接待能力；X17 在一定程度上反映旅游者购买能力；X18 指网络好评数与网络总评数之比，是衡量区域要素、发展、管理的综合性指标。

3.3 实证结果

本文指标选取时单位不一致且皆为极大型正向指标，需采用归一法对指标进行无量纲化处理，计算方法如下：

$$T_i = \frac{Z_i - Z_{min}}{Z_{max} - Z_{min}}$$

式中，T_i 为 i 示范区综合竞争力标准化赋值，变化范围为 $[0，1]$ 区间；Z_i 为 i 示范区竞争力实证数值；Z_{max} 为 i 示范区竞争力指标实证最大值，Z_{min} 为 i 示范区竞争力指标实证最小值。根据各指标权重，计算出每一区域评价最终得分，如表 3 - 5 所示。

表 3 - 5　四川省全域旅游示范区综合效益竞争力评价得分

示范区	二级指标得分				综合得分	排名
	全要素	全发展	全管理	全方位		
都江堰	0.3952	0.1136	0.1466	0.1839	0.8393	1
峨眉山	0.3501	0.1225	0.0769	0.1474	0.6969	2
市中区	0.3134	0.1463	0.0744	0.0947	0.6288	3
锦江区	0.1640	0.1463	0.0279	0.1754	0.5137	4
九寨沟	0.2508	0.1074	0.0261	0.1048	0.4890	5
绵竹市	0.2500	0.0677	0.0263	0.0863	0.4303	6
青川县	0.2450	0.1227	0.0476	0.0009	0.4160	7
崇州市	0.0943	0.0720	0.0587	0.0964	0.3213	8

3.4 系统聚类

借助 SPSS25.0 统计软件，将各示范区最终得分数据导入得出此系统聚类谱系图。

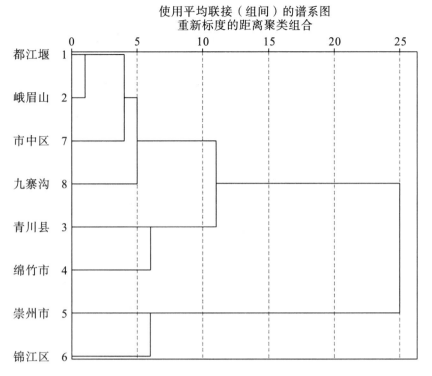

图3-4 四川省全域旅游示范区综合效益竞争力聚类谱系图

如上图所列出的5种聚类组合，距离标度为5可分为六类，距离标度为10可分为三类，距离标度为15、20、25皆可分为两类。根据距离标度不宜太小需适中的划分原则，本文选择标度为10的距离分类，结合表3-5得出的各示范区综合竞争力排名，得出四川省全域旅游示范区综合效益竞争力分类，结果如下：

第一类：都江堰、峨眉山、市中区、九寨沟。

第二类：崇州市、锦江区。

第三类：青川县、绵竹市。

4 研究结论

（1）在指标体系方面，二级指标全要素（0.3952）权重最大，其次分别是全方位、全发展、全管理，全方位中的游客满意度权重较大，因为这一指标是游客期望值与实际旅游体验差的真实反映，对游客重游意愿与区域口碑产生极大影响；对全域旅游示范区的管理固然重要，但管理效益最终落脚经济、社会和生态效益，因此全发展权重较全管理大；旅游资源是核心吸引物，因此三级指标中国家级文旅资源丰富度（0.2086）权重最大，都江堰、峨眉山、青川县、绵竹市皆拥有国家级旅游资源6个，市中区、九寨沟5个，崇州市2个，锦江区1个，旅游资源丰富的示范区综合竞争力较强（如表3-5）。因此，旅游资源对示范区竞争力影响较大。

（2）在综合竞争力排名方面，都江堰、峨眉山、市中区综合竞争力排名前三；全要素排名前三的示范区分别是都江堰、峨眉山、市中区；全发展排名前三的示范区分别是市中区、锦江区、都江堰；全管理排名前三的示范区分别是都江堰、峨眉山、市中区；全方位排名前三的分别是都江堰、锦江区、峨眉山。要发展全域旅游，不仅要靠旅游资源，也需要政府、企业等统筹协调发展，其他示范区需充分挖掘旅游发展潜力，根据国家级文旅资源丰富度、旅游业态融合度、新媒体运营效益、特色餐饮、特色住宿、游客满意度等影响竞争力的主要因子，有针对性地提升本区域竞争力。

（3）在聚类结果方面，第一类示范区共同具备独一无二的旅游资源，都江堰拥有国家5A级旅游景区青城山—都江堰、天鹤观，被评为中国旅游百强县、入选国家级旅游度假区、中国乡村旅游重点村等；峨眉山拥有国家5A级景区峨眉山、4A级景区大佛禅院佛教文化旅游区等，同样被评为中国旅游百强县、入选国家级旅游度假区；市中区拥有国家5A级景区乐山大佛，4A级景区乌木珍品文化博物苑、东方佛都等；以上三个示范区都同时具备自然和人文旅游资源；九寨沟是世界自然遗产、国家重点风景名胜区、国家5A级旅游景区、国家级自然保护区、国家地质公园，是中国第一个以保护自然风景为主要目的的自然保护区，自然旅游资源独特。第二类示范区具备地理位置优势，有利于发展短途旅行；锦江区和崇州市皆为成都地级市，路网发达，距离市中心较近，成为周边城市居民短期旅行的较佳选择。第三类示范区虽有一定的旅游资源，但位置偏远，加之宣传营销力度不大，较其他示范区竞争力略差。因此，第一类示范区需保持自身优势；第二类示范区可在全管理的要素上有的放矢提升竞争力；第三类示范区需提升管理水平，加强旅游基础设施建设，重视旅游宣传营销。

参考文献

[1] 张仪华，王园. 全域旅游产业与区域经济的耦合协调发展研究——以福建省为例[J]. 技术经济与管理研究，2019（01）：95-99.

[2] 国务院办公厅. 关于促进全域旅游发展的指导意见[N/OL]. http：// www. gov. cn/zhengce/content/2018-03/22/content_ 5276447. htm，2018-03-22.

[3] 胡晓苒. 城市旅游：全域城市化背景下的大连全域旅游[N]. 中国旅游报，2010-12-08（011）.

[4] 王国华. 论全域旅游战略实施的路径与方法[J]. 北京联合大学学报（人文社会科学版），2017（3）：12-18.

[5] 石培华. 如何认识与理解全域旅游——全域旅游系列解读之一[N]. 中国旅游报，2016-03-04.

[6] 王磊，刘家明. 宁夏建设全域旅游示范区研究[J]. 宁夏社会科学，2016，197（4）：123-127.

[7] 杨永权，靳畅. "全域旅游"的浙江探索[N]. 中国旅游报，2016-05-25（03）.

[8] 刘赐贵. 点线面全面推进，创建全域旅游示范省[N]. 中国旅游报，2016-02-05（02）.

[9] 汤少忠. "全域旅游"驱动因素与发展模式——以《重庆市渝中区全域旅游发展规划》为例[N]. 中国旅游报，2014-06-04（14）.

[10] 邓泽平，许咏媚，香嘉豪，等. 广东县级全域旅游示范区发展模式研究[J]. 合作经济与科技，2019（02）：52-54. DOI：10. 13665/j. cnki. hzjjykj. 2019. 02. 017.

[11] 陶少华，吉蕾. 全域旅游示范区创建的经验、困境与优化路径——基于重庆市的调查研究[J]. 阿坝师范学院学报，2021，38（03）：52-59.

[12] 赵慧莎，王金莲. 国家全域旅游示范区空间分布特征及影响因素[J]. 干旱区资源与环境，2017（7）：177-182.

[13] 徐珍珍，余意峰. 国家全域旅游示范区空间分布及其影响因素[J]. 世界地理研究，2019，28（02）：201-208.

[14] 石培华，张毓利，徐楠，等. 全域旅游示范区创建的经济发展效应评估研究——基于中国重点旅游城市的实证检验[J]. 贵州社会科学，2020（5）：117-124.

[15] 史春云，张捷，朱传耿，等. 基于WTTC数据库的旅游竞争力测度与分析[J].

经济地理, 2006 (02): 326 - 330.

[16] 林明水, 廖茂林, 王开泳. 国家全域旅游示范区竞争力评价研究[J]. 中国人口·资源与环境, 2018, 28 (11): 83 - 90.

[17] MICHAEL J, ENRIGHT J N. Determinants of tourism destination competitiveness in Asia Pacific: comprehensiveness and universality [J]. Journal of travel research, 2005, 43 (5): 339 - 350.

[18] 龙江智. 旅游竞争力评价范式: 反思与启示[J]. 旅游科学, 2010, 24 (02): 26 - 39. DOI: 10.16323/j. cnki. lykx. 2010. 02. 006.

[19] 厉新建, 张凌云, 崔莉. 全域旅游: 建设世界一流旅游目的地的理念创新——以北京为例[J]. 人文地理, 2013, 28 (03): 130 - 134. DOI: 10.13959/j. issn. 1003 - 2398. 2013. 03. 019.

社区参与视角下民族生态旅游管理模式的探讨与实践

［作　者］陆相钱（西南民族大学旅游与历史文化学院）

杨　波（西南民族大学国家文化公园研究中心）

摘　要：　社区参与是民族地区发展生态旅游的重要内容，也是民族地区生态旅游实现可持续发展的本质要求；社区居民既是社区旅游开发的利益相关者，也是旅游开发的生产者和管理者，但在旅游开发过程中，居民作为社区主要群体，往往处于弱势地位。文章以四川省甘孜州丹巴县甲居藏寨为案例，从社区居民的角度出发，分析甲居藏寨生态旅游建设存在的问题，探讨社区参与对民族地区生态旅游的作用和影响，提高民族地区社区参与生态旅游开发和建设的意愿，为国内民族地区发展生态旅游、促进城乡融合和乡村振兴提供理论参考。

关键词：　社区参与；生态旅游；管理模式；甲居藏寨

引言

党的十九大报告指出："要强化社区治理系统的建设，将社会治理重心转移到基层中来，发挥社会组织的作用，实现政府治理、社会调节和居民自治三者之间的良性互动。"[1]社区作为旅游业发展的重要依托，社区居民的生活和生产方式通常受到旅游发展的影响；反过来，社区居民参与的态度和行为也会影响旅游的开发与管理[2]；此外，社区居民扮演着多重角色，他们既是目的地的所有者，也是旅游吸引物的重要保障者[3]。国外的研究成果主要从参与的程度、特征、原则、方式等进行研究，国内学者们关于社区参与旅游普遍将其视为生态旅游管理的有效手段，至于社区参与生态旅游的模式，由于国家体制、文化背景、环境保护意识等诸多因素，则尚未提出可行的运营方案[4]。对于我国民族地区具有鲜明特色的村寨，探讨更为缺乏。

社区参与是组成生态旅游的重要部分，也是生态旅游与大众旅游区别的标志。社区参与有助于保护本土文化资源，使游客获得更真实的旅游体验，同时确保目的地居民享受经济利益，更是生态旅游发展一个必不可少的环节。社区居民作为相关利益者中的弱势人群，他们对旅游的发展态度、参与旅游的能力、参与程度以及他们自身的发展都直接或间接影响着民族地区区域旅游的发展。本文以研究民族地区生态旅游建设的探索与实践为目的，从社区居民角度出发，以四川甲居藏寨为研究案例，探讨社区参与对民族地区生态旅游发展的作用与影响，并总结出其在生态旅游建设方面的成功经验与不足之处，完善国内关于发展生态旅游的研究与探讨。

1 文献综述

关于社区参与旅游发展的内涵，Arnstein 在 20 世纪 60 年代末指出社区参与的本质是实现权力的分配和再分配，在承担一定的成本条件下，使社会能够更合理公平地获得回报[5]。Connell 进一步指出，社区参与不仅意味着物质资源的高效合理分配，更是社区居民通过知识共享和自我努力实现发展的过程[6]。国内有的学者认为社区参与是指将社区居民作为旅游开发的主体，应将其纳入到旅游规划与开发等与旅游发展相关的重大问题的决策和实施中[7]。总的来说，社区参与旅游发展的内涵已经演变和发展为社区的全面可持续发展，包括经济、环境和社会等多方面的发展，是社区综合协调发展的组成部分[8]。研究表明，居民对旅游发展的正面感知和积极态度不仅有助于增强旅游目的地的吸引力，还有助于提升游客的旅游体验[9]，起到环境保护的作用[10]。随着研究的深入和旅游实践的推进，社区居民参与旅游规划的路径和模式也引起了学者的关注[11,12]。文章则从社区居民参与的角度对民族地区生态旅游的建设进行探索，完善社区居民参与民族地区生态旅游的探讨。

社区生态旅游是以社区生态旅游的根源或基本原则为基础，以经济增长和社会变革为目的、以地方为导向的发展理念的旅游形式。Robert H. Horwich 等在生态旅游与社区发展的案例中强调：真正意义上的生态旅游需要考虑社区的参与，将当地居民视为共享者，保证其在生态旅游产品设计和旅游规划等方面的参与，当地居民需要成为环境保护的倡导者、监督者和管理者。只有促进社区居民的参与，才能实现对荒野以及整个自然与人文环境的保护，实现可持续发展[13]。社区生态旅游作为生态旅游的一个分支[14]，具有广泛的社会意义，只有强调社会联系、社会结构与集体责任，才能更大程度实现社区参与和社会融合[15]。因此，社区生态旅游可以被定义为当地居民在实质控制权下参与的一系列生态旅游开发和管理的过程，其本质上是改善当地居民生活条件的一种手段。

目前，我国生态旅游的建设中存在着多种发展模式，如国家公园模式、生态环境补偿模式、生态旅游示范区模式、生态博物馆模式等，每种发展模式都有各自的适用范围和优势。本文结合当前国内发展实际和生态旅游的国情，借鉴国外生态旅游发展的成熟经验，构建以社区参与为基础的生态旅游发展模式，真正做到以社区为发展的主体，完成生态旅游的开发和保护任务，促进旅游目的地社区经济、生态和社会的可持续发展[16]。

2 研究案例概况

甲居藏寨地处四川省甘孜藏族自治州。距县城丹巴约 7km，面积约为 5km²，包括三个村落：甲居 1 村、甲居 2 村和甲居 3 村，现有 160 余户人家，居民 1000 余人。如今，旅游业已经成为甲居藏寨的主导产业，据统计，甲居藏寨景区的游客从 2001 年的 2000 人次增加到 2019 年约 170 万人次；人均收入也从 2010 年的 4000 多元增加到 2019 年的约 35000 元[17]。旅游开发模式是政府主导下社区居民参与到生态旅游发展中的模式，然而，在社区居民参与生态旅游开发的过程中，不可避免地产生了许多负面影响。丹巴县旅游开发后，由于游客数量不断增加、垃圾处理不及时等问题，当地环境遭受了一定程度的破坏，当地淳朴的生活也受到影响，居民因经济利益开始变得自私，人际关系失调[18]。甲居藏寨面临的主要问题是如何通过政府的引导和干预，使社区居民参与旅游开发，促进当地经济和文化可持续发展。

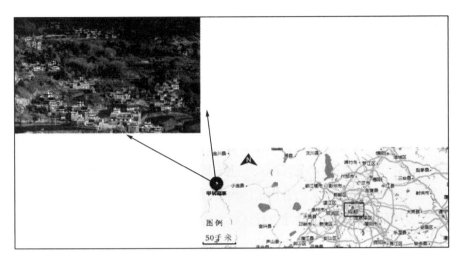

图 3-5　甲居藏寨空间示意图

3　甲居藏寨社区生态旅游管理现状分析

3.1　社区参与方式单一，参与度较低

由于甲居藏寨社区居民受教育程度较低，学习能力也较弱，不能正确认识和分析生态旅游发展建设的内容和形式，造成了甲居藏寨社区居民的参与意识不够。目前，甲居藏寨多数是以家庭或个体的形式参与到生态旅游发展中，组织形式较为松散；参与内容主要是民宿接待服务，其中包括餐饮和住宿，售卖土特产、工艺品等。部分社区居民虽有意愿参与到生态旅游发展中，但是对生态旅游开发和自身利益之间的关系看得比较简单，对自身在生态旅游开发中的地位、作用和意义没有充分理解，加上缺乏参与到生态旅游经济和文化等的能力，便失去了在生态旅游开发中的部分权益。

3.2　管理不当，未建立起有效的管理模式

甲居藏寨社区生态旅游管理仍处于社区居民自主管理的模式，目前社区内还未设置统一的生态旅游规划、生态资源协调机制、生态旅游管理标准、生态基础设施发展规划等管理办法，严重影响了生态旅游的良性发展。管理的缺失对当地自然资源和人文资源的生态保护产生了负面影响。为了协调当地旅游的发展，甲居藏寨虽然自发成立了旅游接待协会，但缺乏真正的权威，没有发挥好运营和管

理作用，更多的是协调和平衡各个生态旅游接待户的利益。甲居藏寨生态旅游的发展由于缺乏有效的组织和规范化的管理，其服务质量得不到保证，加之监管力度不足，导致部分游客满意度较低、形象口碑较差。

3.3　旅游收入分配失衡，经济抵御风险能力不强

近年来，甲居藏寨旅游产业虽然蓬勃发展，但旅游收入分配不均衡问题日益突出，至今从事旅游接待的居民户仅占甲居藏寨家庭的1/3左右，是否参与生态旅游的建设与发展，收入差异是较大的；居民的房屋、田地、果园本身属于景区的一部分，但居民们没有在景区的发展中获得应有的利益。如今，甲居藏寨社区居民把大部分精力都投入到旅游接待服务上，原有的产业链被打破，自产自销的商业模式被彻底颠覆。旅游产品结构单一，没有形成系统的生态旅游产品体系。游客到甲居藏寨旅游主要以参观为主，缺乏对当地文化更深入的体验。甲居藏寨凭借独特的藏族人文景观和中国最美村落等称号，使丹巴县乡政府着重发展甲居藏寨旅游产业，旅游经济占经济总量的90%以上，导致现有产业严重失衡。旅游业是脆弱的，如果旅游业的发展受到外界冲击，村民的收入将迅速下降，他们的基本生活将失去保障。

3.4　甲居藏寨生态环境受到破坏

由于甲居藏寨空间有限，且社区生态旅游场地不能随便扩大，为了保护自然与人文的整体景观，游客数量应设上限阈值，不得超过甲居藏寨的生态环境承载能力。目前，甲居藏寨的游客数量远远超过了环境容纳量，游客体验感和环境承载能力面临巨大挑战。如何解决游客的数量和生态旅游发展之间的关系，成为甲居藏寨社区发展生态旅游的重要课题。

随着旅游业的开展，现代生活需求也在不断增加，无论是外来游客还是当地居民，都认为传统的建筑材料和工艺已经不能完全满足现代生活的需求。比如传统的藏式厕所，根据当地居民和游客的反映，大多数人认为建筑内部的厕所是最不方便的，因此，为了满足游客的住宿需求，社区居民将现代建筑材料引入了传统的甲居藏寨中。部分居民的房子还设有标准间，白色墙壁，木地板，单人床，24小时热水。现代化的需求逐渐取代了原有的就地取材，然而传统文化作为非物质文化遗产具有不可再生的特点，在旅游开发带来的现代化冲击下，甲居藏寨传统建筑材料和建筑技法正在流失，相当一部分甲居藏寨居民认为，旅游开发对当地传统建筑景观产生了一定的影响，部分建筑景观由于旅游开发需要，进行了

现代化改造，打破了自然与人文景观的和谐性。

3.5 外来文化介入，当地文化存在被同化的风险

对于游客来说，他们选择甲居藏寨作为旅游目的地，是因为它就是那个深藏在香巴拉王国的童话世界，村民们在旅游接待中获得巨大的经济效益，于是他们利用有限的接待空间进行扩建和改造，以满足游客的需求。随着游客的不断到访，各种电器、漂亮的浴室、咖啡、流行歌曲出现在这个宁静的山谷里，淳朴的民风受到了现代化的冲击，社区生态旅游正逐渐朝着大众旅游的方向发展，曾经吸引游客的习俗正在慢慢改变。同时，从空间布局和建筑风格来看，甲居藏寨古村落的扩建和建造与原有建筑存在不协调问题，破坏了原本和谐的建筑景观，损害了甲居藏寨文化景观的真实性，降低了其历史价值、旅游价值和艺术价值。

4 社区参与生态旅游发展的探讨

社区参与生态旅游发展应以可持续发展为价值导向，在促进民族地区社区经济发展的同时，确保社区自然环境的保护、传统文化的传承以及社区内部关系的和谐。在甲居藏寨的生态旅游活动建设中，若无当地居民的积极参与，生态旅游建设就会产生不利影响。只有充分考虑社区居民的利益，生态旅游资源的可持续

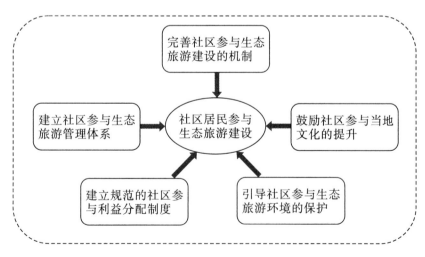

图 3-6 社区参与生态旅游机制逻辑图

利用才能得到保障[19]。因此，需建立一种以社区参与为主的生态旅游发展模式，真正实现甲居藏寨社会、经济和生态"三位一体"辩证统一的生态旅游发展目标。其中，社区参与生态旅游机制主要是针对社区居民在参与生态旅游建设过程中遇到的问题和困难，并依据提出解决的办法和途径，以提高居民参与生态旅游的广度，进一步促进社区居民在旅游参与中获得学习与发展，如图3-6。

4.1　完善社区参与生态旅游建设的机制

目前，甲居藏寨社区居民在生态旅游中从事的主要是旅游接待，需要完善社区参与生态旅游建设的机制，建立健全当地生态旅游规章制度。比如说在政府的引导下，可以开发一些具有浓厚民族风情的旅游项目，如建立民族歌舞演艺团队，既可以加深游客的民族文化体验，又可以引导其他没有接待能力的居民参与到生态旅游建设中来。同时，定期组织一些座谈会，倾听当地居民对旅游业发展中的一些看法和要求，根据意见调整生态旅游建设中的某些不足之处。鼓励全民式参与，并引导社区居民从生态旅游中受益，形成生态旅游产业与乡村社区的良性互动。

4.2　建立社区参与生态旅游管理体系

社区居民作为甲居藏寨真正的主人，对生态旅游的开发与建设拥有一定的发言权。因此，生态旅游管理部门应设立专职社区管理部门，赋权居民通过此类部门参与到生态旅游的发展和建设中。社区居民参与旅游发展，一方面是体现可持续发展中的公平理念，每个人都有参与旅游的机会，提供平等的获得物质和精神收益的平台。另一方面，社区参与生态旅游是乡村振兴战略的基石，可以有效地刺激居民发展旅游业，激发他们的积极性，以更积极的态度投入建设，推动乡村经济的发展，努力缩小城乡间差距。最关键的是，社区居民对当地文化和社会有更深厚的了解，对当地旅游的开发有独特的见解，居民的参与可以给开发带来新思路，打开新局面，更为契合当地的形象气质。同时也应该尊重当地文化，对文化的开发要听取居民的意见；依托社区监管，合理有效地保护自然和人文资源，确保可持续发展。

4.3　建立规范的社区参与利益分配制度

社区居民的参与态度受社区意识形态和归属感的影响，其中与他们从旅游开发中获得的收益密切相关。社区居民能否主动参与社区旅游活动，取决于"参与"行动所带来的效果。公平合理的利益分配制度是社区居民积极参与生态旅游发展的前提，建立健全系统的、规范的社区参与利益分配制度已成为亟待解决的难题。可以鼓励和引导社区居民从事生态旅游的生产经营，为最大限度地让甲居藏寨居民参与旅游生产活动，当地政府可以与旅游企业达成合作意向，为甲居藏寨社区居民经营生态旅游服务提供一定的担保。同时，尽可能采用当地原材料生产生态旅游产品，就地加工，为居民从事生态旅游服务提供更多的就业机会，引导当地居民走上致富之路。在利益分配机制上，不仅包括直接利益分配，还包括间接利益分配，包括政府税收以及政策上的鼓励等。

4.4 引导社区参与生态旅游环境的保护

由于甲居藏寨社区居民缺乏生态旅游环保知识和技能，十分有必要对社区居民进行环保意识和技能的培训。通过长期的宣传教育提高社区居民对生态旅游可持续发展的认识，利用定期的会议培训讲解现有的生态旅游活动和一些基本理念，树立生态旅游的环保意识。在当地中小学课程教材中开设一些生态旅游资源与环境保护的专题课程，或者在学校开设系列生态旅游环保活动的专题讲座，让受教育的居民自觉主动地形成生态旅游环保观念。同时，居民要自觉保护当地的自然和人文资源，形成保护环境就是保护自己生活家园的意识，从自己做起，养成良好习惯；还要提醒游客保护资源，爱护环境，共同建设美丽乡村家园。

4.5 鼓励社区参与当地文化的提升

文化的独特性是社区区别于其他场所的标志物，文旅融合已是大势。为了充分展示少数民族村庄的民族文化，可推广"社区文化参与"模式，社区居民可以共享社区文化和生态旅游发展的好处。旧的文化不能完全适应新的时代，新的时代需要对旧的文化进行加工创新，这是文化得以传承的根本，因此在保持甲居藏寨本土特色文化的基础上，增强特色文化与时代潮流的联系。社区居民应深度挖掘甲居藏寨民族文化的特性，将文化和旅游展演结合起来进行传播和表演，比如可以举行特色文化节日，保护特色人文建筑，建设特色文化展览设施等，以保持地方特色文化的传承性，增进民族文化认同感，增强民族间的凝聚力。

5 总结

社区居民是社区生态旅游的利益相关者，也是为社区发展生态旅游提供服务的重要保障。社区居民的作用在生态旅游发展中具有不可替代的重要地位，但在当前生态旅游发展中，作为社区生态旅游中非常关键的因素，社区居民的利益往往被忽视。正确处理民族地区社区居民参与生态旅游发展的问题，不仅有利于促进民族地区生态旅游的可持续发展，还有利于区域经济的发展和民族社会的稳定。

社区居民在生态旅游发展中具有主导作用，其有权参与社区生态旅游的重大规划和开发，并应获得公平的利益分配。政府要赋予其权利，建立健全的法律和制度保障，以确保社区居民的充分参与。对于社区居民来说，不仅享有参与生态旅游的权利，还承担着发展生态旅游的责任，其中包括保护自然生态环境和传统文化。此外，政府应积极发展民间组织合理引进外资。有了社区居民的参与，才能更好地促进人文发展，进一步促进民族地区生态旅游的可持续发展。

参考文献

［1］《党的十九大报告辅导读本》编写组．党的十九大报告辅导读本［M］.北京：人民出版社，2017：48.

［2］RASOOLIMANESH S M，RINGLE C M，et al. Urban vs. rural destinations：residents'perceptions, community participation and support for tourism development［J］. Tourism management，2017，60：147－158.

［3］孙九霞．旅游人类学的社区旅游与社区参与［M］.北京：商务印书馆，2009.

［4］佟敏，黄清．社区参与生态旅游模式研究［J］.学习与探索，2004（06）：126－128.

［5］ARNSTEIN S R．A ladder of citizen participation［J］.Journal of the American institute of planners，1969，35（4）：216－224.

［6］CONNELL D．Participatory development：an approach sensitive to class and gender［J］.Development in practice，1997（3）：248－259.

［7］刘纬华．关于社区参与旅游发展的若干理论思考［J］.旅游学刊，2000（01）：47－52.

［8］孙凤芝，许峰．社区参与旅游发展研究评述与展望［J］.中国人口·资源与环境，2013，23（07）：142－148.

［9］汲忠娟，蒋依依，谢婷．旅游地居民感知和态度研究综述［J］.资源科学，2017，

39（03）：396 - 407.

［10］杨桂红.试论社区居民参与旅游业发展对环境保护的积极作用——以碧塔海旅游景区为例[J].经济问题探索，2001（11）：124 - 126.

［11］李东和，叶晴，肖舒羽.区域旅游业发展中目的地居民参与问题研究[J].人文地理，2004（03）：84 - 88.

［12］杨兴柱，王群.我国城乡旅游地居民参与旅游规划与发展研究[J].旅游学刊，2006（04）：32 - 37.

［13］HORWICH R，MURRAY D，Saqui E，et al. Ecotourism and community development：a view from Belize[A].In LINDBERG K，HAWKINS D E（eds.）. Ecotourism guide for planner and managers[M].North Bennington VT：The Ecotourism Society，1993，152 - 168.

［14］GUALA C，SZMULEWICZ P. Evaluacion de buenas practicas en servicios de ecoturismo co - munitario en la ecoregion valdiviana[J].Gestion Turistica，2007（8）：9 - 23.

［15］LIU J Y，QU H L，HUANG D Y，et al. The role of social capital in encouraging residents' pro - environmental behaviors in community - based ecotourism [J].Tourism management，2014，1（C）：190 - 201.

［16］佟敏.基于社区参与的我国生态旅游研究[D].东北林业大学，2005.

［17］易先鸿，王希.甲居藏寨的金色哈达[EB/OL].https：//www.tibet3.com/lvyou/wcfq/mj/2017 - 09 - 21/61650.html，2017 - 09 - 21.

［18］韩莹.社区生态旅游管理模式研究——以甲居藏寨为例[D].四川：四川师范大学，2008.

［19］保继刚，孙九霞.社区参与旅游发展的中西差异[J].地理学报，2006（04）：401 - 413.

四川省"中国天然氧吧"品牌的康养旅游度假影响力评价

［作　者］宦小岚　黄　萍　马彬斌　郝若琳（成都信息工程大学管理学院）

摘　要：中国天然氧吧是中国气象局国家气候标志首批品牌之一，旨在通过对优质生态气候资源的挖掘，助力生态环境的保护和改善，赋能地方经济绿色转型发展。品牌创建 6 年以来，康养旅游度假影响力显著提升，有力促进了各地的生态文明建设以及经济社会的发展。本文通过网络文本分析，运用 ROST CM 6.0 分析软件提取四川省 14 个中国天然氧吧评论样本中的高频特征词，以此为依据构建出度假影响力评价指标体系，并分析其整体形象。最后提出适合中国天然氧吧形象建设和提升康养旅游度假影响力的建议。

关键词：中国天然氧吧；康养旅游；度假影响力；内容分析法；四川省

　　随着我国经济发展和生活水平的提高，大众对度假目的地的需求越来越多样化。中国天然氧吧是由中国气象服务协会 2016 年开始创建，以符合"年人居环境气候舒适度达'舒适'的月份不少于 3 个月，年负氧离子平均浓度不低于 1000 个/cm³，年均 AQI 指数不大于 100，旅游设施齐全、服务管理规范"等基本条件为标准为公众创造、筛选出更多的适合休闲、旅游、养生之地[1]。截至 2022 年，共评选中国天然氧吧 249 个地区，覆盖 27 个省、市、自治区，不仅促进了旅游业的蓬勃发展，也贯彻落实了国家生态文明发展战略。

　　国内关于天然氧吧的研究较少，在中国知网上以"天然氧吧"为关键词发起检索，仅 247 条结果，以"中国天然氧吧"为关键词检索，仅 41 条结果。相关文献主要以模型构建和定性描述为主，陶生才等（2017）构建了气候舒适度评价模型[2]。潘煜等（2021）从品牌认知度、品牌可信度、品牌忠诚度等方面分析了中国天然氧吧品牌价值现状，对中国天然氧吧地区下一步发展方向提出建议[3]。蒋镇等（2021）通过温湿指数和度假气候指数分析了云阳县的气候舒适度情况和全年的适游期情况[4]。王显红等（2020）构建了一套中国天然氧吧品

157

牌旅游影响力评价指标体系，对国内 115 个入选中国天然氧吧地区进行品牌旅游影响力评价[1]。赵雪运用障碍度模型对中国天然氧吧品牌旅游影响力进行分析，从而提出天然氧吧品牌建设优化策略[5]。一些学者利用网络文本分析法，以 OTA 平台的网络评论为数据来源，通过 ROST CM6.0 软件得到高频词汇，进行网络语义及情感分析[6-9]。

本文选取四川省 14 个中国天然氧吧作为研究对象，通过文本分析法，提取评论样本中的高频特征词，构建中国天然氧吧品牌的康养旅游度假影响力评价指标体系，结合旅游网站的游客评分对其整体形象进行分析，进一步了解游客对这 14 个地区的形象感知差异，不仅可以改善康养旅游目的地形象，还可以提升其度假影响力。

1 研究样本与数据来源

1.1 研究样本选取

本文主要选取四川省被评为中国天然氧吧的 14 个区域，但由于天然氧吧的评选是以区域为单位，不利于数据搜集，所以本研究选取了四川省获得称号的 14 个区域里具有代表性的景区作为数据搜集对象（表 3-6）。

表 3-6 四川省 14 个中国天然氧吧代表性景点

创建区域	代表性景点	创建区域	代表性景点
四川省沐川县	沐川竹海	四川省成都市大邑县	西岭雪山
四川省兴文县	石海洞乡	四川省九寨沟县	九寨沟风景区
四川省芦山县	龙门溶洞	四川省峨边彝族自治县	峨边黑竹沟
四川省凉山彝族自治州德昌县	螺髻山	四川省泸定县	海螺沟景区
四川省攀枝花市米易县	龙潭溶洞/颛顼龙洞	四川省蒲江县	石象湖
四川省雅安市名山区	蒙顶山	四川省荥经县	牛背山
四川省宝兴县	神木垒	四川省盐边县	二滩国家森林公园

1.2 数据来源

去哪儿和携程旅游网是国内两个知名的旅游信息分享平台，点评内容真实性较高，并采用五星制让游客对所体验的景点进行总体评价。本文在这两个网站上搜索 2017 年 1 月 1 日到 2022 年 3 月 31 日四川省 14 个代表性景点的用户评价，筛选掉相似内容和无关内容后，共收集有效点评数据 14038 条。

1.3 研究方法

本文采用内容分析法对四川省 14 个中国天然氧吧进行康养旅游度假影响力分析研究。首先爬取去哪儿和携程旅游网关于这 14 个区域的评论文本，再用 ROST CM6.0 进行词频分析。综合考虑高频词特征，结合中国天然氧吧的特色，站在游客感知和体验的视角，最终构建出中国天然氧吧品牌康养旅游度假影响力的评价指标。最后运用 ROST EA 进行情感分析，并结合旅游网站的游客点评分数，分析中国天然氧吧整体形象。

1.4 文本内容预处理

为了保证研究的科学性，在运用 ROST CM 6.0 软件分析前，对原始数据进行以下预处理：（1）在分析软件的过滤词表中增加需要过滤的无意义词汇，如冠词、代词等；（2）增加中国天然氧吧特有名词的自定义词表，保证研究结果与评论内容相匹配，如"天然氧吧""负氧离子""康养""空气"等；（3）统一同义词，如将"景区""景点"统一为"景区"，将"风景""风光"统一为"风景"等。（4）将处理好的点评内容保存为适用于分析软件的 TXT 文本格式。

2　分析过程

2.1　康养旅游度假影响力评价指标体系构建

通过 ROST CM 6.0 软件对四川省 14 个中国天然氧吧的评论文本数据进行词频统计，提取出前 30 个高频特征词（见表 3 - 7）。

表3-7　四川省14个中国天然氧吧高频词汇

序号	创建区域	特征词（词频）
1	四川省沐川县	景区（130）竹海（94）景点（87）自驾（53）天然氧吧（46）风景（44）负氧离子（43）空气（43）地方（33）公里（33）永兴（29）清新（22）道路（22）山峦（21）适合（18）北门（18）门票（18）环境（17）方便（16）县城（16）南门（15）漂亮（15）南竹（14）绿色（14）开发（14）竹林（14）瀑布（13）很快（13）值得（13）美丽（13）
2	四川省兴文县	景区（69）溶洞（68）石海洞乡（53）风景（50）景点（46）值得（41）森林（38）石林（35）地方（32）喀斯特地貌（26）石头（19）宜宾（18）漂亮（18）夏天（16）文县（15）导游（14）夏天（14）观光（13）门票（13）特色（13）自然（13）电瓶车（12）四川（12）推荐（12）壮观（11）小时（11）天然（11）完善（11）旅游（11）位于（10）
3	四川省芦山县	溶洞（54）洞穴（48）景区（38）云端（32）牧场（31）好去处（30）成都（30）位于（28）森林（28）夏天（28）值得（28）开发（26）小时（24）雅安（22）探险（20）芦山县（20）砾岩（20）温泉（19）周边（19）游览（18）周末（18）风景（17）避暑（17）凉爽（15）协会（14）不远处（13）四周（12）游玩（10）交通（10）
4	四川省凉山彝族自治州德昌县	风景（795）螺髻山（510）景区（376）索道（349）山上（268）海拔（251）漂亮（207）缆车（191）小时（176）海子（164）景点（163）森林（158）地方（143）方便（143）值得（258）上山（135）门票（130）温泉（126）时间（111）推荐（96）爬山（94）冰川（89）取票（88）山顶（84）冬天（83）空气（83）分钟（80）龙潭（77）天气（71）公里（66）
5	四川省攀枝花市米易县	溶洞（67）攀枝花（38）风景（37）康养（33）景区（29）值得（23）美食（20）景点（18）钟乳石（17）文化（16）特色（14）瀑布（14）酒店（13）小时（12）地方（12）天气（10）导游（10）易县（10）公里（9）大自然（9）石笋（8）环境（8）山顶（8）旅游（8）阳光（8）门票（8）玻璃（8）天然（8）交通（7）四川省（7）
6	四川省雅安市名山区	雅安（259）景区（168）风景（140）山上（113）名山（113）茶文化（112）茶园（107）成都（103）蒙顶山（98）体验（91）公里（87）采茶（86）空气（80）门票（75）小时（68）茶叶（67）索道（63）地方（62）缆车（61）景点（60）酒店（58）银杏（56）上山（55）适合（53）爬山（53）漫步（52）境内（48）四川（47）甘露（46）山茶（45）

序号	创建区域	特征词（词频）
7	四川省宝兴县	神木垒（316）景区（217）达瓦（116）风景（183）草甸（101）成都（101）森林（93）门票（75）雅安（66）观光（65）小时（56）天气（52）拍照（52）空气（51）推荐（49）景点（49）仙境（48）高山（47）山顶（46）时间（44）游玩（44）日出（43）自驾（72）海拔（40）雪山（40）云海（37）住宿（36）兴县（35）徒步（34）原始（34）
8	四川省成都市大邑县	景色（983）雪山（808）索道（759）滑雪（572）景区（465）广场（432）成都（426）好玩（405）滑雪场（396）门票（396）项目（369）方便（347）取票（327）上山（319）排队（308）缆车（302）分钟（300）小时（269）值得（265）有趣（247）总体（246）山上（246）体验（244）山顶（226）性价比（226）时间（225）酒店（216）云海（197）天气（192）开心（192）
9	四川省九寨沟县	九寨沟（3080）风景（1455）景区（1267）景点（674）瀑布（408）值得（574）避暑（351）地方（329）方便（323）成都（316）时间（303）漂亮（273）人间（268）观光（261）旅游（243）自然（243）门票（233）游览（226）海子（226）美景（217）森林（209）游玩（202）酒店（200）五彩池（196）秋天（195）仙境（191）推荐（189）黄龙（188）美丽（175）四川（167）
10	四川省峨边彝族自治县	黑竹沟（199）景区（125）乐山（73）峨边（63）地方（45）风景（71）森林（41）国家级（40）景点（39）百慕大（38）酒店（37）神秘（37）原始（32）小时（31）蜂巢（30）成都（29）公园（24）彝族（23）四川（23）门票（23）出发（22）拍照（20）空气（19）推荐（18）公里（18）高山（17）分钟（17）生态（17）到达时间（17）
11	四川省泸定县	冰川（1121）风景（1055）海螺沟（877）景区（532）营地（476）雪山（386）天气（385）索道（356）值得（477）缆车（325）贡嘎（324）门票（272）温泉（262）体验（261）方便（242）海拔（232）森林（223）好玩（212）景点（210）时间（207）小时（206）漂亮（190）有趣（181）地方（176）观光（171）成都（166）性价比（157）排队（151）总体（134）原始（121）
12	四川省蒲江县	石象湖（334）景区（305）郁金香（281）门票（244）漂亮（221）风景（214）地方（165）方便（148）成都（119）值得（113）适合（102）景点（98）环境（75）花海（74）季节（74）时间（73）游玩（70）空气（64）百合花（64）寺庙（61）开心（61）不值（60）坐船（59）取票（58）性价比（57）公园（54）好玩（54）总体（54）小时（52）划船（50）

续表

序号	创建区域	特征词（词频）
13	四川省荥经县	牛背山（785）云海（341）日出（237）山顶（215）成都（213）帐篷（192）星空（189）雪山（179）贡嘎（161）观景（159）酒店（157）雅安（153）海拔（138）平台（128）景区（112）住宿（112）佛光（96）时间（95）小时（86）旅行（82）金山（81）徒步（79）营地（79）日照（75）上山（73）日落（71）位于（70）自驾（66）地理（64）拍摄（64）
14	四川省盐边县	康养（104）二滩（78）清新（50）森林（39）公园（35）攀枝花（35）美食（30）风景（29）国家级（22）旅游（19）水电站（16）景区（14）值得（14）酒店（13）地方（12）旅行（11）雅砻江（11）自驾（10）时间（10）景点（9）空气（8）观景台（7）水库（7）大坝（7）壮观（6）平湖（6）环境（6）好去处（6）清新（6）建设（6）

通过表3-7可知，四川省14个天然氧吧都有其独特的风景，主要是以"原始""森林"为依托，再结合地方特色开发景区，诸如"竹海""溶洞""冰川""雪山""星空"等。"风景""景区""景点"等词频繁出现，说明游客十分关注旅游地的自然环境和服务环境。"取票"和"门票"等特征词说明游客对景区服务环境以及智慧服务的高度关注。"推荐""值得""好去处"等词说明游客对天然氧吧的满意度较高，也出现了"天然氧吧""负氧离子""康养""空气""国家级"等特征词，符合中国天然氧吧的创建特征。

结合中国天然氧吧的高频特征词与旅游影响力研究的指标划分，归纳出以下中国天然氧吧康养旅游度假影响力评价指标体系（见图3-7），包含区域整体、旅游吸引物、旅游体验、旅游环境和旅游设施5个项目层指标和12个因子层指标。

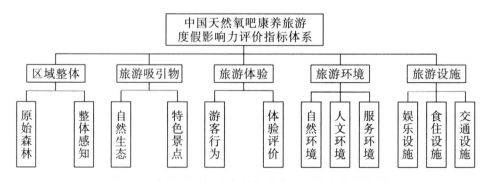

图3-7 中国天然氧吧康养旅游度假影响力指标体系

2.2 康养旅游度假影响力评价指标体系分析

通过内容分析法将 14 个中国天然氧吧的高频特征词归纳到对应的因子层，得到各因子层高频词汇占比（见表 3－8）。在区域整体项目层指标中，"原始森林"占比 18.81％，14 个天然氧吧都属于森林型景区，围绕原始森林开展娱乐体验活动，对游客而言是一次亲近大自然的康养之旅；景区中有各类攀岩、丛林越野等有趣的活动，也是亲子游的绝佳选择。在旅游吸引物中，"自然生态"与"特色景点"分别占比 17.00％、18.17％，其中特色景点也以原始森林为主，所以中国天然氧吧的旅游吸引物均以原始森林为依托，再结合地方特色开发景区。在旅游体验中，"游客行为"以"爬山""滑雪""观光"为主，"体验评价"良好，大部分游客都认为"有趣""方便""好玩"。在旅游环境中，游客更加关注服务环境和自然环境。在旅游设施中，游客则更加关注娱乐设施和交通设施。

表 3－8 中国天然氧吧高频词汇占比

项目层	因子层	高频词占比
区域整体	原始森林	18.81％
	整体感知	5.91％
旅游吸引物	自然生态	17.00％
	特色景点	18.17％
旅游体验	游客行为	6.58％
	体验评价	8.33％
旅游环境	自然环境	3.22％
	人文环境	1.97％
	服务环境	3.48％
旅游设施	娱乐设施	7.67％
	食宿设施	1.57％
	交通设施	7.29％

2.3 情感形象分析

运用 ROST EA 软件对评论内容进行情感形象分析，得到情感分析的频次、频率以及分段统计结果（见表3-9）。由表3-9可知，积极情绪的频率最高，表明游客对中国天然氧吧总体满意。积极情绪占比71.88%，游客认为中国天然氧吧是"诗情画意的好地方""避暑胜地""值得一游"。消极情绪占比15.62%，主要是交通设施方面，游客认为"交通拥堵、杂乱""无观光车，不适合步行"。

表3-9 中国天然氧吧情感分析

情感类型	频次	频率	分段统计结果	频次	频率
积极情绪 (5，+∞)	41133	71.88%	一般（5，15]	21459	37.50%
			中度（15，25]	8944	15.63%
			高度（25，+∞)	10730	18.75%
中性情绪 [5，5]	7153	12.50%			
消极情绪 (-∞，5)	8938	15.62%	一般（-5，5)	7325	12.80%
			中度（-15，-5]	1179	2.06%
			高度（-∞，-15]	434	0.76%

2.4 整体形象分析

去哪儿和携程旅游网采取五星制打分评价，统计两个网站关于四川省14个中国天然氧吧的游客点评分数（见表3-10），并进行均值计算得到总体评价分数为4.55，由此可见游客对中国天然氧吧的整体形象感知较为满意。

表3-10 四川省14个中国天然氧吧总体评价分数

序号	创建区域	总体评价分数
1	四川省沐川县	4.55
2	四川省兴文县	4.65
3	四川省芦山县	4.20
4	四川省凉山彝族自治州德昌县	4.60
5	四川省攀枝花市米易县	4.55

序号	创建区域	总体评价分数
6	四川省雅安市名山区	4.60
7	四川省宝兴县	4.40
8	四川省成都市大邑县	4.75
9	四川省九寨沟县	4.75
10	四川省峨边彝族自治县	4.65
11	四川省泸定县	4.60
12	四川省蒲江县	4.30
13	四川省荥经县	4.60
14	四川省盐边县	4.50

3 结论及建议

3.1 研究结论

本研究运用内容分析法，分析了中国天然氧吧在去哪儿和携程旅游网上的游客点评数据。首先结合高频特征词，构建了中国天然氧吧康养旅游度假影响力评价指标体系。再从情感形象和整体形象两方面分析了游客对中国天然氧吧品牌的形象感知，得到以下结论：

（1）在度假影响力评价指标体系中，中国天然氧吧的整体度假影响力良好。从高频词的统计结果可以看出，旅游吸引物占比最高，说明旅游吸引物对旅游目的地的度假影响力较高，相比之下，旅游环境的影响力则较弱，其次是旅游设施。表明游客在选择森林型主题景区作为旅游目的地时，更加注重原生态的自然景点，对配套设施要求相对较低。

（2）在情感形象分析中，积极情绪占比71.88%，表明游客对中国天然氧吧的满意度较高，但也有部分游客出现了消极情绪，通过评论样本了解到，主要是交通设施和服务设施方面存在问题。

（3）在整体形象分析中，游客对中国天然氧吧旅游形象的总体评价均值为4.55，其中关于"非常好"的评价占比71.13%，"景色绝美"的评论出现频次最高;"非常差"占比2.45%,游客认为景色很美,但景区的服务不到位。横向对比14个中国天然氧吧可以发现,四川省成都市大邑县、四川省九寨沟县两个天然氧吧的得分最高,均为4.75。通过评论样本了解到,评分高得益于两个区域的自然风光以及知名度。

3.2 建议

(1) 依托"中国天然氧吧"称号,提升区域康养旅游度假影响力。中国天然氧吧创建6年来,为地区带来了一定的影响力,但公众对天然氧吧的认知度还不够高。相关部门应紧跟互联网时代,适应新时代的传播环境,加强宣传推广力度,充分利用短视频、小红书等自媒体平台传播私人化、平民化、普泛化、自主化的特点,推出个性化的中国天然氧吧资讯及短视频,如负氧离子相关科普、游玩攻略、网红打卡地等内容,以此提升中国天然氧吧品牌的康养旅游度假影响力,增强品牌知名度及美誉度。

(2) 丰富中国天然氧吧区域的旅游吸引物,增强游玩体验感。天然氧吧的旅游吸引物目前主要以自然风光为主,应结合区域特色举办多种类型的活动,比如户外探险拓展、野外露营、研学活动、健康疗养体验等,同时可尝试定制中国天然氧吧特色旅游线路,满足游客的个性化需求。

(3) 完善中国天然氧吧的公共服务系统,加快数字化建设。通过网络文本了解到游客对天然氧吧的负面感知主要集中于交通、服务等方面,相关部门应加强服务与基础设施的投入。通过数字化手段完善公共服务系统,提升游客出行便利度,提升管理部门疏导和监管精准度,更好地辅助市场调节、行业指导和政府决策。

参考文献

[1] 王显红,李婷婷,赵雪,等.中国天然氧吧品牌旅游影响力评价体系构建研究[J].旅游纵览,2020 (19):50-53.

[2] 陶生才,雷淑琴,潘婕.1971-2014年玉门市旅游气候舒适度评价分析[J].气象与减灾研究,2017,40 (02):146-152.

[3] 潘煜,詹璐.中国天然氧吧品牌价值现状及公众需求研究[J].科技传播,2021,13 (22):13-16. DOI:10.16607/j.cnki.1674-6708.2021.22.008.

［4］蒋镇，曾琛．云阳县创建中国天然氧吧的生态环境特征分析［J］．西南师范大学学报（自然科学版），2021，46（02）：86－91．

［5］赵雪，郭金泽，涂先冕，等．中国天然氧吧品牌旅游影响力分析及优化策略［J］．当代旅游，2022（7）：101－104．

［6］龙祖坤，张毓琬．黑龙江省康养旅游目的地形象感知研究［J］．武汉商学院学报，2022，36（02）：5－10．DOI：10.16199/j.cnki.jwbu.2022.02.007．

［7］孙洋洋．基于网络文本分析法的国家森林公园旅游形象感知与游客行为研究——以兰州吐鲁沟国家森林公园为例［J］．绿色科技，2022，24（05）：227－230．DOI：10.16663/j.cnki.lskj.2022.05.008．

［8］赵咪咪，张建国．基于网络文本分析的城郊森林公园形象感知研究——以丽水白云森林公园为例［J］．林业经济问题，2017，37（04）：51－56＋105．DOI：10.16832/j.cnki.1005－9709.2017.04.010．

［9］ANDSAGER J L，DRZEWIECKA J A．Desirability of differences in destinations［J］．Annals of tourism research，2002，29（2）：401－421．

04

民族旅游

文化生态学视角下民族节庆旅游资源保护和开发研究

——以凉山彝族火把节为例

[作 者] 王 敏（四川旅游学院）

廖 峰（四川大学） 欧 静（四川铁道职业学院）

摘 要： 民族节庆旅游作为民族旅游的重要组成部分，兼具地方旅游经济发展和传统文化传承的双重意义。本文以凉山彝族火把节为例，从该节庆习俗的起源和现状分析其作为节庆旅游资源在发展中面临的困境，从文化生态学视角提出保护和开发的建议，应注重民族关键文化符号的传承，适度分离"文化展演"和"文化真实"，设计均衡的利益共享机制，以地方生态伦理为核心，构建文化生态空间。

关键词： 文化生态学；节庆旅游；彝族火把节

引 言

文化生态学（Cultural Ecology）最早由美国人类学家 J. H. 斯图尔德于 1988 年引入到人类学研究视野，追溯其发展历程，当时的地理学家和人类学家都意识到单从地理环境或者文化的单方面很难去研究自然环境和文化相互依存性和建立平衡状态，文化生态学肯定了人类社会对其环境的适应需要特定的行为模式[1]。国内较多学者从文化生态学研究视角探讨城市空间结构的建设和布局，如刘敏（2004）研究了青岛历史文化名城价值评价与文化生态保护更新[2]，侯鑫（2004）基于文化生态学视角探讨城市空间理论研究[3]，苗红（2007）从文化生态学视角研究了庆阳的农耕文化与区域环境之间的关系[4]，张洪波（2009）研究了文化生态学的理论对我国城市可持续发展的指导价值[5]，朱以青（2012）

从文化生态保护和可持续发展探讨中国非物质文化遗产的保护等[6]。根据国内学者有关研究成果和其带来的启发，本课题以彝族火把节这一知名度较高的民族节庆活动作为研究对象，通过进入四川凉山彝族地区实地走访调查，从文化生态学视角探讨民族节庆旅游资源保护和开发相关问题。

1 彝族火把节起源

1.1 地区分布

火把节是彝族、白族、纳西族、基诺族、拉祜族等民族的传统节日，有着深厚的民俗文化内涵。不同的民族举行火把节的时间也不同，大多是在农历的六月二十四，主要活动有斗牛、斗羊、斗鸡、赛马、摔跤、歌舞表演、选美等。各少数民数火把节起源、举办时间和仪式等方面既存在共性又有本民族的特殊性，其中以彝族火把节影响力为最大。凉山彝族聚居地区都有火把节，主要分布在所地、阿都地区的布拖、普格、金阳、昭觉、宁南、会理、会东、德昌和西昌等县市的村寨中，以布拖县的拖觉区、衣某区、西溪河区和普格县的小兴场区、西洛区、螺髻山镇等地的彝族火把节传承最为完整，以西昌彝族火把节影响范围最大，知名度最高。

1.2 民间传说

关于火把节的最早文字记载为元代李京的《云南志略》："每岁以腊月二十四日祀祖，如中州之上家礼。六月二十四日，通夕以高竿缚火炬照天，小儿各持松明之，相烧为戏，谓之驱攘。"这同目前云、贵、川区域彝族火把节传统活动保持较高的一致性。有关彝族火把节的起源，地方民间和学界流传版本较多。云南流传着火烧松明楼、夜间羊角缚、火把诱杀暴虐者等故事。凉山地区对于火把节起源民间流传较为普遍的说法是："在远古时代，天上的大力神思惹阿比和地上的大力神俄体拉巴比赛摔跤，思惹阿比战败后上台拨弄是非，天神大怒，于是撒下众多害虫糟蹋庄稼，粮食颗粒无收，民不聊生。于是英雄饿体拉巴率领众人点燃火把驱逐害虫，并最终战胜了天神。"[7]此后每年的农历六月二十四，彝族人便通过举办火把节来庆祝胜利和纪念英雄饿体拉巴。

1.3 彝族火崇拜

凉山彝族火把节的民间传说，充分体现了人类在适应自然的过程中，如何探讨出文化适应的策略来处理好"人—神—地"三者之间的关系，民族节庆活动将三者融合集中呈现在人们的文化记忆和现实生活之中。彝族火把节的出现更深层次上源于彝族人对于火的崇拜。凉山彝族人民大多生活在交通不便且偏僻的高寒区域，这种特殊的地理环境、生活环境使彝族人对火有较强的依赖性，火是其加工食物、获取熟食的重要能源，也是其取暖和照明的主要资源。彝族人从出生到死亡，以及生活中的很多方面都与火息息相关。古代彝族人在家里设置火塘，一般设在堂屋中靠左的地方，家里小孩一出生第一眼所见便是火，彝族人认为火与家庭命运紧密相连，所以火塘中的火长年不灭，儿子长大之后成家了，都要从家里把火塘的火接到新家去[8]。

在对火的依赖之中，彝族人对火产生了敬畏与崇拜，并赋予火新的意义，他们认为火是能够驱除瘟疫、除掉害虫、催苗出穗、招引光明之物，而且火是祖先魂灵的寄托，能够趋吉避凶。随着彝族人居生活环境的改善，对于火的物质依赖逐渐减退，但是火在彝族生活中仍具有十分重要的象征意义，在彝族服饰、建筑装饰和日常节庆及仪式活动中均可以看到火的图案、火图腾和祭火行为等。彝族火把节则将彝族人敬火、畏火和对火的信仰崇拜推向了高潮，是彝族人共同历史记忆的承袭，是族群认同集中化的仪式表达，具有重要的现实意义。

2 凉山彝族火把节现状

2.1 仪式内容

从火把节举办的内容和仪式上来说，传承至今的凉山彝族火把节可分为节前准备和节日两个过程。节前准备为迎接火把节来临之前的民间筹备活动，节日过程分为连续的三天。节前准备主要是准备火把，火把彝语中称为"都则"，多用干蒿草捆绑而成，二是准备祭祀用品，视其家境可宰杀牛、羊、猪、鸡，三是准备节日的盛装。火把节的第一天主要是杀牲祭祖，各家团聚进餐，傍晚后打着火把游照田间。火把节的第二天是节日的高潮，村寨的男女老少着节日的盛装，从四面八方汇聚到火把节集会地，参与或观看斗牛、斗羊、斗鸡、摔跤等竞技类活动，同时又有弹月琴、吹竖笛、唱山歌情歌、跳浩大"朵乐荷"舞等歌舞表演。这一天，也是彝族男女青年谈情说爱的好时光，情侣们交换信物，女子打上黄纸伞与情人约会。晚间，众人高举火把彻夜狂欢。所以，火把节又有"东方情人节""东方狂欢节""东方美女节"的赞誉。第三天,彝语称为"都沙",意为"送火种",主要活动是各家找到一处焚烧邪恶的地方,用火把将杀牲剩下的畜毛、骨头、蹄角等一起焚烧,象征烧灭邪恶,祈福庇佑[9]。

2.2 举办形式

凉山彝族火把节源自民间传统节庆习俗,传承也在不断发展,呈现出举办形式的差异。1994年,凉山彝族自治州政府举办了第一届国际火把节,火把节的形式有了民间自办和政府主办两种形式,州级政府主办每三年或五年一次的彝族国际火把节,也有由布拖县、普格县、西昌市等分期举办的县市级火把节。官办形式的火把节组织性和规模性较大,吸引了大批海内外游客,使得彝族火把节成为一个地方标志性旅游品牌。与此同时,民间村寨仍然按照自己的传统举办火把节。现在我们所熟知的凉山彝族火把节更多指向官办的彝族火把节。

3 凉山彝族火把节旅游发展困境

目前,对于彝族火把节的保护性工作主要是自2006年凉山彝族火把节列入首批国家级非物质文化遗产名录之后正式开展的,形成了规范化和法制化的遗产保护机制,主要聚焦于对于传统火把节传统传说文献编订、展演形式的传承、整修和扩建传统火把节场地、火把节传承人的资助和鼓励等[10]。火把节作为非物质遗产保护取得了阶段性的成果,但随着凉山彝族火把节作为地方旅游节庆品牌的作用越来越突出,其作为民族传统习俗的文化意义和文化功能正面临极大的挑战。

3.1 文化象征意义淹没于商业化展演

彝族火把节中的农耕文化象征意义逐渐被以娱乐展演为中心的商业展演文化所取代。通过对于彝族火把节起源的追溯和仪式内容的介绍,可知彝族火把节这一节庆习俗文化象征主要是围绕农耕文化要素构成,如火把节举办时间处于夏季农作物生长茂盛害虫较多时节、火把节期间杀畜家族共享、火把节竞技歌舞表演以促成男女青年交往为重要内容等,无不反映农耕文化对于五谷丰登、人丁兴旺的美好寓意。当下以官办为代表的凉山彝族国际火把节的举办,近几年较为普遍的做法为选取传统火把节习俗中可供观赏的部分,通过声势浩大的舞台进行娱乐展演呈现,商业展演文化氛围浓郁,展演的过程中吸引游客驻足的往往也在于展演内容的娱乐性和趣味性,而很少能捕捉到或感受到火把节习俗背后的传统农耕文化意义，即使是当地的彝族青年参与这样的火把节活动感受往往也是如此。

3.2 参与主体沦为接待展演主体

彝族人由火把节的直接参与者和享乐的节日主人翁角色逐渐沦为火把节活动的展演者和旅游接待的服务者角色。特纳的经典仪式理论"阈限—融合"理论认为，仪式过程中，即阈限期，整个社会出现反结构的特征，个人在仪式中可以从固有的社会结构中抽离，摆脱阶层、等级等造成的束缚，仪式结束后适当调试重新融入社会之中。传统节庆习俗对于个人有着十分重要的精神寄托意义，个人通过参与传统习俗的仪式活动，调整其自身和所处社会文化环境之间的关系。凉山彝族火把节对于彝族个人精神寄托的作用逐渐在减弱，对于个体的文化意义正发生着变化，越来越多的彝族青年人处于火把节的"真空状态"，既回归不了传统的民族节日，又无法全身心投入到当下作为节庆旅游活动的火把节现场。

3.3 文化功能让渡经济价值

彝族火把节作为族群内部节庆习俗，其家族沟通、族群沟通的功能逐渐被本地人和外地人的经济往来关系所主导。根据布朗结构功能论的经典阐述，任何文化现象都有其特定的功能，只有找到构成文化现象的各个部分的功能，才能够认识到文化现象存在的意义。基于结构功能论的观点，从火把节举办的节前准备和节日过程中三日的不同活动安排来看，节前准备火把节使用的火把、牲畜、服装等可以加强家族内部的沟通和团结；节日第一天，通过祭祖、山野游走寻找族群共同的记忆和生活生计场景，增进族群认同；节日第二日，整个族群参与到节日的狂欢中，通过竞技和歌舞表演活动，增加族群交流，提升族群凝聚力；节日最后一日，家族各自送火回归的落幕，用来连接仪式与实际日常生活。凉山彝族火把节在作为节庆旅游活动开展的过程中，大规模游客的参与，旅游经济服务活动频繁，火把节对于家族和族群内部联系的意义正逐步减弱，更多地融入到旅游经济行为中的交易关系之中。

3.4 圣俗文化界限被打破

传统彝族火把节的"圣""俗"界限和诸多禁忌在节庆旅游活动过程中受到外来文化冲击较大。彝族在人与自然的相处过程中，形成了较为完善的宗教信仰体系，虽然受到外来佛、道教等宗教的影响，但当地人主要信奉本土宗教，信奉万物有灵、祖先崇拜和生殖崇拜等，毕摩文化是地方信仰的集中代表。彝族火把节作为传统代表性节庆习俗，地方信仰在仪式活动中有诸多体现，如在民间火节中，毕摩或苏尼往往是仪式的主导者，节庆仪式过程中的祭祀仪式、祈福仪式、禳灾除恶仪式等都有其神圣的内涵，仪式过程中的禁忌是"圣""俗"界限的重要表达。凉山彝族火把节举办过程中，由于游客对于地方信仰禁忌了解的缺失和探求深度参与体验的愿望，加之外来文化的世俗化解读，极易导致火把节出现过度庸俗化的现象，这对于外来游客本身影响较小，却给彝族火把节作为文化遗产的传承造成混淆。

4　民族节庆旅游资源保护和开发建议

在探讨彝族火把节的起源、火把节仪式活动以及文化意义基础上，我们清晰地认识到彝族火把节对于地方文化的重要意义，毋庸置疑的是，彝族火把节已成为凉山州地区重要旅游品牌名片，应继续弘扬，这是对于地方文化吸引力和地方独特文化价值的肯定。基于文化生态学的核心观点，即文化形成与变迁应与其所处的生态环境密切相适应。凉山彝族火把节能够成为地方代表性的节庆旅游活动，对外来游客产生广泛的吸引力本身是凉山彝族本地方文化系统与外来文化系统接触所导致的涵化结果，所谓的民族文化传统并非一成不变的古老仪式，不能因为认识到民族文化多样性的重要意义就认为保护传统文化是当务之急，从而忽视了当地人的具体生活场景。每个民族的文化真正地生存和发展都必须获得一个自由的空间，任何美好的主观愿望都不能代替作为文化载体的民族自身的道路选择和现实的生存方式[11]。作为地方节庆民俗类的旅游资源，应该处理好的是传统文化与现代文化、本地彝人和外来人员、民俗活动与商业活动之间的关系，探讨文化适应机制。

4.1　注重民族文化关键符号传承

节庆旅游发展过程中应注重对于民族文化关键符号的传承。民族文化关键符号即为民族文化的代表性符号，承载着整个民族的运行结构，反映了一个民族的民族性与文化网络图式，是民族文化传承的关键。民族文化关键符号包括：民族服饰符号、饮食符号、器物符号、仪式符号、神话符号、歌舞符号、人物符号和节庆符号[12]。其中，节庆符号为其他几个符号提供了集中呈现的场景。这也是我国在非物质文化遗产保护和传承过程中十分注重对于传统节庆习俗的保护和传承的重要原因。凉山彝族火把节集中呈现出了彝族文化的八大关键符号，在节庆旅游过程中应保持其民族文化关键符号传承的原真性。

4.2 适度分离"文化展演"和"文化真实"

节庆旅游项目开发过程中应处理好"文化展演"和"文化真实"之间的关系，适度分离。彝族火把节在地方文化情景之中有其现实的文化功能和文化意义，保持其传统节庆习俗呈现的"文化真实"意义重大。而作为节庆旅游项目的彝族火把节，在其参与的对象和呈现形式上更多强调的是作为节事类活动而借助一定平台进行的"文化展演"活动。彝族火把节从诞生之初是由民间自发举办的自觉行为，自20世纪90年代发展至今已形成了民办火把节和官办火把节两种形式并存现状，从涵化的过程来说顺应了文化变迁的基本规律，但随着旅游者对于所谓"原真性"的过度追逐和民间村寨发展旅游逐利性增强，势必会导致"文化展演"和"文化真实"界限模糊，这既破坏了彝族火把节作为文化真实所带来的魅力，又失去了火把节的文化意义，故应适度分离。

4.3 设计均衡的利益共享机制

节庆旅游发展过程中，应坚持本地彝人的中心地位，设计均衡的利益共享机制，构建新型族群关系。凉山彝族火把节作为地方节庆旅游品牌，在旅游发展过程中，伴随游客大量进入的还有各旅游经营企业和旅游从业人员，同我国多数民族地区旅游发展情况类似，当地少数民族多从事基础性的旅游接待服务和文化项目展演活动，在旅游收益分配中处于劣势，而从民族旅游资源本身来说，本地的少数民族是地方民族风情文化资本的真正持有者，故在利益分配机制中不能停留在过去单纯的以劳动付出来衡量其收益水平。应以本地彝族人民为中心，设计合理的利益分配机制，通过旅游教育和培训提升其参与能力，让旅游收益更多地留在本地，用于本地的社区建设和文化产业的繁荣。

4.4 构建节庆习俗文化生态区

以地方生态伦理为核心，构建彝族火把节文化生态空间。凉山彝族火把节从诞生起便同人们的生产和生活密切相关，根植于地方农耕文化生产和生活场景，体现出了地方在处理人与自然、人与人之间关系的古老智慧。随着民族地区城镇化速度的加快，传统的农耕文化在现实生活中发生了诸多变化，传统的生计和生活方式也发生了重大的变化，但传承至今的古老的地方生态伦理应继续得到传承和发扬，以应对工业社会人与自然以及人与人之间的紧张状态。实现彝族火把节的活态传承，节庆旅游活动应作为引擎，最为根本的是要以地方生态伦理为核心，构建彝族火把节文化生态空间，将传统文化在彝族人现实的生产空间和生活空间中进行活态化传承，如从生产空间上，火把节中的服饰文化和歌舞文化应注入到地方的加工制造业、工艺美术等制造业和文化产业中；从生活空间上，火把节中的饮食文化、器物文化应见之于彝族人的日常生活，当地的传统生活方式不应是完全地式微于现代主流生活方式，应从多维度的空间拓展传统文化呈现场景。

参考文献

［1］朱利安·H·斯图尔德．文化生态学［J］.南方文物，2007（2）：6.

［2］刘敏．青岛历史文化名城价值评价与文化生态保护更新［D］.重庆大学，2003.

［3］侯鑫．基于文化生态学的城市空间理论研究——以天津、青岛、大连为例［J］.新建筑，2009（3）：2.

［4］苗红．基于文化生态学的庆阳农耕文化与区域环境关系研究［D］.兰州大学，2007.

［5］张洪波．文化生态学理论及其对我国城市可持续发展的启示［J］.现代城市研究，2009（10）：85－90.

［6］朱以青．文化生态保护与文化可持续发展——兼论中国的非物质文化遗产保护［J］.山东大学学报（哲学社会科学版），2012（2）：5.

［7］马作珍莫，张西林，蔡寅春．少数民族传统节庆旅游开发［M］.成都：四川大学出版社，2017：135.

［8］杨峥峥．云南滇西地区彝族民居火塘空间形态的研究［D］.昆明理工大学，2019.

［9］凉山非遗网．非遗记录：彝族火把节［EB/OL］.http：//www.yizuren.com/tradi-tion/jqymjyl/41595.html，2021－04－13.

［10］李锦．凉山彝族火把节整体性保护路径研究［J］.重庆文理学院学报（社会科学版），2017，36（3）：6.

［11］马翀炜．社会发展与民族文化的保护［J］.广西民族研究，2002（1）：8.

［12］田敏，陈文元．论民族关键符号与铸牢中华民族共同体意识——以南宁市三月三民歌节为例［J］.云南民族大学学报（哲学社会科学版），2019，36（1）：7.

四川民族地区旅游演艺市场结构调整及其发展问题研究

［作 者］阳宁东 李 越 石 洪 邓 文（西南民族大学旅游与历史文化学院）

摘　要： 近年来，随着四川民族地区旅游演艺市场的不断繁荣，一系列亟须调整市场结构的问题也日渐突出，包括协调旅游演艺发展空间分布、提升文化资源配置效率、规范旅游演艺市场行为、构建演艺产业链条等。由此，本文从旅游演艺市场的空间分布、文化设计、行为主导、产业集聚等不同角度对我省民族地区旅游演艺市场结构及其发展问题进行了调查研究，就其中的影响因素、深层原因做了相关思考，并在此基础上提出了相关对策建议，以期有效提升旅游演艺企业的集聚效应及品牌价值，为未来我省民族地区旅游演艺资源的创新性利用及其产业的可持续发展提供相关建议。

关键词： 四川民族地区；旅游演艺；市场结构调整；发展问题

引言

　　演艺是旅游的基本要素[1]。为进一步推动旅游演艺的转型升级，国家文化和旅游部于 2019 年 4 月颁发了我国首个促进旅游演艺发展的指导性文件——《关于促进旅游演艺发展的指导意见》。《意见》中明确提出，到 2025 年旅游演艺市场繁荣有序，发展布局更为优化，涌现一批有示范价值的旅游演艺品牌，形成一批运营规范、信誉度高、竞争力强的经营主体。同时，鼓励各类市场经营主体抓住大众旅游时代到来和文旅融合发展的契机，积极参与到旅游演艺发展的大潮中[2]。2021 年 5 月，国家文化和旅游部印发《"十四五"文化产业发展规划》，规划"四群七带"文化产业空间布局，西南民族特色文化产业带正是七条文化产业带之一。其中，四川世居 14 个少数民族，民族地区地域辽阔，面积30.5 万平方千米、占全省的 62.8%，区域内自然生态独特，历史文化、民族文化、民俗风情等资源富集，是西南民族特色文化产业带实施的核心区[3]。

在此背景下，四川省以阿坝、甘孜、凉山三州为主体的民族地区，积极探索以"文化＋旅游"相融合的发展思路，力图建立既满足市场需求、又适宜当地文化旅游特点的多种形式文化产业类型。其中，旅游演艺业不仅成为旅游发展的创新点，也成为地方文旅产业发展的战略选择和现实需要。随着大量涌入民族地区的游客群体不断刺激着文化旅游市场的扩张，无论是数量还是规模方面，四川民族地区的旅游演艺业都较之前有很大发展。毋庸置疑，这些旅游演艺产品和市场为当地经济发展、就业水平、文化传承等方面都做出了相应的贡献，但同时也面临着一系列市场结构调整的问题，包括协调旅游演艺发展空间分布、提升旅游文化资源配置效率、规范旅游演艺市场行为、构建旅游演艺产业链条等。因此，如何合理调整四川省民族地区旅游演艺市场结构并引导其健康发展，已成为当前四川省文化旅游融合发展的重点内容之一。

1　发展现状

1.1　阿坝州旅游演艺市场发展状况

阿坝州将文化和旅游业作为全州国民经济战略性支柱产业，围绕创建国家全域旅游示范区，积极推进"七个融合"，培育文旅新业态，推动文旅产业转型升级。在此期间，陆续推出雅克音乐季、《藏谜》、《九寨千古情》、《瓮城传奇》、《遇见斯古拉》等一批精品演艺品牌，构成了阿坝州旅游演艺市场的主要部分。其中，以九寨沟沟口十几家旅游展演团体、企业为核心的旅游演艺带，成为阿坝州旅游演艺市场中的主体。九寨沟旅游演艺带，依托九寨沟这一成熟且客源众多的旅游市场，发展较早，其目标是借助藏羌传统文化资源，以舞台剧院等为空间载体，通过艺术创作、数字科技、文化创新等手段进行藏羌文化节目的制作和展演，在阿坝州的文化旅游产业发展中发挥了重要的作用。

经过前些年的发展，九寨沟以"藏谜""高原红"为代表的 11 家演艺团体已成为全国藏族聚居区规模最大的演艺产业集群，形成了日接待量为上万名游客的营业能力。每天晚上定时为各地游客表演藏羌文化节目，形成了迄今为止四川民族地区演员人数最多、企业规模最大、旅游市场影响力最广的一个旅游演艺集群（见表 4－1）。

表4-1　九寨沟旅游演艺企业情况统计表

Table 4-1 Statistics of Jiuzhaigou tourism performance enterprises

名称	地址	投资主体	规模	演出内容
印象九寨高原红演艺团	九宫宾馆旁	汪斌、陈小齐	容1000名游客	藏羌歌舞晚会
九寨星宇大酒店香格里拉演艺宫	星宇国际大酒店内	扎西、高鹏	投资3000多万，建筑面积3000多平方米	藏羌歌舞晚会
九寨沟藏王宴舞演艺中心	九寨沟风景区管理局蓝天大停车场左侧	九寨沟县藏王宴舞餐饮娱乐有限责任公司	占地10余亩，投资近千万，容1000名游客	藏羌歌舞晚会
九寨沟喜来登国际大酒店艺术团	喜来登国际大酒店内	喜来登国际大酒店	容523名游客	藏羌歌舞晚会
九寨沟格桑宾馆艺术团	格桑宾馆内	九寨沟格桑宾馆	演出中心面积1120平方米，容500名游客	藏羌歌舞晚会
九鑫山庄格桑拉艺术团	九鑫山庄内	阿坝州财政局	容600名游客	藏羌歌舞晚会
九寨天堂·梦幻之旅艺术团	甘海子景区甲蕃古城旁	成都会展集团	容2000名游客	大型藏羌歌舞剧
容中尔甲·藏谜艺术团	藏谜大剧院	容中尔甲、杨丽萍	占地20亩，建筑面积达15000平方米，容1500名游客	大型藏族原生态歌舞
九寨千古情	九寨宋城旅游区	宋城旅游演艺公司	占地33亩，容3710名游客	国内首创的5D剧院实景演出

来源：根据2019年田野调查资料拟成。

　　后来，随着文旅融合、全域旅游的推进，九寨沟旅游演艺集群的主体也在不断发生变化，从知名IP《九寨千古情》，到根据本土国家级非遗打造的情景歌舞剧《登嘎甘傚》，还有2022年7月底公演的魔幻现实情景体验戏剧《看见九寨》等不同演艺内容的出现，都在努力助推"世界只有一个九寨沟、九寨沟不只有九寨沟"的全域旅游格局构建，并为本土"深化文旅融合发展，开发更多文旅融合发展业态"的目标实现而彰显旅游演艺方面的力量。据调研显示，九寨沟旅游演艺产业集群不仅成为生产、重构和创新、传播藏羌传统文化的重要空间，同时也带动了九寨沟县及其周边地区传统文化的保护传承及其相关文化产业的发展。例如，目前在九寨沟旅游演艺市场中影响力最大的"九寨沟千古情"剧场，不再是单一的剧院形式，而是融合了茶马古道、汉藏和亲、藏碉羌寨等原生性较强的藏羌文化符号的景区式剧院，并将藏族傩戏、羌族婚俗、民间传说、风情绝技等体验式文化给予集中展示，使其成为一个力呈藏羌传统文化风情的大型主题公园，为游客正式入场观看表演提供一种文化上的"预热"和"契合"。与此同时，新开发的"九寨沟鲁能美丽汇"也是立足"生态、健康、运动、娱乐、科技"五大维度，以"探索·发现"为主题，以凸显"以世界遗产观光、原乡藏寨文化体验、户外运动探险"为特色的国际生态旅游度假目的地。在这一多元丰富的商业化空间中，通过多功能、多维空间、多业态联动聚合体的打造，为旅游消费者呈现藏式风貌建筑美学、情景式消费体验场景、时尚潮流品牌合作的升级转型。其中，藏羌非遗博览馆、藏羌文创产品、原乡藏寨文化体验区等民族文化要素也得以在这种审美升级、业态融合和文化创意的场域里获得新的市场价值。

1.2　甘孜州旅游演艺市场发展状况

作为藏羌彝文化产业走廊的核心区域之一，甘孜州有着丰富的康巴藏族文化资源，如格萨尔、巴塘弦子、德格藏戏等。自 2013 年甘孜州委和州政府出台《关于实施全域旅游统筹城乡发展的意见》，明确将"全域旅游"作为全州日后发展的总体目标以来，甘孜州的 18 个县都将推动文化与旅游深度融合作为地方发展文化产业的主要思路。在这样的战略背景下，2014 年至 2015 年，甘孜州 18 个县中已有 13 个县完成《民族文化产业规划》，并坚持"一园三区"文化产业发展布局，即以康定情歌文化园区建设为重点，积极培育康东多元文化、康北格萨尔文化、康南香格里拉文化三大产业区，创建康定溜溜城、甘孜噶玛博秀民族手工艺创意产业园区，并努力推进新立项的稻城亚丁演艺中心、色达格萨尔文化艺术中心、康定农牧民演艺培训中心等旅游演艺场所的建设和完成。因此，一些旅游演艺企业或团队也就主要分布于康定、泸定、理塘、稻城等部分区域，规模一般且市场影响力较小，例如在海螺沟的磨西镇和稻城县的香格里拉景区里，零星散落着一些小型的、由私人投资或景区管理公司下设的旅游演艺团体，包括康巴风情演艺中心、红哈达藏家风情演艺公司、天界亚丁演艺中心等。发展之初，由于甘孜州的旅游客源主要是自驾游客，他们更偏好自由、淳朴、真实风格的旅游产品，因此，对于目前一些商业化色彩较浓厚的旅游演艺产品并无太多兴趣，这又直接导致了甘孜州现有旅游演艺产品销售额的下降和旅游演艺市场的难以兴旺。近年来，随着甘孜州对于"加快打造国际生态文化旅游目的地"发展目标的提出，一些具有浓厚创新型、全景沉浸式的旅游演艺节目开始出现在甘孜州的旅游演艺市场之上，如《康定情歌》《遇见·格萨尔王》《亚丁·藏地密码》等新型旅游演艺品牌产品。

1.3 凉山州旅游演艺市场发展状况

凉山彝族自治州位于藏羌彝文化走廊的核心区域，其主体民族是彝族，同时也是全国最大的彝族聚居区，因此，凉山州对外营销得最多的文化资源是彝族传统文化。对于凉山州的旅游演艺业而言，其发展的总体状况主要还是与全州的节庆旅游活动有关。通过对凉山州西昌市及其周边一些著名的旅游地，包括邛泸景区、灵山景区、螺髻山景区等地方旅游演艺市场的调研可知，这些地方虽然也散布着一些私人的、小型的旅游演艺中心，但是涉及彝族歌舞、服饰、器具等传统文化展演活动时，向游客呈现得最集中、最广泛的平台仍是每年的凉山彝族火把节、彝族彝历年等传统大型节庆活动。例如被称为"中国十大民俗节""中国民族风情第一节""东方狂欢夜""东方情人节"的凉山彝族火把节，一直在旅游市场中占据着重要的位置，以其深厚独特的彝族文化积淀吸引着众多的国内外游客。因此，在这一活动开展中，彝族各地区的传统音乐、传统舞蹈、传统服饰、传统技艺等文化表演节目均在此向游客展示，并且，一些大型的旅游演艺精品节目开始产生，如原创大型民族歌剧《彝红》、大型彝族经典原生态实景歌舞《彝山·彝韵》、彝文化风情实景剧《阿惹妞》等陆续涌出，力图在凉山州旅游演艺市场中树立起相应的品牌价值，以推进凉山州文旅融合的大力发展。近年来，在凉山州委和州政府的主导下，一大批具有凉山州民族地域特色的旅游演艺节目开始出现在"中国西昌·大凉山国际戏剧节"中，包括采用"线上＋线下"的方式，生产出话剧、亲子剧、独角戏、交响诗、音乐剧、舞剧、多幕剧、跨界影音现场等多类别的表演艺术节目，并在应对疫情的过程中，以现代科技助力赋能，推出打破时空限制的"云上戏剧村"升级版，以戏剧展演、戏剧论坛、戏剧孵化、戏剧教育、戏剧生活、戏剧文创、戏剧旅游、戏剧影视等八大内容为支点，向凉山文旅集团旗下演艺、影视、艺术教育、景区等多个实业进行辐射。作为中国西部唯一在冬季举办的戏剧节，"中国西昌·大凉山国际戏剧节"是在濮存昕、吉狄马加、阿来等24位中外艺术家和文化学者的策划推动下产生的，它的出现意味着凉山州各级政府开始为打造优质文旅 IP 和尝试引领演艺、音乐、影视、艺术教育等文化产业高质量发展而积极实践。

2 问题及原因

旅游演艺业是依靠旅游业的蓬勃发展而兴盛起来的。在经过四十多年的发展历程之后，四川省旅游演艺市场已在某些地域完成了量的积累而具有一定成熟度，在为地方经济发展做出贡献的同时，也存在着一些制约其可持续发展的根本性问题。

（1）四川民族地区旅游演艺市场空间分布不均衡问题突出。课题组全面而深入地调查了四川省民族地区（主要集中在阿坝、甘孜、凉山三州地区）旅游演艺市场近三十年来的发展历程与发展现状。通过前期的摸底调查可知，四川省三州民族地区的旅游演艺市场，从空间分布规律上来看，存在着一定的不平衡性问题，即由旅游业依赖性所导致的三州之间旅游演艺市场空间分布不均衡问题较为突出。总的来看，三州中以阿坝州一支独大，尤其是阿坝州的九寨沟漳扎镇，截至调研结束之日，其旅游演艺企业的数量、规模以及节目质量等，都要领先于甘孜和凉山二州。相比之下，甘孜和凉山二州虽然也有一定数量的旅游演艺企业和团体，且有些演艺团体的成立时间要早于阿坝州，但是，从总的旅游演艺企业数量与发展规模来看，包括就节目的旅游市场影响力而言，阿坝州的九寨沟明显要优于甘孜和凉山二州。因此，三州之间旅游演艺市场的州际空间分布不均衡问题呼之欲出。与此同时，各州内的空间分布不平衡性问题也较为突出。例如，阿坝州的九寨沟地区与非九寨沟地区的旅游演艺市场之间的不均衡性发展，甘孜州的康定、海螺沟景区磨西镇、稻城香格里拉热点旅游地带与非旅游地带之间的不均衡性发展，凉山州的西昌市及其周围的节庆旅游演艺与非节庆旅游演艺之间的不均衡性发展等问题，已严重影响四川省旅游演艺市场整体性、长远性的健康发展。究其原因，除了与地方旅游业发展进程及程度不同相关外，还与各地政府的旅游演艺发展政策、旅游演艺企业的投资偏好性、旅游演艺产品的文化创意以及旅游者市场的消费需求变化有密切关联。此外，州际、州内旅游演艺市场发展水平的空间分极、分化问题也日益明显，这从根本性上制约了四川民族地区旅游演艺业的可持续发展。

（2）四川民族地区旅游演艺产品同质化现象较为严重。通过对三州地区旅游演艺节目及其相关产品的仔细观摩与对比研究可以发现，目前四川省少数民族地区旅游演艺产品同质化现象较为严重，所采用、借用的文化旅游资源的配置利用效率也明显较为低下。具体而言，各州对自身地域范围内的民族传统文化资源的认知理解程度较为表面化，尤其对于来自老百姓日常生活中的民间传统文化资源深入挖掘不够，或者说即使有一定的挖掘，但是对其资源的整合、利用率并不高，特别是其中的文化创意、创新的思维方式和设计方向有着很深的相互模仿之痕迹，这使得各地的旅游演艺产品形式较为单一、内容重复率较高，很容易在旅游市场中造成体验疲劳与消费排斥等问题。例如，即使对于旅游演艺被认为较为成功的九寨沟，到目前为止仍在经营的 11 家旅游演艺企业中，就表演内容和旅游消费市场反馈结果来看，其节目的形式基本上也只有两类：一类是可与游客互动的藏羌风情晚会形式，另一类是只供游客欣赏、借助高科技手段展示的藏羌舞台剧形式；而节目的文化内容大多是以藏族文化为主、羌族文化为辅，且其中的藏羌族文化并非地道的藏羌族传统文化，而是标签化、符号化、碎片化的藏羌式文化元素的拼贴与杂糅。总的来看，为游客所呈现的是快餐式的藏羌文化表演，且表演内容基本上与九寨沟本地文化资源无关，大多系从外地不同区域移植、嫁接、拼凑而成的混杂性文化表演节目，满足的更多的是游客的感官享受，而非真正意义上的文化浸润与文化体验。当然，甘孜和凉山二州的旅游演艺节目，虽然也在展示本地的康巴藏文化与彝族传统文化，但是，就其产品的丰富性而言，各州内不同县、乡、村的亚文化与分支文化均未得到有效展示和挖掘，大量的非物质文化遗产名录并未被充分利用，其文化旅游资源的配置利用效率明显低下。

（3）四川民族地区旅游演艺行业市场主导性有限的问题。地方政府在我国旅游业发展进程中的重要作用毋庸置疑，尤其在四川省民族地区旅游业发展早期阶段，地方政府为其所做的政策制定、规划设计、市场营销以及消费纠纷解决等工作绩效是十分明显的，各主管部门的"领头羊"角色也是有目共睹的。但是，随着旅游市场的不断成熟，尤其是旅游演艺市场的不断发展，以前所实行的"政府主导"管理体制已逐渐不适应日益成熟的旅游市场体系。随着近年来政府角色由"管理型"向"服务型"转变，旅游演艺市场的行业管理主体及其相关体制也需要被改变。因此，四川民族地区旅游演艺行业市场主导性有限的问题就逐渐凸显。在调研过程中，当我们深度访谈各旅游演艺企业时，他们共同的意见则是地方政府的统管统收虽然能在一定程度上缓解恶性低价竞争的无序问题，但是同时也会对旅游演艺的创新与文化创意形成一定的阻碍，对其市场适应能力和调节应对能力有着十分明显的限制作用，整个旅游演艺市场的活力与弹性程度大为降低，这从长远来看，不利于旅游演艺企业的可持续发展。与此同时，正处于旅游发展上升期的甘孜和凉山二州，旅游演艺行业的市场主导性有限，也会不利于旅游演艺市场的快速扩张与形成产业化、规模化、集约化等局面的出现。

（4）四川民族地区旅游演艺产业价值链构建不足的问题。从产业链的角度对四川民族地区旅游演艺市场进行调研，可以发现，即便如九寨沟那样在整个四川民族地区已属规模最大、聚集度最高、人数最多的旅游演艺群体，它所拥有的众多旅游演艺企业之间，无论是从横向还是纵向维度来看，都未能构建起完善的产业链，这也是制约三州地区旅游演艺产业转型升级、构建更大产业集群的最根本性因素。一方面，从产业链构建的纵向角度来调查，尤其是关注旅游演艺企业的生产程序，可以发现，从概念构思与筹资、主创与设计、表演场地和舞台制作、演员排练、宣传和营销等角度来调查，其产业链中的价值链、利益链、供需链等都较为欠缺，有的则是有名无实，其链点与链节的价值并未充分显现，企业、导游、演员与游客之间的利益链并未得到很好的搭建与配置。另一方面，从产业链构建的横向角度来看，与旅游演艺相关的辅助性产业链，包括舞台设备制造业、服装加工制造业、音响设备制造业、化妆品生产业、演出道具制造业、灯光设备制造业、电子屏幕制造业、媒体产业、广告业和销售代理等，而与表演相关的配套服务产业，还涉及导游咨询、交通服务、娱乐休闲、银行、法律、餐饮酒店、物流服务、高新技术等产业。此外，还有一些表演的衍生产业，主要指与演出排练、调试及后期产品开发销售有关的产业，例如演职人员教育培训、印刷出版业、玩具制造业、专业调查组织、演职人员中介经纪、工艺品加工制造业、音像制品制造业、旅游纪念品产业等，它们之间所开辟出来的空间链、企业链等链条明显不足，其所释放的经济效益与社会效益都远未能达到最大程度。

3　相关对策与建议

（1）培育新的旅游演艺产业带，降低州际演艺空间分化水平。省级政府和州级政府制定旅游演艺业发展政策时，应从全局统筹的战略高度出发，将四川民族地区视为一个整体，尤其是阿坝、甘孜、凉山三个州，给予全局性的总体规划，在政策、资金上给予甘孜、凉山两州倾斜性的支持，结合"全域旅游"和"文旅产业"的概念来给予分区、分时的创建，以旅游演艺业来实现各地不同支系藏羌彝文化的开发利用，可考虑以"文化区"或"文化圈"的概念来打造不同民族文化廊道，以修建旅游演艺创客创作基地的方式来缩减甘孜、凉山两州与阿坝州旅游演艺水平之间的差距。此外，在地方政府的引导下，可由旅游演艺业发展得较成熟的阿坝州九寨沟地区作为四川省民族地区旅游演艺业的行业引领者，对较为落后的甘孜、凉山两州进行产品设计、市场运作和企业管理等方面的智力培养与经验输出。

（2）创建旅游演艺"文化基因库"，提升文化旅游资源配置效率。扩大旅游演艺文化资源利用的范围及对象，可考虑将各州丰富的国家级、省级非物质文化遗产以及隐藏在民间的传统文化资源作为旅游演艺市场创新的源泉。同时，结合旅游需求心理特征，创建旅游演艺"文化基因库"，成立专门展演非物质文化遗产的相关机构。对于这一机构，可由地方政府引领，交由经严格评审、筛选后的旅游演艺企业进行开发利用。但是，对于主创者，不仅应有专业艺术人士把脉，还应该邀请本土的民族文化研究者、熟悉某一地域的旅游产品设计专家、深谙游客心理的旅游营销专家等，共同对旅游演艺产品进行深度开发与全方位设计，从而提高非物质文化遗产资源的"活化"程度与配置效率。当然，除了非物质文化遗产，还应该全面挖掘未列入非遗名单的民间民俗文化资源，尤其是贴近少数民族成员日常生活、富有活力的文化基因，将其入库，并使用大数据分析手段来维护和管理"文化基因库"的开发利用，并根据市场反馈进行调整。

（3）引入"第三方"行业管理体系，增强旅游演艺市场主导能力。建议构建政府退出机制和市场归位治理机制，以第三方组织来帮助解决"市场失灵"等问题，维持旅游演艺市场的健康有序发展，是旅游演艺产业转型升级应做出的转变。对于旅游演艺行业的"第三方"行业管理体系的构建，建议从制度设计层面进行落实。"第三方"行业管理组织的创建，应该与当前提出的"社会资本参与文化产业建设"这一思路结合起来，首先就"第三方"主体而言，应包括地方政府主管部门成员、旅游演艺企业管理成员、旅游演艺产品生产者成员、当地民众成员、游客代表成员等多元角色，并明确每个角色在其组织中的比例，以便在进行问题诊治和行业监管时能够实现多方主体利益的兼顾。同时，对于"第三方"行业组织的规章制度设立，应以实现"市场主导"为主要目标，明确定位某一地带整个旅游演艺市场的旅游文化功能、政府退出机制、市场归位治理等，包括以"市场归位期、市场治理期、市场规范期、市场提升期"为主的旅游演艺市场规范管理框架的构建，以最终实现旅游演艺的转型升级。

（4）拓宽演艺产业链价值范围，构建全方位旅游演艺产业集群体系。在"互联网＋"和"文化＋"的时代背景下，创建旅游演艺供应链系统，提供横向产业链的合作平台。从旅游者多样化需求出发，根据游客的喜好设计"娱乐型""艺术型""文化型""知识型""享受型""科技型"等不同的旅游演艺品牌企业，并通过开辟与上述不同游客偏好产品相对应的 DIY、cosplay 等休闲体验服务区，充分延展其演艺产品的相关服务附加值，以打破仅依靠门票经济的发展模式。其次，完善演艺组织生产流程，拓展纵向产业链的价值范围。对于价值链中演艺产品的生产制造，关联到一些配套产业和支持产业，如金融、科技、设施、设备、服装等，将旅游演艺业与这些产业进行有效关联和系统化；对于处于价值链下游阶段的营销推广环节和价值链终端的旅游消费者的接受和体验，则关联到某些衍生产业，如广告、传媒、动漫、文化产业等，组织起以演艺业为核心的旅游、娱乐、餐饮、休闲、文化等一系列配套产业体系，并与相关的旅游纪念品、民族手工艺、演艺出版物、影视作品等衍生产业进行无缝对接，从而构建出一条以旅游演艺业为核心，融合旅游业、手工艺业、文化传媒业等诸多行业的全新纵向产业链。最后，注重文化创意手段的运用，构建"线上＋线下"演艺营销平台。以旅游演艺和城市巡演为两翼，构建与旅行社、演艺企业、游客相融合的"线上"营销渠道；创建与旅游演艺相关的创意创客基地"线下"营销空间，增加线下展示主体，扩充线上内容来源。同时，运用大数据分析和 CRM 管理体系的纵横联合，注重文化创意的运用与资源利用的创新，开辟线上线下旅游演艺创意园区，开发与旅游演艺相关的旅行、时尚、游戏、工艺、娱乐等文化创意元素和产品服务，并将这些文化元素和产品服务植入到相关的 APP 移动端，以让游客更好地理解与体验演艺节目，提升旅游体验质量，并并拓旅游演艺市场的客流量，提高旅游演艺消费水平，实现产业链价值最大化。

参考文献

［1］李仲广.中国旅游演艺市场分析（提纲）［J］.演艺科技，2017（06）：16－17.

［2］张雪.首个促进行业发展指导意见出台——旅游演艺迎政策东风［N］.经济日报，2019－04－03（5）.

［3］中央政府门户网.文化和旅游部关于印发《"十四五"文化和旅游市场发展规划》的通知［EB/OL］.http：//www.gov.cn/zhengce/zhengceku/2021－07/10/content_5623979.htm，2021－07－10.

［4］中国旅游新闻网.九寨沟演艺产业集群文旅融合发展之路［EB/OL］.http：//www.ctnews.com.cn/gdsy/content/2020－12/30/content_95062.html，2020－12－30.

文化基因视角下四川省民族文化保护与文旅融合发展路径分析

——以阿坝藏族羌族自治州为例

［作　者］樊宁宁（四川师范大学地理与资源科学学院）

摘　要： 文化旅游一体化的实际要求是保护另一种文化形式。近年来，文化旅游整合已成为文化保护的重要方式。文化旅游整合旨在促进民族文化的保护。同时，民族文化也为旅游业增添了内涵。本文以四川省为研究对象，系统梳理文化基因，构建文化基因谱系，分析四川省阿坝藏族羌族自治州民族文化和旅游融合发展现状，找出现下发展的不足以及探索民族、文化保护与旅游全面发展的新方向。

关键词： 民族旅游　文化基因　文旅融合

引言

　　旅游地的文化历来是吸引旅游者的重要因素，少数民族文化是一种不可多得的精神财富，利用少数民族文化与主流文化异质文旅融合是大势所趋。四川独特的地理环境以及丰富的历史文化，造就了独特的民族文化资源，涵盖了大部分的少数民族。不仅如此，在这片土地上世代居住的少数民族有 14 个，同时，阿坝藏族羌族自治州是国内仅有的羌族聚居区，还是我国除西藏外的第二大藏族聚居区，凉山彝族自治州是我国最大的彝族聚居区。四川省依托丰富的民族文化资源吸引旅游者，《四川省"十四五"文化和旅游发展规划》提出高标准建设西南民族特色文化产业带（藏羌彝文化产业走廊）。四川民族文化资源丰富，是彰显和传承中华优秀传统文化的重要载体。本文在文旅融合政策引导和少数民族谋发展的需求下提炼出特有的文化基因，为民族文化保护与文旅融合发展进一步研究提供支持。

1 概述

1.1 研究区概况

四川省位于中国西南部，介于北纬 26°3′~34°19′和东经 92°21′~108°12′之间，东西长 1075 千米，南北宽 921 千米，东连重庆市，南邻云南省、贵州省，西接西藏自治区，北界青海、甘肃、陕西 3 省。四川省的民族文化资源独特且丰富，藏、羌、彝聚居区不仅各自发展，而且相互融合。全省民族自治地方有甘孜藏族自治州（辖 18 个县市）、阿坝藏族羌族自治州（辖 13 个县市）、凉山彝族自治州（辖 17 个县市），民族自治地方总人口 790.96 万人，约占全省总人口的 8.69%。全省少数民族人口约 599.4 万人，约占全省总人口的 6.59%。四川省的少数民族资源独特，不同民族相互交融，丰富的民族文化在这片土地上熠熠生辉。

1.2 民族文化旅游研究概述

我国是个多民族的国家，民族文化丰富，少数民族文化与主流文化的异质性也增加了民族文化旅游的研究意义。国内关于民族文化旅游的研究主要集中在以下几个方面，一是对特色民族村寨，如王生鹏（2021）将民族建筑文化资源与其他旅游资源进行有效整合来对甘肃民族特色建筑文化旅游进行研究；崔海洋（2021）从主客易位视角对民族村寨旅游的开发路径进行研究[1]；聂晓茜（2020）对民族村寨服务质量进行研究[2]；张立辉（2020）对贵州省黔南州布依族苗族乡村聚居区的民族特色村寨保护与开发利用进行研究[3]。二是少数民族聚居区大部分处于偏远地区，因此将民族文化与旅游扶贫相结合进行研究，谢双玉（2021）提出由"区位—产业—文化"组成的旅游扶贫资源多要素协同框架对恩施州乡村旅游扶贫模式及其效应差异进行研究[4]；蒋焕洲（2020）对黔东南州少数民族贫困地区旅游扶贫绩效评估体系进行研究[5]；乐燕、孔婷、张文娟（2020）对边疆的民族旅游扶贫路径进行探析，为之后的研究提供了宝贵的经验[6]。三是对一些民俗、节庆等非物质文化遗产的民族旅游研究，如肖刚（2021）对江西省非物质文化遗产与旅游融合发展的动力机制与实现路径进行研究[7]；张晓琳（2021）分析非遗文化在旅游业开发中面临的困境，提出少数民族非遗文化传承策略[8]。这些研究为四川省民族文化保护与文旅融合研究奠定了坚实的理论和实践基础。

1.3 文化基因理论研究概述

尽管国内外研究者不断深化对文化旅游的内容、形式和发展模式的研究，但在两者相互作用和融合的理论研究方面还存在空白。文化基因学说以生物"遗传"为核心，认为文化因素可以影响文化遗传，促进文化的发展。民族旅游中，民族文化更是重要的依托，将这一理论应用于文化与旅游的融合并将两者进行发展，不仅可以强调文化的价值，还可以促进旅游业的发展，填补文旅融合研究中的理论空白。英国科学家理查德·道金斯于1976年在其著作《自私的基因》中首次提出"文化基因"的概念，随后更多的研究者开始研究这一问题。国内对文化基因的研究主要集中在以下几个方面，一是对非遗文化的研究，如郑珊霞对促进运河非遗的传承和保护将"扬州工"文化发扬光大的研究[9]，徐娅单对岭南非遗香云纱的研究[10]，杜衡对山东台儿庄古城景区扎染体验异地旅游化利用的研究[11]；二是对旅游规划的研究，文静对遗址文化景观基因进行分析研究[12]，陈满妮基于多元民族文化基因的空间规划对旅游核心区进行规划[13]。

2 四川省民族文化旅游概况

2.1 概况

结合文献、网络搜索等方法研究阿坝藏族羌族自治州的文化旅游资源，阿坝州现有48个A级景区，53个国家传统村落。将旅游区文化旅游资源分为文化遗产资源、景观资源、农业资源、红色资源、语言文化资源、大众文化资源6类。

2.2 民族文化保护对文旅融合的重要意义

2.2.1 民族文化是重要的文化资本

少数民族传统文化是发展文化和旅游融合的重要部分。文化特色是旅游业最重要的特征之一。少数民族的服装、饮食传统、民族歌舞、生活和宗教文化等对游客的吸引力是巨大的。在旅游开发环境下，民族文化赋予了旅游独特的文化内涵，成为可消费的商品，从而具有巨大的经济价值。

2.2.2 民族文化保护有利于文旅融合的可持续发展

民族旅游的发展除了能带来经济效益外，还在一定程度上提高了当地居民的文化素质，一定程度上提高了当地居民对本民族文化的重视。民族文化旅游需求的增加也会加强阿坝地区对民族文化资源的挖掘。民族文化得以保护，文旅融合也得到了可持续发展。

3 文化基因 SWOT 分析

3.1 优势分析

3.1.1 得天独厚的资源

阿坝藏族羌族自治州具有以下资源优势：（1）自然地理层面，阿坝藏族羌族自治州地处青藏高原东南缘，地貌以高原和高山峡谷为主。长江上游主要支流岷江、大渡河纵贯全境，同时阿坝州是黄河流经四川的唯一地区，是黄河上游的重要水源地。（2）文化层面，阿坝藏族羌族自治州拥有规模较大的藏族和羌族聚居区，具有丰富的少数民族文化资源，文旅融合发展有极大的优势。（3）地貌层面，广阔的川西高原为民族旅游活动的发展以及文化的传播提供了最原始的场所[14]。

3.1.2 人文旅游资源

阿坝藏族羌族自治州内居住的民族以藏族和羌族为主，有各自的聚居区。此外还有多个少数民族聚居在此。建筑、美食、歌舞、节日、服饰、语言、戏曲文化等独具特色。阿坝州目前拥有 4 项世界级非物质文化遗产，分别是羌年、藏戏、格萨尔、藏医药浴法，23 项国家级非物质文化遗产，76 项省级非物质文化遗产，356 项州级非物质文化遗产。阿坝州具有丰富的人文旅游资源。

3.2 劣势

3.2.1 发展旅游交通不便

旅游交通是旅游业增长的力量。全球和大规模现代旅游业最重要的方面之一是交通现代化。阿坝藏族羌族自治州位于川西高原，独特的地貌以及各个地区地理间距大，使得交通发展受限。改革开放后，阿坝藏族羌族自治州的旅游资源在得到一定改善和利用的同时，旅游业也得到了显著发展，但基于现实因素，交通和通信一直是制约当地旅游业发展的障碍[15]，导致丰富的旅游资源得不到快速的发展。

3.2.2 产业意识薄弱

阿坝州的旅游产业薄弱。少数民族文化大都是本族人历代相传，产业规模相对较小，甚至构成不了产业，这种情况对发展民族旅游是不利的。加之有些民族文化具有特定的使用场景，民族文化与旅游的融合无法完整展现。阿坝州大部分地区多为以自然风光为核心的观光型旅游产品，文化旅游产品单一，缺乏对民族文化旅游产品的挖掘和发展。

3.3 机遇

3.3.1 政策的支持

《四川省"十四五"文化和旅游发展规划》提出高标准建设西南民族特色文化产业带（藏羌彝文化产业走廊），政策的颁布从国家和地方层面承认了文化和旅游融合的必要性，民族文化得到有效的发掘和保护。

3.3.2 社会的需要

随着生活方式的改变，人们的旅游需求也发生变化。旅游产品开始多元化，独特的民族文化旅游吸引了人们的目光。阿坝州依托丰富的民族文化资源，以及国家和地方政策的支持，具有发展民族文化旅游的潜力[16]。

3.4 威胁

3.4.1 旅游质量不高

阿坝州在发展文化旅游产品时容易出现同质化问题，相似的风景、相似的旅游产品，导致阿坝州的旅游资源没有得到全面的利用，各地要明确当地文化的特点以及是否具有可行性，打造自己的民族文化产品。同时，网络的发展容易让少数民族丰富的文化受到侵蚀。阿坝州虽然蕴含了大量文化资源，但至今很少有人能对其文化遗产的历史渊源、深度和表现做详细而清晰的描述，也没有人建立一套完整的制度。因此，民族文化旅游仍然缺乏高质量的、具有象征意义的文化古迹、义化展览、民族文化休闲娱乐项目，以及独特的民族文化品牌，导致旅游质量不高，游客体验没有达到期望值[18]。

3.4.2 生态承载力威胁

旅游业的发展也伴随着对生态的威胁。急于追求产业的发展以及盲目的旅游活动，不仅加速了旅游资源的消耗，也对阿坝州生态环境构成了严重威胁。比如，许多旅游活动超出旅游区的生态负荷，将导致区内生态平衡遭到破坏，最终导致区内生态功能下降。阿坝州地处高原，还存在一些生态脆弱区、敏感区。旅游业的发展与生态保护之间的平衡还需进行深度的思考。

4 民族文化和旅游融合发展对策

4.1 开发特色旅游文化风格

阿坝州不仅有优美的川西风光,这片土地上的独特民族文化更是璀璨夺目,这份丰富且独一无二的资源是发展特色文化旅游的宝库。通过对阿坝州文化产业与民族旅游产业进行融合,可以吸引更多游客前来,不同文化与旅游之间的碰撞也可以产生不一样的产业融合,加速二者的发展。例如,将当地丰富的民间故事创作成喜闻乐见的旅游产品,将民族文化具象化、产业化。这样,旅游者和旅游经营者能够双赢,不同民族文化将与不同类型的旅游产品产生新的火花,带来新的发展机会,丰富阿坝州的旅游业[19]。

4.2 加强基础建设

少数民族聚居区大都地处偏远,发展旅游,最重要的是保障旅游所需的一切基础设施,如公路、水利、电力以及数字基础设施,对此,阿坝州可以发展国家文化服务综合体系,促进产业的发展[20]。改造原有文化旅游体验的不足,完善功能设施,为游客提供充足的体验和学习空间。民族旅游业的发展与文化企业密不可分,地区政府应积极与企业合作,这样可以有足够的资源支撑阿坝州民族文化旅游的发展,文化旅游产业将更加蓬勃发展。

参考文献

[1] 崔海洋,卓雯君.基于主客易位视角的民族村寨旅游开发路径研究[J].贵州民族研究,2021,42(04):149-158.

[2] 聂晓茜.从民族村寨服务质量谈民族文化旅游的发展[J].旅游纵览(下半月),2020(02):61-62.

[3] 张立辉,张友.贵州黔南州传统民族特色村寨保护与开发利用研究[J].民族学刊,2019,10(06):17-22+112+114-115.

[4] 谢双玉,阴姣姣,乔花芳,等.恩施州乡村旅游扶贫模式及其效应差异研究[J].人文地理,2021,36(05):184-192.

[5] 蒋焕洲,潘祖科,陈江华,等.少数民族贫困地区旅游扶贫绩效评估体系研究

[J].江苏农业科学，2020，48（13）：1-7.

[6] 乐燕，孔婷，张文娟.边疆民族地区乡村旅游扶贫路径探析——以西双版纳州大渡岗昆罕大寨为例[J].云南社会主义学院学报，2020，22（01）：63-68.

[7] 肖刚，付诗悦，刘文.江西省非物质文化遗产与旅游融合发展的动力机制与实现路径研究[J].黑龙江科学，2021，12（20）：107-109+113.

[8] 张晓琳，张文磊，赵钱.少数民族非遗文化在旅游开发中的传承——以彝族"撮泰吉"为例[J].农村经济与科技，2021，32（15）：82-85.

[9] 郑珊霞，刘辕.地域文化基因视角下运河非遗传播路径研究——以"扬州工"为例[J].传媒论坛，2021，4（22）：121-122+125.

[10] 徐娅丹.文化基因视域下岭南非遗香云纱的传承路径研究[J].美与时代（上），2021（08）：28-30.

[11] 杜衡，宋河有.非物质文化遗产的异地旅游化利用——以山东台儿庄古城景区扎染体验项目为个案[J].四川旅游学院学报，2021（03）：86-90.

[12] 文静.基于"景观基因链"视角下遗址文化景观基因图谱构建及旅游展示的原理[D].西北大学，2017.

[13] 陈满妮，张力.基于多元民族文化基因的空间规划应用——以七彩云南·古滇名城旅游核心区概念规划为例[J].建筑与文化，2021（06）：252-255.

[14] 沈士明，董烨，郭剑英.基于文化基因理论的贵州屯堡旅游活化研究[J].国土与自然资源研究，2021（05）：88-92.

[15] 吴士锋，李丹.文化基因视角下金山岭生态文化旅游经济区创新发展研究[J].河北经贸大学学报（综合版），2020，20（04）：19-26.

[16] 姚瑶，胡慧.文化基因视角下导视系统设计研究——以独山革命旧址群为例[J].中国包装，2020，40（09）：49-52.

[17] 谭燕瑜，钟泓，康忠慧.文化基因视角下少数民族传统文化保护与旅游扶贫协同发展策略研究[J].文化学刊，2020（05）：84-86.

[18] 庄伟光.传承历史文化基因视角的特色文化旅游创新发展——以粤东西北地区为例[J].广东社会科学，2017（04）：46-52.

[19] 段青.贵州民俗体育旅游产业SWOT分析及发展措施探索[J].体育科技，2021，42（01）：93-94.

[20] 韦晨.新型城镇化背景下乡村旅游生态化转型的策略试析[J].山西农经，2021（23）：138-140.

05
旅游饭店

四川省饭店品牌建设的相关思考

［作　者］李　原　聂　斌　谢　波（四川省旅游学会）

摘　要：　品牌是酒店产品的核心内涵，是酒店形成市场识别与竞争力的关键，伴随着中国酒店业的发展，在国际品牌的示范引领下，中国现代酒店业飞速发展，本土品牌也在发展中表现出强劲的后发优势。四川作为旅游资源大省、旅游业强省，酒店品牌建设具有十分重要的支撑与提质功能，需要通过一系列的措施促进酒店品牌的建设。

关键词：　酒店品牌；国际品牌；本土品牌

酒店管理成为一种商品，进而具有品牌价值始于1949年第一家希尔顿酒店在波多黎各开业。伴随着全球化的浪潮，从20世纪五六十年代开始，酒店以品牌为引领的集团化模式逐渐盛行，到20世纪八九十年代成为一种潮流，具有品牌影响力的集团在行业中以强势的形象占据了最优质的资源，品牌更成为最有影响力的集团符号。

1　中国酒店品牌发展的阶段

中国酒店业发展至今经历了四十二年的历程，实际上也是一个酒店品牌从初识到认同，从清晰到混沌，从天下一统到群雄混战的发展过程，粗略划分可概括为三个发展阶段：

第一，1978年到1999年，即中国现代饭店发展的前二十余年，这是国际酒店品牌开始进入中国的阶段。

为适应改革开放的需要，这时行业的主要任务是在引进、学习国际酒店品牌基础上，以外向型需求满足为目的，重点解决住宿产品从"无"到"有"的问题。这一时期，一方面是国际品牌以标准化的生产方式，以品牌延伸性战略形成对国际酒店市场的垄断，成就制造业时代与酒店品牌价值的时代；另一方面，这一阶段也正是中国现代酒店业伴随着改革开放，参与国际秩序，融入全球化体系，实现酒店现代化的起步阶段。在这一过程中，引入国际品牌，学习西方管理模式成为行业现代化的一种标志。也可以说，在这一阶段国际酒店品牌启蒙了中国现代酒店，中国酒店管理市场更助力了国际酒店品牌的全球化发展。在这种相辅相成关系中，中国解决了现代酒店从无到有的矛盾，更培养起一个巨大的酒店消费市场。

第二，2000年到2020年，即中国现代饭店发展的后二十年，这是国际品牌强势发展，中国本土品牌逐渐成长的阶段。

这一阶段是中国现代酒店业的成长阶段。伴随着大众旅游和国内旅游市场的兴起，行业的主要任务是在内向型需求满足为主的基础上，重点解决行业"由小到大"的问题，呈现出本土品牌与国际品牌由模仿到自创、由追随到博弈的特征。因而，以行业整体提升为终极目标，以做大整体规模，在国际酒店界展现中国酒店为目的，通过模仿与尝试性自我创新，中国酒店业取得了丰硕的成果，成为国际酒店界一股不可忽视的力量。按照HOTELS全球酒店集团排名，2006年中国酒店集团进入100强的仅有4家，其中锦江国际酒店集团排名第17位。而发展到2018年以后，锦江、华住、如家三家中国品牌集团进入前10强，锦江更是上升到第2位。在进入100强名单中，美国占21家，居全球第一，中国有18家，排名第二，可见中国酒店业整体提升的速度与成效。尽管以客房规模排序不是最完善的方式，但确是最易操作的方法。同时，制造业时代强调规模经济，重视标准化基础上的集约化生产，因而在这一阶段，以客房规模为标准的全球酒店集团排名也很大程度上反映了企业的竞争实力。

第三，2020年开始进入国际品牌与本土品牌激烈竞争阶段。

随着疫情常态化和国内统一大市场建设的宏观战略发展，酒店品牌出现群雄逐鹿、烽火连天的混战局面。一方面，国际品牌为抢占市场份额，不断推出各种类型、各种层次的品牌概念，将品牌延伸战术用到了极限。据不完全统计，五大主要酒店集团在中国市场共有142个所谓的品牌，可谓"乱花纷飞迷人眼"。另一方面，本土品牌也不甘示弱，也抄起了品牌的武器加入混战，期望在斗争中分得一杯羹。

2 四川省酒店品牌发展的基本情况

四川是旅游资源大省，从《四川省"十二五"旅游业发展规划》开始，省委、省政府为加快转变旅游发展方式，建设旅游强省，即把酒店业的品牌化、集团化建设作为四川旅游发展的重要任务。但受经济发展水平、旅游资源开发状况和交通局限，四川省在过去很长一段时期中，国际酒店品牌进入力度很小，长时间仅局限在皇冠假日、喜来登、索菲特、凯宾斯基等为数极少的品牌层面。直到进入 21 世纪，尤其是 2000 年以后，随着西部大开发逐见成效，尤其是四川旅游业的高速发展，国际酒店集团才开始关注四川市场的拓展问题，四川成为所有国际酒店集团战略发展的重地，由此各酒店集团纷纷将四川纳入其发展战略和空间布局规划之中，品牌进入速度明显加快。发展至今，除皇冠假日、喜来登、索菲特、凯宾斯基等品牌以外，香格里拉、豪生、洲际、温德姆至尊豪廷、万豪、丽思卡尔顿、希尔顿、希尔顿花园、康莱德、万豪、万丽、凯悦、君悦、瑞吉、华尔道夫、费尔蒙、马哥孛罗、尼依格罗、英迪格、悦榕庄、安缦、华美达、新世界、凯莱以及宜必思、逸林、第六感、智选假日等几乎所有进入中国市场的高、中、低端国际品牌均已在四川市场布局，尤其是丽思卡尔顿、洲际、康莱德、万豪、JW 万豪、君悦、瑞吉、华尔道夫、费尔蒙等国际一线品牌的进入，标志着四川酒店市场已进入国际品牌激烈竞争的时代。

与此同时，随着旅游业的发展和酒店建设的加速，四川酒店管理市场呈现出巨大的潜力空间，四川本土酒店品牌也呈现出良好的发展势头。2014 年，由原四川省旅游局提出，四川推出了全国第一个酒店管理公司的标准和规范，《四川省饭店管理公司等级的划分与评定》（DB51/T 1784—2014）从资质、运营条件、品牌标识、品牌内涵、集团管控、经济和社会效益等各方面对酒店管理公司、集团化发展做出了相关专业化要求，极大促进了四川酒店本土品牌的发展。其中四川锦江酒店管理集团、明宇商旅集团、岷山饭店集团、城市名人酒店集团、华可酒店管理集团、禅驿酒店集团、尚景酒店集团等一大批四川籍的酒店集团不断发展壮大，逐渐走出四川，形成全国性影响，2020 年中国饭店集团 60 强中，四川旅投锦江酒店有限责任公司位居 20 名，明宇商旅股份有限公司 21 名，岷山集团 38 名。一方面说明四川本土酒店品牌的发展势头，同时也反映出四川本土品牌无论从数量，还是从全国性影响力来看尚存在极大的上升空间。

3 四川酒店品牌发展的对策与建议

在疫情常态化和全国统一大市场建设的宏观背景下，酒店品牌发展对激活消费、促进行业高质量发展具有十分重要的意义，面对目前全国，尤其是四川酒店品牌建设的实际情况，基本判断是：

第一，酒店是一个时代性行业，产品的核心价值在于不断应对消费市场变动后的创新与变革，不进则退，没有一成不变的永久模式，因而酒店品牌需要不断提升与完善。

第二，国际品牌与本土品牌之间的竞争尽管越来越激烈，但并不能由此做出本土品牌已从本质上赶上了国际品牌的判断，中国，特别是四川本土酒店品牌建设尚需更进一步的努力。

品牌是酒店产品品质长期的、在持续稳定基础上形成的一种市场认同与价值肯定，是酒店整体系统与市场对应性的反映，是酒店企业文化的结晶，更是酒店产品体验获得感的最终体现。

品牌化、集团化是 21 世纪酒店发展的主流，为进一步完善四川旅游服务体系，优化旅游住宿业的结构、空间布局，提升服务质量，形成产业绩效，应在今后全省旅游强省建设过程中高度关注酒店品牌化、集团化的发展，这就需要行业上下齐心，群策群力，力争以最快速度实现本质性发展。为此，我们需要做好以下基本工作：

第一，应将酒店品牌化、集团化建设作为四川旅游业改变发展方式，促进旅游，尤其是酒店高质量发展的重要目标和主要工作内容之一，由省委、省政府出台专门文件，从项目选项、立项、政策优惠等方面鼓励国际、国内知名酒店品牌进入四川。同时从税收、征地、审批、基础设施配套、政策性奖励、宣传促销、星级评定等方面着力扶持本省酒店品牌的建设，促进集团化的发展。

第二，在四川省旅游学会下成立"国际品牌饭店研究专委会"，研究国际酒店品牌经营、管理与服务的发展规律，特别是国际品牌与四川旅游发展实际紧密结合，有机落地的相关问题，通过定期交流信息，增进了解，强化行业品牌意识。

第三，四川旅游标准化评定委员会可举办各种形式的"饭店品牌化、集团化论坛"，作为长期性旅游活动，通过沟通、交流、探讨、研究，增进国际、国内集团对四川旅游业、酒店业发展的了解，更有针对性地在四川形成和实施品牌发展战略。

第四，重视《四川省品牌饭店管理公司》标准的宣贯、落实工作，通过标准的规范和引导，促进本省酒店集团（管理公司）的品牌建设。同时，积极创造条件，支持有条件有实力的四川酒店集团"走出去"发展，拓展国内、国际市场，提升竞争力。

第五，强化标准化、规范段建设，鼓励和支持国际品牌、国内品牌和本省品牌管理的酒店积极参与星级饭店的评定，加入星级饭店的队伍，强化与旅游行政管理部门之间的沟通联系。

第六，四川省旅游学会国际品牌饭店研究专委会、饭店管理专委会应举办"酒店管理专业人才"培训，围绕品牌化、集团化开设课程，提升四川酒店集团、管理公司人员的职业素质。

第七，四川省旅游学会可设置和发布"国际品牌、国内品牌、本省品牌"的统计数据，形成系统完善的统计资料和经营情况分析报告，定期向市场发布。

第八，四川旅游学会可开展年度"四川国际酒店品牌十强""四川国内酒店品牌十强""四川酒店品牌十强"的推选活动，形成声势，鼓励发展。

只有立足于市场，具有真正市场影响力、能创造效益和价值的品牌才能真正持久发展，也才是真正的酒店品牌。

参考文献

［1］世界酒店杂志社．世界酒店·品牌中国［M］．天津：天津大学出版社，1995．

［2］吴金林．酒店品牌建设与管理［M］．北京：高等教育出版社，2016．

［3］［匈］德罗赞伊克，奥多戈哈．酒店品牌形象设计［M］．贺丽，译．沈阳：辽宁科学技术出版社，2013．

［4］林璧属等．世界知名饭店集团发展模式［M］．北京：旅游教育出版社，2010．

［5］［西］奥诺佛雷·马托雷利·库尼利．饭店集团成长战略：世界顶尖连锁饭店集团最佳商业实践［M］．王向宁，陆春华，译．北京：旅游教育出版社，2007．

对主题酒店主题的深度理解
——基于成都西藏饭店的思考

［作 者］陈 蓉（成都西藏饭店有限责任公司）

摘 要： 主题酒店是21世纪适应消费变革与酒店生产方式创新的一种酒店建设思维，主题是主题酒店的核心和灵魂，主题的提炼与形成是主题酒店建设的基础和前提，是一项专业性的工作，本文基于成都西藏饭店的相关经验，对主题酒店主题做更深层次的思考。

关键词： 成都西藏饭店；主题酒店；主题

成都西藏饭店作为中国主题酒店的倡导者和实践者，在二十多年的主题化建设过程中，越来越深刻地感受到主题对一家主题酒店而言的重要性，并通过不断地实践、试错与完善，加深了对主题深刻内涵与建设方式的认识和理解。

1 什么是主题

《辞海》对文艺作品中的主题有明确的定义和解释：主题又叫主题思想。是文艺作品通过描绘现实生活和塑造艺术形象所表现出来的中心思想。是作品内容的主体和核心。是文艺家经过对现实生活的观察、体验、分析、研究，经过对题材的提炼而得出的思想结晶，也是文艺家对现实生活的认识、评价和理想的表现。文艺家在创作过程中如何确定形式和结构，都必须服从表达主题的需要。

由此可见，主题具有以下显著的特性：

一是主题是经过对资源素材加工提炼形成的，反映创作者对资源素材的认识、评价、诉求与审美意识等，因此作为一种中心思想，主题由素材而来，但不等同于素材；

二是主题是作品的核心，主题决定着主题酒店基本风格与特点，是主题酒店整体结构规划与发展的基础；

三是创作者赋予主题的阐释与内涵为主题酒店赋能，影响着主题酒店产品价

199

值的深度与宽度。

因此，主题是一种中心思想，是主题酒店的核心与灵魂。

2　主题形成的方法

由上述关于主题的定义与特性分析我们应该认识到，主题绝不是某种文化素材的简单运用，也不是可以随手拈来的广告语。客观地讲，从成都西藏饭店的实践来看，由最初质朴的西藏情结到文化理念的升华，由前期的"感性"使用藏族文化元素到"理性"依据藏文化主题全面实施主题化建设，成都西藏饭店对主题的理解经过了一个长期的思维演进过程，在这一过程中，我们越来越清晰地认识到主题具有严格的规范和丰富的内涵，需要一套完整科学的主题定位方法。

通过不断试错与长期实践，我们认识到主题酒店的主题形成是一个系统工程，涵盖着以下最基本的工作环节：

一是依据酒店市场、经营和发展等实际情况，选择希望和能够依据的文化资源，确定主题酒店的文化类型。

二是基于文化、历史、社会等学科研究成果，对文化资源进行深度分析研究，挖掘出可以和自身服务契合的文化内涵，提炼形成高度浓缩的主题表述。

三是依据酒店经营管理、组织建设与发展战略的需要，赋予主题更深层次的意义和内涵，将主题表述上升到企业文化的高度，从而纲领性地引导主题酒店的系统化建设工程。

3　西藏饭店的理性思考

基于上述认识与思维的发展，西藏饭店在主题化建设过程中形成了以下基本的工作程序。

第一，精准的文化资源选择。

成都西藏饭店依据自身背景和时任西藏自治区党委书记张庆黎同志视察饭店时的寄语"店在他乡、心系西藏、对外窗口、雪域形象"，天然地选择藏文化作为自身主题化所依托的文化资源，成为一家藏文化主题酒店。

第二，生动准确的主题表述。

在对待博大精深的藏文化资源过程中，西藏饭店更深刻地意识到：

一是"藏文化酒店"不是"藏式酒店"，基于主题的主题酒店建设强调的是"神似"而不是"形似"；是"元素符号的提炼"而不是"原搬照套的堆砌"；是"源于传统的延展模式"而不是"无根源的文化杜撰"。因此，基于文化资源、素材的主题提炼好坏决定着文化力的功能强弱，制约着主题酒店组织力量的强度与高度。

二是主题化建设的过程即是文化与服务的契合过程，因此在始终坚持"舒适性、整体性、专业性"基础上，西藏饭店致力于通过对藏文化的深度挖掘，提炼形成和酒店经营服务特性和规律相得益彰、赋能提效的主题，并在主题统领下，通过传统艺术嫁接、文化艺术嫁接、自然人文嫁接以及符号元素嫁接等让藏文化赋能酒店产品，传递深厚情感，营造温馨氛围，对服务品质提升产生"锦上添花"的作用。

因此，西藏饭店不满足于藏文化主题酒店的笼统定位，更不是简单、机械、教条地使用藏文化元素，而是将文化的引入与自身服务产品创新紧密结合，高度重视从丰富多彩的藏文化资源中提炼出最适合酒店特性的主题表述。经过反复研究，我们将西藏饭店的藏文化主题提炼为"吉祥文化"的概念，希望通过最普通、最耳熟能详的"扎西德勒"，将藏民族尊崇温和、善良、恭敬、谦逊的美德，通过酒店服务，在"祈福吉祥、传递温暖"的主题氛围中有效传递。

通过这个环节，丰富多彩的藏文化在西藏饭店变得更为具象生动，更具亲合力，也更能为广大消费者理解与体验。

第三，深层次主题意义的深化。

仅仅提炼概括出"吉祥"的主题表述还不够，还必须赋予吉祥更深刻、更现实的，与酒店价值观、服务理念、发展愿景等核心理念紧密结合的实际内涵，才能从企业文化的高度指导酒店的主题化建设工作。为此，在饭店主题宣言中，我们进一步赋予"吉祥文化"以现实的内容：

> 珠穆朗玛，猎猎山风，塑起雪域人民豪放的性格；雅鲁藏布，滔滔江水，成就藏族儿女博大的情怀……
>
> 采高原之灵气，集民风之精髓，铺成彩虹的桥梁；漫步西藏饭店，浓烈的高原味，绘满双眼；牧歌响起，如云如烟，如梦如幻；你虔诚地

倾听，沉醉于冥想，在冥想中倾听那圣灵亘古不变的独白。耳边一句甜甜的扎西德勒，一丝喜悦油然而生，那是藏家的女儿，有更多的惊喜要向你诉说。那一刻，你隐隐地懂得了吉祥的意蕴——吉祥是祝愿，是行动，是责任，更是对天地的感恩。

高原上，吉祥演绎和谐之美；蓝天下，彩虹传送盛世欢歌。

吉祥，莫非人间至高的境界；和谐，乃是家国莫大的幸福！

西藏饭店，虽方寸之地，然星光熠熠；诚为雪域之窗，愿奉吉祥的圣典，依彩虹的嘱托，倾力服务民众，报效国家。

由此，吉祥文化的主题得到了深化，成为酒店的一种美好祝愿，一种社会责任，更成为每一个员工工作、事业的一种境界，关系员工，关系酒店，关系宾客，更关系整个社会。

第四，全方位的主题引领赋能。

具有内涵的主题才能发挥文化无穷的力量，才能够真正指导企业的经营实践。西藏饭店的主题理念在日常经营管理、产品创新与组织建设中发挥出巨大的作用。

真正的主题是有力量的，西藏饭店正是基于博大雄浑的藏文化资源，将藏文化精髓与饭店服务理念有机融合，创造性地提炼出"扎西德勒（吉祥）"主题，从而赋予饭店持续创新与发展的不竭动力，成为四川和西藏最具符号意义的酒店。珠穆朗玛、猎猎山风让西藏饭店人具有高原般的志向和眼界，做西藏文化的窗口、建中国最好的藏文化主题酒店、塑百年老店的品牌形象，一个一个的目标激励着西藏饭店人一步一个脚印，从政务性招待所，到三星级饭店，到四星级饭店，再到五星级饭店，走得是那样坚定、扎实，充满力量。民族精华、藏缘情结为西藏饭店员工队伍注入了工匠般的灵气和牦牛般的坚忍，红宫、夏宫、朗玛厅、热巴厅、堆谐厅、亚克咖啡厅、吉祥藏宴厅、甲拉书院、云图香吧、云图堂吧、藏式花园、藏文化购物长廊、原造 logo 体验店……文化嫁接、艺术嫁接、人文嫁接、符号元素嫁接串起了饭店的各种功能，营造出浓浓的藏文化体验环境，文化为根，主题与功能交融，这便是西藏饭店追求卓越的力量之源。

真正的主题是有养分的。西藏饭店正是通过采高原之灵气，集民风之精髓，才能赋予"吉祥"文化主题更为深层的内涵与情愫。扎西德勒是人们最熟悉的一种藏族同胞的行为符号，然而在西藏饭店，"吉祥"有着更深刻的精神价值，被阐释为一种人间至高的境界和家国莫大的幸福，吉祥是一种责任，是一种宣示，是"服务民众，报效国家"的酒店使命。因而在西藏饭店，"吉祥"不仅仅是一种口号，而是实实在在的饭店建设纲领，"诚为雪域之窗，愿奉吉祥的圣典"，营造温暖家园成为西藏饭店的发展愿景。在西藏饭店，"吉祥"更不仅仅是一句问候语，而是醉心于职业的一份坚守，"吉祥是祝愿，是行动，是责任，更是对天地的感恩"成为被所有员工认同的饭店价值观。祈愿吉祥，传递温暖，创造快乐，这便是西藏饭店感动宾客的品质之核。

真正的主题是具有精神感染力的。具有责任义务的吉祥文化主题让每一个西藏饭店人经受了思想的磨炼，完成了饭店意识的蜕变，由稚嫩到成熟，由粗放到精细。西藏饭店人以其真诚、热情、谦逊的工作热情铸造了精巧、细腻、舒适、温馨的服务产品，在多元复杂、瞬息万变的中国饭店市场中赢得赞扬。《吉祥如意——西藏饭店企业文化手册》发布了，标志着饭店企业文化建设揭开了新的篇章。"植根西藏、敬业图报"，追求"四个满意"，即客人、员工、股东和社会满意，在创造良好经济效益的同时，西藏饭店更坚持履行社会责任、忠于使命。连续 10 年积极参与"强基惠民"工程，派遣工作队到平均海拔 4000 米以上的西藏阿里、日喀则、那曲地区驻村开展工作，荣获西藏自治区"脱贫攻坚先进集体"。2011 年 7 月，西藏迎来"和平解放 60 周年大庆"，饭店接受自治区党委专项任务，迅速抽调了管理、业务骨干近 50 人赴藏，出色地完成了任务。2021 年 7 月，饭店更是圆满完成"习近平总书记视察西藏的服务保障工作"，受到自治区党委的嘉奖。随后的 8 月，西藏迎来"和平解放 70 周年"大庆，饭店团队闭环服务以中央政治局常委、全国政协主席汪洋为团长的中央代表团，受到汪洋主席现场的充分肯定。在履行责任与义务的同时，饭店也赢得了属于自己的光荣。

由文化到主题，由主题到使命，主题的科学深化与实际运用赋予了西藏饭店创新变革的不竭动力。主题长存，服务永在，精神永恒。

参考文献

［1］申维辰 . 评价文化——文化资源评估与文化产业评价［M］. 太原：山西教育出版

社，2004.

　　［2］马霞．文化资源与文化产业理论研究［J］.新疆师范大学学报（哲学社会科学版），2008（3）.

　　［3］魏小安．主题酒店：时代的呼唤，市场的需要［J］.饭店现代化，2005（9）：22－29.

　　［4］李原．文化主题酒店的发展与展望（上）［N］.中国旅游报，2019－06－13（6）.

　　［5］李原．文化主题酒店的发展与展望（下）［N］.中国旅游报，2019－06－20（6）.

关于网红民宿产品生命周期的实证研究

——以四川省为例

［作　者］刘　韫（西南民族大学旅游与历史文化学院）

闪慧琳（云南师范大学地理学部）

摘　要： 随着互联网普及和自媒体崛起，"网红民宿"在旅游者心目中的热度居高不下。四川省在近几年发展中，培育了一批具有一定市场知名度和网络影响力的网红民宿。网红民宿与其他产品一样，都会经历从发展到衰落的产品生命周期，甚至网红民宿的衰落期比常规酒店产品来得更早。在此背景下，如何延长网红民宿的产品生命周期，对于有效对接当前消费市场，达到民宿业品质的整体提升，进而提升民宿产业竞争力具有重要意义。在前人成果的基础上，本研究以小红书网络社区的网络游记为研究范围，通过数据爬取锁定网红民宿研究范本，并使用访谈法与网红民宿经营者进行深访，在分析网红民宿经营问题的基础上，提出相应的产品生命周期延长策略。研究结果丰富了民宿领域的产品策略和网络口碑研究的相关理论和实践。

关键词： 民宿；网红民宿；产品生命周期；四川省

1　引言

随着社会经济、文化和生活水平的不断提高，旅游者对体验性消费的个性化需求日益增强，以酒店、宾馆、传统饭店等为代表的标准化住宿设施已无法满足当代旅游者体验式住宿需求。民宿因具有个性化服务、人情味浓郁、体验感较强等特点而备受旅游者的青睐[1]。近年来，依托丰富的自然资源、多样的人文景观、丰厚的历史遗存、独特的民族风情，四川民宿业快速发展[2]，不仅提供了更加独特的消费空间，游客也从中获得了更多差异化、个性化的消费体验。

互联网的发展带来信息传递方式的日趋多样化，微信、微博、抖音等平台促进了新产业的诞生，同时也促进了网红的诞生。2018 年，扎根于社交媒体的网红品牌大量崛起，并引起社会的极大关注，这一年因此被称为"网红电商元年"。因其背后隐藏着巨大的商机，大批产业争相挖掘。如今的网红不仅仅指某一个人，更是互联网时代的一种网络现象，网络提升了人与人交流的效率，也给予了大众更多展示机会，助推网络红人的诞生或产品知名度的快速提升，从而催生了"网红经济"。在激烈的市场竞争下，叠加网红经济的孵化和助推作用，四川省内也涌现了一批备受游客喜爱的网红民宿，从早期的浮云牧场，到如今的民谣里野趣酒店等。这些民宿或因其独特的位置，或因其超高的颜值，或因其独特的体验设计而迅速在网络蹿红，成为众多网民的"种草"对象，吸引众多顾客前去打卡体验，广大消费者也给予了积极的情感反馈。经过这几年的市场验证，如今这一批网红民宿的结局却不尽相同：有的目前已经形成了一定品牌知名度和辨识度，有的进入产品衰退期在市场中艰难求生，而有的网红民宿已经被市场淘汰，难逃关店的命运，这也直接造成了大量社会资源和资本浪费。

物联网作为互联网的延伸和扩展，成为网红经济的加速器。社交电商带来了人们购物习惯的更新，引导性的口碑消费模式大大提高了销售收入，同时也改变了建立客户关系和维持忠诚度的方式[3]。将自己打造成"网红民宿"依然是当前许多民宿业主的首选营销手段，以此吸引客源，进而延长民宿产品生命周期。在这样的背景下，民宿如何实现从网红现象到其产品价值的真正转化，从而达到延长产品生命周期的目的，是亟待解决的现实问题。基于此，本文以网红民宿的网红体验要素为基础，使用深度访谈的研究方法，对网红民宿经营者进行深访，站在经营者角度分析存在问题，并尝试针对网红民宿经营过程中遇到的瓶颈提出若干发展建议。

2 理论基础与研究设计

本研究建立在产品生命周期理论、口碑营销的基础上，以消费者发布在小红书 APP 的网络游记为研究范围，使用工具抓取数据，确立最终研究对象，并对选取的网红民宿经营业主进行访谈并开展数据资料分析。

2.1 研究的理论基础

2.1.1 产品生命周期理论

波兹在其《新产品管理》一书中最先提及产品生命周期，美国经济学家雷蒙德·弗农（Raymond Vernon）在《产品周期中的国际贸易》一书中首次提出其概念。他认为：与生物相似，商品都会经历出生、成熟、衰老的过程；并把产品的生命周期划分为三个阶段：新产品阶段、成熟产品阶段和标准产品阶段。

产品生命周期可被视为产品的市场寿命，也就是一种新产品从开始进入市场到被市场淘汰的全过程。弗农认为：产品生命是指该产品在市场上的营销生命。产品生命周期也会经历开发、引进、成长、成熟、衰退的阶段[4]。产品的生命周期有长有短，其中产品技术不同以及外部因素不同都会影响生命周期的长短，生命周期的长短反映了产品在市场上的竞争力，竞争力与生命周期长短呈正比。当今饭店业市场竞争日益激烈，产品创新层出不穷，酒店以及民宿产品的生命周期已呈现出越来越短的趋势。

2.1.2 口碑营销

口碑一词最早来源于传播学领域，如今主要运用在营销领域。较早对口碑这一概念进行学术界定的是美国学者阿登特（Ardent），他提出，口碑是"受者认为非盈利性质的传者与受者之间有关产品、品牌和服务的口头人际传播形式"[5]。之后，营销学家罗森（Rosen）提出："品牌口碑指的是关于品牌某方面所有的评论，是在任何给定时间里，关于某个特定的服务、产品或公司的人与人之间所有交流信息的总和。"[6]科特勒（Philip Kotler）将营销定义为个人和集体通过创造并同他人交换产品和价值以满足需求和欲望的一种社会管理过程。在人际交流中，品牌或企业产品信息均存在口碑传播，正面口碑能降低产品试错成本，负面口碑则会在一定程度上避免消费者利益受损。

当前，口碑营销早已不局限于线下活动，线上口碑营销也就是网络口碑营销活动不断涌现、层出不穷。Haiying 将网络口碑定义为：潜在、实际或者先前的顾客对产品或者公司的任何正面或者负面的评论，该评论能通过网络传递给大众群体或者组织[7]。相较于传统口碑营销，网络口碑营销还表现出传播效率高、范围广、渠道多元、影响力大的优点。网络口碑营销传播打破了固有的关系和时空的限制，不再局限于强关系的熟人社会，更是拓展到了弱关系的陌生人沟通交流，让互动实现了更多可能。网络口碑营销传播还能将信息数据作数字化记录，随时随地沟通[8]。网红民宿通过提炼和放大自身优势，着力于符号价值的传递，并通过网络平台将这些信息较为准确地传递给目标客群。与老牌旅游景点和传统品牌酒店相较而言，网红民宿是一种探索性的非标旅游产品，迎合了人们从众跟风、求新求异和服从权威的消费心理，具有新奇色彩且能够产生社交话题[9]。

2.2 研究设计

从民宿到网红民宿，从旅游产品到网红品牌，网红民宿一旦形成，通常在互联网上具有极强的话题性，在营销上几乎都放弃了传统渠道，完全采用去中心化的社区传播。这些网红民宿的迅速爆红通常基于如下原因：首先，民宿产品的独特设计满足了消费者求新求异的消费需求；其次，平台投放内容质量较高，更易于获得平台用户认可和更高的传播率、分享率；再次，消费者更加主动地通过微博、小红书、B站等社交媒体分享其打卡与体验感受，再次强化和提升了对民宿产品质量的认可；最后，大量消费者讨论生成的海量内容达到爆红效果，巨量的相关内容与资讯对顾客参与、消费决策、网红民宿的品牌传播等都具有重要的商业价值。

传统的民宿产品市场，经营者通常更多地使用线下渠道销售。技术进步和互联网普及的背景下，如今的经营场景中，线上销售份额显著增加，甚至有的民宿不使用线下渠道，完全依托智能移动终端预订、销售、下单，网络评价及网络口碑成为这些品牌口碑的主要体现形式。用户评价和反馈形成的产品品牌口碑，逐步从线下人群的口耳相传过渡到线上传播的网络口碑。微博、小红书等成熟社交媒体为网红口碑的形成提供了沃土，Angella J. Kim 等（2016）发现用户生成内容在网红品牌口碑和消费者品牌决策中占据着重要地位[10]。从当前互联网环境来看，各大平台关于网红民宿的用户生成内容主要包含文字、图片、音频和视频等各种形式，因互联网用户大多基于主动分享，因此这些自发的情感流露的评价更加真实。

用户在社交媒体上在线生成的内容也会对网络口碑造成一定影响，然而分析用户生成的海量数据与内容是一项具有挑战性的研究工作。Duan W 等（2016）指出文本挖掘技术是一种有效的分析方式[11]。在当下的网络社区中，那些享有正面评价且声名远播的民宿，呈现出浏览量大、搜索排名靠前、好评和推荐率高的特点，它们具有高度的网络口碑，并且使消费者心驰神往，达到了占领心智的"种草"效果，这些民宿接近于俗称的"网红民宿"。依据网红民宿的网络口碑传播特征，本研究拟使用文献收集法总结民宿网红气质的构成要素，以上述构成要素为前置变量设计网红民宿经营者访谈提纲，剖析处于不同产品生命周期的网红民宿发展问题，并提出相关产业发展建议。

3 研究过程与实施

3.1 民宿网红气质构成要素的选取

黄向、陆李莎、洪毅娜（2022）在《从民宿到"名宿"——网红民宿红在哪？》一文中，以扎根理论为方法，借助 Nvivo 软件开展定性研究，发现从民宿层面和消费者层面构成民宿网红气质的 6 个要素分别是：民宿配置、风格设计、周边环境、直观印象、心理感受和出游形式。通过三级编码定量分析，发现民宿配置、风格设计、周边环境、印象与感受是民宿产生网红气质的要素[9]。本文在设计民宿经营者的访谈提纲时采用了该研究的结论。

3.2 网红民宿经营者的深度访谈

3.2.1 案例点选取

小红书 APP 产品定位是"标记我的生活"，其核心价值主张是基于生活方式和新消费的用户服务型内容社区和消费决策入口，打造优质内容的社区电商平台。2021 年 11 月，小红书宣布日活用户达到 2 亿。作为目前国内流行的生活分享互动平台，小红书有"国民种草机"之称，其用户年龄主要分布在 18 ~ 35 岁，深受年轻人追捧[12]。以"标记我的生活"为口号，小红书上用户发布的网络游记大都来自自己的日常生活，内容具有一定的真实性。另外，作为一个可评论互动的线上社区，网络游记兼有即时、开放、匿名的特点。用户在网络平台上提供信息的同时，对信息的检验也在同时发生，最终平台上呈现出的信息总体上较为客观、全面，能够满足质性研究对于资料真实性的要求，因此研究选择以小红书上的用户笔记作为资料来源。

用户在小红书上使用搜索功能检索并阅读自己感兴趣的目的地笔记，根据其内容质量与个人需求差异，相应会产生用户点赞、收藏、分享等行为。通常，点赞数和收藏数越高代表着笔记的关注热度越高，基于用户间的双向互动，以及小红书 APP"种草"加"精准投放"的营销策略，观看笔记后自行实践笔记内容的可能性通常也越高。同样地，关于民宿的网络笔记点赞数和收藏数越高，说明内容创作者推荐的民宿往往能够形成良好的网络口碑，更有可能具备网红气质。研究人员以"四川""民宿"为关键词在小红书上进行搜索，显示相关笔记数量超过2万篇。根据笔记热度排名，使用八爪鱼数据采集器（V8.0版本）抓取出排名靠前的前15家民宿，这15家民宿在小红书平台的网红热度上具有一定代表性。研究者尝试与其经营者联系，表达访谈意愿，最终达成一致的经营者共4位。从所处地理位置来看，这4间民宿分别位于成都（2处）、峨眉山（1处）、甘孜藏族自治州（1处），涵盖了城市、乡村与旅游景区，在民宿类型上具备一定的典型性。

3.2.2 访谈过程

深度访谈法的优势在于能够更深入地了解被访者的内心思想与看法，常常能取得更多的、意外的信息资料。因一对一交流时间较多，可以鼓励被采访者提供更多信息，同时一对一交流使被访者感到自己是被注意的焦点，更容易与访问者进行情感上的交流和互动。2021年7月1日到5日，围绕访谈主题，以线上形式完成对4位经营者的访谈。访谈主题主要围绕以下问题展开：一、网红民宿形成过程；二、民宿网红气质要素与网红生命力的延长；三、当前民宿所处产品生命周期阶段的判断与分析；四、经营困境及破解思路。访谈完成后，研究者对访谈语音记录进行了文字化处理，形成了累计3小时42分钟、共计32,000字的访谈资料。同时，应被访者要求，本文相关阐述中所有被访者均进行了匿名处理。

4 访谈结果的分析

4.1 网红民宿的产品生命周期

网红民宿的生命周期历经开发阶段、成长阶段、成熟阶段、衰退阶段或进入再发展阶段。而最终进入衰退期的网红民宿是最为普遍的现象，从小红书APP游记热度的时间性特征来看，民宿市场中仅有极少数网红民宿能够进入再发展阶段。最后进入哪个产品生命阶段，主要取决于经营者的经营决策能力和管理水平，是否能找到新的爆点吸引消费者关注，维护持久的网红形象，进行创新性可持续发展。

网红民宿的生命周期和一般的民宿生命周期存在差异，由于网红民宿在开发阶段大多通过打造爆点，借助互联网和信息平台多次、反复传播，在消费者心目中形成具有网红气质的传播形象。从顾客情感反馈的维度来看，顾客除了对网红民宿持较高评价和认可外，还对其有形产品、无形服务和当地社区环境都表现出较为积极的情感倾向。民宿爆红之后，如果不能在上述三方面对消费产生持续的吸引力，通常就会面临随着热度消失而走向衰落的必然过程。从现实来看，由于消费者注意力的有限性，网红民宿通常比一般的民宿更早进入衰退期，其经历的产品发展期通常也相对较短。

4.2 网红民宿的经营问题分析

4.2.1 跟风网红，民宿同质化经营现象严重

被访的网红民宿经营者均提到了其他民宿对其网红要素的模仿问题，换个角度来看，这从侧面反映了由于网红民宿短期内爆火，带来了大量粉丝关注和游客打卡，因此不少民宿看到网红民宿盈利快、看似经营简单，不做深入研究就盲目投入资金模仿跟风，经营者对市场没有足够的认知和把握，盲目跟风其他网红民宿的某些网红特色，甚至与自己的定位、风格不相统一，更无法形成自己的品牌和特色[13]。雷同的装修风格、经营形式甚至具体服务方式，使得客人带着高预期前来体验，产品反差巨大"拔草"失败，不仅消费者个体失去了对民宿的期待，而且这些不好的消费体验通过网络平台被分享给更多用户，不仅打造网红形象没有成功，反而传播了民宿的负面形象，对民宿经营极为不利。

4.2.2 经营者安于现状，忽视产品品质的维持与创新

网红民宿得以迅速爆红的根本原因在于其品质与消费感受，因此网红民宿运营管理者必须认识到品牌运营成败的关键因素依然是产品品质。访谈过程中，4位被访者均提到，自家民宿能够获得消费者青睐的原因主要在于其在硬件产品、服务体验或空间设计等方面的创新，入住民宿之后的品质与体验始终是消费者的关注焦点。企业发展的核心竞争力在于高质量产品，对于网红品牌而言，如果一味追求营销效果而忽略其产品本身带来的消费体验，这样的网红品牌往往只能昙花一现，快速进入产品衰退期，最终难逃被消费者淘汰的命运。

4.2.3 网红民宿产品定位模糊，缺乏战略性

从近两年的总体数据来看，在疫情的冲击下，传统旅游住宿业受到较大影响，传统观光旅游业和住宿业在加速洗牌。疫情开始后，出境游、远距离出行需求正在往近郊化、乡村化方向转变，这部分游客追求品质化、小众化的住宿体验，对酒店产品的享受性、私密性要求更高。需求端变化驱动民宿业转型，也给

民宿业高质量发展带来了新的机遇和挑战。网红民宿不同于常规民宿之处在于，不仅仅要结合当地的优良资源，还要充分利用大众平台做到精准的市场营销宣传，使得民宿被更多潜在消费者看到，吸引其前往。

根据被访者对民宿客源构成的分析来看，当前年轻一代消费者是网红民宿市场增长的主要驱动力，因此民宿产业发展的关键在于其产品和形象能否快速、精准定位，并精准地传递给年轻一代消费者。从长期来看，由于不少网红民宿从出现到爆火，经历的时间较短，往往没有足够的经验和前瞻性为民宿发展制定具有战略性的产品定位，一旦网红流量红利消耗完之后，就丧失了持续的产品力，快速进入产品衰退期。因此，精准定位、精准投放，通过在高流量网络平台（如微博、B站和小红书等）持续获得正面评价，可以提升民宿网红品牌知名度、拓宽其销售渠道，更能够助力网红民宿在年轻消费群体中形成积极的品牌效应，进而在年轻消费群体中快速成长并保持较高关注热度。

5 网红民宿产品生命周期的延长策略

5.1 确定网红民宿旅游的定位，增加民宿产品各个方向创意度

已经成为网红品牌的民宿，可界定为处于产品开发期和成长期，由于网络口碑效应，该阶段会出现大量游客到店打卡和消费，因而也更容易创收。有了一定资金基础后，网红民宿要积极在品牌发展期未雨绸缪，寻找到自己的独特产品定位和产品发展方向，并持续深耕，通过在地文化的深入挖掘和融入产品，形成独特的产品标签，走精细化路线，在已有基础上持续优化构成网红气质的各项要素和组合，让粉丝通过体验达到对产品内在质量和用心设计的认可。

如今虽然是一个消费升级和消费降级并存的时代，但产品背后附着的服务正扮演着越来越重要的角色。除了产品本身，消费者对服务的要求日趋精细和多样化，好的服务能够显著提升产品价值，并对提升粉丝热忱作用巨大。要延长自己的产品生命周期，网红民宿就应当围绕顾客需求打造自己的专业服务团队，给顾客创造惊喜体验。在市场上产品内容越来越同质化的背景下，这对提升粉丝热忱潜力巨大。整合消费人群当前喜爱拍照、拍vlog，追求美好事物等的需求，在民宿环境、硬件等的设计和装修上深度剖析美学原理，不断推出新的网红点，获取更多的传播度和关注度，延长网红时间周期。

5.2 重视并开展口碑营销，发挥关键意见领袖作用

口碑营销的效果是增加更忠实的客户数量。被访者也表示，在网红民宿营销过程中，关键意见领袖的作用在于双向打通线上线下渠道，对于品牌网络口碑的提升效果显著，并有利于营造良好的舆论环境。当前现实场景中，有两种关键意见领袖可供网红民宿选择：一种是"带货主播"，这些意见领袖通过现场直播可在短时间内带动民宿产品的预订和销售，极具网络号召力，但他们在从网红效应到建立品牌的过程中所扮演的角色似乎是短期的；第二种是深耕旅行生活领域的关键意见领袖，他们如果参与到民宿营销活动中，既能提升营销工作精准性，也能助推网红民宿在旅行生活领域形成正向良好口碑，进而为后续开展营销和品牌打造工作奠定良好基础。

全民网络时代，关键意见领袖在很大程度上代表了消费大众点评的权威，对网民来讲是值得信任的信息源，他们凭借丰富的旅行经验、旅游达人的身份和粉丝社群的频繁互动不断积累消费者信任。以小红书为例，小红书上的民宿关键意见领袖对民宿的评价基于以下6大要素：直观印象、风格设计、民宿配置、心理感受、周边环境、出游形式，基于此输出高质量的原创内容；例如独到客观的旅行评价、配合制作精良的摄影照片以及现实可执行的旅行计划等，这些内容引起用户关注并在网络社群内大量交流互动，基于算法被平台频繁推送，受众基数较大，因而很可能会影响和改变消费者对网红民宿的认知和购买决策。

5.3 适当加强品牌与粉丝交流，重视用户信息反馈

如今，基于用户评价和反馈形成的产品品牌口碑已经逐渐从线下人群的口耳相传演变为线上传播的网络口碑。伴随着互联网快速普及，大量的商业业态和经营场景中，线上销售份额显著增加，这其中也包括不少民宿经历了因快速网络蹿红、短期内大量顾客盈门的情况。线上评价和网络口碑日益成为品牌口碑的主要体现形式，品牌运营者需要格外重视用户的互联网评价。访谈中，所有被访者均表示，他们在成为热点网红民宿之后，经营业务更加繁忙了，因而也几乎没有时间与自己民宿的粉丝进行更多充分沟通。经营者明确地知晓，这并不利于品牌的巩固与传播，但确实也不清楚应当如何进行粉丝的维护。由于民宿产品具有高可替代性，很多经营者往往也不愿意花太多精力维护粉丝群体。

适当在线上平台与粉丝互动能加深对品牌的情感认同，粉丝群体投射出的力量会转化成网红品牌的核心资本，粉丝热忱得以提升。此外，还应重视收集粉丝

反馈信息，以便掌握用户需求数据，稳定持续地开展系列营销工作。网红民宿经营者应高度重视消费者反馈信息的收集与分析，降噪处理后筛选出有效信息，从而为发展战略、营销策略的调整工作提供科学依据。保持行业敏感，及时把握粉丝消费动机与动向、消费习惯与偏好、消费时尚潮流等；随时做好品牌应急事件的把控和处理，关注危机公关等的市场反应，做好正面网络事件营销。借助科技手段动态捕捉粉丝感性程度的波动情况，以此为基础做好合理的品牌刺激准备工作。

6 结论与启示

作为民宿业的重要组成部分，网红民宿因网络而兴起可能也会因网络走向衰落，由于大量短期寿命的网红民宿很快进入其生命周期中的衰退期，造成了大量社会资源浪费，网红民宿亟须延长其生命周期，带动民宿业转型。本研究发现，当前依然有很多民宿停留在对网红民宿网红构成要素的单一模仿阶段，已经成为网红品牌的民宿在经营过程中也遇到了诸如对粉丝群体不了解、民宿发展定位不清晰等各种问题。基于此，本文提出提升品质、精确定位、精准投放的相应解决思路，希望能助力民宿业有序发展。

回顾整个研究过程，本研究仍存在一定局限。未来的研究在以下方面存在一定的拓展和深入的空间：拓展网络数据来源，增加对消费者的行为研究或线上调查；使用爬虫工具爬取其他媒体如携程、大众点评等网络平台数据，利用 Python 等编程工具通过程序编码完成数据分析。通过问卷调查、深度访谈与网络爬虫数据的多维分析，进而得出更加严谨的研究结论，为民宿产业发展提供参考。

参考文献

［1］赵群. 民宿经营者人格特质、民宿特色与经营绩效关系研究——基于黔东南民宿的实证［D］.贵州师范大学，2021.

［2］赵倩倩，谭践，聂岭. 诗意栖居 理性探索——四川民宿业发展研究报告［J］.四川省情，2021（10）：12－16.

［3］刘湘蓉. 我国移动社交电商的商业模式：一个多案例的分析［J］.中国流通经济，

2018，32（8）：51－60.

［4］VERNON R. International investment and international trade in the product cycle［J］. The quarterly journal of economics，1996：190－207.

［5］ARDENT J. Role of product——related conversations in the diffusion of a new product ［J］. Journal of marketing research，1967，（4）.

［6］ROSENE E. The anatomy of buzz——how to create word of mouth marketing［M］. Currency，2002.

［7］SHEN H Y，LIN Y H，CHANDLER H. An interest-based per-community P2P hierarchical structure for short video sharing in the YouTube social network［P］.2014 IEEE 34th International Conference on Distributed Computing Systems（ICDCS），2014：298－307.

［8］经玲. 微博美妆网红的原创内容生产与传播研究［D］.东北师范大学，2021.

［9］黄向，陆李莎，洪毅娜. 从民宿到"名宿"——网红民宿红在哪？［J］.中国生态旅游，12（1）：49－64.

［10］KIM A J，JOHNSON K. Power of consumers using social media：examining the influences of brand-related user-generated content on Facebook［J］. Computers in human behavior，2016，58（5）：98－108.

［11］DUAN W，YU Y，CAO Q，et al. Exploring the impact of social media on hotel service performance：a sentimental analysis approach［J］. Cornell hospitality quarterly，2016，57 （3）：527－538.

［12］范芳芳. 小红书商业模式研究［J］.合作经济与科技，2022，（05）：86－87.

［13］游上，史策. 发展民宿旅游 助力乡村振兴［J］.人民论坛，2018（13）：96－97.

对微度假目的地酒店的思考

——以成都笨酒店业态为例

[作　者] 李　原（四川大学旅游学院）

摘　要： 随着疫情防控常态化和消费市场的变化，短途化、短期化、高频化的休闲度假成为一种趋势，而酒店作为旅游产品的重要内容，一部分有条件的酒店可以通过自生产方式变革，以更丰富的业态，更具品质的产品，更有价值的体验感受适应市场的变化，成为微度假目的地酒店，以增强酒店业的产品丰富程度。

关键词： 酒店；微度假；目的地

随着消费革命，尤其是疫情防控常态化下消费者生活哲学与生活方式的变革，在酒店生产模式变革中，对一些具备条件，又有自身需求的酒店而言，"微度假目的地酒店"的产品定位与开发模式值得关注。

1　问题的提出

关注"微度假目的地酒店"的建设是消费时代社会发展的需要，是旅游业生产方式变革的要求，更是酒店产品转型升级提出的新挑战。

1.1　消费动机变化的需要

诞生于 18 世纪初期的西欧，19 世纪中期在美国最终形成并广泛影响着人类社会生产组织、消费行为与生活理念的消费主义思潮发展到 21 世纪出现了显著的变化，新消费主义理念逐渐取代传统的消费主义观念，正在改变着人们的消费动机与消费行为。

传统消费主义是外向性的，以向他人炫耀而获得满足，因而有时不得不忍受为给他人留下深刻印象的欲望和自身不舒适状态之间的矛盾痛苦，因而传统的消费冲动更多体现在人们希望贴上"有钱人"的印记。而新消费主义是内向性，新消费主义尤其是旅游休闲领域的新消费主义重回"人文精神"的理性高地，人们开始以更高层次的人生目标和价值观为标准来定义消费的意义，重新以自我内心感受为中心，从取悦自身为目的的维度来关注消费过程中舒适生理与愉悦心理之间的协调一致，更为强调消费所创造出的不同生活方式带给自己的价值意义。消费开始由物质占有、物质给予、物质满足向友谊、爱情、亲情、家庭与个人幸福感等需求满足或培养转变。因而，传统的消费主义更注重消费行为的设计，新消费主义更关注生活方式的创造。

上述消费领域的革命性变化必然要求生产方式发生一系列适应性变革，要求创造出新的生产模式与产品样态。对酒店而言，酒店所提供的产品不再停留在一种"装饰性"的奢华与高档层面，而是需要适应消费者内向性消费欲望，创造出一种更贴近价值意义的生活方式，这就要求酒店重新梳理和构建出新型的建设逻辑，从以下几个维度回答消费者的问题：

我是什么：基本功能与特色差异；

我是你的菜：产品与服务的特质与满足能力；

我是你的爱：理念价值、生活态度、人际关系、情感情绪等方面的共情能力，即我能带给您的获得感。

这是对酒店建设的一种革命性需求，也就是说，酒店不再仅仅是功能性的产品，更上升为一种精神性的产品组合，要求酒店提供"旅游目的地"式的综合性需求满足。

1.2 消费方式变化的需要

中国社会已由观光旅游时代进入到休闲度假时代，人们越来越不满足于"打卡式"的游山玩水，更为注重旅行过程中所享受到的美好体验与舒适感受，由此人们的旅游消费方式发生了巨大的变化：

旅游者以选择一家酒店来确定旅游的方向和目的地，以入住酒店产品的丰富程度来控制旅游行程的整体节奏，以入住酒店为圆心划定休闲度假的辐射范围，以入住酒店为基点来拓展其他旅游产品共同构成休闲度假的完整消费样态，以入住酒店的服务为主体来形成对旅游行程的最终满意度和分享内容，以离开入住酒店回到家中来结束自己的整个旅程。

由此，相对于观光旅游时代以资源为导向的生产方式，休闲度假时代的旅游目的地建设中，酒店不再是配套性辅助产品，酒店成为旅游目的地建设的核心和枢纽，旅游者会为了一家有品牌的酒店而选择一座城，会因为一家有特色的酒店而认同一个目的地，因此酒店产品的特色、功能与服务体验直接关系到旅游目的地的认知与评价。

1.3 消费行为变化的需要

疫情常态化背景下，人们的休闲度假旅游方式发生了显著性变化，从 2020 年开始，"宅酒店"成为一种时尚和潮流。而随着人们对生活方式理解的不断深化，我们更清晰地看到，2022 年元旦以后，"宅酒店"的内容更进一步发生了变化，这之前的"宅酒店"是一种简单的待在酒店，待在客房内的概念，而现在的"宅酒店"被赋予了更高的要求，表现出一种更为成熟的休闲度假消费特征。在"宅酒店"过程中获得和体验到一种有品位的、与日常熟悉生活不同的、具有幸福愉悦感受的生活方式成为一种必须，具体来说，人们更热衷于选择具有以下清晰而鲜活形象的酒店作为休闲度假目的地：

一是轻松、时尚、休闲感强的酒店，包括酒店环境幽雅，建筑与空间调性十足，特色鲜明，产品舒适度高等品质要素；

二是好玩、好闲、带入性高的酒店，包括酒店自身产品类型的休闲特质与丰富程度，和周边旅游、休闲、娱乐、购物、特色餐饮、夜生活等资源、产品、内容的组合性高，整体呈现出某种独特的生活方式内容等体验要素；

三是有趣味、有故事、分享价值大的酒店，包括酒店 slogan、场景、服务等具有可触动、可分享、可讲述、可炫耀等 IP 要素。

疫情常态化背景下，"宅酒店"作为一种新兴的休闲度假消费形态越来越成为一种潮流，这就要求酒店以旅游目的地建设的思维，改变传统的设计建设理念，一方面考虑酒店空间内部功能、氛围、场景、服务等传统产品要素的建设；另一方面需要更为重视从更大范畴和更高层面实现满足休闲度假需求的产品体系建设，从而实现酒店由单一功能向综合体系，由住宿产品向休闲度假目的地的转型。

综上所述，微度假目的地酒店实质上是文旅结合的产物，是时代发展的必然，是消费变革的需要，更是酒店业转型升级的一种有效方式。

2 什么是微度假目的地酒店

2.1 基本概念的辨析

"微度假"是2014年左右从文旅地产项目开始的一个概念，其目的在于通过地产项目的环境优势为人们创造一种类似于度假般的体验感受以带动地产销售。而随着疫情常态化下短距离旅游消费的主体化，微度假概念越来越引起人们的关注，被引入旅游消费领域，微度假强调"微"的规定性，即主要用于区别传统的长距离的异地化、异质化旅游度假，专指一种旅游者短途化、短期化、高频化的休闲度假行为。

首先，从指向休闲度假消费方式角度分析，微度假与微度假目的地酒店二者具有一致性，均是针对休闲度假消费需求的概念，但二者又存在区别。"微度假"概念是从消费行为的角度所做的一种界定，强调的是消费者短途化、短期化、高频化的行为特点。而"微度假目的地酒店"则更多是从产品生产角度所做的一种规定，强调的是对将酒店建设成为休闲度假"目的地"相关环节与要素的思考。因而，从市场角度分析，其区别更多体现在形成影响力的微度假目的地酒店不仅具备短途化、短期化、高频化的市场效能，也极有可能产生长距离高频化、异质化全龄段的品牌传播度。

其次，微度假目的地酒店作为适应时代变化，消费升级与细分趋势提出的一个新概念，有两层意思尤为重要：

一是相对于观光旅游时代旅游生产方式从产品内容角度所做的区别，即是说住宿业由旅游目的地的配套型产品提升为主导型产品，酒店的"休闲度假目的地"化是最本质的属性要求。

二是微度假目的地酒店的"微"是相对于旅游城镇、旅游景区、旅游度假区等传统的旅游目的地而言的一个概念，是从空间规模上所做的区分，强调的是以酒店为基点的休闲度假目的地的小型化、微型化特征。

2.2 微度假目的地酒店的定义

基于以上辨析，如何定义微度假目的地酒店呢？

首先，微度假目的地酒店是适应新消费时代发展趋势对酒店设计、建设、运营、服务与可持续发展等相应问题的创新性思考，微度假目的地酒店打造过程就是思考、分析、梳理与确立新的市场需求，形成酒店产品核心价值意义，提炼酒店 IP 的过程；更是确定酒店未来细分市场，通过顾客身份界定，确定酒店产品特性定位的过程。由此，微度假目的地酒店所形成的产品超越单纯功能概念，也跨越仅为吸引注意力而塑造场景的层面，构成为一种与细分市场消费特点相适应的，具有显著特征与深刻内涵的"生活方式"。

其次，微度假目的地酒店不是一个封闭的系统，而是一种业态组合的概念，业态要素既包括客房、餐厅等酒店惯常型产品，也包括酒店文化性创意产品、休闲性创新产品等，还包括酒店周边可利用的旅游休闲项目、特色餐饮、娱乐康体活动等资源。微度假目的地酒店正是在整合各种资源要素的基础上，从多样性休闲功能开发，到时尚情趣化场景，再到智能化全覆盖性服务，最终构成一种能够满足食住行游购娱等功能需要，充实全方位生理、心理、情感等价值需求的"消费业态"，依据这一生产逻辑，酒店变身为业态，也上升到微度假目的地的高度。

因此，所谓微度假目的地酒店是指适应新消费时代休闲度假的趋势和潮流，基于某种独特的生活态度和理念，以 IP 为核心，以创意设计为驱动，以创新产品为特色，以完整业态组合构成的具有目的地功能特性的酒店。

3　微度假目的地酒店的基本产品要素

微度假目的地酒店作为一种小型或微型化的休闲度假旅游目的地，其建设有其自身严格的逻辑，必须遵循最基本的商业规律要求。微度假目的地酒店基本的产品要求归纳起来应包括以下内容：

一是具有哲学和审美价值的 IP 理念；

二是具有分享价值的空间调性；

三是具有参与互动感的休闲产品；

四是具有舒适度的核心产品状态。

3.1　IP 理念

微度假目的地酒店更多是在旅游资源品级不高或者城市其他区域以酒店为载体，整合相关资源，以创意设计为手段，以产品特色为吸引物所开发打造的一种小型或微型旅游休闲度假目的地。因此，IP 理念的设计与推广尤为关键和重要，直接关系到酒店能否成为一种"现象"，能否回答消费者"我是你的爱"的终极命题，从而带来流量，驱动酒店变身成为一个目的地。

微度假目的地酒店IP理念具有驱动能力，发挥作用的关键在于故事性和趣味性。

会讲故事是人类文明诞生的基石，而讲故事的最高境界是形成某种独特的认知价值，即塑造"一个东西在人们心中的形象"。兴趣是引发人们好奇心的心理按钮，新颖、独特、未知与有趣等心理感知能够不断刺激和诱导人们去探究某一事物的内容，形成强烈的体验欲望。

如坐落于成都锦江边，太古里商圈附近的成都笨酒店以"笨"为超级IP创意，"一躺下就变懒"的自我形象刻画让IP理念适应了现代人渴望慢生活的心理需要，高度契合了现代人的生存方式、生活态度和恬静活法，这便让IP理念具有了美学意味的认知价值。敢明目张胆贩卖"笨"的酒店到底是一个什么样的酒店，让IP具有了趣味性，激发人们的好奇心。对此，酒店响亮地提出了"笨是一种幸福"的slogan，这让"笨"上升为一种哲学表达，体现的是一种新型的酒店生活方式，销售的是一种幸福愉快的感觉。"在笨酒店你可以做到一杯'笨茶'，放松一个下午；一道'笨菜'，深交一群朋友；一间'笨酒店'，疗愈一个夜晚"的产品描述则让"笨是一种幸福"的slogan得到了形象化的展现。因此，在"笨"的IP理念引导下，酒店不再仅仅是一座酒店，酒店变身为一个微型成都市井生活、休闲韵味的认知目的地。同时，在笨酒店人心目中，"笨"乃竹本之合，因此酒店的企业生命应像"竹"一样不矫情，有点土壤便生长，给点阳光更茂盛。酒店服务更应像"竹子"那样婆娑而富于韧性，聪明人下笨功夫，贴心而富有礼仪，规范而充满弹性。如此，笨酒店的IP理念便与企业文化、服务价值观深深地连接起来，slogan不再是一句口号，而是具备了源源不断的内在动力和不断创新生长的丰富营养。

由此可见，微度假目的地酒店在"目的地"化建设过程中需要立足企业精神、价值观、群体意识、发展愿景等企业文化，通过能让当代人感兴趣、有共鸣、有回应的slogan传导去改变人们心目中既有的印象，在更时尚、更有趣、更轻松、更休闲、更丰富的IP内容中重塑出别样的酒店认知形象，构成为一种目的地的认知价值。IP的趣味性设计则能不断激发人们的兴趣，刺激更多人来探索"目的地酒店"的差异特色，感知"目的地酒店"的价值内涵，这便为酒店的目的地化建设培养出了强大的市场需求和广阔的市场潜力。

3.2 空间调性

酒店是在空间中完成功能满足、情感传递和体验塑造的行业。空间调性是指创作者将自身理念与审美，通过设计、经营、管理、服务等途径、方法投射到空间之中，从而赋予空间的某种独特气质、个性与特色，决定着酒店整体的艺术风格和审美品位，也决定着酒店产品分享价值的高低，进而直接关系到酒店在消费者心目中"我是你的菜"的核心问答。

酒店空间调性不仅体现在人们通常熟悉的建筑外观造型、空间装修装饰、家具选型、艺术陈设等建筑空间工程层面，更体现在 IP 形象、网红景观、员工风采等目前最易引发消费者关注，最具分享价值等重要环节上。

成都笨酒店奉行"竹本精神"，匠心打造每一处空间和每一个产品，将自己的空间调性称为"笨生态"，其许多做法充分实现和验证了上述逻辑。

IP 形象：IP 理念的情绪传递与情感黏性需要通过具象的形象符号来实现。成都笨酒店为此专门设计了"笨笨鼠"的拟人化 IP 形象，看似笨呆呆，实则具有"鼠"一般的聪慧与灵敏。通过笨笨鼠这一可爱形象在酒店内的不断出现与情态变形，让"笨"的概念瞬间生动形象、活泼有趣起来。

酒店所有的员工都以"笨笨"为基调，为自己选择了一个可爱的工作名称，作为一种与 IP 相关联的符号，员工与客人的互动融入了卡通般的浪漫色彩。笨酒店业态创始人彭先芬，一位美丽、知性、优雅的职业女性被客人亲切地叫作"笨仙"，真诚而无所不知，勤奋更无所不至，"贴心的笨服务"内涵由此得到深化，多了几许耐人品味的高古意蕴。

正是透过可感知、可触摸、可收藏、可记忆的 IP 形象，成都笨酒店形象而动态性地让"笨"的理念构想以"有形、有魂、有情"的方式散发出绚丽的光彩，流淌出迷人的魅力。

空间格调：酒店空间氛围制约着消费者视觉与心理感受的审美判断，成都笨酒店原本是一家有限服务型酒店，但酒店以国际化的审美视角、现代美学设计的语汇、科技的手段扬长补短，充分利用有限的空间，在实现功能最佳组合的同时，完成了酒店悠闲精致的美容工程。

前厅"笨笨鼠中心艺术品、总服务台接待区竹管放射型灯具华盖、笨树吧的红色背景墙、艺术画廊、胭脂红系列客房、蒂芙尼蓝的床头柜、客房笨笨鼠造型的镜面、Eva Box、小方巾上"热爱可抵岁月漫长，愚笨可挡世间圆满"的俏皮话以及电梯间、地毯上仿佛随意的那么一笔涂抹……都让人眼前为之一亮，心中由此一震，成都笨酒店在有限空间中营造出了最高的颜值。

网红产品：可分享产品是旅游目的地话题和幸福乐趣，更是旅游目的地重要的产品内容。成都笨酒店在微度假目的地业态打造过程中高度重视具有网红特质的产品开发。

一是酒店高度关注空间环境中的"景观小品"（网红打卡点）的设计与推广，酒店建筑外观、奥特曼之父设计的门头、总台接待区华盖、笨笨鼠中心艺术品、楼层转换3D通道、阳光平台笨笨鼠招呼爬墙熊猫、客房卫生间用品笨语录，包括每个走廊尽头等处皆有非常出片的视觉亮点，并有专门的标识牌引导客人打卡拍照。

二是酒店充分利用笨笨鼠气质形象，开发出一系列的特色旅游商品，在酒店的所有空间你均能看到笨笨鼠不同情态的形象符号，在酒店小商场你也能买到各种各样的笨IP商品。在餐厅、梯步道等地方你还能看到笨笨鼠讲述的"忍一时风平浪静，笨一下海阔天空""恋爱中的人都是笨人""笨人总能坚持成功"等有趣而深刻的人生箴言。这一切总能引起客人的浓厚兴趣，或拍照记录或会心一笑，一举一颦中更为深刻地领会到"笨"的智慧与酒店的聪颖。

三是"饱了眼福，必饱口福"是旅游目的地消费的特性，因此成都笨酒店在餐厅"笨菜"研发的同时，高度重视休闲特色十足的饮食品开发，"笨玩啤"IPA精酿啤酒、"笨一点"甜点、"笨茶"奶茶、"笨树"咖啡等已成为笨酒店脍炙人口的畅销产品，极大强化了酒店休闲自在的精神气质。

正是通过上述种种精巧设计与潮点凸显，成都笨酒店塑造出自身时尚、温暖、深情与充满小清新的空间调性，完全符合现代大众消费审美的趋势，酒店也因此产生了更多的话题性和分享价值，其休闲度假目的地特质得到了极大的丰富和显现。

3.3 休闲产品

充满调性的酒店空间是微度假目的地酒店的舞台，而具有生发品位、雅兴、静心、放空气质的休闲产品是舞台上演的戏剧故事。休闲度假是一种生活方式，从休闲角度理解的度假是指一段时间内的逃避，追求快乐，发现自我和享受亲情、友谊等温暖感受的过程。因此，微度假目的地酒店的产品始终应该关注人们在酒店中的居留状态，重视酒店所提供产品、服务带给人们精神与身心的愉悦功能与作用。而作为一种特殊的情感性活动，休闲产品的参与性、互动性至关重要，正是通过员工与客人之间、客人与客人之间、客人与当地居民之间的互动才能传递情感，也只有通过参与才能激发宾客的兴致，调动身心，收获满满，创造快乐。

成都笨酒店将自身产品创新定位在"让消费者彻底放松、变懒，品享成都慢生活"的基调之上，倡导消费者在酒店生活期间"一键变懒"的状态与节奏，十分强调产品休闲自在的特性，为此成都笨酒店开发了若干与慢节奏、闲生活息息相关的服务功能和产品。

酒店本身就是一座艺术馆，其时尚、清新与温暖的空间调性便能让消费者平心静气。

榻榻米式的客房、悬浮式床型、十样锦系列布草、花卉勾描的墙绘、智能化床垫、Eva Box 让客房成为"自己的房间"。

国宝级川菜大师烹制的"笨菜"私房菜、大师关门弟子荣获金芙蓉大奖的"竹本笨"主题宴会、锦江河畔"笨菜"河边边融合川菜、"笨玩啤"精酿啤酒馆佐酒小食品、B－TREE 咖啡餐酒吧意大利餐、RIVERN 河处东南亚风情餐，使酒店的餐饮多姿多味，复合多元。

酒店枕经书院、艺术画廊、女士美甲服务区、INJOY 熠熙街舞工作室、笨健康享岸推拿中心、非物质文化遗产的熊猫古法采耳馆、蔓河系花艺屋、手工集市、参与互动式"原气喜剧，快乐相遇"的小剧场演出等功能与产品更让酒店形成一个集食住行游购娱为一体的目的地业态体系。

由此可见，参与互动感的休闲产品是微度假目的地酒店建设的核心内容，在产品链条的串联之下，不同喜好对应不同的产品，不同需要有不同的互动项目，各取所需，怡然自得，产品的参与与互动性创造了酒店的休闲度假特性，产品的丰富与多样性更从本质上回答了消费者"我是什么"的认知问题。

3.4 舒适状态

状态是体验消费的综合反应，而产品舒适度则是状态生成的前提条件。舒适度是指环境对人的刺激所引起的生理、心理的一种愉悦快乐反应。酒店环境包括硬件环境、服务环境和审美环境三个方面，只有三方面环境形成的刺激量控制在客人适应的范围内，客人才会感到自由、轻松、惬意与满足，才会产生舒适的消费状态。酒店产品舒适度包括知觉舒适度和行为舒适度，所谓知觉舒适度是指环境刺激引起的知觉舒适度，主要包括视觉环境、听觉环境、嗅觉环境与肤觉环境的舒适性。所谓行为舒适度是人在环境中行为的舒适程度，包含人对环境的感觉、认知、态度和空间行为等。

成都笨酒店在微度假目的地酒店建设过程中，十分重视空间与环境建设，尤其在酒店客房这一最核心产品的打造上，强调以高科技、智慧化提升舒适度的基本方针，倾注了许多心血，取得了良好的效果。

首先，成都笨酒店高度重视消费者知觉舒适度建设，通过品质提升创造出良好体验感受。酒店调性十足的客房设计，720智能空气净化消杀系统，功能合理的卫生间设计与卫浴设施，品质高档的睡衣、巾类等布草配置，集中面膜、卸妆湿巾、隐形眼镜护理液、蒸汽眼罩、磨脚贴、双眼皮贴、隐形眼镜盒等物品的Eva Box和高品质洗漱用品、安心茶包等，使客房具有了时尚、温暖、舒适、自在的体验感受。

其次，"一键变懒"是酒店追求的一种消费状态，通过全智能化客房设备引进强化了宾客的行为舒适度。客房语音系统设计，在有趣和好玩的智能服务中，减少了很多规定动作，在"一键变懒"中方便了宾客的使用。思利福智能床具有多角度智能升降调节功能、高频微震零重力按摩功能、人体睡眠数据实时监测及预警功能、睡眠报告生成及推送功能等智能化优势，黑科技、高品质与高格调瞬间让客人为客房的科技感、时尚感与休闲感而着迷上瘾。

最后，在"创造无处不在的惊喜与感动"的目标引领下，酒店提倡极致用心的服务，鼓励员工积极响应宾客需求，主动作为，创新服务，使"贴心笨服务"落地，营造出温暖贴心的心理环境。因此，在成都笨酒店只要你提出要求，立即就会得到回应，往往在服务的响应中会出现你意想不到的惊喜与感动。就像有客人描写的那样："半夜叫瓶矿泉水，前台拿到房间时居然是热的呢，好似一杯优乐美奶茶，这个寒冬暖暖的……"同时，酒店推出的"一公里骑士服务"将这种温暖由店内延续到店外，只要你有需要，一个电话、一则微信消息，管家便会来到你的身旁，通过这种服务，成都笨酒店用温馨体贴的服务红线将酒店与望平街、太古里、成都339、大慈寺等成都网红的旅游、购物、餐饮、娱乐景点连接成一线，实现了资源整合，完成了微度假目的地酒店建设的最后一环。

综上所述，正是通过"笨文化+笨生态+黑科技+IP创意+服务创新"的模式，成都笨酒店明确了自身发展方向，丰富完善了自身产品品质，塑造出自身悠闲精致、自在休闲的独特气质与形象，从而实现了由酒店到业态，由酒店到微度假目的地的华丽转身。

微度假目的地酒店是适应消费变化，适应旅游业生产方式变革，适应酒店业转型升级，适应酒店创新发展的一种新思路、新概念和新模式，一切尚在路途，前面已现曙光。

参考文献

［1］［法］让·鲍德里亚．消费社会［M］．刘成富，全志刚，译．南京：南京大学出版社，2021.

［2］龚鹏程．游的精神文化史论［M］．石家庄：河北教育出版社，2001.

［3］［美］Dean Macnnell．旅游者：休闲阶层新论［M］．张晓萍等，译．桂林：广西大学出版社，2008.

［4］［美］彼得·斯特恩斯．世界历史上的消费主义［M］．邓超，译．北京：商务印书馆，2015.

后疫情时代民宿旅游消费者行为调查

［作　者］肖　晓（成都理工大学　旅游与城乡规划学院）

黄　萍（成都信息工程大学　管理学院）

魏嘉豪（成都理工大学　旅游与城乡规划学院）

摘　要： 随着旅游消费的不断提升，游客的消费水平和消费理念发生了变化，酒店业的发展也在不断升温。2019 年底发生的新冠肺炎疫情对我国文旅产业造成重创，旅游新业态民宿业的脆弱性显露无遗。在乡村振兴的大环境下，作为乡村旅游产业链中的一个重要环节，民宿的复兴和可持续发展具有十分重要的作用。本文试图通过研究民宿消费者行为，分析其疫情后住宿动机及其行为变化的影响因素，进而从定位、营销、服务及政策等探究后疫情时代民宿发展的出路。

关键词： 民宿旅游者；民宿消费；消费行为调查；后疫情时代

1　引言

中国的经济发展和居民消费水平的提高，使其进入了一个崭新的时期，传统的旅游产业也出现了巨大的变革。在传统的规模性经济发展模式中，旅游业的不同领域也走上了融合之路，开始不断变革、创新。旅游市场也越来越完善，越来越细致。随着"全域""大众化"的大环境变化，越来越多的景区开始将其独特的旅游资源、民族特色融入宾馆，并将其独特的文化特征融入到宾馆建筑中。因而，在大众的视野中呈现出越来越多融合当地旅游资源特色并进一步创新的住宿业——民宿，逐渐成为旅游产业的生力军，并在乡村振兴中扮演着越来越重要的角色。

1.1 民宿释义

民宿，源自日本的民办旅店（minshuku），这是日本政府批准的一种由私人经营的假日形式，城市居民可以以家庭为单位，到农家民宅中去居住。20 世纪 80 年代后期到 90 年代初期，为了解决泡沫经济带来的种种问题，日本政府出台了鼓励发展农渔山村的政策，允许个体经营一种城市居民以家庭为单位寄居于农家的民宅，这是一种新的度假形式，叫作"民宿"。也有观点认为，民宿兴起于欧美，以英国的 B&B 及美国的 home stay 为代表[1,3]。在 2019 年 7 月文化和旅游部发布的关于《旅游民宿基本要求与评价》行业标准的公告中，对民宿的定义为：利用当地民居等相关闲置资源，经营用客房不超过四层、建筑面积不超过 $800 \mathrm{m}^2$，主人参与接待，为游客提供体验当地自然、文化与生活方式的小型住宿设施。民宿分为 3 个级别，由低到高分别为三星级、四星级和五星级[2,3]。

1.2 民宿发展现状

从 2020 年开年至今，我国乃至全世界都受到新冠肺炎疫情的影响，整个旅游业都进入了停摆状态，全国各地由于疫情防控原因导致旅游游客数量急剧减少。疫情的暴发具有突发性、不可控性，进而导致各地疫情防控政策不断调整、改变，2021 年的住宿时间大幅减少，预定时间推迟一周，超过 90% 的订单都在四天之内完成[4]。根据《2020 年度民宿行业研究报告》，中国旅居发展协会发布的一份报告显示：2020 年，我国乡村民宿的数量将超过三百万。很明显，在后疫情时期，旅游业尽管受到了很大的冲击，但是，在共享经济蓬勃发展的今天，如何将危机转化为机遇，有效地降低疫情对旅游业的负面影响，是目前亟待思考和解决的现实问题。

2 乡村民宿消费行为调查数据分析

为了了解目前在新冠肺炎疫情下游客对民宿消费的认识，本研究进行了大量调查，希望能为今后的民宿业重建与发展提供一定的借鉴。网上调查从 2021 年 12 月 25 日开始，持续了一个星期，共回收 303 份有效数据。

2.1 调查样本统计与数据分析

2.1.1 出游分析

关于疫情后人们是否出游过这个问题，从收集的 303 份有效数据来看，有

214 人没有出去旅游过，占比 70.63%，只有 89 人出游过，占比 29.37%。

表 6-1 出游人数比例

是否出游	人数	百分比（%）
是	89	29.37
否	214	70.63

以上结果可以看出，疫情给人们带来的影响是很大的，旅游意愿也有所下降，大部分人出于安全着想，在疫情未消除之前不会选择出去旅游。

2.1.2 民宿住宿意愿分析

对"住宿意愿"的问卷调查显示，68.98% 的游客对民宿的偏好较高，在出游时更愿意优先考虑民宿，31.02% 的游客则对民宿的偏好较低，出游时不愿意选择民宿。

表 6-2 民宿住宿意愿

住宿意愿	人数	百分比（%）
是	209	68.98
否	94	31.02

总结其原因并不难发现，在此次疫情中许多酒店都发现了病例，酒店作为人员密集场所，人流量很大，这也在一定程度上增加了被感染的风险，而民宿更为独立，安全性较高，成为众多旅游爱好者的首选。

2.1.3 入住民宿同行人员分析

入住民宿同行人员调查发现，家人占比 36.96%，情侣 25.41%，朋友 26.73%，独自一人 10.89%。从中可以看出，家人、朋友、情侣的占比差异不大。

表 6-3 入住民宿同行人员

同行人员	人数	百分比（%）
家人	112	36.96

同行人员	人数	百分比（%）
情侣	77	25.41
朋友	81	26.73
独自一人	33	10.89

民宿作为一个互动性较强的场所，大部分人会选择和家人、朋友、情侣一同入住，有助于促进与家人、朋友、情侣之间的感情，而对于少部分的旅游者来说，更愿意独自一人享受安静舒适的环境。

2.1.4　民宿价格选择偏好

在人们最关心的消费价格方面，大多数游客更倾向于选择价格实惠的民宿，大约占75%，中端民宿占比约25%，只有极少部分游客愿意选择高端民宿。

表6-4　民宿价格选择偏好

价格选择偏好	人数	百分比（%）
200 以下	112	36.96
201－350	111	36.63
351－500	56	18.48
501－800	22	7.26
800 以上	2	0.66

此次疫情使很多人经济受损，部分人无法外出工作，没有经济来源，生活拮据。这也在一定程度上影响了人们消费的水平。

2.1.5　民宿类型选择偏好

根据旅游资源属性，将民宿划分为四类，分别为"农园民宿""温泉民宿""海滨民宿"和"传统民宿"。在对疫情后的偏好类型的调查中，以海边民宿为主，温泉民宿成为其次，这表明了人们对自身及家庭的健康、休闲养生、宜时锻炼、自然之美的重视，并对人与自然生态环境的关系进行了反思，从而产生了敬畏自然、亲近自然的心理[5]。疫情发生之后，人们将身体健康放在首位，改变了原有的生活习惯和态度。乡村民宿以"健康生活，亲近自然"为主题，消费者在体验自然之美、生活之道的同时，也能从都市的喧闹中解脱出来，体会到心灵的安宁。疫情之后，人们也意识到入住民宿就是体验生活的好方式，人的生命和自然相比十分脆弱，要学会享受生活，热爱生活，亲近自然。民宿经营者要顺应变化的需求，对民宿主题、民宿活动进行重新设计。

表6-5　民宿类型选择偏好和不同类型民宿满意度

类型（选择人数） 分数	1	2	3	4	5	平均分
农园民宿	29	30	99	74	71	3.42
温泉民宿	14	8	50	103	128	4.07
海滨民宿	16	2	55	91	139	4.11
传统民俗民宿	16	24	66	94	103	3.81

满意度问卷显示，游客对海滨民宿的满意度最高，温泉民宿次之，反映出疫情过后，消费者更倾向于以自然与康养为主题的民宿。

2.1.6　游客对选择民宿的影响程度评价调查

在后疫情时代，我们可以清楚地看到，游客对清洁度十分重视，定期的深度保洁不仅会减少房屋的损耗，也会优化消费者的入住体验，特别是疫情后，就更会博得房客好感，制造二次入住的机会。

表6-6　游客对选择民宿的影响因素及程度

类型（选择人数） 分数	1	2	3	4	5	平均分
设施完备度	12	5	38	92	156	4.24
舒适度	12	4	23	75	189	4.4
清洁度（卫生程度）	12	2	18	53	218	4.53
服务（如接送服务、旅游指南等）	10	7	50	90	146	4.17
交通便利度（地理位置）	13	2	30	100	158	4.28
价格	12	7	48	88	148	4.17
人气度（如口碑等）	12	4	58	106	123	4.07

类型（选择人数）　　分数	1	2	3	4	5	平均分
安全性	13	1	29	48	212	4.47
文化特色	12	6	39	91	155	4.23

通常游客选择民宿考虑的因素主要有设备、舒适度、清洁、服务、交通、价格、人气、安全及文化特色等，统计显示，疫情后，游客选择民宿首先考虑的是清洁（4.53），其次是安全（4.47），舒适度排第三位（4.4），而以往考虑较多的价格（4.17）和人气（4.07）则排名靠后了。民宿是有温度的，这点在清洁方面体现得也更加明显。需要真正把清洁服务放在心里，积极践行高标准的清洁服务。所谓竞争力，可能就是在这一点一滴的坚持中积累出来的，最终变成了守护民宿订单的护城河。调查发现，消费者对于民宿的安全问题同样十分关注，但是民宿对人防的保护力度不够。虽然有固定的营业场所，但是没有设立和建立严格的安全管理制度，而且个体规模较小的民宿也没有能力聘请专业的安保人员。

2.1.7　住宿类型选择偏好分析

在新冠疫情发生后，约48%的游客愿意在出游时选择民宿作为住宿方式，约50%的游客愿意选择酒店或宾馆，约2%的问卷调查对象填写了其他。虽然和酒店或宾馆相比仍然有差距，但是，随着民宿业的发展，这种差距正在逐步缩小。

表6-7　住宿类型选择偏好

住宿类型选择	人数	百分比（%）
民宿	145	47.85
酒店或宾馆	152	50.17
其他	6	1.98

2.1.8　民宿竞争力影响因素分析

对于民宿竞争力，调查显示，排在前三位的是功能（55.78%）、舒适（52.15%）和特色（51.82%）是影响民宿竞争力的主要因素。其体验与互动、卫生情况、地理位置、价格、口碑情况次之。

表6-8 民宿竞争力影响因素

分数 类型（选择人数百分比）	1	2	3	4	5	平均分
特色（文化、装修等）	4.95	2.97	10.23	30.03	51.82	4.21
体验与互动	4.29	2.97	16.5	33.66	42.57	4.07
卫生情况	6.6	3.96	18.81	25.08	45.54	3.99
地理位置	5.94	5.28	15.51	31.68	41.58	3.98
价格	6.27	2.97	16.83	31.68	42.24	4.01
功能丰富度（观光、做饭、住宿等）	4.29	2.31	9.9	27.72	55.78	4.28
口碑情况（口口相传、评分高低等）	4.62	1.98	17.82	30.69	44.88	4.09
舒适度	4.29	1.98	12.21	29.37	52.15	4.23
安全性	5.28	2.64	15.18	23.76	53.14	4.17

对旅游者而言，民宿自身的特色是最重要的竞争力，只有在设计、经营理念上有独特的设计和经营理念，并将当地特有的民族风情、人文风情等融合为一，满足游客的探究心理和好奇心，打造属于自己的IP，产品设计上能让游客参与并体验其中，就能吸引更多的游客，推动民宿的发展。而功能在设计时可以考虑除住宿外，在餐饮、休闲等方面进行补充和完善；至于舒适度，还可以通过后期的软装和服务加以提升。

2.1.9 预订渠道分析

在民宿预订方面，游客最主要的预订方式是通过旅游官网预订（约占65%）；其次是通过爱彼迎、小猪短租等民宿APP进行预订（约占54%）；再次是通过电话预订（约占26%）以及现场预订（约占18%）。

表6-9　预订渠道选择

预订渠道	人数	百分比（%）
旅游官网	196	64.69
爱彼迎、小猪短租等民宿 APP	163	53.80
电话预订	78	25.74
现场预订	54	17.82

可以发现，随着互联网时代的到来，越来越多智能终端设备的出现，游客的预订方式也随着时代的发展而变化，而且，后疫情时代下，多数游客在安全健康问题的考虑下更愿意选择使用智能终端设备预订住宿。

2.1.10　出行方式分析

通过数据分析，由表6-10可以看出，一半以上游客采用混合交通方式（占比55.12%），其次是自驾（29.7%），再次是高铁（8.91%），最后是飞机（6.27%）。

在疫情后采用自驾出行无疑是比较安全的出行方式，而且自驾游的方式能够让游客在旅游目的地停留的时间更加自由；其次是高铁，高铁无疑比飞机更加经济实惠，所以选择高铁的人数也比飞机更多，加上我国高铁发展迅猛，所以民宿的选点可以靠近高铁的中枢；最后是飞机，一般选择这种出行方式的都是目的地较远的游客。

目前，随着我国运输技术的进步和运输手段的改进，农村旅游日益成为人们喜爱的一种形式，因此，乡村民宿成为农村经济转型的一个重要手段。

表6-10　出行方式选择

出行方式	人数	百分比（%）
自驾	90	29.70
飞机	19	6.27
高铁	27	8.91
混合（以上都有）	167	55.12

2.2 调查对象基本信息分析

2.2.1 调查对象性别分析

有64%的女性参与了这次的旅游问卷调查，男性占比约为36%。

表6-11 调查对象性别分析

性别	人数	百分比（%）
男	109	35.97
女	194	64.03

由于社会与文化对男女角色的划分与表现形式存在着不同的期望与标准，使得男女具有不同的性格特质，从而在相同的事情上会做出不同的抉择。最近几年，无论是网络媒体还是综艺节目，都有不少的女性游客。这表明了女性更加关注旅游的话题，也更加愿意旅游和在旅游中消费。

2.2.2 调查对象年龄分析

根据图表可知调查对象中青年占了77%，说明青年群体更有旅游与消费乡村民宿的意愿。18岁以下的入住很少，主要原因是我国对未成年人入住旅馆、酒店等有相关限制。而36到50岁也有不少，并且有逐渐扩大的趋势。而50岁以上占比较低，主要原因或与其获取信息渠道习惯有关。

表6-12 调查对象年龄分析

年龄	人数	百分比（%）
18岁以下	4	1.32
18~35岁	234	77.23
36~50岁	50	16.5
50岁以上	15	4.95

心理、生理和社会的差异导致不同年龄阶段存在着不同的旅游偏好和行为。因此，进一步了解年龄差异带来的旅游行为差异，有助于丰富消费者旅游行为研究的理论内容，让民宿经营者更加科学地认识旅游市场的规律。在实践上也有助于旅游景区针对不同年龄的目标市场进行定位，对旅游服务等工作进行科学指

导、精准定位。

2.2.3 调查对象受教育程度分析

通过图表可以看出，82%的调查对象是大学及以上学历，这与我国教育的发展有关，更多的是高学历人群更加喜欢新奇、有文化内涵的事物。

表6-13 受教育程度分析

受教育程度	人数	百分比（%）
高中、高职	40	13.20
大学及以上（含专科）	249	82.18
研究生以上	14	4.62

消费者的受教育程度会影响旅游消费的收入，同时也会通过知识、技能和认知能力等方面进行影响。消费者的文化程度直接影响旅游消费，主要表现为：教育可以促进人力资本的发展，从而提升个体的工作能力，促进个人的收入增长。消费者的文化程度直接作用于旅游消费，主要表现在：教育可以改变人们的消费观念，培养成人的消费倾向[6]。

2.2.4 调查对象职业分析

由于民宿的推广主要靠微信公众号、微博、抖音及小红书等新媒体渠道，而青年学生对网络以及新媒体接触更加频繁，并且对民宿这种新兴入住场所好感度较高，因此本次问卷调查结果显示学生占比高达39.27%，是民宿产品消费的主力人群之一。其次为企业职工，占比20.46%，企业职员经济来源稳定，是民宿的主要客源。事业单位人员（含公务员）和自由职业者分别占比15.18%和12.87%。总体而言，参与调查对象的职业符合正态分布。

表6-14 调查对象职业分析

职业类型	人数	百分比（%）
事业单位人员（公务员、教师等）	46	15.18
企业职工	62	20.46
学生	119	39.27
自由职业	39	12.87

职业类型	人数	百分比（%）
其他	37	12.21

在303份有效问卷的基础上，通过被调查者给出的民宿发展建议统计发现，卫生安全、文化特色及功能丰富是关注度最高的，消费者希望民宿能够在这些方面多加重视。疫情提高了人们的健康意识，而酒店业作为一个重要的旅游产业，必须加强整个行业的安全与规范化。

2.3 调查结论

在新冠肺炎疫情对我国旅游业产生巨大冲击的情况下，乡村民宿是乡村旅游的重要载体，其消费需求亟待恢复和持续发展。

3 后疫情时代民宿发展对策及建议

随着我国经济的发展，人们对休闲旅游的需求迅速增加，对乡村民宿的关注度也在不断提高，民宿已经成为人们休闲生活的主要选择[6]。针对疫情过后的民宿市场调查发现，民宿不能只体现出"住"的这一特性，要发掘其更多的特性，增强其抗压能力。只有这样，民宿在突发事件下才能随机应变，及时做出调整，更加自如地应对市场、迎合消费者。民宿经营者如果要提高抗压能力、分散经营风险，就必须要完善民宿的功能设计以增加收入来源。针对目前农村家庭旅馆的现状，对其进行了调研和分析，提出了提高游客满意度、实现高质量可持续发展的对策。

3.1 塑造民宿主题特色，定位目标顾客群体

近年来，民宿的规模迅速增加，竞争日趋激烈，在这种情况下，民宿要在激烈的竞争中占据一席之地，就必须树立主题特征，准确定位目标客户[7]。民宿的消费者一般都是时尚个性的自由行游客，因此，通过对民宿建筑、环境、氛围等要素的规划与设计，依托原有住宅的特点，营造出一种与都市生活截然不同的创意形式[8]。在软实力方面，除了具有特色的硬件建筑外，人文特色也是民宿发展的重要支撑。对乡土文化内涵的挖掘是乡村旅游的一个重要方面。将本地的价值和特点最大限度地展现给客人，并在客人之间进行互动，以创造一个温馨的

气氛，提升游客对本地特色和文化的认同[9]。

3.2 利用互联网与自媒体平台，做好线上线下互动营销[10]

民宿消费者的资讯来源以亲朋好友、网络为主，故必须加强与顾客的交流，以了解顾客的需要，倾听顾客的建议，以提升顾客的满意度，进而提升知名度。另外，随着互联网的迅猛发展，电脑、手机等已成为旅游者对民宿进行调查、评估的主要手段，民宿经营者应注重网络营销与预订，并通过社交媒体和自媒体来获得更多的关注[11]。同时，将线下产品扩展到以自然生态为主题的亲子互动、户外运动等体验活动上来。

3.3 加强培训，提供个性化服务

在经济发展的今天，人们越来越追求个性化。在住宿消费上，他们想要与标准的酒店不同，提供不同的产品与服务，例如：主人的亲切、舒适的空间、家的感觉。如果能够迅速把握住顾客的个人需要，同时为客户提供个性化的服务，就有可能赢得客户的好感。民宿的运营重心应是以满足每位顾客的需要为其提供个性化的接待服务，使"住在其他地方"的顾客也能感受到家的温暖。此外，还应加强员工礼仪、服务技能、安全意识等方面的培训，以提高员工的素质，推动民宿管理的规范化。

3.4 完善民宿相关法规，强化对民宿的政策管理

在制定住宿条例时，可以参考中国台湾的经验。中国台湾民宿以其"平民、平价、亲民"的特色，受到了众多游客的青睐。2001年中国台湾开始正式实施"周休二日"，使民宿业迎来一个转型契机[1]。同年12月12日，当局颁布《民宿管理办法》，民宿的选址、经营规模、建筑设计等都有严格的规定，对推动民宿业的规范化发展具有重要作用。从那时起，中国台湾的民宿业就进入了"品牌经济"，在发展的过程中，也顺利地完成了转型。2019年7月，文化和旅游部发布了《旅游民宿基本要求与评价》，将民宿级别星级化，详细明确了三星级、四星级、五星级旅游民宿的划分标准，进一步加强了对民宿企业卫生、安全、消防等方面的要求[2]。地方政府要加强对民宿的管理，从减免税率、给予补助等方面提供政策扶持，帮助改善住宿条件，简化开办手续，促进经营主体积极发展。

4 结语

民宿承载了都市人返乡寻根的思乡情怀，到乡村民宿消费已成为一种趋

势[3]。在国家实施"乡村振兴"战略的大背景下，民宿的发展将会得到进一步的巩固。后疫情时代已经悄悄到来，而民宿产品正从"第一空间"走向"第三空间"，精准分析民宿消费者需求，把脉乡村民宿发展中的问题，促进民宿产业高质量发展，已成为民宿行业可持续发展的必要措施。

在新经济时期，小型、美观的民宿扮演着日益重要的角色。在国家推动内循环发展的大背景下，民宿正逐渐成为推动城市周边旅游消费、拉动内需的"着陆点"。顺应疫情常态化防控的需求，营造安全健康的旅居环境是民宿行业的首要职责。

参考文献

［1］杨欣，殷燕．两岸民宿比较研究［J］.经济研究导刊，2012（34）：193－196.

［2］中华人民共和国文化和旅游部．《旅游民宿基本要求与评价》（LB/T 065—2019）［S］.2019－07－03.

［3］肖晓．江油云锣山旅游区民宿开发对策探讨［J］.旅游纵览，2020（4）下半月刊：118－120.

［4］民宿圈．2021民宿消费趋势：本地游火爆，中高端消费强势［EB/OL］.https：//mp. weixin. qq. com/s/_ MQUWuj3t_ Z0－pyJsbHpcQ，2021－02－23.

［5］祝铠，康玲．新冠肺炎疫情影响下我国民宿业发展研究［J］.北京农业职业学院学报，2020，34（03）：32－38.

［6］王欢，王雨杰．新冠肺炎疫情对民宿业影响的调查——以河南省云台山镇为例［A］.中国旅游研究院（文化和旅游部数据中心）.2020中国旅游科学年会论文集　疫情应对［C］.2020：326－334.

［7］文捷敏，余颖，刘学伟，等．基于网络文本分析的"网红"旅游目的地形象感知研究——以重庆洪崖洞景区为例［J］.旅游研究，2019，11（02）：44－57.

［8］谭红日，刘沛林，李伯华．基于网络文本分析的大连市旅游目的地形象感知［J］.经济地理，2021，41（03）：231－239.

［9］谷云华，沈彩云．后疫情时代长三角地区旅游民宿发展策略研究［J］.商业经济，2020（05）：46－48.

［10］范少花．民宿游客满意度调查研究——以厦门市为例［J］.福建商业高等专科学

校学报，2016（02）：47 - 52.

　　［11］郝若琳，黄萍，何慧敏，等．四川省5A级旅游景区线上评论的文本情感分析［J］.西部旅游，2022（12）：1 - 3.

四川省5A级旅游景区线上评论的文本情感分析

［作　者］郝若琳　黄　萍　何慧敏　马彬斌　宦小岚（成都信息工程大学）

摘　要： 在"互联网＋""旅游＋"背景下，旅游网站的UGC文本作为研究数据的重要来源，其隐含着游客怎样的情感偏向值得研究。以四川省5A级景区为研究对象，以携程网17000余条游客评论为研究内容，使用ROST CM6.0软件进行分析处理，探究游客对景区的情感倾向，并提出了三点参考性建议。结果表明游客对四川省5A级景区的整体评价较高且以积极情绪为主，消极情绪产生的主要原因包括工作人员服务态度恶劣、配套设施不完善及性价比较低等。研究结果丰富了文本情感分析的应用，为四川省5A级景区的高质量发展提供了建议。

关键词： 5A级景区；线上评论；情感分析

1　引言

在当前"互联网＋"与"旅游＋"的背景下，旅游与信息紧密结合，互联网成为研究旅游活动的重要途径之一。当前旅游点评UGC（User Generated Content）已得到广泛普及，游客通过旅游平台发表的点评可较为直观地反映出他们对目的地的认知与感受，因此游客对旅游目的地的线上评价已成为旅游者行为研究的重要数据来源。截至2022年6月，全国已有5A级景区306家，其中四川省5A级景区15家。5A级景区代表了国家旅游资源、设施、服务等方面的最高水准，是吸引游客的金字招牌。在如今游客即是景区点评家的时代，一方面，游客的游玩经历在一定程度上影响着潜在出行者的出行意愿；另一方面，5A级景区网络口碑也是景区管理者了解游客游玩体验的重要信息来源，游客给出的好评是对景区的肯定，游客提出的差评则可为景区管理者提供调整景区经营管理方案的方向。因此，对5A级景区网络评价的挖掘分析对于景区管理者和景区潜在游客均具有重要意义。

2 相关研究

目前关于文本情感分析的研究主要集中在主客观性、情感倾向及情感强度方面。其中，用户原创内容即 UGC 文本的情感倾向分析受到了广泛研究。如，毛超群（2018）基于情感分析理论构建了在线旅游文本情感分类模型，通过测试后对旅游者在线评论进行了情感分析[1]。夏梦泽和张红（2020）利用内容分析法对大连市5A级景区旅游形象感知进行了中外情感对比分析[2]。王维晴（2019）运用扎根理论建立了分析类目，并通过 ROST CM6.0 软件，分析了明月山旅游区的旅游者认知形象和情感形象[3]。

其次，部分学者以游客的负面情绪感知为出发点，进行了游客产生负面情绪的原因及改进措施等方面的思考。如，黄胜男（2014）分析了游客对黄山风景区的综合感知，并依据游客负面感知折射出的问题从黄山风景区的旅游资源开发、旅游公共服务、旅游个性化服务、旅游目的地宣传、政府管理与规划五个方面提供了改进建议[4]。文捷敏等（2019）运用内容分析法研究了重庆洪崖洞地区游客感知的"网红"旅游目的地形象特征，得出游客对于洪崖洞景区的负面情绪感知来源等方面的结论[5]。

此外，也有学者对景区整体旅游形象进行了研究，为景区找到整体定位提供参考。如，戴宁婕等（2021）使用 ROST CM6.0 软件分析了亳州的旅游形象，得出亳州具有历史文化名城形象等结论[6]。高芬（2020）以网络文本分析法为基础对崂山风景区进行了形象感知的分析，并从不同角度将官方目的地投射形象与游客感知形象进行了对比[7]。

综上所述，文本情感分析的研究内容丰富，研究方法多元，但当前关于游客对 A 级景区情感倾向的研究较为匮乏。鉴于此，本文以四川省5A级景区为研究对象，基于一定数量在线旅游评论文本进行游客的情感特征解读，为景区提出了基于游客视角的改进措施，具有一定实际参考价值。

3 网络文本数据获取

3.1 数据源的选取

本文基于旅游网站的景区文本信息进行情感值计算，因此本文选取的旅游网站必须具备普民性广、旅游景点全面且访问量大等优势。首先，从站长之家旅游网综合排名情况来看，携程旅行网综合排名居于首位；其次，携程网在五大旅游网站的百度搜索指数是最高的；最后，比对其他四大互联网旅游咨询网站，携程网无复杂的反爬虫机制等优点。因此，本文选择携程网作为本次数据获取的来源渠道。

3.2 数据爬取

本文以四川省 5A 级景区为研究对象，在携程网上分别以景区名称进行搜索，由于朱德故里景区、邓小平故里旅游区暂时没有评论，所以本文选取四川省其余 13 个 5A 级景区为研究对象，分别是：青城山—都江堰旅游景区、北川羌城旅游区、剑门蜀道剑门关旅游景区、峨眉山风景名胜区、乐山大佛景区、阆中古城、碧峰峡旅游景区、光雾山景区、九寨沟风景名胜区、黄龙国家级风景名胜区、汶川特别旅游区、泸定海螺沟冰川森林公园、甘孜州稻城亚丁景区。

本文使用八爪鱼采集器和后羿采集器对网页景点评论文本进行爬取。网页爬取景区评论的步骤是：首先进入携程网网页，搜索景点名称进入二级网页，然后查看网页源代码。为保证样本的时效性，将评论选为按时间排序，查看 2021 年 7 月至 2021 年 12 月的近期评论。之后选取爬取景点评论所需要的指标，并以每个景点在网页源代码的 ID 为列表，依次爬取每个景点的评论内容，翻页循环爬取景点评论的页级评论。以此类推，最后输出字段。按上述步骤操作后，总计爬取到 17073 条评论数据。

3.3 信息预处理

由于电商文本评论的复杂性，在进行情感分析之前，通常需要对语料库进行必要的预处理操作，以获得更规范的文本及一些文本特征，其中包括：数据清洗、分词、停用词处理和词性标注等。

在公开的语料库或爬取的数据集中，会存在一定程度的无效数据，因此需要对评论语料进行数据清洗以去除部分噪音，从而提高评论数据的有用性，减少无效文本对情感分析任务的影响，同时避免对所测试的真实的正负面评论产生"虚高"影响。清洗后总计得到有效评论数据 16263 条，共 142.6 万余字。

对于文本情感分析来说，分词是情感分析研究中的第一个任务，其切分的效果直接对后续实验产生直接影响。本文用网页爬取到的文本词汇来计算文章情感值。具体方法是：首先将网页爬取到的文本内容进行篇章句子提取，以便使用 ROST CM6.0 软件对句子进行情感分析。为了准确划分句子情感倾向，本文利用停用词过滤掉大部分无意义的词，包括"那""是""且"等词语，剩下的词汇就是对情感倾向分析有用的词汇。在循环分词的过程中，过滤掉停用词，并保留情感倾向词和程度副词。

4 情感分析

4.1 词频分析

本文对分词后文本数据进行了词频分析，得出游客评论的高频词排序。如峨眉山风景名胜区高频词词频前 30 如下所示。

表 6-15 峨眉山风景名胜区高词频统计表

序号	高频词	词频	序号	高频词	词频
1	峨眉山	758	16	清音阁	93
2	金顶	417	17	乐山	86
3	旅行	306	18	佛教	85
4	风景	239	19	报国寺	84
5	成都	233	20	四川	83
6	索道	197	21	酒店	80
7	方便	144	22	海拔	78
8	小时	137	23	上山	77
9	门票	124	24	山上	75
10	景色	117	25	选择	74
11	日出	108	26	建议	74
12	云海	108	27	步行	73
13	缆车	106	28	公里	72
14	猴子	106	29	天气	70
15	旅游	104	30	徒步	70

从上表可以看出，词频占比最多的名词主要为游客在评论中对景区的客观表述，如"峨眉山""索道"等。其次是景区内的著名景点名称，如"金顶""云海""日出""清音阁"。再次是游客的游玩感受，如"方便"。经过对13家景区高频词的梳理发现其词汇以景区正面形象为主，以游客体验评价词汇为辅。并且，词频排名前十的词汇中都有对景区评价的积极形容词，从一定程度上表明了游客对景区景色的肯定。

4.2 情感倾向分析

本文使用 ROST EA 对分词后的评论文本进行情感值计算，通过计算景区网络在线文本评论的情感积极性系数实现对评论文本的二分类处理，情感积极性系数在 $-\infty$ — $+\infty$ 之间，情感积极性系数小于 0 的评论为负面情感评论，值越小，负面情感越重；情感积极性系数大于 0 的评论为正面情感评论，值越大，正面情感越重。最终得到景区近半年内的旅游者情感分布，每个景区具体情感分布统计结果如表 6-16 所示。

表 6-16　文本情感分布统计结果

景区名称	情绪分布（评论数/占比）		
	积极情绪	中性情绪	消极情绪
黄龙国家级风景名胜区	1181 条/80.78%	29 条/2.00%	252 条/17.22%
九寨沟风景名胜区	1113 条/73.35%	26 条/1.71%	378 条/24.94%
汶川特别旅游区	49 条/82.70%	1 条/1.92%	9 条/15.38%
光雾山景区	1120 条/78.35%	19 条/1.26%	312 条/20.39%
青城山—都江堰旅游景区	1105 条/77.15%	26 条/1.83%	301 条/21.02%
稻城亚丁景区	989 条/70.29%	27 条/1.90%	391 条/27.81%
泸定海螺沟冰川森林公园	1078 条/75.47%	20 条/1.43%	331 条/23.10%
剑门蜀道剑门关旅游景区	1173 条/78.72%	29 条/1.93%	289 条/19.35%
峨眉山风景名胜区	988 条/74.03%	23 条/1.69%	324 条/24.28%
乐山大佛景区	1177 条/78.93%	25 条/1.66%	289 条/19.41%
北川羌城旅游区	92 条/78.39%	4 条/3.23%	21 条/18.38%

续表

景区名称	情绪分布（评论数/占比）		
	积极情绪	中性情绪	消极情绪
阆中古城	1201 条/79.89%	31 条/2.06%	271 条/18.05%
碧峰峡旅游景区	1129 条/75.81%	26 条/1.77%	334 条/22.42%

从表 6-16 中可以看出游客对景区的情绪正面情感较为强烈，大多以积极情绪为主，消极情绪占比较少，中性情绪仅略有一些。总体来说，四川省 5A 级景区的形象宣传工作达到了较好的成效，旅游者在到目的地观光之后的情感成分中以正面情感居多，这也和前文对高频词分析结论中的以正面词汇居多的结果相对应，但在旅游评价中的消极情感仍要受到管理者的高度关注。

结合对应的游客评价中消极情绪的文本内容，可进一步归纳游客消极情感的主要来源：一是景区内工作人员服务态度恶劣，如票务人员辱骂游客，游客中心处服务人员恶语相向不让游客带走宣传册，游客物品不慎掉落，向景区服务人员求助却拒不帮忙；二是景区周边旅游配套设施管理不到位，如景区内住宿管理混乱，旺季住宿店家坐地起价，未到退房时间强行要求游客退房，食品售卖处蚊虫较多却不对食品进行覆膜；三是景区性价比低，如游客去前去后情绪形成强烈反差，景区内货物价格虚高，景区可玩性低，景区内游玩项目不吸引游客等。

5 结论及建议

本文以四川省内的十三个国家 5A 级景点为主要调研对象，并根据携程网游客对景区所发表的文本评价信息，利用内容分析法调查了旅游者对景区的情感倾向，得出的结论如下：通过对旅游者评价的信息进行高词频分类，获得了各景区排序前五十的高频词，游客对景区的描述以正面积极词汇为主。通过对旅游评价内容的情感分析，游客的旅游体验以积极情绪为主，消极情绪次之，最少的是中性情绪。游客消极情绪的主要来源是工作人员服务态度恶劣、配套设施管理不到位、性价比低等。

为缓解游客的消极情绪，提高景区建设质量，本文提出以下建议：

一、提高景区内外服务水平。加大旅游从业人员素质能力培训投入，提升景区服务人员内涵和水平。推进智慧景区建设，合理管控客流，强化景区信息发布，做好景区内外服务。

二、加强配套设施管理。不断完善住宿、餐饮、交通等接待设施建设。完善住宿管理机制，保证实名入住，合理控制酒店价格，提高酒店工作人员服务意识。搜集当地美食，形成特色美食街，同时严格管控食品卫生。旅游旺季时增加公共交通供给，加大人流、车流疏散力度，旅游淡季时合理控制观光车辆数量。

三、强化景区优质内涵建设。改善游览环境氛围，在了解游客需要的前提下创新游览体验活动，以满足旅游者更高品质的游览感受要求。同时优化景区的游览服务设施与空间布局，保证景区内的休闲服务设施与公共场所布局合理，数量丰富。

参考文献

［1］毛超群．基于改进情感词典的在线旅游评论文本情感分类研究［D］.浙江工商大学，2018.

［2］夏梦泽，张红．基于在线点评的中外游客对大连市5A级景区旅游形象感知对比分析［J］.对外经贸，2020（10）：101－105.

［3］王维晴．基于网络文本分析的旅游目的地形象感知研究［D］.江西财经大学，2019.

［4］黄胜男．基于网络文本分析法的旅游目的地形象感知研究［D］.安徽大学，2014.

［5］文捷敏，余颖，刘学伟，等．基于网络文本分析的"网红"旅游目的地形象感知研究——以重庆洪崖洞景区为例［J］.旅游研究，2019，11（02）：44－57.

［6］戴宁婕，陆海云，古舒月，等．"天下道源"亳州旅游形象感知——基于网络文本分析法［J］.现代商业，2021（31）：38－40.

［7］高芬．基于网络文本分析法的崂山风景区旅游目的地形象及其提升策略研究［D］.青岛大学，2020.

中外游客美食旅游关注焦点研究

——以成都为例

[作　者] 李志勇　邵雨虹　李　丽　李　济（四川大学旅游学院）

摘　要： 饮食是旅游活动和旅游体验的重要组成部分，也是旅游目的地经济收益的主要来源渠道。食物不仅满足游客的生理需求，还帮助游客了解当地历史文化和建立新的社交关系，因此已经成为旅游目的地的旅游资源和吸引物。基于跨文化视角，本文选取"美食之都"成都为案例地，采用内容分析法和共词分析法研究中外游客在成都的用餐体验，梳理中外游客对于成都美食旅游的关注焦点，识别中外游客关注焦点的一致性和差异性，进而加深旅游目的地对于美食游客的行为理解，帮助营销人员采取针对性的营销措施。

关键词： 美食旅游；饮食；跨文化视角；消费行为

1　美食旅游发展和研究现状

饮食是重要的旅游要素和旅游资源。在"食、住、行、游、购、娱"六大旅游要素中，饮食居于首位。除了提供人体必需的营养物质，食物还能给游客的不同感官带来满足感和享乐感，以及帮助建立人际交往关系或为自己和他人创造体验。2012 年和 2017 年，世界旅游组织分别发布两版《全球美食旅游报告》，指出美食对于旅游目的地的市场发展具有重要的经济价值，以及对于当地非物质文化遗产保护等方面具有重要的文化意义。2020 年，世界美食旅游协会发布的数据显示，以寻味地方特色的菜肴和饮品为目的的旅游活动已经成为主流趋势。该趋势对于旅游目的地而言意义重大。这不仅意味着更多的旅游收入（酒店、飞机、火车、餐厅、饮品、酒类、汽车租赁等）和更强的旅游竞争力，还有助于带来更多的媒体报道，提高当地的文化自信。

美食旅游指的是以品尝和体验目的地美食为主要动机，辅之自然或人文景观的旅游活动。游客的饮食消费被认为是在文化、社会、心理、生理、环境和感官因素影响下的复杂行为（Randall & Sanjur, 1981）[1]，具有以下特征：（1）必需性。饮食消费在很大程度上被认为是必不可少的环节。游客在外出旅游活动中需要吃东西，除非游客将食物带到旅游目的地，否则会产生餐饮消费。（2）暂时性。由于游客的旅游活动具有流动性，通常是短暂地停留用餐，不会长时间待在原地。（3）陌生性。游客的饮食消费通常发生在陌生和/或不熟悉的环境。（4）象征性。饮食消费具有象征意义，能够成为旅游动机。目前，美食旅游的相关研究尚处于初级阶段（周瑜和侯平平，2021）[2]，研究内容集中在概念界定、类型划分、消费行为、影响因素等方面（Mckercher et al.，2008；Chang et al.，2011；管婧婧，2012；Björk & Kauppinenräisänen，2016）[3-6]，忽视了不同文化背景的游客对于地方美食的用餐体验。

由于地理位置、自然环境、历史文化等因素的影响，中西方国家的饮食文化在烹饪方式、用餐习惯、原料偏好甚至对饮食持有的观点等方面都存在明显差异。对于地大物博的中国而言，美食文化丰富且独特，是旅游文化吸引力的构成要素之一。研究中国和外国游客的美食消费，有利于更好地塑造旅游目的地形象、弘扬中华文化和提高文化自信。川菜作为中国八大菜系之一，是成都"美食之都"名片的核心，是重要的旅游的吸引力要素。基于跨文化的视角，本文研究中外美食游客对成都的饮食体验关注焦点的异同，有利于在求同存异的基础上把握川菜的文化特征、降低文化交际障碍以及促进文化的交流融合。

2 数据来源

游客在旅游目的地的餐后评价能够真实有效地反映其对于美食的体验。本文以成都为案例地，对比研究中外游客美食体验的关注焦点。以高流量、数据真实性、中外评论为标准，选取猫途鹰网站为信息来源。猫途鹰是全球最大旅游网站"Tripadvisor"的中国官方网站，支持21种语言，每月有超过2亿人次的访客记录。网站收录超过1亿条评论，内容包括酒店、景点、餐馆、购物区等信息和排名，为旅游者提供丰富独特的旅游咨询。以"成都美食"为关键词进行中外游客成都美食体验的网络文本收集，获得有效点评中文852条，共88239字，英文

1485 条，共 118428 字。

3 中外游客对成都美食旅游的关注焦点和差异性

3.1 关注焦点类目

本文使用 ROST Content Mining 软件进行文本数据的处理。基于内容分析方法，本文将软件提取的高频词汇作为基础，结合实际游客点评数据，构建成都美食形象游客感知的分析类目。借鉴已有文献的分析类目，整合中英文前 120 个高频词汇，最终得到 17 个类目，即美食要素、用餐环境、行为意向、食物品类、人际关系、餐饮类型、服务、地理位置、价格、店铺、新奇、出名、口味偏好、旅游行为、感官感受、时间、国际化（表 6 - 17）。

表 6 - 17　国内外游客关注焦点类目

类目	高频词（部分）	类目	高频词（部分）
美食要素	小吃、麻婆豆腐、毛肚、牛肉、海鲜、豆花、豆腐、担担面、火锅、抄手、鸳鸯锅、鸭肠、牛排、钟水饺	食物品类	味道、口味、品质、食物、口感、分量、食材、菜品、地方特色、招牌
	chicken（鸡肉）、mapotofu（麻婆豆腐）、beef（牛肉）、salad（沙拉）、burger（汉堡包）、meat（肉）、pizza（比萨）、hotpot（火锅）、beer（啤酒）、drinks（饮料）、coffee（咖啡）、wine（红酒）、tea（茶）		food（食物）、quality（质量）、taste（品尝）、looks（看相）、variety（多种多样）、choice（选择）、sauce（酱料）、flavor（气味）、ingredients（配料）
用餐环境	风格、氛围、环境、装修、干净、表演、卫生、总体	人际关系	朋友、服务员、本地人、老板、外地人
	atmosphere（氛围）、table（桌子）、music（音乐）、dish（碟）		staff（员工）、people（人）、couple（夫妻）、friend（朋友）

续表

类目	高频词（部分）	类目	高频词（部分）
行为意向	推荐、还想来	餐饮类型	套餐、川菜、自助
	recommend（推荐）、second（第二次）、revisit（重游）		meal（膳食）、bar（酒吧）、lunch（午餐）、dinner（晚餐）
店铺	餐厅、蜀九香、龙抄手	价格	不贵、便宜、性价比、实惠
	restaurant（饭店）		price（价格）、RMB（人民币）
地理位置	成都、位置、四川、春熙路、方便	服务	服务
	location（位置）、Sichuan（四川）、hotel（酒店）、Chengdu（成都）		English（英语）、service（服务）、order（订购）、menu（菜单）
新奇	第一次	旅游行为	旅游
	first（第一次）		travelling（旅行）
出名	排队、有名	感官感受	印象深刻
	waiting（等待）		home（家）、experience（体验）
口味偏好	vegetarian（素食主义者）	时间	night（夜晚）
国际化	Italian（意大利人）、Mexican（墨西哥人）、western（西方人）、India（印度）、China（中国）	/	/

3.2　中国游客的关注焦点

表 6-18 是中外游客美食旅游关注度的统计。数值越高代表关注度越高。整体而言，中国游客对食物品类、美食要素、用餐环境最为关注。其中，食物品类主要包括食物的口味、菜是否有特色、食物外观及蘸料等；美食要素主要是成都餐饮的代表性菜品，例如黄喉、毛肚、鸭肠；用餐环境主要涉及餐厅的装修风格、用餐氛围、设施功能等。这说明中国游客在成都的美食体验中最为关注与美食相关的要素，同时注重用餐过程中的环境体验。因此，中国游客倾向于选择连锁或名气大的餐饮店，而对于价格的高度关注说明价格是影响中国游客用餐的重要因素。

　　就排名前 10 的核心高频词而言，在中国游客的网络点评里，"成都"排在第 1 位，表明游客来成都主要目的是美食，或是在旅游过程中体验了美食，也证明成都作为"美食之都"的影响力。"味道""火锅"和"菜品"分别排在第 2、3 和 9 位，说明美食类型和口味的重要性。"餐厅"作为用餐的基本场所，是饮食文化的基本载体之一，因此排在第 5 位。与"餐厅"相关的高频词有"服务""环境""服务员"，分别排在第 4、6、10 位，反映出中国游客用餐时注重用餐环境和服务体验。"推荐"位于第 7 位，说明中国游客在选择餐厅的时候偏好推荐指数高的餐厅，而且用餐体验影响游客的推荐意愿。"朋友"排在第 8 位，体现了人际关系在美食体验中的重要地位。

　　为了了解游客的美食旅游关注焦点之间的互动关系，本文使用 UCINET 软件对关注焦点类目共现网络进行可视化。如图 6 - 1 所示，店铺、食物品类、美食要素、感官感受、服务是中国游客关注的焦点，与其他聚焦点的共现效应较为明显，构成核心共现区域。其中，食物品类与美食要素、店铺与用餐环境、行为意向与服务等有着较强的共现效应。这大致对应着美食旅游的三个阶段，即用餐前的美食认识阶段（食物品类与美食要素）、用餐中的体验阶段（店铺与用餐环境）、用餐后的反馈阶段（行为意向与服务）。

表 6 - 18　中外游客关注度统计表

关注焦点类目	中国游客		外国游客	
	关注次数	关注度	关注次数	关注度
美食要素	430	0.132	867	0.149
用餐环境	368	0.113	563	0.097
行为意向	190	0.058	450	0.077
服务	246	0.075	616	0.106
地理位置	197	0.061	174	0.029
新奇	17	0.005	8	0.001
出名	180	0.055	65	0.011
食物品类	642	0.197	1008	0.174
人际关系	136	0.042	328	0.056
餐饮类型	43	0.012	46	0.008

续表

关注焦点类目	中国游客		外国游客	
	关注次数	关注度	关注次数	关注度
价格	254	0.078	356	0.061
店铺	205	0.063	450	0.077
旅游行为	36	0.011	20	0.003
感官感受	168	0.051	455	0.078
口味偏好	95	0.031	106	0.018
时间	41	0.013	48	0.008
国际化	19	0.005	249	0.043

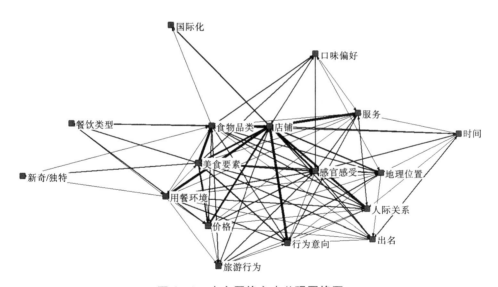

图 6-1　中文网络文本共现网络图

3.3　外国游客的关注焦点

除了关注食物品类、美食要素、用餐环境之外，外国游客还重视员工服务和用餐感受。由于语言和文化差异，员工是否能使用英文服务和饭店是否提供英文菜单会影响到外国游客的用餐体验。在外国游客的网络点评里，"food"（食物）排在第 1 位，说明外国游客在美食体验过程中最为关注食物本身。"restaurant"（饭店）排在第 2 位，表明用餐地点和环境的重要性。此外，外国游客注重餐馆的整体服务，对于"service"（服务）和"staff"（员工）提及的频次高，分别排在第 4 位和第 6 位。"Chengdu"（成都）和"China"（中国）分别位列第 3 位和第 5 位。这与本文研究案例点一致。结合排在第 8 位的"dish"（碟），可见外国游客对于具有中国特色的餐具等表现出浓厚的兴趣。"pizza"（比萨）排在第 7位，表明由于饮食习惯或口味偏好的影响，外国游客在游览过程中仍会选择熟悉的食物。"order"（订购）和"menu"（菜单）分别排在第 9 位和第 10 位。由于语言和文化的障碍，如何进行点菜是外国游客在美食旅游过程中面临的最大难题。

根据 UCINET 软件的可视化结果，如图 6-2 所示，外国游客的成都美食体验关注焦点的共现关系分布较为均匀，不同关注焦点之间均具有一定的联系。其中，店铺、美食要素在外国游客的关注焦点共现网络中居于核心位置。此外，通过统计共现次数，发现感官感受与其他关注焦点联系紧密，说明外国游客在成都的美食体验活动的各个环节中都非常重视感官感受。

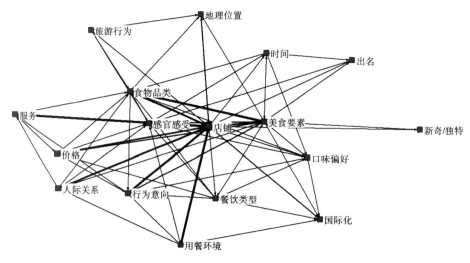

图 6-2　英文网络文本共现网络图

3.4　中外游客的关注焦点对比

3.4.1　相似性

如表 6-18 所示，中外游客在食物品类、美食要素、用餐环境、行为意向上具有共同偏好。其中，食物品类包括质量、种类、味道等高频词汇，美食要素包括餐饮类型和食物种类方面的高频词汇，用餐环境包括餐厅风格、装修和表演等高频词汇，行为意向主要由下次会来和推荐他人构成。美食要素、食物品类、用餐环境是影响中外游客美食体验的共同因素，会对其未来的行为意向产生影响。中外游客在美食旅游关注焦点的相同偏好，反映了不同文化背景下的游客参与美食体验的内在动机和关注的核心要素具有相似性。

此外，中外游客对新奇、时间、餐饮类型、旅游行为的关注表现出较强的一致性。由于饮食文化的差异，成都的地方性美食，例如麻辣兔头和猪脑，对于游客来说可能是初次品尝甚至是初次听说，部分游客甚至不敢尝试。值得关注的是，游客对于"时间"类目具有较高的关注度，而且呈现两极分化的态度。例如，面对等待队伍长和排队时间久的店铺，部分游客认为这和店家名气大、口味好有关，值得等待，而另一部分游客认为长时间的等待和嘈杂的环境消磨了对美食的期待。

3.4.2　差异性

出名、地理位置、价格是中国游客关注的焦点。"出名"反映了中国游客关注店铺口碑、餐馆名气、熟人推荐，对于"网红店"或排队人数很多的店铺尤为青睐。中国游客对于"地理位置"的关注明显高于外国游客。例如，"宽窄巷子""锦里""春熙路""武侯祠"等成都地标性场所出现的频率较高，说明中国游客倾向于选择距离景区近的地点用餐。而外国游客对地理位置的描述通常是店铺是否易于发现。中外游客对于"价格"的关注度存在明显差异。中国游客在网络评论里频繁提到价格相关词汇，尤其是"价格实惠"和"性价比"。这说明成都餐馆的定价较为合理，没有出现"天价鱼""天价虾"等宰客现象。对于外国游客而言，国际旅游本身具有高消费的特征，所以没有特别在意饮食方面的价格。

国际化、服务、感官感受是外国游客关注的焦点。外国游客对"国际化"的关注是由于口味偏好和饮食习惯的影响。外国游客在网络评论中表示在成都旅游期间仍然希望品尝家乡或者熟悉的食物。外国游客通常对于人际关系的描述较多。无论是店铺的工作人员，还是成都的当地居民，都给美食游客留下了深刻印象。而员工的服务会直接影响外国游客的用餐体验，尤其是员工是否会英语。这说明语言是外国游客用餐面临的主要问题。此外，外国游客的用餐体验更强调不同感官的感受，而中国游客更为关注食物的口感以及餐后的满足感或不满。

4　研究结论

中外游客在美食旅游过程中共同关注食物品类、美食要素、用餐环境、行为意向。游客的用餐体验，尤其是食物的味道、多样化和品质，是游客对于美食旅游持有积极态度的首要决定因素。用餐环境也会影响游客的用餐体验。用餐场所的氛围、用餐场所的类型、用餐环境的卫生等都是用餐环境的重要组成部分。而行为意向则体现了游客对于成都美食旅游的积极或消极态度。上述四个相同关注焦点类目，点明了中外游客在成都美食旅游的内在动机，体现了重要游客对于成都美食体验的认知和偏好。

由于文化差异的影响，中外游客在美食旅游过程中的关注焦点存在差异。中国游客侧重于出名、地理位置、价格，而外国游客倾向于国际化、服务、感官感受。这表明中外游客对于食物的质量—价值、美食文化的看法具有差异性。对于中国游客而言，由于文化差异较小和环境熟悉程度较高，游客更加关注食物本身和消费价格。而对于外国游客而言，文化背景的差异和远距离的旅游行为使得游客更为重视饮食过程中的感官体验和文化表现。

5　优化措施

第一，发掘本土文化，打造美食文化。需要加强传统文化的保护，注重挖掘和保护传统饮食文化。根据联合国教科文组织的评判标准，美食产业的发展与其他产业密切相关。成都打造和推广"美食文化"名片，需要整合相关产业，将美食产业与城市的文化基因相整合，以文化创意产业为平台，以旅游演艺为重点，将川剧表演、茶艺展示、烹饪展示与美食产业结合起来，发展文博旅游。需要将成都深厚的饮食文化最大化地运用到饮食产业当中，立足于川菜的自身风格和体系，植根于成都的城市文化基础，营造美食文化氛围，有针对性地发展美食文化产业，促进其可持续发展。

第二，关注游客偏好，实现精准营销。一方面，对于文化背景不同的市场，需要采取不同的优化措施。对于中国游客而言，餐馆的竞争优势在于餐饮的质量和口味；对于外国游客而言，展示美食烹饪艺术的传统仪式、历史文化与食物的口味同样重要。另一方面，管理者需要认识到游客（尤其是外国游客）对于餐饮的享受并非完全来自食物的味道。餐馆应该提炼出有可能转化为烹饪表现形式的经验性要素。尽管这些要素可能对于当地人而言并无新意，但是产品概念开发和营销实践应该关注到当地人和外地游客之间的期望和感知的相似性和差异性。

第三，提升居民认同，树立全民好客形象。对于城市形象的推广和宣传，不仅需要政府的推动和企业的参与，还需要当地居民的认同和宣传。居民是参与旅游发展的主体。居民自身的认同感越高，越具有主人公意识，越能积极地投身于旅游发展建设。此外，游客对旅游目的地的体验和感知受到当地居民的友好度的影响。通过与当地居民的接触和交流，游客会对旅游目的地形成最为直观和初步的印象，直接影响到美食旅游的整体评价。

第四，加大宣传力度，提高国际影响力。互联网已经成为游客查找和交流信息的主要途径。为进一步提高成都"美食之都"的海外知名度，可考虑与旅行社合作，开发特色美食旅游线路。相关政府部门和相关企业可整合美食旅游的信息，为海外游客提供更多的美食、交通、住宿和线路信息，提供更加完善的服务。此外，根据不同客源地市场的喜好和需求，有差异地进行宣传和推广，全面展示成都美食资源，为游客提供更多服务和选择，提高成都美食国际影响力。

参考文献

［1］RANDALL E，SANJUR D. Food preferences—their conceptualization and relationship to consumption［J］. Ecology of food and nutrition，1981，11（3）：151‐161.

［2］周瑜，侯平平. 推拉理论视角下美食旅游对旅游者行为的作用机理［J］. 旅游导刊，2021，5（03）：90‐107.

［3］MCKERCHER B，OKUMUS F，OKUMUS B. Food tourism as a viable market segment：It's all how you cook the numbers！［J］. Journal of travel & tourism marketing，2008，25（2）：137‐148.

［4］CHANG R，KIVELA J，MAK A. Attributes that influence the evaluation of travel dining experience：when East meets West［J］. Tourism management，2011，32（2）：307‐316.

［5］管婧婧. 国外美食与旅游研究述评——兼谈美食旅游概念泛化现象［J］. 旅游学刊，2012，27（10）：85‐92.

［6］ BJÖRK P, KAUPPINENRÄISÁNEN H. Local food: a source for destination attraction ［J］. International journal of contemporary hospitality management, 2016, 28 (1): 177 – 194.

成都乡村旅游高质量发展研究

[作　者] 李如嘉（西南民族大学旅游与历史文化学院）

摘　要：　本文在扼要梳理乡村旅游与高质量发展本质与特征的基础上，分析了乡村旅游高质量发展的内涵要求，以及成都乡村旅游发展的现状与问题。研究发现：近年来，成都的乡村旅游发展迅速，规模和影响持续扩大，产业效益持续增强，但总体来看，还存在一定程度的乡村城镇化、用地瓶颈化、产品单一化、人才支撑弱化等问题。成都乡村旅游高质量发展应该把握住绿色低碳、资源可持续利用、产业融合和生态、文化与经济协调发展四个方向，从绘制高质量发展蓝图、创新高质量发展内容、搭建高质量发展平台、提供高质量发展支撑、增强高质量发展动能、提升高质量发展效益六个方面进行提升。

关键词：　乡村旅游；高质量；成都

乡村旅游是把绿水青山变为金山银山的大产业，是推进乡村脱贫致富的重要途径。成都作为我国"农家乐"的发源地，乡村旅游一直在成都的乡村发展中扮演着十分重要的角色。近几年，围绕乡村振兴战略，成都全力推动乡村旅游的升级转型，全力打造世界乡村旅游目的地，为成都建设美丽宜居公园城市提供有力的支撑。

1　理论梳理

1.1　乡村旅游

1.1.1　乡村旅游的概念与本质

乡村，主要是指与城市聚落相对应的一种具有明显自然依托性和乡土特性的乡村性聚落，在中国一般是指县城以下的广大区域，既包括乡村居民点，也包括乡村的农田、森林、草原等，是一个特色鲜明的地域综合体，也称乡村地域系统。

乡村旅游起源于19世纪的欧洲，现在已成为21世纪旅游发展的主要趋势之一。在英语国家里，"乡村旅游"有两种替代名称，即agritourism（农业旅游）和rural tourism（乡村旅游）。在东亚和东南亚地区，则称之为"农业观光旅游"。欧洲联盟（EU）和世界经济合作与发展组织（OECD，1994）将乡村旅游（Rural Tourism）定义为发生在乡村的旅游活动[1]。在我国，乡村旅游一般指以乡村空间环境为依托，以乡村独特的自然环境及田园景观、生产形态及生活形式、乡村文化及乡村居所等为对象，为来访游客提供休闲、观光、游览、娱乐、度假和购物等活动的一种旅游方式或者旅游活动。

乡村旅游本质上就是农业与旅游、文化等产业融合催生的产物，乡村性（Rurality）是乡村旅游依托的核心和独特卖点。学术界对乡村旅游的相关概念有着各自不同的理解，但基本上都认同乡村性是吸引旅游者进行乡村旅游的基础，是区别城市旅游和乡村旅游的最重要标志。

1.1.2　乡村旅游的特征与作用

与都市旅游和其他旅游活动比较，乡村旅游一般具有以下的突出特征：

（1）人与自然的和谐性

陶渊明在《桃花源记》中描述出的美丽乡村：土地平旷，屋舍俨然，有良田美池桑竹之属。阡陌交通，鸡犬相闻。一派"世外桃源"的怡然自乐。乡村环境是人类长期以来适应和改造自然而创造的和谐的自然和文化环境。既保持着原来的自然风貌，又有浓厚的乡土风情，乡村这种"古、始、真、土"的乡土特点，使乡村旅游具有贴近自然、返璞归真和人与自然和谐的特点。

（2）资源构成的多样性

乡村旅游资源的构成十分多样，既包括乡村景观、乡村风光等自然成分，也包括乡村遗产、生产方式等人文成分；既包括饮食、手工艺等乡村生活，也包括放牧、垂钓、划船等乡村活动，内容丰富多彩，方式多种多样。不仅具有明显的地域性，还具有很强的参与性。

（3）地域空间的文化性

从文化的角度看，乡村旅游是一种依赖于乡村环境与资源、并感受和体验乡村文化的旅游活动，其"聚焦点"就在于乡村区别于城市的本真属性和文化特性。文化属性是乡村旅游必不可少的内涵，充满了浓郁乡土气息的传统农耕文化和民俗文化，作为一种人类文明和历史的载体，在乡村旅游发展中起到十分重要的作用。

乡村旅游利用"农业＋""旅游＋""生态＋"等模式带动传统农业转型升级，挖掘乡村资源潜在价值，创新产业新业态，促进三次产业融合，对乡村的经济、社会、文化和环境等方面有着积极的促进作用。发展乡村旅游能够有力地契合和服务新时代国家发展战略，有效优化农业产业结构，促进农民增收，帮助农民脱贫，保护生态环境，促进城乡统筹发展。大力提升乡村旅游，促进乡村旅游升级发展，是形势所在、时代所趋，这既是乡村振兴的重要抓手，也是乡村发展的重要方向和内容。

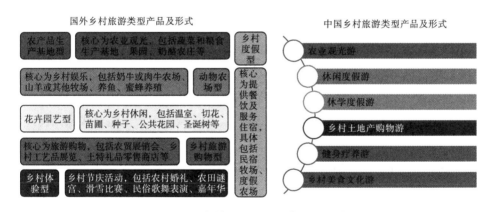

图 7－1　乡村旅游的产品类型及形式

（资料来源：iiMedia Research 艾媒咨询，2020）

1.2　高质量发展

1.2.1　高质量发展的本质与特征

2017 年中国共产党第十九次全国代表大会首次提出高质量发展的新表述，表明中国经济由高速增长阶段转向高质量发展阶段。本质是讲，高质量发展就是体现新发展理念的发展，是能够更好满足人民日益增长的美好生活需要的发展，是体现创新、协调、绿色、开放、共享发展理念的发展，也应是生产要素投入少、资源配置效率高、资源环境成本低、经济社会效益好的发展。

高质量发展的显著特征主要表现为：从关注经济规模和增长过程，转向关注增长的结果和增长的效益；从关注经济增长一个维度，转向关注经济发展、社会公平、生态环境等多个维度；从片面重视高增长产业，转向关注产业协同发展、构建现代化产业体系；从关注经济增长的要素投入，转向关注要素生产率的提升和要素优化配置；从关注 GDP，转向关注以人民为中心的各项制度安排和城乡区域之间的协调发展。所以，高质量发展是更充分更均衡的发展，并需在更高水平上实现供给和需求的动态平衡[2]。

1.2.2 乡村旅游高质量发展内涵

在高质量发展的时代背景下，乡村旅游应不同于以往粗制滥造、粗放经营、千篇一律、千村一面、供需失衡、产能低效的发展模式，而是应该从生态保护、对接精准、供给有效以及创新升级四大方面出发，形成一种供需均衡、文旅融合、产业高效、绿色发展的良性循环[3]。

（1）提供高质量的有效供给

我们从社会经济发展的时代需求和乡村旅游发展的现实情境来看，打造高质量的有效供给，都是乡村旅游高质量发展的重要使命，是乡村旅游转向高质量发展阶段的现实要求。它能够适应游客高质量需要的转换，不断跟上消费升级的步伐，提供更多高质量、高品质的产品和服务。在区域层面，也能与成都国民经济各领域、各行业向高质量发展转向相适应，推动乡村旅游资源配置的高效率，推动从业人员素质的有效提升，推动旅游产品与服务质量的有效提升。

（2）创造高质量的精神文化体验

从精神文化需求日益丰富、大众旅游消费不断升级的现实趋势来看，精准对接市场需求是乡村旅游转向高质量发展阶段必要的内容。党的十九大报告指出，"我国社会主要矛盾已经转化为人民日益增长的美好生活需要和不平衡不充分的发展之间的矛盾"。美好生活的内涵不仅仅局限于物质方面的享受，对乡村独有生活方式、生产活动、地方文化等的体验性需求，以及期望通过乡村的休闲度假来提高自身的心身素质、审美素养、道德修养等精神性需求，是目前游客需求的显著特点。新时代乡村旅游发展的主线，就必须促进文旅的深度融合，深度挖掘与展示乡村的地方文化内涵，精准对接游客心理与精神需求，提供高质量的精神文化体验的场景与产品。

（3）打造高质量发展的资源与环境基础

在"绿水青山就是金山银山"思想的指引下，绿色发展理念在全社会迅速形成共识，生态文明建设在全社会迅速得到弘扬。在乡村经济社会全面发展的推进过程中，绿色的可持续的发展是转向高质量发展的首要标志。只有生态环境得到妥善的保护，乡村旅游才有高质量发展的资源基础与环境条件，这也是成都公园城市建设的重要使命和内容。

（4）推动乡村旅游产业的提质升级

当前，我国正在大力推进现代化经济体系建设和产业体系建设，但乡村旅游的推进依然存在产业化发展的动力不足、效益不高、规模不大等现实问题。因此，推动旅游产业提质升级是乡村旅游转向高质量发展的内在诉求与有效途径。只有通过资源的整合、要素的互动、产品的升级、效率的提升，构建起现代化乡村旅游产业体系，才能激活乡村旅游发展的内在活力，为成都美丽宜居公园城市建设提供产业支撑。

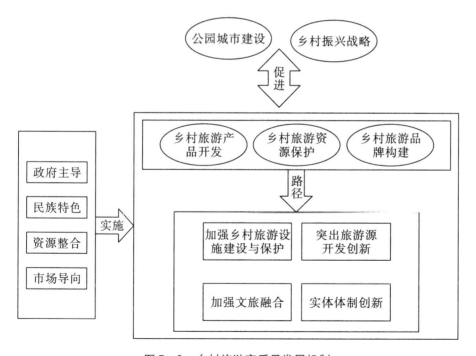

图7-2　乡村旅游高质量发展机制

2 成都乡村旅游发展的现状与问题分析

2.1 产业规模

近年来，在国家乡村振兴战略的有力引领下，在成都公园城市建设的有力推动下，成都的乡村旅游发展迅速，产业规模持续扩大，产业效益持续增强，产业联动持续加强，产业影响持续扩展。新冠疫情发生以来，随着游客越来越倾向于近距离、短周期、低密度、慢节奏、高频率的出游方式，乡村旅游产业的发展空间更为广阔。

自2015年起，成都市在接待乡村游客、实现乡村旅游收入等方面得到长足发展。乡村旅游游客接待量由2015年的0.95亿人次上升到2019年的1.32亿人次；实现乡村旅游收入由2015年的200.06亿元上升到2019年的489.2亿元。2019年，成都市接待国内外游客达2.8亿人次，实现旅游总收入4663.5亿元，其中乡村旅游总收入489.2亿元，同比增长24.2%，乡村旅游产业的发展势头十分强劲。

成都乡村旅游收入（单位：亿元）

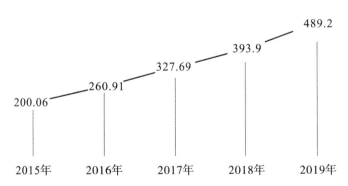

图7-3 成都市2015—2019年乡村旅游收入变化

（资料来源：成都乡村旅游发展报告2019）

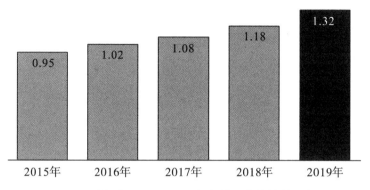

成都乡村游客数量（单位：亿）

图 7-4 成都市 2015—2019 年乡村游客接待数量变化

（资料来源：成都乡村旅游发展报告 2019）

2.2 结构分析

目前我国乡村旅游的经营主体主要呈现为农家乐与乡村酒店、民宿、民俗村、农业园以及休闲农庄、采摘农场、特色小镇等。成都乡村依托自身特色资源和区位优势，结合县区的经济社会发展水平和消费特点，利用自身乡村自然资源和人文资源，将农业、农产品加工制造、农产品与文创三者融合为一体，在城市郊区、景区周边、当地乡村形成了内容丰富、功能多元、形式多样、特色各异、

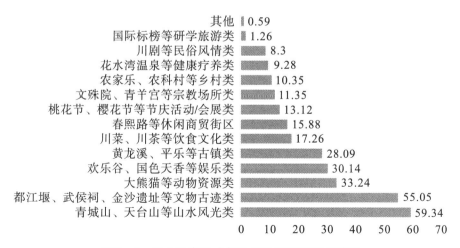

图 7-5 国内游客对成都市旅游资源感兴趣情况

（资料来源：成都市国内旅游抽样调查报告）

效益良好的多种新兴主体形态，构成了多层次复合型产业经营主体结构，如田园综合体、农业公园、休闲农场、自驾房车、房车营地、艺术村、民宿、教育农场等，其中最具有成都地标代表意义的形式有农家乐、川西林盘、乡村酒店和民宿、乡村旅游景区等。

截至 2020 年，成都共有近 500 家星级农家乐（乡村酒店），包括徐家大院、爪龙溪花园大酒店、金明山庄、阿庆嫂休闲庄、雾山农场、妙杏生态农庄、爱吾生态源等五星级农家乐，天府红谷·耕读桃源、金银花梦幻庄园、碧水源山庄、虹口漂流宾馆、街子古镇途家斯维登度假酒店青城山居店、隐秀尚庭酒店等五星级乡村酒店。

2019 年，文化和旅游部启动了首批高星级旅游民宿评价工作，成都有都江堰市青城·见素山居、彭州市无所事事（梧桐）、崇州市道明竹里等 3 家民宿被推荐候选全国首批五星级民宿。

同年，文化和旅游部公布了第一批全国乡村旅游重点村并予以授牌，成都郫都区唐昌街道战旗村、蒲江县甘溪镇明月村、彭州市龙门山镇宝山村、都江堰市柳街镇七里社区入选，在全国副省级城市排名第一。

目前，成都市共创建全国休闲农业与乡村旅游示范县（点）8 个，国家 A 级旅游景区（乡村田园类）55 个，中国乡村旅游创客示范基地 4 个，省级示范县（镇、村）、示范基地、度假区 68 个。

成都乡村旅游在经历了自主发展、规模发展、规范发展、提升发展 4 个发展阶段以后，形成了以锦江区三圣花乡为代表的"都市休闲农业"模式、以大邑县安仁镇为代表的"文旅农商体融合"模式、以郫都区妈妈农庄为代表的"体验式农业"模式、以崇州市道明竹艺村为代表的"农业＋文创"模式、以大邑县青霞镇成都幸福公社为代表的"乡居社区"模式和以郫都区唐昌镇先锋村为代表的"乡土文化＋特色产业"等多种发展模式。

表7-1 成都乡村旅游主体类型与特征

名称	代表主体	主要特征
农家乐	徐家大院、爪龙溪花园大酒店、金明山庄、阿庆嫂休闲庄、雾山农场、妙杏生态农庄、爱吾生态源、新场镇锦府驿、农科村静香园休闲庄、菌博天下等	以农户为单元，依托农家环境，提供农家生活体验服务和乡村休闲活动
川西林盘景区	永宁玫瑰院子林盘、金龙林盘、安龙村林盘、川西音乐林盘、鱼凫竹海林盘、十方堂邛窑考古遗址林盘、观胜镇严家弯湾林盘、甘御兰石斛林盘、茗猎户林盘等	历史悠久，依托农家院落和周边高大乔木、竹林、河流及外围耕地等空间，开展乡村休闲、美食乡居、文化体验等
田园综合体	多利农庄、和盛田园东方、郫都安德田园综合体、新津联想佳沃田园综合体、青白江"我的田园"、中国橘乡·天府城市果园等	以优美田园环境、浓郁乡村氛围和良好的农业基础为依托，集现代农业、休闲旅游、田园社区为一体的乡村综合发展模式
农业公园	郫都区唐昌镇农业公园、都江堰国家农业公园、邛崃市天府现代种业园等	以农村大环境为依托，以建设大公园为载体，以传承农业文化遗产为特色，以乡村振兴为引领，以产业化的组织形式为经营方式，以全域农商文旅全面融合发展为目标的农业综合发展模式
乡村旅游景区	三圣花乡·"五朵金花"、桃花故里、中国酒村·国际乡村旅游博小镇景区、天府水乡、白鹿音乐小镇、蔚然花海、天府花溪谷等	将旅游与农业观光、城乡风貌改造、乡村休闲活动等有机结合起来，按照国家旅游景区标准进行建设与规范，形成了以农家乐、乡村酒店、乡村景观、农业旅游示范区、特色饮食等为主体的农村旅游发展新业态
乡村酒店	隐秀尚庭酒店、金银花梦幻庄园、碧水源山庄、虹口漂流宾馆、街子古镇途家斯维登度假酒店青城山居店、虹都水岸酒店、金龙假日酒店天府红谷等	依托乡村环境，以住宿、餐饮服务为主要经营内容，酒店与乡村风情、民俗文化和自然环境融为一体，并能让游客实地感受、体验乡村生活、乡村活动和乡村文化
乡村民宿	彭州市"龙门山·柒村"、都江堰市青城·见素山居、崇州市道明竹里、温江区依田桃源和半亩方塘、蒲江县邂逅民宿和画月民宿等	以乡村环境为依托，以原住民经营为前提，以乡村休闲活动为内容，主客融洽交流，轻松愉悦，乡村文化与风情体验深刻

（资料来源：根据统计数据整理）

表7-2　成都乡村旅游细分市场分析

出游类型	人口学特征	出游特征	出游理念
A. 情侣游	年龄：20~28岁为主 收入：3 000~5 000元为主 人次：2人	次均停留时间：1~2天 年均出游率：8~12次 人均花费：100元以下	出游有助于增进彼此感情，发现新的人、地点和事物，远离单调生活
B. 亲子游	年龄：29~38岁为主 收入：4 000~6 000元为主 人次：3~4人	次均停留时间：1~2天 年均出游率：10~20次 人均花费：80~150元	出游有助于增长孩子的见识、增进对自然的理解、融洽亲子关系
C. 孝心游	年龄：35~48岁为主 收入：4 500~7 000元为主 人次：4~6人	次均停留时间：1~2天 年均出游率：6~12次 人均花费：60~120元	出游有助于促进身心健康、增进家庭成员间的感情、留下美好生活记忆
D. 同伴游	年龄：22岁以上 收入：3 000~6 000元为主 人次：5~8人	次均停留时间：1天 年均出游率：8~15次 人均花费：50~120元	出游有助于巩固、增进和拓展现有社会关系，同时放松身心、品味美食和美景
E. 集体游	年龄：各种年龄 收入：各种范围 人次：10人及以上	次均停留时间：1天 年均出游率：5~10次 人均花费：50~80元	出游有助于增进团队凝聚力和集体归属感、联络感情、获得愉悦与自我放松

（资料来源：张敏敏 傅新红，2019）

2.3　主要问题分析

成都的乡村旅游虽然取得了长足的发展和明显的进步，也取得了丰硕的成果和积极的社会响应，但仍然存在着一些不足和问题。这些不足与问题，既反映了中国乡村旅游发展中的一些普遍现象，也折射出成都的一些自身问题和矛盾。

2.3.1　依然存在乡村城镇化的问题

城镇是与农村相对应的概念，是社会经济发展的标志。城镇化虽然带来投资和消费需求，拉动了经济增长，为农村居民脱贫致富创造了条件，但同时会带来乡村生态环境的破坏、乡村景观的衰减、乡土文化的丧失、可用耕地的减少、农地撂荒等问题。城镇化和现代化浪潮对淳朴乡村文化容易造成较大冲击。客观来看，成都也有一部分乡村出现了乡村文化景观消减、地位边缘、文脉断代、内容变异、形式简单、主体空心、传承艰难等困境。

2.3.2 依然存在用地瓶颈化的问题

土地是乡村旅游发展最基础和最为重要的生产要素之一，土地在旅游发展中的优化配置直接关系到产业发展目标和社会效益。成都乡村旅游产业发展规模的增大和提档升级的诉求，使乡村旅游发展用地供给紧张和不足的问题十分明显，对土地使用和管理提出了严峻的考验。

2.3.3 依然存在环境衰退化的问题

成都的乡村旅游带动了市域乡村经济社会的发展，但是也引发了一些生态环境保护问题。一些地方在进行乡村旅游项目建设时，开挖山体、滥伐树木、拆毁古建、破坏湿地、填埋湖塘，使不少乡村旅游地失去了原有的自然意蕴与生态魅力，优美的田园环境和自然的天际线遭到破坏。有的地方大兴土木，大拆大建，盲目追求景观的现代化和时尚化，破坏了乡村自然景观的原真性。一些乡村管理方式粗放，环境承载量过大，导致空气、地表水、土壤等受到污染，自然生态环境遭到破坏。一些地方的乡村建筑过度商业化、城市化，破坏了乡村的整体意境和自然形象，乡村文化逐渐丧失和沉沦。

2.3.4 依然存在产品单一化的问题

成都乡村旅游产品单一的问题依然存在，主要表现在：部分乡村产品的开发利用仍集中在观光农业和休闲农业的 1.0 版本，对乡村文化和乡村遗产的开发与利用程度不够，缺乏创新设计与深度加工。乡村旅游过分依赖农业资源，内容简

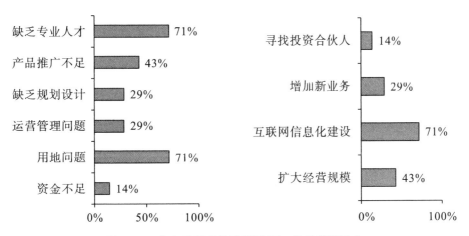

图 7-6　农家乐经营的障碍及下一步的经营动向

（资料来源：胡晓燕，2016）

单，利用方式简单，开发模式单一，缺少多样性的体验因素。有些县区乡村旅游缺乏形象，缺乏龙头特色产品，难以满足游客多层次多样化与高文化品位的旅游需求。

2.3.5 依然存在人才支撑弱化问题

成都的乡村旅游是20世纪八九十年代发展起来的，经营者大多以当地村民为主。近年来，尽管引入了许多外来人才，迎来大量返乡农民，充实了基层管理人员，也加大了专业培训力度，但依然存在综合素质不高、缺乏高层次人才、专业的管理人才和服务人才缺乏等问题。培育和引入新型旅游人才，促进以乡村居民为主力军的管理服务队伍水平的提高，吸引和留住本地学生回乡发展，是提升成都乡村旅游管理效率与服务水平的关键。

3 高质量推进成都乡村旅游发展的方向把握

新时代，应紧紧围绕乡村旅游高质量发展的内涵，强化理念指导，准确把握成都乡村旅游发展的实施方向。

3.1 绿色低碳是乡村旅游高质量发展的理念指导

生态化、青春化、健康化已成为新时代的消费热点和时尚，追求自然、回归自然、走向乡村已是大势所趋。全域旅游理念的实施和推广，拓展了乡村旅游的发展空间，为乡村旅游向高质量发展提供了良好的发展契机和动力。在乡村旅游发展过程中，成都必须坚持以绿色发展、低碳发展理念为指导，践行"绿水青山就是金山银山"的发展思想，处理协调好经济发展和生态保护之间的关系，创造一个自然生态保持完好、富有天府田园韵味的乡村环境，这不仅能够满足旅游者对自然优美生态环境的向往，更能增强成都乡村旅游的吸引力和竞争力。

3.2 资源的可持续利用是乡村旅游高质量发展的前提

乡村资源与乡村环境，是乡村旅游的依托和基础。成都要推动乡村旅游高质量发展，就必须充分考虑成都各地乡村的地方环境条件与资源禀赋差异，强化乡村的生态保护。在绿色发展理念的指导下，科学评估乡村的环境承载能力，准确判断乡村资源可持续利用的阈值，利用环境友好型技术进行梯次开发。只有真正留住青山绿水，保护好乡村的生态环境，乡村旅游才具备高质量发展的资源条件与环境基础。

3.3 农业强、农民富、农村美是乡村旅游高质量发展的目标

"中国要强,农业必须强;中国要美,农村必须美;中国要富,农民必须富。"2013年12月,在中央农村工作会议上,习近平总书记以"三个必须"擘画出乡村振兴的建设目标[4]。新时代,成都乡村旅游高质量发展必须坚持"以农为本",把农业农村视为根本,注重各方面资源的整合,注重一二三产业的融合,拓宽农业功能,提升农业的综合效益,实现"农业强"的目标。乡村旅游高质量发展能够创造出新的经济增长空间,提供多渠道的就业方式和创业方式,提高乡村发展的自我造血功能,农民作为乡村旅游受益主体,共享发展成果,共享发展红利,实现"农民富"的目标。乡村旅游的发展能够有效改善农村的公共环境条件,改善农村的公共服务设施状况,达到生态、宜居、宜游的村容环境效果,实现"农村美"的目标。

3.4 产业融合是乡村旅游高质量发展的可行路径

乡村旅游的兴起源于都市化进程中"三农"价值的再造,产业融合是推动乡村旅游提档升级的有效路径。乡村旅游作为乡村产业振兴的引爆点和突破口,其所打造的全新业态,是绿色发展新动能的重要内容。通过"乡村+旅游""乡村+文化""乡村+康养""乡村+体育""乡村+娱乐""农业+加工业""农业+教育"等模式,实现产业融合,推进农业与旅游、教育、文化、康养、加工业等产业深度融合,推进农业供给侧结构性改革,拓展成都乡村旅游发展新空间。农业与多产的融合,有利于加快培育乡村新产业、新业态、新产品,推动以绿色发展为导向的乡村振兴真正落地实现。

表 7-3　农旅融合给农民带来的增收

要　素	单纯一产业时期	一三产业融合后	增　效
当地农户	在家种田、栽树	务农、务工、管理、餐饮服务等	土地流转后有租金(每年每亩土地补贴800斤大米的钱);当地打工、参加合作社管理均可挣工资。
	外出务工	主动返乡创业	餐饮、民宿收入翻倍;请人打工、就近购买农户自种的蔬菜、大米等,既节约了成本,又带动周边农户增收。

要　素	单纯一产业时期	一三产业融合后	增　效
耕地	种粮自供或销售一部分	除了种田，还面向游客做农家餐饮、盖碗茶	以前纯种地收入只够糊口，打工纯收入仅 3~4 万元；现在经营性收入超 10 万元的农户占调查总户的 80%。
民房	自住或闲置	自己办民宿	民宿平均 50% 的入住率，年收入 3~15 万元不等。
		将房屋流转给合作社统一打造	每年收租金

3.5　生态、文化与经济协调发展是乡村旅游高质量发展的归宿

"绿水青山"给乡村旅游发展提供了优质的资源、巨大的潜力、潜在的竞争力和发展的可持续力，但要转化为"金山银山"则需要桥梁与路径，而乡村旅游则是"绿水青山"转换为"金山银山"的有效桥梁与路径。成都乡村良好的生态环境与自然空间，为实现乡村旅游高质量发展提供了支撑和保障，为实现乡村生态效益向经济效益、社会效益转变提供了前提和基础。在成都乡村旅游高质量发展中，生态目标与经济目标、文化目标，数量目标与质量目标，速度目标与效益目标，长期目标与短期目标，必须通盘考虑，协调统一，走一条生态、文化与经济协调发展的高质量之路。

4　高质量推进成都乡村旅游发展的对策建议

围绕乡村振兴的深刻意义和高质量发展的本质内涵，结合成都乡村旅游发展中的实际情况与问题，我们提出以下对策建议。

4.1　规划引领：绘制高质量发展蓝图

紧密结合成都乡村的实际状况与市场需求的发展态势，在国土空间规划的指导下，制定符合成都实际的乡村旅游发展规划。分层级与区域，确定不同区域发展乡村旅游的可能性、可行性，明确不同地区发展的目标及方向，提出发展的思路、空间结构与重点项目布局，制定时间表、路线图以及保障措施。同时，开展乡村旅游地生态安全评估，广泛听取乡村原居民对发展乡村旅游的建议及参与意愿，更加科学有效地发挥规划对乡村旅游高质量发展的引领作用。

4.2 产业融合：创新高质量发展内容

产业融合是推动乡村旅游高质量发展的重要路径。连续多年的中央"一号文件"都强调，要加强一二三产业融合，这为乡村旅游和其他产业融合提供了政策支撑。

4.2.1 与农业产业的深度融合

通过与农业产业的深度融合，实现农业功能从生产向生态、生产向生活功能的深度拓展。立足于成都乡村优美的自然环境条件、深厚的川西文化禀赋、广阔的休闲活动空间，充分发挥农业的多功能性，特别是农业固有的乡土性、自然性、生态性，分析不同旅游群体个性化、感性化、体验化的需求，从生态休闲、游览观光、文化教育、运动康养等方面拓展，聚焦开发一批特色鲜明、功能多元、辐射面广的旅游产品。

4.2.2 与第二产业的融合

成都乡村有许多历史底蕴厚重、地方风格独到的优质农副产品，对这些安全优质的农副产品进行深加工及策划，按照精品化、生活化、艺术化的思路包装，既可以创新农业发展新渠道，也能为游客提供独特的地方特色农副产品享受，同时实现川西乡村文化的传承和传播。

4.2.3 与第三产业的融合

通过与文化产业融合发展，丰富乡村旅游的内容，塑造乡村旅游的特色，提升乡村旅游的品质。以成都乡村的自然环境、生态本底、林盘院坝、田园景观、溪湖塘堰等乡村意象作为旅游核心吸引物，注入现代生活的时尚元素，设计具有天府地域文化个性的多样化、特色化的乡村文化旅游产品，创造成都乡村宜游、宜居氛围，创新成都乡村旅游的新形态，推动旅游消费的升级转型。通过与创意产业的融合，推动成都乡村旅游的开放发展、多元发展，打造出有天府意蕴的农耕文明教育基地、健康养生基地、运动娱乐基地、影视基地、婚纱摄影基地、拓展训练基地、节庆活动基地等新空间。

4.2.4 与互联网产业的融合

通过与互联网产业的融合，打通乡村旅游的传播渠道。互联网能够为乡村旅游提供展示、宣传的平台，为游客了解乡村情况提供便捷途径。在新冠疫情可能常态化的情况下，成都的许多乡村旅游景区都借助互联网平台，开展乡村旅游云展播、地方商品的直播等，效果十分明显。借助互联网，通过与康养产业的融合，发展乡村养老、大健康产业等，既能够切实对接中国老年市场的巨大需求，又符合国家对老年群体的政策导向，实现成都乡村旅游的全面开放和多元融合。

4.3 政府扶持：搭建高质量发展平台

地方政府对乡村旅游的扶持和政策，主要体现在以下几个方面：

4.3.1 资金的筹措

成都乡村旅游的发展离不开资金的支撑。从政府层面考虑，一是要对乡村旅游的发展给予积极的财政上的支持。通过贷款优惠、政府贴息、税收减免等措施，鼓励村民加入乡村旅游的开发建设行列。二是要搭建平台。以乡村振兴为契机，以乡村文旅项目为载体，建立支农资金整合平台，捆绑使用各类支农资金，把国家和地方对农业产业化、乡村治理、扶贫开发、环境保护、城镇建设等促进新农村建设的资金，集中投向乡村旅游项目。对发展效果显著、示范带动明显的乡村旅游项目，采取"以奖代补"的方式进行公共财政的支持。

推进融资市场化。深化改革农村目前的金融体制，在规范市场的前提下，鼓励建立各种新型或中小型金融机构，搭建多元化金融主体，提升成都农村金融服务水平与服务效率。对于大型的乡村旅游项目，实行招商引资，吸纳社会资本参与建设，对项目进行市场化运作。

加强区块链技术在成都乡村金融中的应用[5]。区块链技术的应用可以有效解决传统金融在我国农村中存在的网点少、支付结算体系不完善的缺点，通过点对点的直接交易，缩短交易时间，降低结算成本，从而有效改善目前成都部分农村金融体系不完善的现状。同时，在农村征信系统建设中，区块链技术可以合理记录个人信息，通过用户授权可将部分信息放在公共链中供其他机构查询使用，提高成都农村信用体系的质量与效率。

4.3.2 土地的供给

在遵循国家土地政策的前提下，适当放宽土地使用政策，积极实践"点状供地"。按照"土地确权、两权（所有权和使用权）分离、价值显化、市场运作、利益共享"方针，依据土地有偿使用原则，实行更具弹性和灵活性的乡村旅游建设用地政策。充分利用"增减挂钩"的土地管理办法，拓展乡村建设用地的空间，乡村旅游项目的土地使用权实行有期限有偿流转制度，并通过招标、拍卖、挂牌的方式获得土地使用权，收取的土地出让金可用于乡村的公共服务设施和项目的基础设施建设。鼓励社会资本下乡，在荒地、荒山、荒坡、荒滩进行乡村旅游开发，支持农民在自己承包的林地、果园、草地上依法依规开展劳作场景、食宿接待等乡村旅游项目的开发建设。

4.3.3 机制的保障

乡村旅游高质量的背后，一定是机制的顺畅与保障。首先，我们要进一步创新乡村旅游发展的管理体制。基层政府要发挥宏观调控作用，在明确责任的基础上，协调文化旅游管理部门和各部门之间的协同关系；而乡村旅游景区的运营主体，则可采取专业公司负责等多种方式。其次，我们要进一步完善乡村旅游发展的运营机制。围绕乡村旅游高质量发展的要求，着力构建"政府＋公司＋农民合作社协会＋市场运营商"的运营机制，建立起一整套符合成都乡村旅游发展实际的运营机制，着力解决好市场、政府、社会三元结构之间的关系。再次，我们要进一步建全乡村旅游发展的监督机制。建设多元主体合作协商的制度和规则，以多方主体制度化的协商渠道和参与平台，为乡村旅游高质量发展提供保障。

4.4 能力建设：提供高质量发展支撑

人才是乡村旅游发展的核心要素。从成都乡村旅游发展的实践和效果来看，各地的水平参差不齐。培养和引进高素质、专业化、富有创新意识和奉献精神的乡村旅游人才，是成都乡村旅游高质量发展的有力支撑。

4.4.1 本地人才培育

要不断加强对本地乡村旅游从业人员的培训，加强系统化的专业知识培养和能力提升，"精准育才"，不断提高成都乡村旅游从业人员的管理水平和服务能力，造就一批在农村留得住、用得上、能带动的"田专家、园博士、农创客"，培养一批懂市场、服务意识强、技能水平高的乡村旅游服务人才。

4.4.2 外部人才吸纳

成都各地乡村，应根据乡村旅游发展的实际和产业发展需求，采取有效政策措施实施"招才引才"，特别是文旅经营管理类和运营类优秀人才。加强与旅游专业院校和文旅部门、规划机构的对接，做好人才输送、对口培养、专业提升、"送教上门"等帮扶工作。实施"乡村两师一员"培养工程、"定制村干部"培养工程和"新乡贤"培养项目，实现目标培养和用才高效。

4.5 主体建设：增强高质量发展动能

从成都乡村旅游发展的历程来看，农家乐（包括乡村酒店、民宿等）和乡村旅游专业合作社，是目前乡村旅游主要的经营主体，其发展的状况如何，将直接影响到成都乡村旅游的实力与竞争力。通过多种渠道与方式，不断完善与扩展这些经营主体的实力，是未来成都乡村旅游活力与动能的体现。

成都乡村旅游的高质量发展，需要积极探索多种经营主体下的新型经营管理体系，构建新的利益联结和保障机制。这样的体系与机制，既能够保障农民的主体地位，规避个体经营在经营运作上与投资能力的不足，又能够将乡村旅游的生产要素进行有效聚集和合理配置，实现内部资源的有效共享；既能够保障农村集体资产增值，又能够保障资本利益。借助制度设计和经营管理体系创新，实现资源共享、资金共享、客源共享的多方共赢模式，实现各方参与主体的利益共享及乡村旅游的繁荣兴旺，提升成都乡村旅游经济活力与内在动力。

4.6　市场对接：提升高质量发展效益

在社会主义市场经济条件下，乡村旅游发展必须要以市场需求为导向，充分对接市场需要，充分满足市场需求，这对于成都乡村旅游业的稳定发展具有十分重要的意义。

4.6.1　实施市场需求与市场结构调研

在新冠疫情可能常态化的前提下，游客会越来越倾向于近距离、慢节奏、低密度、短周期、高频次的出游方式，这对于乡村旅游发展是一个非常好的契机。成都乡村旅游的客源主体主要包括周末工薪阶层、离退休群体、亲子家庭群体、研学群体、短期度假群体等，作为乡村旅游发展引导者的政府部门来说，应该引导企业全力对接这些群体的需求，有效地激发乡村旅游需求潜力，逐步引导乡村旅游需求层次的升级和需求结构的优化，引导产业供给的调整和转型，促进传统乡村旅游需求和供给逐渐向乡村休闲、乡村康养、乡村度假等较高层次的需求和供给转化，为乡村旅游产业的创新升级创造良好的市场环境。

4.6.2　建设完整的乡村旅游目的地营销系统（DMS）

借助互联网技术建设 DMS（Destination Marketing System）系统，强化乡村旅游的市场营销，是乡村旅游市场开发升级的重要手段。同时，推进乡村旅游网络建设，实现乡村旅游电子信息系统升级；推进旅游公共信息系统建设，实现乡村旅游目的地信息系统升级；推进乡村游客服务中心体系建设，实现乡村旅游服务硬件升级。

乡村振兴的国家战略和公园城市建设的历史契机，将推动成都的乡村旅游实现高质量发展。未来成都的乡村旅游值得期待！

参考文献

［1］郭焕成，韩非．中国乡村旅游发展综述［J］．地理科学进展，2010，29（12）：1597－1605.

［2］史丹，赵剑波，邓洲．从三个层面理解高质量发展的内涵［N］．经济日报，2019－09－09（14）.

［3］罗文斌，雷洁琼，徐飞雄．乡村旅游高质量发展的背景、内涵及路径［N］．中国旅游报，2019－05－14（3）.

［4］央视网．中央农村工作会议主要内容［N/OL］．http：//jingji. cntv. cn/special/2013ncgzhy/index. shtml/，2013－12－25.

［5］杨晓峰．乡村旅游投融资模式创新研究［J］．产业创新研究，2020，（2）：52－54.

旅游地生命周期视角下民族乡村旅游可持续发展研究

——以甲居藏寨为例

[作 者] 杨 波 陆相钱

（西南民族大学旅游与历史文化学院 西南民族大学国家文化公园研究中心）

摘 要： 乡村旅游作为一种新兴的旅游模式，是乡村振兴的重要推动力量。乡村旅游只有走上健康可持续发展道路，才能成为乡村振兴的基础性产业，成为推动乡村经济发展和提高村民幸福生活水平的持续动力。本研究以甲居藏寨乡村旅游地为研究对象，总结存在的问题并根据旅游地生命周期理论，分析甲居藏寨目前所处周期阶段，判断其发展规律，并有效预测其发展趋势，进而提出甲居藏寨现阶段的乡村旅游发展策略。

关键词： 旅游地生命周期；乡村旅游；甲居藏寨；可持续发展

引言

　　乡村振兴、乡村旅游和可持续发展是针对我国三农工作的重大战略，乡村旅游是实现乡村振兴的有效途径，可持续发展是保障乡村旅游长久繁荣的重要思路，三者间相互衬托，相互联系。我国民族地区拥有优美的自然风光和深厚的人文历史，目前许多民族地区正在开发以历史和自然为基础的乡村旅游体验，吸引了众多游客前来体验。发展乡村旅游在推进城乡融合发展、农业农村现代化、脱贫攻坚等方面发挥着重要作用。由于我国民族乡村地区普遍存在基础设施不足、专业人才缺失、服务质量参差不齐等问题，因此民族乡村旅游如何实现健康可持续发展已成为亟须解决的一个重要现实问题。乡村旅游若要成为乡村振兴的基础性产业，成为促进乡村经济发展、提高村民幸福生活水平的持续动力，必然要走上健康可持续发展道路[1]。

在现代经济快速发展和乡村振兴的背景下,许多城市居民由于快节奏的生活方式和高强度的工作压力想要暂时逃离这枯燥、烦闷的"牢笼",前往乡村寻找梦想中的田园生活,这一需求成为民族地区旅游经济发展的重要推动力。然而民族地区在乡村旅游发展过程中不可避免地存在着不少尖锐的问题。故本研究从旅游地生命周期理论的视角出发,来探讨四川丹巴甲居藏寨的发展现状,分析总结甲居藏寨旅游目的地所处的生命周期阶段以及存在的问题,基于此对甲居藏寨的乡村旅游发展提出相关建议,进而促进其稳步、健康可持续发展。

1 甲居藏寨概况及其旅游情况介绍

1.1 甲居藏寨概况

甲居藏寨位于四川省甘孜州丹巴县城的聂呷乡,距离县城约 8 公里,是丹巴境内具有特色的乡村特色景区,景区海拔 1750～1860 米,面积约为 5 平方公里。"甲居"在藏语当中的含义是百户人家,目前该寨共计 160 余户人家,主要包括甲居一村、二村和三村。甲居藏寨具有完整的嘉绒名居特色,有着浓郁的民俗文化底蕴,藏寨依山而建,错落有致、自然古朴,素有"藏区童话世界"的美誉。甲居藏寨从大金河谷层层向上攀缘到卡帕玛群峰脚下,整个村落沿着起伏的山丘,建在相对高差近千米的山坡上,藏式建筑散落在绿树成荫的林间。村落建筑坐北朝南,采用最原始的建筑材料,使得嘉绒民居独特的特征得到了保留,呈现出传统简约的古典风格,同时内部木质屋檐均呈现红色,整个建筑的造型奇特,层次感分明,吸引了众多前来甲居藏寨旅游的人们。

1.2 甲居藏寨旅游开发现状

早在 20 世纪末,少量游客前往甲居藏寨,发现了甲居藏寨独特的美,随后游客数量逐年增加,当地政府开始对甲居藏寨进行旅游开发,并对其进行推广和宣传。2021 年 5 月,丹巴县政府主持举办了首届"中国四川丹巴嘉绒藏族风情节"。在接下来的几年里,当地政府开始为旅游发展修建基础设施,修建了第一条从丹巴县到甲居藏寨的村级公路。随着甲居藏寨的美誉逐渐为外界所知,中央电视台"中华民族"栏目组于 2004 年末到甲居藏寨村落进行采访拍摄,并发行了一张以"美人乡·美人香"为主题的专辑。在第二年,由《中国国家地理》

杂志举办的"选美中国"活动中，以甲居藏寨为代表的丹巴藏寨被评为"中国最美的六大乡村古镇"之首，极大地提高了甲居的知名度和美誉度。

2004 年，甲居藏寨作为旅游景点开始正式收取每人 30 元的门票，门票收入主要用于维护道路、修建公共基础设施，当年门票收入约为 90 万元。2007 年，甲居藏寨的门票年收入已达到 200 万元。2016 年 9 月，甲居藏寨被正式批准为国家 4A 级旅游景区。疫情暴发前，甲居藏寨年接待游客就已达到 170 多万人，门票收入增长到 700 多万元。随着甲居藏寨大力发展乡村旅游，当地村民表示他们的日子越过越好。

1.3　甲居藏寨存在问题

（1）旅游产品同质化严重。2019 年，当地政府提出将甲居藏寨打造成以嘉绒风情体验中心、养育桃谷和农创田园为核心的旅游景区。目前该景区已走上了"春季赏花、秋季摘果"的旅游发展模式。然而该景区可供游客参与的农业活动和娱乐活动较少，游客在甲居藏寨停留的时间基本为一天，在村寨的民宿中歇息一晚。所以目前该景区对民族、民俗文化特色挖掘不够，旅游产品同质化比较严重，缺乏产品设计和文化产品创新。

（2）民俗文化展示不充分。甲居藏寨经过多年的发展与规划，藏寨统一布局规划，统一设计装修，统一对外服务。这种统一规划布局可能体现不出每个寨子的风格，从而带来商业化程度较高的问题，同时较难体现出嘉绒藏族的民俗文化和风情，从而使得甲居藏寨缺乏原始感以及历史文化的差异性，较难满足不同游客的个性化需求。

（3）从业人员服务意识不高。笔者通过马蜂窝、大众点评等旅游平台查看了游客的评论，发现较多游客反映甲居藏寨的某些服务人员服务态度有所欠缺，景区服务意识差。这是因为甲居藏寨的经营者文化素质普遍不高，又缺乏必要的管理培训，所以从业人员的整体素质有待提高，做好服务才能给游客带来良好的旅游体验。

2　理论基础

旅游地生命周期理论是一个在旅游地理学领域广泛使用的理论，用于研究特定旅游目的地的演变过程。"生命周期"一词用来描述生物从开始、发展、衰落直至消亡的全部过程。W. Christaller 以欧洲旅游业为研究对象，他认为旅游目的地要经历一个发现、成长和衰落的进化过程[2]。Stansfield 于 1973 年从市场营销角度出发认为客源市场的衰败伴随着从一些精英游客到大众游客的转变[3]。随后被学术界广泛认可的是加拿大地理学家 Richard Butler 于 1980 年发表的旅游地生命周期理论，他提出："旅游地的发展变迁一般要经历 6 个阶段，即探索（exploration）、起步（involvement）、发展（development）、稳固（consolidation）、停滞（stagnation）、衰落（decline）或复兴（rejuvenation），而经过复兴后又开始重复之前几个演变阶段"[4]。

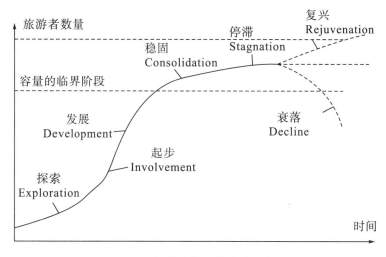

图 7-7 巴特勒的旅游地生命周期模型

巴特勒通过一条"S"形曲线来描述该理论：

（1）探索阶段：这个阶段的特点是一些喜欢冒险的游客发现了吸引他们的自然或文化方面的目的地，但该目的地并未为游客提供专门的旅游基础设施，游客与当地人的互动可能会更为频繁。在此阶段，游客的社会和经济影响相对较小。

（2）起步阶段：随着游客数量的增加并达到一定的规模，当地居民开始为游客提供基础设施。随着这一阶段的发展，可以预期会有一些广告来吸引潜在的游客，并且该地可以为游客界定一个基本的初始市场区域。此外，在某种程度上，游客的旅行安排会有一定的组织或规划，并首先向政府和公共机构施加压力，要求他们为游客提供或改善交通和其他基础设施服务。

（3）发展阶段：这一阶段反映了一个明确的旅游市场区域，游客数量大幅增加，可能超过当地人口。当地对住宿服务的参与和控制迅速下降，外部组织开始提供更复杂的旅游设施和景点。在这个阶段，旅游目的地的外观将明显变化，这可能会与当地居民的意见相冲突。

（4）稳固阶段：在这个阶段，旅游业与该地区的经济紧密相连。游客数量的增长速度放缓，但游客总数超过了当地人口。主要的旅游连锁店和特许经营权都被代表。在这个阶段，当地居民极有可能会对旅游活动产生反对和不满，特别是那些不参与旅游业的居民。

（5）停滞阶段：达到或超过了目的地的承载能力，并对周围环境、社会和经济产生负面影响。旅游目的地的形象已经确立，但已经过时，旅游目的地将严重依赖旅游，并需要做出艰苦的努力来维持游览水平量。人造景点可能会取代自然和文化景点，旅游目的地形象可能会脱离其地理环境。旅游活动的新发展将在原来的旅游区的外围，并且所有权可能会频繁发生变更。

（6）衰落阶段或复兴阶段：当游客数量增长率连续多年平缓，旅游目的地可能会进入衰落阶段或复兴阶段。衰落阶段的特点是游客数量严重减少，因为该旅游目的地无法与新的景点竞争，该地的旅游设施可能会频繁关闭，转变为与旅游无关的产业结构。在复兴阶段，为避免旅游目的地进入衰落阶段，需要通过开发或利用自然资源或人造资源吸引物并创造新的旅游市场来实现。

3 旅游地生命周期理论的作用机制

我国民族地区的乡村旅游由于在不同的发展阶段和发展重点方向的不同，其发展措施也应因地制宜。本研究通过梳理和分析甲居藏寨的发展现状及其发展特征，并从旅游地生命周期理论视角出发确定其所处的生命周期阶段，进而合理解释该旅游地的发展规律，与此同时，通过对甲居藏寨的问题进行诊断和分析，可以有效指导其规划和管理。

3.1 甲居藏寨乡村旅游生命周期阶段的主要影响因素分析

（1）游客需求。2014 年至 2016 年，甲居藏寨共接待游客近 100 万人次，其中国内游客 97 万余人次，国外游客 3 万余人次，旅游年平均收入近 5000 万元。

由于受到疫情影响，2021年国庆期间，甲居藏寨景区接待游客0.38万人次，较去年同期增长20.6%；门票收入4.88万元。可以看出，甲居藏寨的旅游发展表明了城市群体对乡村旅游的需求旺盛。

（2）基础设施建设。多年来，当地政府对甲居藏寨的公共基础设施不断进行完善，基本可以满足游客需求。2019年，丹巴县投入资金3.6亿元，其中2亿多用于聂呷乡甲居藏寨景区建设，主要用于大甲居旅游环线公路改造、甲居旅游基础设施配套项目建设等。尽管甲居藏寨的基础设施已大幅改善，但在节假旅游高峰期仍不能很好地满足游客游玩需求。

（3）自然生态环境开发和保护。甲居藏寨是在不改变周围环境的基础上开发、建造的，且顺应原始地质走势，与周围生态环境相得益彰，自然生态环境基本未受破坏。

（4）宣传活动及知名度。自2005年在《中国国家地理》杂志举办的"选美中国"活动中被评为"中国最美的六大乡村古镇"之首后，甲居藏寨在全国已有了一定的知名度。经过十几年来的发展，当地通过报纸、电视、互联网等进行宣传，甲居藏寨现已成为游览川西必去的景点之一。

3.2 甲居藏寨旅游生命周期阶段的判断

甲居藏寨乡村旅游经过二十多年的发展，甲居藏寨的游客接待量及旅游收入呈现迅速增长态势；旅游基础设施和服务设施得到明显改善，与此同时，旅游服务质量得到一定程度的提高；甲居藏寨形象在全国具有一定的声誉，已成为川西景点的一个特色旅游目的地。综合各因素来看，甲居藏寨目前正处于旅游地的发展阶段。

3.3 针对存在的问题判断其乡村旅游发展策略

（1）加强基础设施建设。充分发挥政府的宏观规划和协调作用。当地政府应制定相关配套政策并加以落实，利用国家建设新农村的好政策带动农民增收，积极争取四川省和国家的投资，为发展民族旅游提供经济支撑，并增加基础设施投资。此外，甲居藏寨的民宿应突出"一村一品、一户一业"，开发具有浓郁地方特色的乡村旅游产品，防止城市化复制、简单化照搬，实现特色化、精品化、差异化发展，反对过度商业化。注意交通和旅游线路的对接，加强旅游基础设施建设，提升景区设备设施质量，改善旅游环境。

（2）引进专业人才，提高管理服务水平。甲居藏寨应不断提升景区的服务意识，引进专业人才，提高薪资，有利于引进或更好地留住本地专业人才。并加大对景区服务人员的培训，提升职业服务人员的整体素质。在景区经营过程中，应建立健全教育引导机制，由旅游管理部门负责组织对景区居民进行培训和定期或不定期的教育引导，提高服务水平，增强服务意识。

（3）加强甲居藏寨民俗文化与旅游的结合。甲居藏寨从众多的旅游地中脱颖而出，不仅是因为在乡村旅游的背景下，更得益于其自身的建筑风格以及独特的嘉绒藏族民俗文化特色。甲居藏寨应丰富民俗文化旅游形式，开拓思路，进行多元化、多层次的开发，加强当地民俗文化、农业、自然与旅游的结合。挖掘嘉绒藏族文化内涵，重点开发墨尔多山庙会、赏花节、锅庄、嘉绒藏历年、嘉绒藏族服饰、藏戏等具有地方特色的民俗文化项目，让游客感受到传统民俗的浓郁氛围。

4　结语

发展乡村旅游是乡村振兴的重要力量，甲居藏寨作为丹巴县甚至是甘孜地区最具有代表性的景区之一，它的发展无不牵动着当地的经济发展以及整个区域未来的发展。本研究以旅游地生命周期理论为基础，分析了甲居藏寨的发展现状和存在的问题，对该旅游地不同发展阶段的情况进行了分析和探讨，并因地制宜地提出了相应的规划或管理建议。甲居藏寨应开发具有地方特色的乡村旅游资源、完善基础服务设施和提高经营服务水平，树立可持续发展理念，带动地方经济发展，提高人民幸福生活水平。

参考文献

［1］王德刚. 乡村旅游可持续发展要处理好四个关系［N］. 中国旅游报，2018 - 12 - 24（3）.

［2］CHRISTALLER W. Some considerations of tourism location in Europe：the peripheral regions - under - developed countries - recreation areas［A］. Papers of the Regional Science Association［C］. Springer，1964，12：95 - 105.

［3］ STANSFIELD C. Atlantic City and the resort cycle background to the legalization of gambling［J］. Annals of tourism research, 1978, 5 (2): 238 – 251.

［4］ BUTLER R W. The concept of a tourist area cycle of evolution: Implications for management of resources［A］. The tourism area life cycle, Vol. 1［M］. Channel View Publications, 2006: 3 – 12.

国家级田园综合体"旅游+"示范效应的 PDIBIS 评价模型研究

——以都江堰市天府源为例

［作　者］熊水泉（成都信息工程大学　都江堰市商投局）

黄　萍（成都信息工程大学）

摘　要： 2017 年中央一号文件首次提出发展田园综合体，至 2021 年，全国已在多个省市累计启动了 34 个国家级田园综合体建设试点项目，累计投入财政资金 34 亿元。实施田园综合体试点建设，旨在推动各地立足资源禀赋优势，叠加旅游功能，融合农文教旅，形成独具特色的乡村旅游体验，创新探索将绿水青山转化为金山银山的有效路径。近年来，国家级田园综合体究竟建设成效如何、示范带动效应如何，其示范效应的综合评价指数大小如何，均值得研究关注。

本文立足城乡融合理论、产业融合发展理论、生命周期理论、波特竞争优势理论等理论基础，在广大学者的田园综合体研究成果基础上，结合国家对田园综合体建设试点要求，并受波特钻石模型启示，从潜力（Potential）、发展（Develop）、产业（Industry）、效益（Benefits）、创新（Innovate）、保障（Security）六个维度，构建了涵盖 55 个指标的田园综合体示范效应 PDIBIS 评价模型。进而以 2017 年首批国家级田园综合体——都江堰市天府源为例，运用综合指数法对天府源的"旅游+"示范效应进行实证评价，得到其综合评价指数值为 0.9310，并从多方检验该评价结果与现实情况的一致性，进一步证明 PDIBIS 评价模型的科学性和适用性，最后得出本文的相关研究结论，并对该评价模型提出了总结及建议。

关键词： 田园综合体；示范效应；评价模型；综合评价指数；都江堰市天府源

1 引言

自 2017 年全国首批 10 个田园综合体试点项目全面启动探索建设以来，至 2021 年，全国先后在近 30 个省市（直辖市）累计开展了 34 个国家级田园综合体试点项目，累计安排财政资金 23 亿元支持地方开展试点建设，国内田园综合体已逐步兴盛起来。经实践证明，田园综合体是实现乡村振兴的创新载体，也是促进农业提质升级的重要抓手，具有比较明显的改变区域生产生活生态环境、促进三次产业融合发展、引领村民致富增收的功能。

1.1 核心概念

1.1.1 田园综合体

农业产业中的"田园综合体"，是继现代农业示范区、农业综合体等之后发展起来的农业产业载体。2012 年张诚在《田园综合体模式研究》中首先提出了田园综合体的概念、模型，并由其在无锡市阳山镇实践了第一个田园综合体项目——"无锡田园东方"[1]。2017 年初中央一号文件正式官方提出田园综合体后，国内学者对田园综合体的研究日益兴盛，研究成果也逐渐丰富起来。

梳理国内相关研究文献，国内学者对田园综合体的概念研究目前暂未形成统一定论。大家见仁见智，从不同视角进行定义。卢贵敏（2017）认为田园综合体是为农业农村和农民探索一套可推广可复制的、稳定的生产生活方式[2]；胡向东（2018）认为田园综合体是融合工业、旅游、创意等相关产业于一体而形成的地域经济综合体[3]；杨礼宪（2017）认为是以观光休闲功能为主题的乡村发展平台[4]，等等。田园综合体具有明显的乡村性、为农性、综合性、产业融合、参与主体多元等特征。

结合广大学者的研究成果，以及国家部委文件对国家级田园综合体的实质表述，本文认为田园综合体是坚持以农为本、可持续发展理念，依托乡村本底资源和生态环境基础，通过发挥农民（合作社）主观能动性、农业多功能主导作用，通过多业态规划布局、多产业融合发展、多元主体参与、多方利益兼顾等实施路径而形成的多功能、复合型、创新性的综合型农业项目。

在中国乡村发展的历史进程中，国内先后出现或同期共存有农家乐、现代农业示范区、农业综合体、家庭农场、农业庄园、田园综合体、现代农业产业园、农业产业强镇、国家农村产业融合发展示范园等涉农的阶段性时代产物。

1.1.2　乡村旅游

在英语语境中"乡村旅游"有两种不同的名称，即 agritourism（农业旅游）和 rural tourism（乡村旅游），特别是在东亚和东南亚地区，传统上将其称为"农业观光旅游"[5]。欧洲联盟（EU）和经济合作与发展组织（OECD）将乡村旅游（Rural Tourism）定义为发生在乡村的旅游活动[5]。

在 20 世纪 80 年代，我国的乡村旅游是在农村区域诞生的一种新型旅游模式，在 20 世纪 90 年代以后迅速发展[6]。梳理乡村旅游和农业旅游的关键时间节点，中国的乡村旅游受到广为关注的时间是 1989 年，关键事件是在 4 月在河南郑州召开的中国农民旅游协会第三次全国代表大会上，"中国农民旅游协会"正式更名为"中国乡村旅游协会"，乡村旅游提法正式面世。王兵（1999）认为乡村旅游是以农业文化景观、农业生态环境、农事生产活动、传统的民族习俗为资源，融观赏、娱乐、购物、度假等于一体的旅游活动[7]。2001 年，原国家旅游局把推进工业旅游、农业旅游列为当年的旅游工作要点。何景明（2002）界定狭义的乡村旅游是指在乡村地区以具有乡村性的自然和人文客体为旅游吸引物的旅游活动[8]，刘德谦（2006）认为乡村旅游就是以乡村地域及农事相关的风土、风物、风俗、风景组合而成的乡村风情为吸引物，吸引旅游者前往观光、体验、学习等的旅游活动[9]。

石培华（2022）定义乡村旅游是以乡村为依托，以农业为根基，以村民为主体，以乡村独特的自然环境、田园风光、生产经营形态、民俗风情、农耕文化、乡村聚落、生活方式等为主要吸引物，以提供旅游者开展各种观光、休闲、度假、娱乐、购物、商务、研学或体验乡村生活模式等需求为重点，以拓展农业产业链价值链、增加农民就业和收入、促进农村经济社会全面发展为核心的一种旅游发展方式[6]。这是目前我国关于乡村旅游比较科学全面的概念界定。

1.2　文献综述

国外学者对农村农业发展、乡村旅游、农业旅游等相关学术研究有较悠久的历史，其研究成果已十分丰富。1898 年霍华德《明日的田园城市》（1902 年发行的第二版更名为此）中的"田园城市"，描绘了在城市生活和乡村生活之外的第三种生活方式，即把生动活泼的城市生活的优点和美丽愉快的乡村环境和谐综合的田园城市生活方式[10]。德国在 1919 年制定了《市民农庄法》，并在 1983 年进行修订，可见德国在早期的农业农庄发展阶段就已比较成熟，人们十分热衷于到农庄休闲生活；法国城市居民在 20 世纪 70 年代大兴"第二住宅"，城市居民热衷到乡村修建住宅，促进了农庄旅游业勃然兴起。

近年来，国内学者对田园综合体的研究逐渐兴起。综观国内外学者对农业产业的研究，涵盖了产业融合、产业转型升级、产业可持续发展、区域性产业发展等内容。特别是 2017 年以后，国内田园综合体有如雨后春笋般蓬勃发展，由此引起国内广大学者的浓厚兴趣和广泛关注，学者们的研究热情日渐兴盛，理论成果也逐步丰富，对田园综合体现象的相关研究逐渐达到新的高度。

从 20 世纪 80 年代末期至今的 30 多年时间里，我国的乡村旅游发展经历了诞生、发展、规范、成熟等演变时期，我国的乡村旅游已蔚然成风。国内广大学者对乡村旅游的研究有着持续的热情，研究成果相当丰富。横向来看，国内多数学者将乡村旅游与农业旅游、休闲农业等进行分类对比研究，但是国外部分学者却对农业旅游（Agro-tourism）、农庄旅游（Farm-tourism）、乡村旅游（Rural-tourism）等提法不加区分，相互替代[9]。同时，国内早期有学者认为从经济学的角度来讲，理想化的乡村旅游业是旅游业与农业的一种结合，是农业向多样化经营转化的最佳形式[11]，是第三产业对第一产业的附加而已。这种观点简单认为乡村旅游仅是三产附加到一产，而忽略了乡村旅游业是农业和旅游业二产融合发展的结果这一科学事实。

乡村旅游具有突出的特性，首先是旅游发生地应为乡村地区，具有"乡村地域"特质；其次是以乡村性、乡土性作为旅游的核心吸引物，具有独特的"乡村气质"；再次是应承载乡村遗迹、秉承淳朴民风、传承传统民俗，处处彰显乡村文化，具有浓郁的"乡土文化气息"。

田园综合体是乡村旅游的新兴承载地，以"旅游＋"的模式融合农业、餐饮、民宿、观光、研学等产业，除了农业生产以外，开发布局赏花采果、特色餐饮、精品民宿、农事体验、科普研学、农业景观、康养度假、林盘景观、亲子游乐等多元业态，吸引客群前往旅游，助力农业农村发展。近年在疫情的影响下，我国城市旅游、景区旅游发展短暂受挫，省市内的乡村旅游、周边旅游发展却迎来相对的"利好"机遇。

1.3　理论基础

深入研究与田园综合体示范效应评价紧密相关的城乡融合理论、产业融合发展理论、生命周期理论、波特竞争优势理论等基础理论，以此指引对田园综合体"旅游+"示范效应的评价思路。为此，在评价方向上，对国家级田园综合体示范效应评价时，应分别充分对应考量促进城乡社会经济文化发展一体化发展，产业融合促使不同的产业或业态实现融合形成新产业的动态过程，对田园综合体的"全生命周期"均对应评价，突显国家级田园综合体本身的竞争优势等。

2 影响因子分析

田园综合体的"旅游+"示范效应，受政策、机会、地域区位、城市基础等外部因素、自身个体差异的内部因素，以及评价者的人为因素影响。在分析影响因素后，以波特钻石模型为基础，创新设计出潜力（Potential）、发展（Develop）、产业（Industry）、效益（Benefits）、创新（Innovate）、保障（Security）评价模型雏形，即 PDIBIS 评价模型（6个指标英文单词首写字母）雏形。进一步分别扩张6大核心词为"城市潜力、发展动力、产业条件、综合效益、开发创新、基础保障"，以作为 PDIBIS 评价模型的6个因子，该6个因子单元相互补充、共同作用的机制可行，具有一定理论性和科学性。

3 PDIBIS 评价模型构建

3.1 建立指标词汇库并分类

构建评价指标词汇库的资料来源主要分为两类：第一类是国家或省、市、区（县）层面的官方文件资料；第二类是网络平台上广大学者的研究文献成果资料。在上述资料中广泛提取关于农业和田园综合体的关键词、核心词、高频率词等包含184个指标的词汇库，按照以农为本、统筹兼顾、典型示范的原则，对词汇库里的指标按"城市潜力、发展动力、产业条件、综合效益、开发创新、基础保障"等6个维度进行初步归类。

因为国家级田园综合体是从国内众多省市的申报候选项目中，经多轮评优评先精选的，本身已具有明显竞争优势，结合该实际，借鉴波特竞争优势理论的6大影响因素维度，构建出本文的评价框架模型。

3.2 建立指标评价体系

3.2.1 构建评价体系

将 PDIBIS 评价模型框架的 6 大因素确定为一级指标，并以此为起点，采用层次分析的方法逐层向下构建出第二级、第三级指标。采用结构化一对一的专家访谈法，修改、优化、提炼各个指标，逐步建立完成评价体系。

表 7-4 国家级田园综合体示范效应评价体系

顶层目标（A）	一级指标（B）	二级指标（C）	三级指标（D）
国家级田园综合体示范效应评价体系	城市潜力指标（B1）	自然条件（C1）	气候条件（D1）
			农耕水利（D2）
		区位交通（C2）	城市区位（D3）
			交通体系（D4）
		城市竞争力（C3）	涉农评选荣誉（D5）
			常住人口数量（D6）
	产业条件指标（B2）	产业结构（C4）	农业占 GDP 比重（D7）
			服务业占 GDP 比重（D8）
		产业区位熵（C5）	农业区位熵（D9）
			旅游业（加工业）区位熵（D10）
		品牌优势（C6）	国家地理标识数量（D11）
			龙头企业数量（D12）
			知名农产品品牌数量（D13）
	发展动力指标（B3）	集聚规模（C7）	连片集聚度（D14）
			高标准农田面积（D15）
		投资能力（C8）	上级专项资金总额（D16）
			本级配套资金总额（D17）
			项目投资总额（D18）
		招引能力（C9）	3 年招引培育项目数（D19）
		时效进度（C10）	投资或建设进度（D20）
	综合效应指标（B4）	农旅融合效应（C11）	农旅产业融合度（D21）
			"旅游＋"业态门类数量（D22）

顶层目标（A）	一级指标（B）	二级指标（C）	三级指标（D）
			旅游 A 级景区景点数量（D23）
			乡村旅游年游客数（D24）
			乡村旅游游客数同比增幅（D25）
		经济效益（C12）	农业增加值增幅（D26）
			农业主导产业亩均产值（D27）
			农民可支配收入占上级百分比（D28）
			农民可支配收入同比增幅（D29）
			农民可支配收入额（D30）
		社会效应（C13）	游客、村民问卷满意度（D31）
			乡村文旅、交流会活动年度数（D32）
			村民综合文化活动中心数量（D33）
			吸纳就近村民就业人数（D34）
			乡土文化传承（D35）
			生产生活环境（D36）
			旅游设施条件（D37）
		生态效应（C14）	生态战略定位（D38）
			绿色农业项目数占比（D39）
			水土保护生态治理（D40）
			环境污染事故发生率（D41）
	创新效应指标（B5）	创新应用（C15）	新技术新设备（D42）
			新业态新模式（D43）
			利益分配创新（D44）
		合作开放（C16）	产业园区衔接（D45）
		人才体系（C17）	农村职业经理人（农民）人数（D46）
			年度技能培训场次、人次（D47）
	基础保障指标（B6）	顶层设计（C18）	成立组织机构（D48）
			建立推进机制（D49）
			出台纲领性文件（D50）
		项目管理（C19）	资金管理制度（方案）（D51）

顶层目标（A）	一级指标（B）	二级指标（C）	三级指标（D）
			项目绩效评价等级（D52）
			出现重大资金问题（D53）
		年度考核（C20）	对管理机构的年度考核评价（D54）
		专项政策（C21）	出台专项政策（D55）

3.2.2 第三级指标的等级描述设计

增设出第三级指标（D）的指标等级描述层（此文暂略），涵盖内容如下：

（1）等级描述设计。对55个第三级指标均完成不同的等级描述内容，作为对指标的细化描述以及补充说明。

（2）等级赋分设计。对三级指标（D）中的50个指标评价等级设计为1、2、3、4级，其中第1级为标准指标值，4个等级分值分别对应为100%、90%、80%、70%；对基础保障指标（B6）中的5个指标评价等级设计为1、2级，分值分别对应为100%、0%。

（3）标准指标设计。将每个三级指标（D）的第1等级作为该指标的标准指标，标准指标对应的分值为标准指标分值；每个标准指标代表该项指标是全国、本省市的平均值，或者是本行业（本地区）的定性的最佳质量或理想状态；将每个三级指标（D）的所得等级的等级分值与对应权重的乘积，作为该三级指标（D）的实际所得指数值。

（4）指标同向度设计。为避免后期忽略指标同向、逆向问题而出现失误，在设计指标时，均已对所有指标进行了同向处理，以方便评价者使用。

3.2.3 评价等级设定

将所有三级指标（D）所得的等级分值分别与对应权重相乘后得到的积的和，作为评价的最终综合指数值（x）。最终综合指数值 $x \geqslant 0.90$ 评定为优秀，$0.80 \leqslant x < 0.90$ 评定为良好，$0.70 \leqslant x < 0.80$ 评定为好，$0.60 \leqslant x < 0.70$ 为合格，$x < 0.60$ 为不合格。

3.3 赋予指标权重

3.3.1 构建判断矩阵

构建以算术平均值为基础的判断矩阵。首先设计出专家对评价指标重要性的《国家级田园综合体示范效应评价指标赋权问卷》，获取有效的 20 位专家的分值，运用算术平均法得到各个指标的重要性分数的平均值，将该平均值作为各个指标的最终重要性分值，最后以各个指标的重要性分值为依据，运用 AHP 的 1－9 标度法，分别对各层级内的所有指标进行两两对比，最终得到各级指标的两两比较的判断矩阵数据。

3.3.2 分层级赋予指标权重

本文运用 Excel 电子表格（也可采用 SPSSAU 软件进行在线计算，可智能简便显示结果），逐级构建判断矩阵，确定各层级指标的相应权重，并进行一致性检验。以一级指标（B）相对顶层目标（A）构建判断矩阵、确定权重为例，按以下四个步骤进行：

第一步：将判断矩阵 A 的列向量归一化 $\tilde{A}_{ij} = \left(\dfrac{a_{ij}}{\sum\limits_{i=1}^{n} a_{ij}} \right)$，

第二步：将 $\tilde{A}_{ij}$ 按行得 $\tilde{W} = \left(\sum\limits_{j=1}^{n} \dfrac{a_{1j}}{\sum\limits_{i=1}^{n} a_{ij}}, \ \sum\limits_{j=1}^{n} \dfrac{a_{2j}}{\sum\limits_{i=1}^{n} a_{ij}}, \ \cdots, \ \sum\limits_{j=1}^{n} \dfrac{a_{nj}}{\sum\limits_{i=1}^{n} a_{ij}} \right)^{T}$，

第三步：将 $\tilde{W}$ 归一化得 $W = (w_1, \ w_2, \ \cdots, \ w_n)^{T}$，

第四步：计算 $\lambda = \dfrac{1}{n} \sum\limits_{i=1}^{n} \dfrac{(AW)_i}{w_i}$，$\lambda_{max}$ 即为矩阵 A 的最大特征值。

采用正互反矩阵排序向量的方法（"和法"）计算，构建正互反矩阵，分别计算 A 的最大特征值 λ_{max}、CI、RI、CR 数值，并对单准则下的矩阵 A 进行一致性检验（使 $\lambda_{max} < 0.10$），如下：

表 7－5　B1—B6 层对 A 层的判断矩阵、权重

A	B1	B2	B3	B4	B5	B6	W_{Bn}权重
B1	1	1/3	1/5	1/6	1/2	1	0.053
B2	3	1	1/2	1/4	2	3	0.144
B3	5	2	1	1/3	3	4	0.231
B4	6	4	3	1	4	5	0.421
B5	2	1/2	1/3	1/4	1	2	0.094

A	B1	B2	B3	B4	B5	B6	W_{Bn}权重
B6	1	1/3	1/4	1/5	1/2	1	0.057
λ_{max} = 6.146		CI = 0.029		RI = 1.24		CR = 0.024 < 0.10	

由此，得到一级指标（B）的6个指标权重分别为城市潜力指标 W_{B1} = 0.053、产业条件指标 W_{B2} = 0.144、发展动力指标 W_{B3} = 0.231、综合效应指标 W_{B4} = 0.421、开放创新指标 W_{B5} = 0.094、基础保障指标 W_{B6} = 0.057。

同理，按上述方法分别计算得到C层对B层级、D层对C层级的各指标的相关权重（如果一个指标仅包含1~2个下级指标的情况，则请专家对下级指标直接赋予权重），并均完成一致性检验。最终得到示范效应的评价体系权重，如下：

表7-6 "旅游+"示范效应的评价体系权重表

顶层目标（A）	一级指标（B）	二级指标（C）	三级指标（D）	W_{Dn}的最终权重值
A = 1	B1 = 0.053	C1 = 0.297	D1 = 0.4	W_{D1} = 0.0063
			D2 = 0.6	W_{D2} = 0.0094
		C2 = 0.164	D3 = 0.35	W_{D3} = 0.0030
			D4 = 0.65	W_{D4} = 0.0056
		C3 = 0.539	D5 = 0.3	W_{D5} = 0.0114
			D6 = 0.7	W_{D6} = 0.0171
	B2 = 0.144	C4 = 0.123	D7 = 0.6	W_{D7} = 0.0106
			D8 = 0.4	W_{D8} = 0.0071
		C5 = 0.557	D9 = 0.55	W_{D9} = 0.0441
			D10 = 0.45	W_{D10} = 0.0361
		C6 = 0.320	D11 = 0.312	W_{D11} = 0.0144
			D12 = 0.490	W_{D12} = 0.0226
			D13 = 0.198	W_{D13} = 0.0091

顶层目标（A）	一级指标（B）	二级指标（C）	三级指标（D）	W_{Dn}的最终权重值
	B3 = 0.231	C7 = 0.110	D14 = 0.4	W_{D14} = 0.0102
			D15 = 0.6	W_{D15} = 0.0152
		C8 = 0.438	D16 = 0.164	W_{D16} = 0.0166
			D17 = 0.297	W_{D17} = 0.0300
			D18 = 0.539	W_{D18} = 0.0545
		C9 = 0.188	D19 = 1	W_{D19} = 0.0434
		C10 = 0.265	D20 = 1	W_{D20} = 0.0612
	B4 = 0.421	C11 = 0.174	D21 = 0.343	W_{D21} = 0.0251
			D22 = 0.159	W_{D22} = 0.0116
			D23 = 0.159	W_{D23} = 0.0116
			D24 = 0.243	W_{D24} = 0.0178
			D25 = 0.097	W_{D25} = 0.0071
		C12 = 0.386	D26 = 0.097	W_{D26} = 0.0158
			D27 = 0.182	W_{D27} = 0.0296
			D28 = 0.213	W_{D28} = 0.0346
			D29 = 0.162	W_{D29} = 0.0263
			D30 = 0.345	W_{D30} = 0.0561
		C13 = 0.317	D31 = 0.223	W_{D31} = 0.0298
			D32 = 0.109	W_{D32} = 0.0145
			D33 = 0.062	W_{D33} = 0.0083
			D34 = 0.210	W_{D34} = 0.0280
			D35 = 0.115	W_{D35} = 0.0153
			D36 = 0.210	W_{D36} = 0.0280
			D37 = 0.070	W_{D37} = 0.0093

顶层目标（A）	一级指标（B）	二级指标（C）	三级指标（D）	W_{Dn}的最终权重值
		C14 = 0.123	D38 = 0.108	W_{D38} = 0.0056
			D39 = 0.293	W_{D39} = 0.0152
			D40 = 0.187	W_{D40} = 0.0097
			D41 = 0.412	W_{D41} = 0.0213
	B5 = 0.094	C15 = 0.571	D42 = 0.250	W_{D42} = 0.0134
			D43 = 0.50	W_{D43} = 0.0268
			D44 = 0.250	W_{D44} = 0.0134
		C16 = 0.143	D45 = 1	W_{D45} = 0.0134
		C17 = 0.286	D46 = 0.55	W_{D46} = 0.0148
			D470.45	W_{D47} = 0.0121
	B6 = 0.057	C18 = 0.477	D48 = 0.50	W_{D48} = 0.0136
			D49 = 0.25	W_{D48} = 0.0068
			D50 = 0.25	W_{D50} = 0.0068
		C19 = 0.256	D51 = 0.297	W_{D51} = 0.0043
			D52 = 0.164	W_{D52} = 0.0024
			D53 = 0.539	W_{D53} = 0.0079
		C20 = 0.128	D54 = 1	W_{D54} = 0.0073
		C21 = 0.138	D55 = 1	W_{D55} = 0.0079

3.4 抽象指标释义

评价指标体系中涵盖了部分抽象指标，对产业区位熵、农旅产业融合度、问卷满意度等3个指标释义如下：

产业区位熵，是指本地区的产业占比与上级地区的产业占比的比值，着重体现农业、旅游业等产业的主导作用大小和集聚程度高低。

农旅融合度，是依托SPSS软件分别计算出乡村旅游人数与农业增加值、旅游业增加值两个变量的线性回归系数，并用两个回归系数的比值来确定农业和旅游业两个产业的融合程度大小。

问卷满意度，是通过设计田园综合体的调查问卷，针对项目在游客当中的知晓度、村社群众的满意度进行调查，问卷对象主要为游客、都江堰市居民、项目区群众以及项目区村社、街道乡镇等基层干部和工作人员等。

3.5　算法设计

3.5.1　综合指数法

本文运用综合评价的综合指数法，构建 PDIBIS 评价模型对国家级田园综合体的示范成效进行综合评价。综合指数法的基本思路是利用层次分析法、德尔菲技术法、专家咨询法等方法确定每个个体指标权重，用各个体指标实际得分值分别除以其标准指标值，得出个体指标的评价指数值，并将各评价指数进行加权计算后之和，作为参评对象的最终综合评价指数值。公式如下：

$$W_{D1} = w_{B1} * w_{C1} * w_{D1}$$

$$W_{D2} = w_{B1} * w_{C1} * w_{D2}$$

$$\cdots \cdots \qquad\qquad\qquad \cdots (3-1)$$

$$W_{Dn} = w_{Bn} * w_{Cn} * w_{Dn}$$

$$W_D = W_{D1} + W_{D2} + \cdots + W_{Dn}$$

3.5.2　熵值法

区位熵是衡量特定区域要素的空间分布及集聚程度，反映某一产业部门的专业化程度。在产业结构研究中，用于分析本级区域的特定产业在上级区域产业中的地位和作用，主要体现其主导产业的专业化程度。区位熵公式：

$$LQ_{ij} = \dfrac{\dfrac{q_{ij}}{q_j}}{\dfrac{q_i}{q}} \qquad \cdots (3-2)$$

上式中 LQ_{ij} 是产业区位熵，表示 j 地区 i 产业的专业化程度，q_{ij} 表示 j 地区 i 产业的产值，q_j 表示 j 地区所有产业的产值，q_i 表示上级区域 i 产业的产值，q 表示上级区域所有产业的产值。

3.5.3　融合度法

根据产业融合理论，本文认为农业和旅游业产业融合而形成的新业态为乡村旅游业。农旅融合度法可使用乡村游客数量、旅游业增加值、农林牧副渔增加值三者的关系计算农旅融合度（f，即 index of fusion）。使用 SPSS 统计分析软件将当地乡村游客数量与旅游业增加值、乡村旅游人数与农林牧副渔增加值 2 组变量分别进行一元线性回归分析，构建一元线性回归数学模型（$y = a + bx$）；得到 2 个线性回归系数（b），由较小的回归系数（$b_小$）除以较大的回归系数（$b_大$），则计算得到农旅产业融合度数据（f）。融合度公式如下：

$$f = \frac{b_小}{b_大} \quad \cdots (3-3)$$

4　PDIBIS 评价模型实证

本文以都江堰市天府源田园综合体为例，对示范效应的 PDIBIS 评价模型进行实证研究。

4.1　评价指标数据获取

本文对评价模型中需要较复杂计算的区位熵值、产业融合度、问卷调查满意度等数据，进行详细的计算演示，而对较简单的一般数学计算的指标略过其计算过程，只体现最终结果。

4.1.1　区位熵指标数据计算

通过整理 2016—2020 年成都市和都江堰市 5 年的 GDP、农业产值、服务业产值、旅游综合收入等 4 个经济数据，计算出都江堰市 4 个经济指标的区位熵数值。

表 7-7　成都市、都江堰市农业、服务业、旅游业重点数据统计表（单位：亿元）

年度	2020	2019	2018	2017	2016
成都市农业产值	655.2	612.18	522.59	500.87	474.64
成都市服务业产值	11643	11155.9	8304.0	7390.3	6463.6
成都市旅游综合收入	3005.2	4663.5	3712.6	3033.42	2512
都江堰市农业产值	36.76	33.76	28.45	27.17	25.63
都江堰市服务业产值	258.66	245.73	216.89	193.75	169.44

续表

年度	2020	2019	2018	2017	2016
都江堰市旅游综合收入	312.76	308.14	258.33	195.91	145.5

按前文区位熵计算公式（3-2），本文将成都市定义为上级区域、都江堰市定义为本级区域，将表7-7相关数据进行计算，可得结果如表7-8。

表7-8　都江堰市农业、服务业、旅游业区位熵值计算表

年度	2020	2019	2018	2017	2016
农业区位熵值	2.250	2.210	2.171	2.162	2.146
服务业区位熵值	0.891	0.883	1.041	1.045	1.042
旅游业区位熵值	4.174	2.648	2.774	2.574	2.302

由表7-8可知，近5年都江堰市农业区位熵和旅游产业区位熵都在2.0以上，说明在上一级区域（成都市）具有比较明显的优势；而服务业区位熵在1.0左右及以下，说明在上一级区域（成都市）没有明显的优势。

4.1.2　融合度指标数据计算

表7-9　2013—2020年都江堰市三大数据统计表（单位：亿元、万人次）

年度	2013	2014	2015	2016	2017	2018	2019	2020
农业增加值	22.41	23.96	25.37	27.49	29.15	30.51	35.87	39.15
乡村游客数量	762.71	816.6	843.51	875.19	938.15	980.19	1036.71	1405
旅游业增加值			44.34	52.06	66.56	80.81	91.69	97.17

以表7-9数据为参考，对都江堰市农林牧渔业增加值、乡村游客数量、旅游业增加值3个变量分别使用SPSS统计软件进行分析。

首先使用SPSS软件分别对乡村游客数量、农林牧渔业增加值2个变量，以及乡村游客数量、旅游业增加值2个变量，分别进行相关性分析。在得知均具有高度正相关的基础上，通过SPSS软件得到乡村游客数量、农林牧渔业增加值2

个变量进行一元回归分析，构建一元线性回归数学模型，并进行（Sig）P 值检验和 T 检验，建立的一元线性回归方程为"农林牧渔业增加值 = 0.030 ∗ 乡村游客数"；同时检验农林牧渔业增加值标准化残差符合正态分布，误差项服从正态分布的假设成立。同理，对乡村游客数量、旅游业增加值 2 个变量进行一元回归分析并检验，建立的一元线性回归方程为"旅游业增加值 = 0.072 ∗ 乡村游客数"。

综上，使用融合度计算公式（3 - 3）可计算得出都江堰市农旅融合度系数为：

（0.030÷0.072）×100% = 41.67%

4.1.3　问卷调查满意度数据获取

采用问卷星软件，设计出天府源田园综合体满意度调查问卷，问卷的主要对象为游客、项目区村社的村民及乡镇基层工作者。

该电子问卷调查历时 16 天，获取有效问卷 556 份。经统计分析问卷 IP 来源地，四川省占比 34.89%、其他 30 个省市占比 64.93%、国外占比 0.18%；对天府源项目总体情况非常满意的人数占比 28.78%，比较满意的人数占比 58.81%，一般满意的人数占比 11.51%，不太满意的人数占比 0.9%。

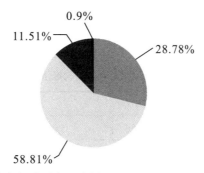

图 7 - 8　问卷调查满意度总体情况

综上，将"非常满意"与"比较满意"的被访者的占比数相加，得出都江堰市天府源田园综合体的满意度为 87.59%。

4.1.4 其他指标数据获取

其他指标数据主要采用统计年鉴、政府统计公报、政府工作报告数据，以及从农业农村局、文体旅局等行业主管部门、天府源田园综合体管理委员会、天马镇人民政府（项目所在镇政府）等机构工作报告、年度总结、上级汇报文件中获取。个别定性指标数据是通过到天府源田园综合体现场踏勘、实地调研以及咨询行业专家所得，力求指标数据的权威性、科学性，提高数据信度。

4.2 评价结果

本文使用 PDIBIS 评价模型，运用综合指数法公式（3－1），得到都江堰市天府源田园综合体示范效应综合指数值 $W_D = 0.9310$，按既定评价等级，达到"优秀"等级。

4.3 结果检验

4.3.1 本市范围内纵横双向检验

（1）天马镇农村经济发展水平的纵向比较

以天府源项目所在地的天马镇为检验对象，通过纵向比较天府源项目落地前后对天马镇农业经济带来的促进提升影响。从评价指标体系中抽取 7 个定量指标（D），并新增 4 个其他定量指标，组成 11 个指标对比表。经查询天马镇 2017 年、2020 年两个年度的《政府工作报告》[11,12] 中相关的指标数据，对天马镇的农村经济发展成效进行直观检验。

表 7－10　2017 年、2020 年天马镇农村经济发展成效对比表

指标名称	2017 年	2020 年	备注
工商税收（万元）	1423	12850	
固定资产投资（亿元）	3.20	7.51	
农业投资（亿元）	1.12	3.03	此处农业投资也即农业固定资产投资
涉农评选荣誉 D5（个）		5	成都市实施乡村振兴战略先进镇，金陵、金胜社区获评省乡村振兴示范村，向荣、圣寿社区获评成都乡村振兴示范村
农产品的国家地理标识数量 D11（个）		1	猕猴桃

续表

指标名称	2017 年	2020 年	备注
国家级、省市级龙头企业数量 D12（个）		1	天赐猕源公司
国内、省内知名农产品品牌数量 D13（个）		1	猕猴桃
涉农 A 级景区景点数量 D23（个）		2	拾光山丘、玫瑰花溪谷 2 个 3A 级林盘景区
乡村旅游年游客数 D24（万人）	39.8	193.27	2020 年数据缺失，此处暂用 2021 年数据
旅游综合收入（万元）	7360	263316	同上
年度乡村文旅、交流会等活动 D32（个）	2	2	2017 年：第二届乡村文化节、第六届葡萄采摘荷花观赏节；2020 年：成都市国家城乡融合发展试验区建设动员会暨"西控"工作推进会[13]、农业农村部和国际农业发展基金主办的国际农业发展基金贷款优势特色产业发展示范项目现场观摩交流活动

由表 7-10 可知，天马镇从 2017 年到 2020 年的各项经济指标、乡村旅游指标均有较大幅度提升，整个农村经济发展成效显著。

（2）天马镇与其他乡镇 2020 年指标横向比较

从评价指标体系中抽取 6 个定量指标（D），并新增 2 个指标，组成 8 个指标对比表，横向比较天马镇与另外 4 个乡镇（不含街道办）的示范效应情况。对上述 8 个指标对应的数据排名采用简单数学计算后，可得到 5 个乡镇的排名之和（和最小者为最优），天马镇的排名之和为 14，综合排名第一，可见在 5 个乡镇中其示范效果最好。

表 7-11 2020 年天马镇示范效应横向对比检验表

指标名称	天马镇		聚源镇		青城山镇		石羊镇		龙池镇	
	数据	排名	数据	排名	数据	排名	数据	排名	数据	排名
农产品国家地理标识数量 D11（个）	1	1	2	1	1	1	1	1	1	1

指标名称	天马镇		聚源镇		青城山镇		石羊镇		龙池镇	
	数据	排名	数据	排名	数据	排名	数据	排名	数据	排名
国内、省内知名农产品品牌数量 D13（个）	1	2		3	2	1		3		3
高标准农田面积 D15（万亩）	7.46	2	5.93	3	3.92	4	8.42	1		5
农业项目投资总额 D18（亿元）	3.03	3	4.13	1	3.51	2	2.21	4	0.33	5
涉农 A 级景区景点数量 D23（个）	2	2	1	3	1	3	4	1	1	3
乡村旅游年游客数 D24（万人）	193	2	92	3		4	215	1		4
家庭农场（个）	120	1	27	3	21	4	34	2	9	5
农民专业合作社（个）	144	1	94	2	92	3	85	4	70	5
排名之和		14		20		22		17		31

注：数据来源于都江堰市统计局、农业农村局（乡村振兴局）、文体旅局。D24 为 2021 年数据，因青城山镇、龙池镇分别包含 5A 级、4A 级景区的乡村旅游游客数，故此表未采纳其数据。

4.3.2 以第三方公司绩效评价检验

2021 年 3 月，都江堰市农业农村局聘请第三方专业绩效评价公司编制完成《天府源（国家级）田园综合体建设试点项目绩效评价报告》，都江堰市天府源田园综合体 2017—2020 年绩效平均得分为 90.67 分，绩效评级为"优"。

4.3.3 以四川省终期验收结果检验

2021 年 7 月 28 日，都江堰天府源田园综合体接受了四川省农业农村厅、成都市农业农村局专家组的终期验收工作，评定等级为"优秀"[14]。

综上所述，抽取本文评价体系中的重点指标数据，通过在都江堰市范围内的纵向、横向比较检验，天府源田园综合体对其所在的天马镇的农业农村发展具有比较明显的引领带动作用；同时，本文运用 PDIBIS 评价模型，获取的都江堰天府源田园综合体的"旅游＋"示范效应评价结果，与上述第三方公司的绩效评价结果、四川省的终期验收结果均一致。由此可见，本"旅游＋"示范效应的

PDIBIS 评价模型具有较好的科学性和适用性。

5 研究结论及建议

基于上述内容，本文主要研究结论如下：

5.1 PDIBIS 评价模型具有科学性和实用性

5.1.1 评价指标体系具有一定科学性

该模型的评价指标体系所涵盖指标涉及面广，能较充分满足评价需要，具有一定科学性。（1）指标数量充足，第三级指标数量多达 55 个，建立了比较全面科学的评价体系。（2）权重误差可控，评价模型中 55 个三级指标（D）的最终权重之和为 0.99995，与理论数 1 仅相差 0.00005，系电脑计算数据时四舍五入规则导致，在可接受的科学范围内。（3）可经受审视检验，三级指标中有 17 个指标的最终权重值在 0.0200 以上，处于权重数相对较大的范围，返回指标体系对应审视发现，该 17 个指标确属相对重点指标，其权重符合直观预期。

5.1.2 指标模块具有创新开放性

在该评价模型中，具有创新思维地设计了开放性指标模块（B1 和 B2 指标），即 D1～D13 等 13 个指标，属于开放性指标模块范围，可根据评价需要确定是否采用此 13 个指标。如：对评价同一城市的田园综合体时，均可以使用这 13 个指标（指标数值得分相同即可），也可以忽略而不使用这 13 个指标（对评价模型的指标分值做简单的数学换算处理即可）；而当评价不同城市之间的国家级田园综合体时，则需保留使用这 13 个指标，以体现不同城市之间的城市发展潜力和产业条件的竞争优势。

5.1.3 具有理论和实操紧密结合的实用性

本文构建的 PDIBIS 评价模型，一是通过较大体量的文献研究后创新构建的综合评价体系，具有较深的理论基础；二是结合了都江堰市田园综合体的规划建设运营等不同阶段，从实践出发，总结了一线基层工作者的优秀工作经验，充分体现了"理论源于实践、理论与实践相结合"的科学态度和专业素养，具有可行又可信的实用性。

5.2 示范效应大小受多种因素影响

本文的评价体系深刻剖析了影响田园综合体示范效应的众多因素，包括自然环境、气候条件、城市区位、产业发展基础、项目招引、投资时效、群众支持情况、新技术运用、新业态培育、管理运营机构、产业扶持政策，等等，这些因素既彼此独立又彼此关联、共同作用，能够单独或共同影响田园综合体建设运营的最终成效。

5.3 客观真实全面评价需要大数据支撑

对田园综合体开展客观真实而又比较全面的评价，一些关键指标数据需要大数据支撑。如，群众满意度调查问卷、农旅融合度等指标所需要的样本数量，应越多越丰富为好，才更能体现指标计算所需样本的充分性，更具科学性。

5.4 不足及修订

本文构建的 PDIBIS 评价模型，因涵盖了较多数量和较广范围的评价指标，这也变相提高了模型所需指标数据的获取难度和时间成本，导致该模型存在一定不足，也或将导致其后期推广存在一定难度。后期可适度精简指标数量，归并提炼更为科学的指标，进一步压缩指标数量以减少后期获取指标数据的难度，使PDIBIS 评价模型以达到普适性。

参考文献

[1] 吕火明. 田园综合体的内涵与实践[DB/OL]. https：//www. sc. gov. cn/10462/c100033/2018/8/27/e737dcc4583e472ba303339f2c697171. shtml, 2018－08－27.

[2] 卢贵敏. 田园综合体试点：理念、模式与推进思路[J].农业供给侧改革，2017（7）：8－13.

[3] 胡向东，王成，王鑫. 国家农业综合开发田园综合体试点项目分析[J].农业经济分析，2018（2）：86-93.

[4] 杨礼宪. 合作社：田园综合体的载体[J].中国农民合作社，2017（3）：27－28.

[5] 郭焕成，韩非. 中国乡村旅游发展综述[J].地理科学进展，2010（12）：1597-1605.

[6] 石培华，黄萍. 乡村旅游发展的中国模式[M].北京：中国旅游出版社，2022.

[7] 王兵. 从中外乡村旅游的现状对比看我国乡村旅游的未来[J].旅游学刊，1999（02）：38－79.

[8] 何景明. 关于"乡村旅游"概念的探讨[J].西南师范大学学报（人文社会科学

版），2002（09）：125－128.

［9］刘德谦. 关于乡村旅游、农业旅游与民俗旅游的几点辨析［J］. 旅游学刊，2006（03）：12－19.

［10］曲琳平，王骏，李理. 基于四态融合视角的山东省田园综合体规划路径研究——以烟台市河北崖村为例［J］. 城市发展研究，2019，26（08）：8－15.

［11］成都市人民政府. 天马镇人民政府工作报告［EB/OL］. http：//gk. chengdu. gov. cn/govInfoPub/detail. action？id＝1926759&tn＝2，2018－03－21.

［12］成都市人民政府. 天马镇人民政府工作报告［EB/OL］. http：//gk. chengdu. gov. cn/govInfo/detail. action？id＝3001236&tn＝2，2021－06－07.

［13］四川日报. 成都发布"西控"区域机会清单262个项目邀你来投资［N/OL］. https：//epaper. scdaily. cn/shtml/scrb/20200710/238857. shtml，2020－07－10.

［14］成都市人民政府. 都江堰市国家级天府源田园综合体试点项目顺利通过验收［EB/OL］. http：//gk. chengdu. gov. cn/govInfo/detail. action？id＝3057046&tn＝2，2021－07－30.

08

城镇文旅

疫情防控常态化背景下四川文旅产业恢复发展建议

[作　者] 邢亚楠

摘　要： 2020 年，新冠肺炎疫情的暴发对国内文旅行业造成了一定冲击，四川省也不例外。如何在疫情常态化防控背景下找到促进文旅产业恢复发展的新路径、新模式，是各个省份文旅产业所面对的共同难题。本文立足于四川文旅产业发展现状，结合四川省在疫情后对文旅产业出台的系列政策，提出进一步完善文旅领域疫情防控措施动态调整机制、创新文化和旅游资源宣传推介模式等 7 条建议，以助力四川文旅产业恢复发展。

关键词： 四川文旅；疫情常态化；文旅产业恢复

1　前言

2020 年春，突如其来的新冠肺炎疫情席卷全球，文旅产业遭受重创。据文化和旅游部公布数据显示，2020 年国内旅游收入为 2.23 万亿元，同比下降 61.1%；国内旅游人数为 28.79 亿人次，同比下降 52.1%。目前，已经有 2418 家文旅演艺公司因无法正常营业而关停。有危必有机，疫情导致的停摆，同时让保持近十年迅猛发展的文旅业也得到了一个"罕见"的反思机会。文旅产业的"短暂停滞"再次暴露了文旅产业的脆弱性特征，这一特征在多年的旅游快速发展中似乎已经被忽视。整个行业都迫切寻找两个答案，一个是后疫情时代的文旅产业该如何复苏与破局，一个是文旅产业从高速走向高质量发展的着力点与落脚点是什么。不少文旅企业也在积极行动、反思、调整，勤练内功、积极应对、寻求进化，转型与升级迫在眉睫，本文旨在根据疫情常态化防控背景下四川文旅行业所面对的新形势，尝试提出四川文旅发展的可行性建议。

2 疫情防控常态化背景下四川文旅产业恢复发展建议

目前，依托技术和创新走出困境已成为文旅行业的共识，这也是恢复发展的必然要求，为此，四川省文化旅游发展更要坚定走恢复发展道路，主动求变，化危为机。疫情影响下，文化旅游恢复发展，可尝试以下 7 种路径。

2.1 进一步完善文旅领域疫情防控措施动态调整机制

积极落实《关于促进服务业领域困难行业恢复发展的若干政策》《关于抓好促进旅游业恢复发展纾困扶持政策贯彻落实工作的通知》《关于进一步促进旅游投资和消费的实施意见》等文件精神。四川省出台了《四川省新型冠状肺炎疫情防控期间旅游景区开放工作指南》《关于严格落细落实文化和旅游行业疫情防控措施的通知》《关于严格执行文旅行业疫情防控"五不准"要求的通知》《关于加强疫情防控科学精准实施跨省旅游"熔断"机制的通知》《关于统筹做好五一假期疫情防控和促进文旅消费六条措施的通知》等相关政策。应继续深入贯彻落实党中央、国务院决策部署，统筹疫情防控和经济社会发展，认真落实严格、科学、精准的疫情防控措施。并根据疫情形势，适时研究调整相关措施。强化政策研究储备，持续关注疫情形势和对旅游业的影响，及时跟踪研判旅游企业恢复情况。建立健全旅游企业和经营场所应对如新冠疫情类公共卫生事件的常态化应急管理机制[1]。及时调整疫情防控领导小组的工作部署，在可防可控的基础上开放景区，分区分类分级持续抓好旅游行业的工作[2]。构建既符合相关法治制度规范，又符合疫情防控常态化背景下人们心理需求的健康文明规制新格局[3]。

2.2 创新文化和旅游资源宣传推介模式

目前全省文化旅游宣传推广仍以各类展会、节庆活动、地方性节会等传统模式为主。

2.2.1 要加强对文旅产品的精准宣传和互动反馈

推出一批有故事、有体验、有品位的文旅产品。加强对文旅产品的消费引导，倡导健康消费、理性消费，不片面追求奢侈高价。二要充分运用信息化手段，引导合理消费。根据节庆、假期分布情况特点，在旅游高峰期加强信息服务。各级文旅部门要积极组织企业开展市场宣传推广活动，推介资源产品，提升品牌影响力。提供高质量、精细化文旅产品和服务，提高消费者满意度和忠诚度，才能从根本上增强文旅消费回补动力[4]。依托新技术培育载体，扩大优质数字文旅产品供给，提振文旅产业新兴消费潜力[5]。

2.2.2 要注重数字引领提升文旅宣传效应

应普及新媒体应用，强化文旅数字推广。广泛促进沉浸式视频、云转播等新媒体在文旅产业中的应用，通过用内容吸引流量，实现增粉和用户转化。打破数据孤岛，推动政企机构数据共享开放。打造一批"沉浸式旅游"范本项目，推动文旅产业转型升级；政府应出台专项补助等举措刺激消费，把数字文旅打造为疫情后新增长点。在需求侧，实现景区与在线平台在数据、资源等层面共建共享，利用团购、直播、预售等方式开展一系列创新性营销，向消费者传递有效的信息。疫情后，休闲农业与乡村旅游将持续升温，成为旅游消费的主战场[6]。开发红色旅游与乡村特色旅游等新业态，发挥互联网一端连接新业态，另一端连接消费者的优势。直播助力打通文旅数字供应链[7]，助力新业态销售新产品，将红色旅游资源与乡村旅游文化深度融合。推进"直播＋文旅"常态化，将网红直播模式引入文旅行业，培养文旅网红队伍。支持文化旅游产业与电商平台合作，争取电商平台在宣传营销、品牌推广等方面给予扶持。

2.3 深度开发，做强文旅产业品牌

近年，四川持续打造"天府三九大·安逸走四川"形象品牌，深度挖掘阐释"安逸"文化，率先在国内推出文旅吉祥物大熊猫"安逸"，着力推进"天府旅游名县"品牌建设，文旅品牌知名度、美誉度、影响力与日俱增。未来品牌化建设的方向：一是加强品牌内涵挖掘。坚持以文塑旅、以旅彰文，深挖文旅资源文化内涵，把文化资源提升为文化产品，推动文化艺术全面融入"吃、住、行、游、购、娱"各个旅游要素，创造一批社会效益和经济效益俱佳的文化品牌。二是加强区域旅游品牌和服务整合。引导各地方加入到"安逸四川"形象打造体系中，用整体形象来牵引"天府旅游系列名牌"等地方品牌建设，培育具有代表性的区域文旅品牌。三是培育文旅品牌超级 IP。以三星堆、九寨沟、大熊猫 3 大文旅品牌塑造为抓手，打造超级文旅品牌 IP。运营主体要策划推出主题 IP 和品牌形象，通过各类媒体、平台、第三方机构等渠道，定期开展品牌策划和宣传营销活动，提高运营品牌的知名度和美誉度。

2.4 针对性推出惠企政策，加强行业引导

2021 年 3.89 亿元文旅消费券的发放，1.3 亿元文旅消费权益资金的投放，四川文旅消费潜力被不断地激发，市场前景一片光明。文旅一卡通业务已覆盖全省 30 余家政府机关、事业单位，雅安等 8 个市（州），在三个多月时间里，发卡数量突破 10 万大关，参与各类消费活动达 50 余万人次，拉动消费近 8 亿元，取得了可喜的成绩。结合四川省实际，应综合运用财政奖补、金融支持、项目投资、消费促进、政务服务等措施手段，更大力度帮扶旅游企业降成本、稳经营、保就业。

2.4.1 进一步创新推出更多有针对性的惠企政策措施

政企联动推出文化、旅游和体育消费券，进一步激发文旅体消费潜力。对参与活动惠民力度大、完成效果好的企业，给予鼓励。省级视情况发放文化和旅游消费券，吸引省外游客入川旅游。鼓励各地配套发行旅游消费券，共同推动文旅消费回暖。全省统一文旅行业防疫要求，从严从紧、科学精准，各地不得层层加码，为文旅消费恢复创造条件。

2.4.2 推动企业创新发展和引导企业练好内功

根据疫情形势变化，及时调整优化文旅行业支持政策。积极引导广大旅游企业正视困难、坚定信心，鼓励企业采取多种手段开展促销活动，主动适应疫情防控常态化下的市场需求变化，以创新激发内生动力，提升企业乃至行业的抗风险能力。实施金牌导游培训项目，稳定骨干导游队伍。推动政府、院校、行业协会和旅游企业等共同开展导游服务技能和质量培训。引导文旅企业采用"抱团取暖"式联合经营，全面提高其应对风险的能力[8]。在疫情中后期，给文旅行业积聚信心，推动企业有序复工[9]。

2.4.3 支持社会力量参与

各地可按有关规定，通过投资补助、运营补贴、资本金注入等方式支持社会力量参与，对特殊文旅项目保护利用给予引导资金和项目支持。对社会力量参与成效显著、具有示范推广价值的项目，给予必要的奖励。

2.5 持续培育新的消费增长点，重视热点消费场景打造

目前，"文旅消费提振行动""夜间消费创新行动"的不断推进，构筑了四川"点线面"立体消费场景矩阵。2021 四川省文化和旅游消费季是全国首次文旅消费工作现场交流活动，创新建立了促进文旅消费的长效机制；"月月有主题，

季季有特色"的文旅发展理念,为广大游客带来全新消费体验,持续推动消费扩容提质。四川省还通过推出文化和旅游消费惠民、消费支付便利化等多项活动,获得了文旅市场主体和消费者的普遍好评。未来要尽可能将文旅对消费拉动的作用更好地释放出来,着力改善文旅消费软环境,培育多元化旅游消费市场。

2.5.1 持续培育新的消费增长点

疫情压力给旅游消费带来了直接挑战[10]。各文化和旅游消费示范、试点城市,要找准工作抓手,如夜间消费,要积极创建国家级、省级夜间文化和旅游消费集聚区,丰富夜间产品供给,优化夜间餐饮、购物、演艺等服务,促进假期和夜间文旅消费等新的消费模式发展。政府出台的激励消费的新举措,必须得到相关企业的配合与支持[11]。

2.5.2 重视体验消费场景打造

构建原创 IP 内容及场景,在文旅空间、场所形成以 IP 作为头部内容、以多业态为载体的"情境"体验式消费场景,满足游客对美好旅游生活的期待和需要的文旅体验。数字文旅时代将为客户创造出丰富的文旅消费场景,客户也将激发更加绚丽多彩的需求,建立全新的客户维度,挖掘和匹配客户的多层次多样化需求,将创造出更广大的文旅消费新天地。采用虚拟旅游等方式,模拟旅游场景,打造逼近现实的体验,抢抓观众视野创造经济价值,从而超越旅游宣传促消费的单一功能[12]。虚拟旅游的方式能够有效缓解居民在疫情时因不能外出而被压抑的心情,又能在一定程度上向旅游者展现目的地的风光美景,使旅游者在疫情得到缓解时开展实地探访[13]。坚持疫情防控与文旅资源转化利用并重并举,注重新兴技术在"文旅云"底层软硬件层面支撑应用,推出一批文旅"云消费"新交互场景,支持传统文旅资源积极开发 IP 内容精品、开展"IP 化 + 数字化"升级。推动文旅产业不断向更数字、更智能和非接触式等模式转型升级[14]。

2.5.3 建设区域文旅消费新热点

继续加强区域战略协同、政策衔接和工作对接,全面推动巴蜀文化旅游走廊建设。旅游是一种能给人的精神带来快乐的消费产品[15],以此为出发点,打造文化旅游节,促进人们为快乐买单。持续举办文化旅游节、文化和旅游消费季等活动,深入推进夜间文化和旅游消费集聚区建设,形成文旅消费新热点,提升文化和旅游产业融合发展对当地经济发展的贡献度。

2.6 双向联动，健全完善合作机制

2.6.1 推动川渝共建巴蜀文化旅游走廊

共同推进重大文旅项目、精品线路、公共服务等"一体化"发展，共同编制巴蜀文化旅游走廊规划及实施方案，推动巴蜀文化资源的研究和保护传承，开展文化旅游创新改革试验等。目前两地形成了《推动成渝地区双城经济圈建设战略合作协议》《推动成渝地区双城经济圈文物保护利用战略合作协议》《成渝地区文化旅游公共服务协同发展"12343"合作协议》等合作协议。加强两地战略协同、政策衔接和工作对接。两地共同推动各项协议的实施落地，包括成渝地区双城经济圈建设 15 项合作，建立成渝文物保护利用 11 项联动，强化成渝文化旅游公共服务 13 项协作等。要营造平稳健康有序的文化旅游市场环境。全面推动巴蜀文化旅游走廊建设，进一步规范重庆和四川文化旅游市场秩序。

2.6.2 四川、广西携手升温文旅市场

桂川一同推出系列夏季文化旅游主题线路及多项惠民旅游政策，搭建文旅合作桥梁，升温跨省游，共同做热暑期文旅市场。两地以夏季文化旅游联合推介会为契机，共享西部陆海新通道建设机遇，努力推动桂川文化旅游合作迈上新台阶，举行了桂川两地旅游企业夏季线路产品对接会。共同发布夏季正当其时的特色文化旅游精品路线、共同出台系列文旅优惠政策、共同带热暑期文旅市场。未来合作中应坚持：经验互鉴、优势互补、发展互促。积极抢抓"一带一路"、西部陆海新通道建设等国家重大战略机遇，携手实现文化旅游高质量发展。

2.7 坚持对外开放，扩大四川文旅影响力

在对外传播中，四川省着力擦亮"天府三九大·安逸走四川"四川文化和旅游品牌形象，统筹国际国内两个市场，持续开展区域合作交流、国内外宣传推广，实施四川文旅吉祥物"安逸"三年宣传推广工程、宣传推广全覆盖工程、四川文化和旅游节庆品牌项目，组织大熊猫文化旅游周、川灯耀世界、"天府旅游美食"海外行等重大境外推广活动，着力提升四川文化和旅游美誉度、知名度。

未来疫情防控常态化下四川文旅产业要继续坚持走出去的战略。着力打造"线上＋线下"的对外传播方式。"云演艺""云展览"、旅游直播等新型文旅产品和服务，有利于推动文旅产业对外贸易，加强国与国之间的交流与合作，将成为四川文旅产业提质增效的重要前进方向之一。

3 结语

总而言之，通过这次疫情的考验，四川省文旅产业应对危机的意识必将增强，应对危机的能力必将提高，文旅产业总体的恢复力和适应力必将强化。当前，疫情防控的常态化与文旅行业复兴的紧迫性并存，这就要求认清形势，科学应对，全面有序推进文旅产业复兴。四川省文旅产业复苏应当以"刺激消费"作为主力引擎，以高质量发展为方向，充分发挥乡村旅游在后疫情时期的引领作用，带动周边景区和旅游项目的复工复产，助力文旅产业复苏振兴，助推文旅消费提质升级。

参考文献

[1] 石培华，陆明明．疫情常态化防控与旅游业健康保障能力建设研究——新冠肺炎疫情对旅游业影响与对策研究的健康新视角与新变革[J]．新疆师范大学学报（哲学社会科学版），2020，41（06）：55－67. DOI：10.14100/j.cnki.65－1039/g4.20200723.002.

[2] 陈旭．新冠肺炎疫情对四川旅游业的影响及其对策[J]．四川行政学院学报，2020（02）：5－14.

[3] 翟峰．"后疫情时代"四川文旅产业何以新发展[J]．决策咨询，2020（05）：8－11.

[4] 秦然然，邓时．新冠肺炎疫情对我国文旅消费的影响及对策——基于问卷调查的实证研究[J]．人文天下，2020（11）：32－38. DOI：10.16737/j.cnki.rwtx81281190.2020.11.011.

[5] 郑憩．加快推进数字文旅产业高质量发展[J]．宏观经济管理，2020（12）：63－68. DOI：10.19709/j.cnki.11－3199/f.2020.12.011.

[6] 常洁，杜兴端．后疫情时期推动我省休闲农业与乡村旅游发展的对策建议[J]．决策咨询，2020（05）：73－75.

[7] 王庆生，贺子轩．后疫情时期我国旅游业面临的挑战与应对策略：以吉林省吉林市为例[J]．中国软科学，2020（S1）：147－154.

[8] 蒋鸿宇，揭筱纹，尹奇凤，等．新冠疫情影响下四川文旅产业发展困境及对策建议[J]．企业研究，2020（03）：6－11.

[9] 戴斌. 新冠疫情对旅游业的影响与应对方略[J]. 人民论坛·学术前沿，2020（06）：46 - 52. DOI：10. 16619/j. cnki. rmltxsqy. 2020. 06. 006.

[10] 王少华，王璐，王梦茵，等. 新冠肺炎疫情对河南省旅游业的冲击表征及影响机理研究[J]. 地域研究与开发，2020，39（02）：1 - 7.

[11] 严伟，严思平. 新冠疫情对旅游业发展的影响与应对策略[J]. 商业经济研究，2020（11）：190 - 192.

[12] 马波，王嘉青. 常态化疫情防控下的旅游产业新走向[J]. 旅游学刊，2021，36（02）：1 - 3. DOI：10. 19765/j. cnki. 1002 - 5006. 2021. 02. 001.

[13] 夏杰长，毛丽娟，陈琳琳. 外部冲击下旅游业的演化与变革——以新冠肺炎疫情为例[J]. 新疆师范大学学报（哲学社会科学版），2020，41（06）：43 - 54 + 2. DOI：10. 14100/j. cnki. 65 - 1039/g4. 20200812. 001.

[14] 申军波，徐彤，陆明明，等. 疫情冲击下旅游业应对策略与后疫情时期发展趋势[J]. 宏观经济管理，2020（08）：55 - 60. DOI：10. 19709/j. cnki. 11 - 3199/f. 2020. 08. 011.

[15] 钱建农. 后疫情时代的文旅变局[J]. 旅游学刊，2020，35（08）：3 - 5. DOI：10. 19765/j. cnki. 1002 - 5006. 2020. 08. 002.

四川省剧本杀行业发展现状及数据分析

［作　者］马　腾（四川师范大学影视与传媒学院）

龚　宇（四川省旅游景区管理协会旅游与艺术分会）

摘　要： 近年来，剧本杀作为一种新兴线下娱乐方式及消费新业态，深受年轻消费群体的喜爱，并在短时间内快速膨胀，形成一定规模。文章结合四川省剧本杀行业数据，对剧本杀在四川的发展现状和数据进行分析。在传统城市观光旅游不再盛行的当下，以剧本杀为代表的新文旅、都市新文娱将传统观光游览向沉浸体验转化，由此带来了"景区＋剧本杀""酒店＋剧本杀""民俗＋剧本杀"等剧本杀文旅融合发展新业态。

关键词： 剧本杀；四川文旅融合；沉浸式旅游

1　剧本杀产业概述

剧本杀是一种真人角色扮演游戏，通常由5—8名玩家根据虚拟故事，分别扮演不同的角色，在推理和搜索求证过程中找出真相。近年来，剧本杀作为一种新兴线下娱乐方式，因其良好的社交体验和新颖的游戏环节受到大量年轻消费者的青睐，已成为国内最热门的线下游戏之一。

中国社会科学院新闻与传播研究所主编的《中国新媒体蓝皮书：中国新媒体发展报告（2022）》中记录，2021年是剧本杀游戏发展元年，剧本杀从线上到线下的布局开始进入大众视野，成为破圈成功的亚文化新业态。蓝皮书中《2021年中国剧本杀年度发展报告》一文统计，青年群体是剧本杀消费的主力军，20—35岁的剧本杀玩家占总体人数的83.86%，2021年剧本杀行业规模达到170.2亿元左右[1]。

受中国宏观经济发展情况总体向好，国民消费水平提升等因素的影响，剧本杀从 2016 年前后进入国内市场后快速膨胀。直至 2019 年，中国剧本杀行业市场规模超过百亿元，同比增长 68.0%。2020 年，因疫情影响，剧本杀市场同比增长率下降至 7.0%，但整体规模仍在增长，达到 117.4 亿元。2021 年剧本杀行业持续稳步增长，2022 年将增至 238.9 亿元，同比增长 45.0%[2]。艾媒咨询数据显示，46.2% 的受访剧本杀玩家偏好欢乐喜剧本，63.0% 的玩家会选择和朋友组局玩剧本杀[2]。

1.1 中国剧本杀行业发展背景

整体来看，剧本杀这种新消费业态接受度比较高，国内的发展势头迅猛，处于高速发展阶段，发展背景可以概括为以下三方面：

第一，泛娱乐产业以 IP 为核心，政策利好与文化产业的繁荣，都对 IP 产业的良性可持续发展给予支持，这为剧本杀线下娱乐行业提供了良好的发展环境。

第二，玩家面对面交流的社交需求为剧本杀游戏线下发展奠定坚实基础。剧本杀以具身互动的方式，将人与人的关系再次拉回现实，成为青年群体维系和拓展人际关系的新渠道。具身性强调身体知觉具有主动性，身体是知觉与环境互动的中介。剧本杀身体在场的线下仪式基于现实场景，在同一游戏空间进行沉浸式互动体验，更利于玩家间的情感交流，有利于拓展青年群体的线下社交。

第三，随着剧本杀市场逐渐形成规模，行业受到更多资本关注，相关企业迎来新一轮发展机遇。剧本杀行业在近两年的发展探索中逐渐成熟，形成了开发和运营分离的产业运行模式。

1.2 中国剧本杀行业发展模式

剧本杀行业以"剧本创作者—剧本发行商—剧本分发平台—线上游戏 APP/线下门店"为主轴的产业生态已基本形成（如图 8-1）。剧本创作者通过签约或买断的方式将剧本出售给发行商，发行商对剧本进行包装和宣传卖给实体店面，玩家在店面中消费游戏剧本，最终形成完整的闭环产业链，从生产到运营已经具备集约化和专业化发展特点。在此已基本成形的机制下，创作者能够专注于作品开发，优质剧本得以产出与推广，连锁门店能更好地保障玩家的游戏体验。完整的产业链也推动了剧本杀的跨界融合，在与文旅、餐饮和影院等行业的合作中提升商业价值，促进剧本杀行业的持续发展。

图 8-1　中国剧本杀产业链图谱

（图片来源：艾媒报告中心）

2　数据分析

2.1　剧本杀市场规模数据分析

中国剧本杀企业注册量逐年上升，天眼查专业版数据显示，近五年来我国剧本杀相关企业（全部企业状态）注册总量增长明显。其中，2017 年相关企业新增数量首次突破 1000 家。2019 年新增近 2000 家[3]。据央视媒体报道，截至 2019 年 12 月，全国的剧本杀店已经由 1 月的 2400 家飙升到 12000 家[4]。2020 年共新增剧本杀相关企业超过 3100 家，较 2019 年同比增长 63%[3]。2021 年天网查大数据四川地区剧本杀相关企业超过百家。行业分布方面，国内 63% 的剧本杀相关企业分布在文化、体育和娱乐业，19% 的相关企业分布在批发和零售业[5]。

2.2　剧本杀玩家用户分析

据艾媒咨询数据统计，剧本杀在中国消费者偏好的线下娱乐方式中排名第三位，占比 36.1%，仅次于"看电影"与"运动健身"。美团研究院数据显示，20—50 岁的剧本杀玩家占总体人数的 83.86%[6]，青年群体的消费能力较为可观。在一线城市，剧本杀玩家们消费单价以 140 元为主，新一线城市的单价在 95

元左右,青年玩家能够负担这一价位标准[7]。同时,青年群体的社交需求较大,无论是学生还是工作群体,基于维护现实社交圈的诉求都会加入剧本杀游戏拼场。沉浸式体验是青年选择游戏的重要因素,玩家在剧本杀中体验他人经历,拓宽人生可能性。

值得注意的是,35—50岁的玩家占比为10.33%[8]。他们或是公司企业团建中的较年长者,或是家庭中的家长,也有可能是乐于接受新事物的中年人。剧本杀在面向青年群体的同时也在吸引其他年龄段人群加入,多元化破圈已成趋势。

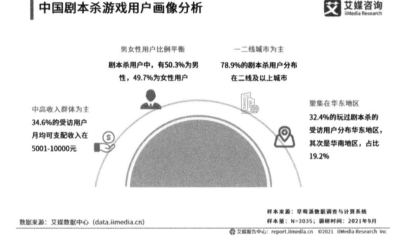

图8-2 中国剧本杀产业游戏用户画像分析

(图片来源:艾媒报告中心)

3 典型城市:成都剧本杀行业发展动态

《2021实体剧本杀消费洞察报告》显示,国内目前经营剧本杀的门店超过了45000家,预估在50000家以上。截至2021年3月,全国剧本杀门店数量排名前五的城市分别是:上海、北京、成都、长沙与深圳。搜狐网数据显示,2021年7月我国剧本杀门店排名成都以733家排第四位[9]。一线大城市经济实力靠前,生活节奏快,压力指数也较高,对于重沉浸式体验的剧本杀类游戏需求更高。成都是国内较早开辟剧本杀业态的城市,剧本杀产业增长尤其迅猛,美团数据显示,

2021年1—3月，成都的线上剧本杀订单量排名全国第三[10]。2021年仅从成都市金牛区剧本杀数据来看，剧本杀经营场所约30家，剧本数量平均每家不少于10个（如图8-3）。成都作为网红城市，剧本杀商家正在做"剧场+剧本杀""文旅+剧本杀"等新尝试，与剧本杀相关的新业态正蓄势待发。

剧本杀模式	数量（个）	经营面积（㎡）	数量（个）	剧本数量	数量（个）
桌面剧本	13	100以下	6	10个以下	12
密室逃脱	7	101-300	16	11-50	4
沉浸式剧本	7	301-700	3	51-100	7
		701以上	2	101-200	3
				201以上	1

图8-3　成都市金牛区剧本杀样本数据

（数据来源：金牛区文化体育和旅游局）

3.1　得天独厚的文化氛围

四川得天独厚的文化氛围为剧本杀提供了素材，如青城山的道教文化、金沙文化、三星堆文化、市井文化、张献忠沉船宝藏等。成都作为国内知名旅游休闲城市，自带休闲娱乐的基因和气质，年轻人对于新鲜事物的接受度和包容度非常高。所以四川地区以成都为首，能够打造出具有地域特色的差异化剧本内容，这些文化和故事具备了年轻人喜欢的悬疑、探险、仙侠等元素，经过加工后成为绝佳的剧本杀素材。

如知名景点宽窄巷子就开发了国内首个城市文化题材剧本杀《宽窄十二市》，覆盖了整个宽窄巷子景区。该剧本杀除了在案情、人设等方面精密烧脑，还注入了成都流传已久的民俗文化，能让每位玩家在体验《宽窄十二市》游戏的同时感受成都的烟火气。

成都不仅拥有滋生剧本杀行业的文化土壤，还已经成为剧本孵化的摇篮、年轻玩家游戏的圣地。成都有大量影视类高校，这些大学生很多都是剧本杀玩家，同时因为专业原因，他们中不少人进入了剧本杀编剧行业。四川大学艺术学院文新学院曹俊冰教授表示，川内很多高校如四川大学、四川师范大学、四川传媒学院、四川电影电视学院等，其学生有担任剧本杀编剧等，还有兼职从事剧本杀DM或NPC等工作。（DM是Dungeon Master的缩写，翻译成中文为地下城城主，即每场剧本的主持人，负责讲好故事、推动进度、控制节奏等；NPC是non -

player character 的缩写，意思是非玩家角色，指的是游戏中不受真人玩家操纵的游戏角色，在剧本杀游戏中充当真人道具，只负责发任务、推进剧情。普通的剧本杀一般由 DM 扮演，实景剧本杀里会有专门扮演 NPC 的人，玩家需要通过 NPC 的表演或者对话接收各类讯息和任务。）专注剧本杀剧本创作的剧嗨创始人炸鱼提到，在剧本杀的内容创作方面，成都拥有大量创作者，而且相对来说没那么急功近利，能静下心来慢慢琢磨，有非常好的底子孵化出一些好的剧本产品。随着成都城市魅力的不断增强，更多的年轻人选择落户成都，为剧本杀行业提供庞大的消费者来源。

3.2 旅游资源融合为剧本杀提供新活力

"文旅 + 剧本杀"从成都兴起，将剧本杀门店开在景区中，以剧本杀为轴，借实景特色、服化道加持，让玩家体验沉浸式快感，由此带动相关产业及周边经济发展。四川有不少高流量的景区就是天然的剧本杀线下场景，都江堰、大邑、崇州、邛崃等地依托自身的自然文化资源优势，推出《夜游邛州园，探妙知天工》《卧龙秘宝》《今时今日安仁·乐境印象》等剧本杀精品，这些城市级剧本杀逐渐成为在地文化输出的最佳载体。

人民文旅研究院监测并分析的《文旅新场景热力指数榜单》上，崇州"街子古镇剧本杀"的热力值位居全国第六；华侨城《今时今日安仁·乐境印象》除了周一休息外，每天都有十几间客房被预订。与此类似，龙泉、都江堰、温江、邛崃都有此类剧本杀场馆，成都在"文旅 + 剧本杀"这条道路上无疑走在前列。

2018 年底，两天一夜的沉浸式探案馆将场景设定于青城后山，提供角色扮演式民宿体验，这对于国内文旅市场而言是一个巨人的启发：将剧本杀与城市场景营造相结合，从而解决地方文旅的"客量"和"客停留时间"两个关键问题[11]。与之类似，"民宿 + 剧本杀""酒店 + 剧本杀"等新模式在四川各处旅游景点屡见不鲜。崇州街子古镇《九门探案》《青天鉴》等剧本杀项目中，玩家们化身各派侠士，在两天时间里，穿梭于以古镇为背景的实地场景里，在药铺、饭馆、赌场、衙门、镖局等地与 NPC 过招，体验武侠江湖的快意恩仇。

近期，四川多地旅游景点纷纷推出了融合自身特色的沉浸式剧本杀项目，受到了很多玩家的追捧。此类实景沉浸式剧本杀项目收费普遍较高，从几百元到上千元不等，为旅游景区带来了新的收入来源。相比于线下实景剧本杀门店，与景区相结合的沉浸式剧本杀项目优势突出：首先，景区内的实景可以直接作为剧本杀的背景，能为玩家提供更大的活动空间和更强的代入感；其次，景区尤其是人文类景区厚重的历史文化背景为剧本杀提供独一无二的素材，各景区能打造出具有差异化的剧本杀内容；第三，剧本杀项目能和景区内的民宿、酒店等商业业态相结合，带动整个景区的商业活力。

3.3　沉浸式业态共融成为未来发展趋势

剧本杀注重沉浸式游戏体验，在发展过程中剧本杀消费的下游环节同其他行业展开合作成为必然。文化和旅游部2020年11月出台的《关于推动数字文化产业高质量发展的意见》指出要发展沉浸式业态，支持文化文物单位、景区景点等运用文化资源开发沉浸式体验项目，开发沉浸式旅游演艺、沉浸式娱乐体验产品[12]。剧本杀作为具身互动的沉浸式游戏，与演艺活动有着天然的亲缘关系，将剧本内容和实体场景结合，同与游戏场景相适应的旅游景区展开合作或开发剧本杀主题景区等思路，均符合国家旅游文化产业发展的政策要求，有利于推动地方旅游业的业态升级和创新发展。

国内部分地区已经出现此类大型实景剧本案例，2020年11月海口剧本杀联盟在观澜湖火山温泉谷上演的实景剧本杀《人间不值得》吸引了大批游客关注；山东水浒影视文化体验园景区结合水浒文化特色推出的《十字坡迷案》，以黑店十字坡凶杀案故事为原型推出的剧本杀游戏获得了游客好评。随着"文旅＋剧本杀"的推广，未来剧本杀行业还将呈现盒装剧本、XR沉浸剧本和实景剧本并存的多元发展局面。

此外，综艺节目《明星大侦探》的走红，也为剧本杀行业跨界发展带来新方向。在科技元素、角色换装、主持人等加持下，以剧本杀为核心的综艺节目成为吸引并维持用户的重要手段。

从剧本杀行业从业者角度分析，许多剧本杀编剧由网络文学作家改行，影视文学作品改编剧本杀，剧本杀剧情改编影视作品现象也逐渐显现。目前剧本杀行业IP暂缺成功案例，但随着市场化竞争推动专业内容的生产，势必会出现越来越多优质的游戏剧本，剧本杀在影视剧、网络游戏和线下商品营销的破圈将成为可能。2021年剧本杀游戏《年轮》《悬崖边上的根号3》均被改编成网剧，成为剧本杀行业出圈的重要尝试。目前剧本杀对影视文学作品的引入和输出还处于初级阶段，未来二者的跨界合作还会继续深入，影视文学作品的观赏性和互动性并存成为未来趋势。

4 总结

都市新文旅、都市新文娱正替代传统城市观光旅游成为新的都市文旅发展方向，其中剧本杀行业吸引了众多年轻消费客群，将传统观光游览向沉浸体验转化，由此带来了"景区＋剧本杀""酒店＋剧本杀""文旅＋剧本杀"等融合发展新业态。尽管剧本杀行业正处于高速发展期，四川地区"文旅＋剧本杀"的风口正盛，剧本杀跨界发展势头猛烈，剧本杀市场正以蓬勃之姿发展，但目前以四川为代表的"文旅＋剧本杀"融合模式尚处在探索期，其背后仍需要巨大的资金和源源不断的客源来支撑。通过调研我们发现，无论是酒店还是景区，运营剧本杀项目并没有在短期内带来特别显著的收入或客流上的提升。同时城市商业形态中的剧本杀项目方兴未艾，旅游目的地对剧本杀的关注和投入日益增加，但如何保证剧本的质量以及玩家的体验感，对于城市剧本杀业态和景区来说都是一个不小的机遇与考验。剧本杀行业虽飞速成长，但就阶段来看依然处于初级发展阶段，行业规范尚未明确，游戏人群还在迅速扩大。这是一场意在长远发展的"产业投资谋划"，而非追求短期盈利的"财务投资"行为。如何利用好四川地区优质的文化资源与旅游优势，营造良好的游戏环境，真正实现在剧本杀领域的文旅融合，仍需进行更多的思考。

参考文献

[1] 郭淼，王立昊，柴文茂，等.2021年中国剧本杀年度发展报告[A].胡正荣，黄楚新，吴信训. 新媒体蓝皮书：中国新媒体发展报告 NO.13（2022）[M].北京：社会科学文献出版社，2022：256－273.

[2] 艾媒咨询.2022—2023年中国剧本杀行业发展现状及消费行为调研分析报告[N/OL]. https：//k. sina. com. cn/article_ 1850460740_ 6e4bca4400100yzhg. html，2022－07－27.

[3] 界面新闻. 我国剧本杀相关企业 2020 年增量超 3100 家，同比增长 63%[N/OL]. https：//finance. sina. com. cn/roll/2021－01－24/doc－ikftssap0281338. shtml，2021－01－24.

［4］祖薇薇．节目走红"反哺"游戏市场风靡　剧本杀与综艺谁成就谁？［N］．北京青年报，2021－03－23（12）．

［5］上游新闻．"剧本杀"惹人爱　四川竟有这么多［N/OL］．https：//www. sohu. com/a/442621081_ 120388781，2021－01－05.

［6］艾媒咨询．市场规模超百亿！74 页研究报告剖析剧本杀行业发展现状及趋势［N/OL］．https：//mp. weixin. qq. com/s/yDxJmp9X8wP2rRS0cqAe2A，2021－04－21.

［7］新京报新媒体．并不便宜的"剧本杀"，靠什么俘获年轻人［N/OL］．https：//mp. weixin. qq. com/s/FmQ9wrBaz6kEWp0GvoBMYw，2021－01－31.

［8］36 氪研究院．2021 年中国剧本杀行业研究报告［N/OL］．https：//www. 36kr. com/p/1122210116644873，2021－03－04.

［9］剧本空间．中国到底有多少剧本杀店？这可能是全网最真实的数字［N/OL］．https：//www. sohu. com/na/476959949_ 116132，2021－07－12.

［10］红星新闻．红星调查｜成都剧本杀店全国第一，百亿市场背后成都玩家的变革和创新［N/OL］．https：//new. qq. com/rain/a/20210628A02L1300，2021－06－28.

［11］天府文化．新刊推荐｜成都，一座城市的剧本杀［N/OL］．https：//view. inews. qq. com/k/20210906A0AB9R00？web_ channel＝wap&openApp＝false，2021－09－06.

［12］文化和旅游部．文化和旅游部关于推动数字文化产业高质量发展的意见［EB/OL］．http：//www. gov. cn/zhengce/zhengceku/2020－11/27/content_ 5565316. htm，2020－11－27.

"交通＋旅游"融合发展的机理、路径、模式：
以泸定大渡河大桥超级工程旅游景区项目为例

［作　者］万　俊（四川省滨水城乡发展有限公司）

张广胜（四川天路印象文化产业发展有限公司）

汤　敏　廖妮娜　王　宇（成都理工大学）

摘　要：　"交通＋旅游"融合发展是大势所趋，本文以泸定大渡河大桥超级工程旅游景区项目为例，探讨交旅融合发展的机理、路径与模式，进而发掘该项目对交旅融合实践的指导意义和启示，以进一步认识交旅融合发展的规律，推动更高层次、更深水平的协同发展。

关键词：　"交通＋旅游"；融合发展；大渡河大桥

1　引言

"交通＋旅游"融合（以下简称交旅融合）发展是大势所趋。2017年，交通运输部联合国家旅游局等六部门，发布了《关于促进交通运输与旅游融合发展的若干意见》（以下简称《意见》），指出进一步扩大交通运输有效供给，改善旅游业发展的基础条件，加快形成交通运输与旅游融合新的发展格局。《四川省"十三五"旅游业发展规划》指出，加强支线旅游交通和通景道路建设，构建无缝对接的旅游交通体系。《四川省关于"交通＋旅游"融合发展专项行动计划》中提出，探索建立旅游交通新业态的协同管理模式，建立健全促进交通运输与旅游融合发展的协调推进机制。由此可见，交通与旅游融合发展符合国家政策导向，能够带动区域发展，也是有效促进经济、社会、环境协调可持续发展的必然选择。

近年来，四川省在推进交旅融合重点工程，进一步挖掘交旅市场发展潜力上，取得了长足进展，涌现出一批代表性项目，如泸定大渡河大桥超级工程旅游景区项目、都江堰—四姑娘山山地轨道交通项目以及夜游锦江游船项目等。但目前的发展水平距离实现更高层次、更深水平的融合发展还有一定差距，表现在认识层面上，对交旅融合发展的内涵、特征、规律认识不足；机制层面上，缺乏两大产业间的联动协调机制；实施层面上，缺乏规划引领和必要的抓手，同时在项目建设实践中存在多主体间协调协同较困难的情况。

本文在厘清交旅融合发展内涵与机理的基础上，探讨交旅融合发展的实现路径与基本模式，并结合泸定大渡河大桥超级工程旅游景区项目案例，进一步挖掘交旅融合发展的规律，以推动更高层次、更深水平的协同发展。

2　交旅融合发展的内涵与机理

2.1　交旅融合发展的含义

目前对交旅融合发展的内涵有很多讨论，但并未出现受到广泛认同的定义。我们认为，交旅融合发展，就是打破传统的交通和旅游产业边界，改变交通为旅游提供基础设施和位移服务的传统产业分工，实现产业间的互惠共生、协同演进，从而形成"你中有我，我中有你"的格局，实现可持续的共同发展，这是交旅融合的本质所在。为了实现交旅融合发展，就要在业务、市场、资源、人才、信息、机制等方面不断深化两大产业之间的整合。

2.2　交旅融合发展的特点

（1）融合动力的复合性

交旅融合发展是在产业内外两种动力的驱动下实现的。在产业内部，近年来在交通基础设施得到极大完善的同时，对于整合沿线资源、发展路衍经济、创造新利润增长点的要求日益提升；旅游产业内部也发生了一些结构性变化，导致旅游项目同质化增强。这样，关注两大产业间天然的内在关联，实现转型升级和高质量发展，就构成了推动两大产业融合的内生动力。在产业外部，政府的政策支持为交旅融合发展创造了有利的外部环境、居民在出行和旅游方面的消费升级，客观上为交旅融合发展提供了外部市场需求，这两者共同构成了驱动两大产业融合发展的外生动力。

（2）融合形式的层次性

交旅融合的形式包含交通线路旅游化、配套设施旅游化、沿线旅游资源整合与开发运营。交通线路旅游化重在结合沿线人文与自然景观，将旅游观光功能叠加在交通运输功能之上，打造观光线路及载体。交通线路旅游化必然带来对配套设施旅游化的要求，有必要对站点、服务区、桥隧、港口、码头乃至交通运输工具本身进行趋旅游化改造，突出旅游价值。沿线旅游资源整合与开发运营是交旅融合的高级形式，随着交通线路不断发展，通过沿线旅游资源的高度整合和集约化运营，逐步实现路衍经济，形成"以点带线、以线促面"的发展局面。

（3）融合行为的多样性

交旅融合涵盖了业务渗透、资源整合、市场协同、人才培育、信息共享、机制协调等多种融合方式，因此，交旅融合发展充满了多个机制、多项要素和多种模式之间的关联、渗透、交叉、互动等行为。这些行为之间存在着密不可分的关系，推动交旅融合发展，就是要促进两大产业各主体、各环节之间相互结合、互相联动，产生"1+1>2"的效果。

（4）融合过程的演进性

交通与旅游产业的融合，必然在两大产业之间形成某种共生关系。这种共生关系具有渐进式演进的特征。短期内可能是带有一定随机性与偶然性的点共生，或存在明显单边特征的偏利共生，经过较长期的发展，在各种融合行为的共同作用下，会逐渐过渡到两个产业都获得大致同等的收益和成长机会，相互促进彼此提升，最终实现利益演化均衡的对称性互惠共生。

2.3　交旅融合发展的机制

交旅融合发展的机制，即是推动两个产业间逐步形成互惠共生关系的机制。随着产业发展、市场供求关系和产业内部组织的变化，交通与旅游两大产业逐渐产生融合发展的客观要求，这是交旅融合的前提。通过多种融合行为的综合作用，逐渐打破原有的产业边界，进而影响管制环境和商业生态，这为交旅融合发展创造了适宜的外部环境。通过实现交通旅游化，形成两大产业的新功能，使两大产业适应并受惠于消费升级，这为交旅融合发展提供了驱动力量。在实践中，不断探索交旅融合项目的建设与运营管理模式，这是将交旅融合发展推向纵深的保障。

3 交旅融合发展的实现路径与基本模式

3.1 实现路径

交旅融合发展存在着显性与隐性这两条互为条件，互相补充，缺一不可，共同作用的实现路径。

显性路径是实现交通旅游化，即把旅游产业的资源、运作方式和业态引入交通产业，促进交通旅游化，创造新的内容、场景和经营模式，为两大产业赋予新的功能。遵循需求导向、协同联动、突出特色、绿色低碳四大原则，通过交通线路旅游化、配套设施旅游化和沿线旅游资源整合与开发运营，共同构成基于交通网络的路衍经济格局。

交通旅游化的背后，是业务、资源、市场、人才、信息、机制等方面的融合过程，这是交旅融合的隐形路径。通过业务渗透和资源整合，可以将交通产业链下游的交通建设管理和出行服务，与旅游产业链上中下游的景区资源、旅游产品和终端游客结合在一起；通过市场协同和人才培育，可以实现两大产业在客户、渠道、品牌、人才等方面的共享；通过信息共享和机制协调，两大产业间打破在行业管理、规划设计等方面的阻隔，形成统筹协调基础上的联动机制。

3.2 基本模式

在现阶段，交旅融合发展的基本模式可以概括为"市场主导，政府引领，产业协同，项目带动"。

市场主导，指交旅融合归根到底是一种市场行为，市场是实现交旅融合的主导方式。交旅融合只能是在市场机制调节下的"宜融则融，能融尽融"，而不能是不顾市场规律和产业发展实际情况，盲目推进，大干快上。政府引领，指在尊重市场主导地位的前提下，政府通过积极有为的行动，促进交旅融合的发展，如完善政策法规，为产业融合提供有效的制度保障；改造基础设施，为产业融合创造良好的运营环境；改善服务体系，为产业融合搭建健全的平台支持；健全监管机构，营造公平的市场秩序，实现对交旅融合发展的科学引导等。产业协同，指在交通和旅游产业间形成分工明确、协同联动的工作机制。从设计到建设，再到运管的各个阶段，都要实现无缝对接，形成共同推动交旅融合发展的合力。项目带动，即是建设一批带动性强、关联度高、影响力大的交旅融合项目，树立交旅融合发展的标杆，扩大交旅融合发展的影响力，在社会上凝聚共识，争取更广泛的理解和支持。

4 案例分析

4.1 概况

泸定大渡河大桥超级工程旅游景区项目被列入 2018—2019 四川省两厅一委（发改委、文旅厅、交通厅）《"交通＋旅游"融合发展专项行动计划》重点示范项目，并得到交通部、省国资委、省决策咨询委员会、省文旅厅、州县政府等的充分肯定。项目建设工作从 2020 年 9 月开始启动，项目规划面积约 2570 亩，划分为"一心一环四区"，分别为"服务接待中心""旅游观光环线""滨湖休闲度假区""大国工匠体验区""大桥极限运动区"和"山地户外运动区"。目前，包括悬空透明玻璃栈道、高空蹦极等与桥体有关的一期工程已经建成并投入试运营。项目依托大桥，将玻璃栈道与玻璃观景台完美结合，主体采用钢桁梁结构，玻璃面板为超白双层钢化玻璃，以大桥中心向两侧延伸，总长度 104 米（与泸定铁索桥长度相同），宽 3.2 米，面积 450 平方米。该项目以大桥建设为契机，打造交旅融合发展新格局，是一个典型的超级工程旅游价值发掘项目，对推动当地全域旅游发展、助力乡村振兴具有先行示范意义，已成为泸定县申报天府旅游名县的重要支撑项目。

4.2 建设过程

（1）动议与策划、规划、设计阶段

继《意见》发布后，四川省陆续出台了一些配套文件，为开发超级工程旅游景区项目指明了方向。大桥的业主方是四川雅康高速公路有限责任公司（以下简称雅康公司），该公司系四川藏区高速公路有限责任公司（以下简称藏高公司）的子公司。大桥是一项超级工程，全桥长 1411 米，主跨 1100 米，索塔高 376 米，荣获世界桥梁界诺贝尔奖"古斯塔夫·林登少"金奖，拓展旅游功能的区位和资源优势明显。该项目的前期策划、规划、设计、配套建设和运管工作，被交给了四川天路印象旅游发展有限公司（以下简称天旅公司）。天旅公司成立于 2017 年 9 月，是四川省港投集团滨水城乡公司（以下简称滨水城乡公司）和藏高公司的合资子公司，滨水城乡公司控股 60％。

在明确建设内容包括附着于桥体的玻璃栈道和蹦极等之后，就面临设计变更的问题。在双方股东单位的支持下，天旅公司与包括当地政府在内的各方进行了大量沟通工作，使得项目取得实质性进展。

在这一阶段，雅康公司（桥梁业主方）、天旅公司和设计机构初步形成了既分工又协作的关系：在设计变更上，主要由雅康公司协调，公路设计院实施，天旅公司负责与旅游项目相关的策划规划设计内容，并积极配合设计变更工作，天旅公司和业主方形成了一些共同工作的机制。

（2）建设实施阶段

策划规划设计阶段的工作完成后即进入施工阶段。在施工阶段，由于玻璃栈道和蹦极附着于大渡河大桥工程项目，且蹦极是高空极限运动项目，对施工企业的要求非常高，需要国家、省州县各级政府的监管和支持。

在这一阶段，作为综合配套建设方的天旅公司与业主方、施工企业之间都建立了比较顺畅的协作机制。

（3）运营管理阶段

2021年12月31日项目进入试运营阶段后（项目于当年上半年进入内部试运营），面临着一些这类项目特有的管理体制与机制方面的问题。同时，因其是大渡河大桥项目的一部分，故在建设阶段未涉及国土、环保等方面，但后续的配套开发将会涉及。

在这一阶段，作为运管方的天旅公司除继续保持与业主方的密切协作之外，还要解决本地化运营管理的问题。其中，如何形成与交旅融合特点相适应的运管模式，如何依托本地资源开展运营并从中获利，进而更好地服务于当地社会经济发展，逐渐凸显成为新的课题。

4.3 启示

（1）多方共创的良好环境，是交旅融合项目成功的前提

交旅融合项目往往涉及多个主体间的复杂行为。以该项目为例，在政府管制层面，涉及国土资源、自然环境、发展与改革、应急管理等主管部门，以及旅游、交通运输、航运等主管部门，还可能涉及在地居民与社区；在企业经营层面，涉及交通与旅游两大行业的建设与运营企业、设计机构以及投融资机构和施工企业等；在消费与传播层面，涉及游客、媒体及其他利益相关者。在不同的阶段，这些主体之间的关系可能呈现出不同的特征，如设计阶段，通过业主方影响

设计机构是需要解决的主要问题；建设阶段，必须建立与业主和施工企业间的良好协作；运管阶段，政府、市场和地企关系则上升到主要位置。只有通过多方合作，创造良好的外部环境，交旅融合项目才有可能成功。

（2）各相关方的协调，是交旅融合项目建设的关键

在交旅融合项目中，各相关方的协调效率会直接影响项目的可行性、成本与建设周期，从而决定项目的成败。在该项目中，如果离开各方共同推动，设计变更就无法完成，整个项目便无从谈起。多方协调的核心是解决各相关方参与的动力问题，这是交旅融合项目建设的关键。需要明确各方利益诉求，建立一个相对正式的协调机制，寻找能够为各方接受的解决办法。

（3）促进早期融合，是交旅融合项目实施的重要保障

该项目的实践表明，融合行为越在项目早期发生，越有利于项目顺利实施。如果能在大渡河大桥的建设前期进行统一规划，将交旅融合纳入大桥设计，做到交通、旅游规划一盘棋，将极大降低后期旅游开发的难度，减少时间和经济成本。为此，应该从产业规范层面进行谋划，为早期融合提供机制上的保证。要做到在交通项目规划初期就应考量交通项目的旅游价值，考虑旅游的实际需求，关注承载旅游功能的配套设施和服务设计，同时科学规划建设时序，为今后的旅游项目留下接口。

（4）适宜的运管模式，是交旅融合项目可持续发展的必需

为了保障可持续发展，不仅要建设好，更要运营好交旅融合项目。从该项目的经验来看，交旅融合项目往往远离中心城市，处在多方关注的焦点，面临新的情况与问题，对运管团队复合能力要求较高，亟须有别于传统交通或旅游项目的运管模式支撑。这方面的探索刚刚开始，认识还非常粗浅，还有大量工作有待政府、学术界和产业界共同完成。

5　结语

理论探讨和实际案例都说明，交旅融合发展是一种相互促进、共同进化的过程。这个过程的起点在于交通和旅游两大产业都得到相当程度的发展，并在各自运行中产生了比较密切的联系。融合发展的过程，就是打破旧平衡，形成新平衡，使得两大产业进入链接更加紧密的共生发展状态的过程。当实现连续共生和

互惠共生之后，两大产业的共同进化又会创造更新的平衡，打破既有平衡。如此周而复始，协同演进，渐进式发展，螺旋式上升。交旅融合永无止境，要不断用交通塑造旅游，以旅游彰显交通，全面挖掘新资源、新潜能、新优势，推动更高层次、更深水平的融合发展。

参考文献

［1］高嘉蔚，刘杰，吴睿，等．我国交通与旅游融合发展政策研究与机制建议［J］．公路交通科技（应用技术版），2019，15（05）：313－316.

［2］李齐丽，吴睿，代枪林，等．基于交通旅游融合的雅康高速公路综合开发规划思路探析［J］．公路交通科技（应用技术版），2019，15（05）：317－319.

［3］王兰，刘杰．交通与旅游融合发展规划目标体系研究［J］．公路，2021，66（03）：187－192.

［4］李啸虎．高速公路企业交旅融合模式与策略研究［J］．西部交通科技，2020，（09）：161－162＋186.

［5］贺明光，孙可朝，刘振国．旅游交通业态及发展趋势研究［J］．综合运输，2018，40（11）：1－7＋17.

［6］赵丽丽，张金山．旅游与交通融合发展的新实践［J］．中国公路，2018，（12）：44－47.

［7］周盛，江二中，张帆，等．高速公路旅游融合开发与经营模式研究［J］．公路，2020，65（08）：281－287.

［8］王成平．公路交通与旅游融合发展的理性思考［J］．科学咨询（科技·管理），2017（09）：6－7.

［9］黄睿，黄震方，吕龙，等．基于感知视角的交通和旅游融合发展影响因素与动力机制［J］．中国名城，2021，35（01）：9－17.

［10］陈铖，朱举．5G背景下数字文旅发展策略研究——以成都"夜游锦江"为例［J］．西部广播电视，2020（09）：55－56.

［11］程励，许娟，刘勇．轨道交通建设背景下生态旅游社区居民支持度的复杂性影响——基于四姑娘山镇的实证［J］．山西师大学报（社会科学版），2021，48（04）：55－64.

微度假背景下城市公园的场景研究

［作　者］杜思灿（成都体育学院运动休闲学院）

摘　要：　后疫情时代，微度假旅游由于具有短时易达的特点受到游客的青睐，成为游客出行的第一选择。成都作为全国第一个公园城市，率先打造出满足游客全方位需求的城市公园。一批城市级的全景化、全时化、全民化、休闲化的公园场景，高度践行新发展理念，构建人、城、境、业和谐统一的全新发展空间。本文在微度假背景下根据居民度假需求将城市公园分为消费场景、体验场景、观赏场景三大类，在三大类的基础上根据其独有优势和特点细分为六种场景。其中消费场景可分为城市休闲场景和特色小镇场景；体验场景可分为乡村旅游场景和赛事旅游场景；观赏场景可分为生态旅游场景和人文旅游场景。通过对各个场景的特点进行分析，给居民微度假行为提供准确的场景选择。

关键词：　微度假；城市公园；场景

引言

　　"微度假"是城市居民充分利用周末和小长假等可支配时间，以城市为中心，车程 2～3 小时，度假时间 2～3 天的城市休闲游[1]。目前我国正处于疫情防控常态化，本地游、近郊游等短时易达的微度假模式率先被游客所选择。我国第一个公园城市建设从天府之国成都先行。成都市委颁布的《加快建设美丽宜居公园城市的决定》中提出：到 2020 年，加快建设美丽宜居公园城市，公园城市特点初步显现；到 2035 年，基本建成美丽宜居公园城市，开创生态文明引领城市发展的新模式；到 21 世纪中叶，全面建成美丽宜居公园城市。公园城市的打造使以往"城市中建公园"转变为"公园中建城市"[2]。城市公园依据不同的资源打造不同的场景，分布在城市的各个区域，满足人们休闲、游憩、度假等全方位需求。疫情之下的旅游行业竞争激烈，加上游客的消费需求越来越多样化，使得旅游景区也面临更多的竞争。微度假时代，为满足多样的游客需求，度假场景也逐渐多样化。本文从微度假角度出发，根据游客需求将城市公园分为消费场景、体验场景以及观赏场景。

1 消费场景

消费是带动一座城市的活力，是人们外出度假最基本的需求，是"吃住行游购娱"旅游六要素之一。各类具有特色的消费活动项目正逐步走入人们的视野，各种新业态的打造层出不穷，消费成为度假行为中必不可少的一个环节。城市公园根据消费场景可分为城市休闲场景和特色小镇场景。

1.1 城市休闲场景

城市休闲场景是结合公园、绿地等开敞空间，将产业区域与居住社区进行串联，将文创、商业、游憩等功能相结合，满足不同人群的多元化需求，打造成集"吃住行游购娱"于一体的商业消费新场景。成都市加快实施产业升级，将太古里、水井坊、合江亭等人气景点进行串联，向东边和南边扩展核心商圈的人流量，以"点—线—网—片"为规划，将城市公园体验区和夜间消费区进行产业联动。大川巷的创新就给消费注入了新的活力，大川巷在餐饮、购物等基础上，以"五位一体"为目标，增加极富特色的商业活动，将艺术创作、展览、教育、交易及衍生品开发五种功能以及酒吧、轻食、DIY等新兴业态聚合起来，打造出一个符合年轻人的国际时尚场景。城市休闲场景的打造跳出了产业只能在办公园区和居住区进行的固态模式，搭建出集商业性、开放性、专业性、多元性于一体的消费平台，创新地将产业和公园相结合，打造出一种全新的消费窗口，给城市居民消费提供了一个全新选择。

1.2 特色小镇场景

特色小镇场景的构建是以特色镇为中心，以体育人文资源和生态自然资源为基础，以"农业景区＋林盘＋特色镇"为发展模式，将体育和旅游结合起来的产业综合体。依托当地环境和极具特色的运动项目来打造主题明确的特色小镇，开发不同主题的山地、户外、滑雪、水上、自行车等多元化产品，同时将休闲农庄、森林驿站、田园垂钓、乡野温泉等乡村业态进行提档升级，打造产业一条龙，全方位满足游客的消费需求。成都五凤溪小镇户外探险项目丰富，旱雪、赛车、射箭、滑索等项目受到了游客的欢迎，尤其受到儿童群体的喜爱。同时五凤溪小镇还举办空间光影秀、夜游灯光音乐秀以及传统民俗非遗展演等系列文艺演出。五凤溪小镇以户外运动为核心、文化旅游为载体，打造集户外运动、非遗文化、新消费场为一体的特色产业综合体，将新的消费场景、业态、模式引入从而发展集文化、运动、社交、餐饮于一线的体验式生活服务。特色小镇场景很好地将各个产业进行串联，推动消费场景全方位化，让游客的消费需求被最大程度地满足。

2　体验场景

微度假时代，随着人们生活水平提高、消费能力提升和旅游业的发展，游客不再仅满足于旅游景区的自然风光，而是注重自身的体验感，更希望能成为沉浸度假活动的参与者。城市公园根据体验场景可分为乡村旅游场景和赛事旅游场景。

2.1　乡村旅游场景

乡村旅游场景是通过"整田、护林、理水"，重新塑造田园风光，景观是农田、景点是农居、景区是农村，打造集观光、餐饮、休闲为一体的农家乐旅游产品体系，从而提高郊野公园对游客的旅游吸引力。为实现农旅商体的融合发展，乡村旅游场景将文化体验、民宿度假、休闲娱乐等功能相结合，以休闲娱乐、趣味体验为基础，以乡土体验为核心，让游客在感知乡村田园美景的同时，形成"休闲娱乐＋趣味体验＋快乐学习＋乡土体验"深度体验。为满足城市居民对乡村生活的向往和好奇，村庄公寓和别墅被用于养生养老体验，村落和庄园被用于田园休闲度假，多种高品质乡村度假产品被开发出来以保证游客的度假满意度和生活幸福感。成都邛崃的中国酒村是集高粱种植、原酒酿造、邛酒文化体验等多种业态为一体的乡村旅游场景。中国酒村结合当地特色打造出八大业态，分别是原酒文化休闲农庄、酒疗 SPA 度假酒店、草艺中华童趣园、藏香黑猪循环认养园、家庭亲子农场、二十四孝养老院落、红高粱观光公园以及酒坊民居安置街区，丰富了业态的多元化发展[3]。乡村旅游场景还原了乡村最本真的魅力，让城市游客更直观和真切地体会传统乡村、淳朴乡村、美丽乡村的韵味。

2.2 赛事旅游场景

赛事旅游场景是以体验为基础，在旅游中融合运动元素，以精品赛事来吸引游客的一种体验性度假方式，受到大众的青睐。一些大型赛事的举办对场地面积和设施具有较高要求，体育公园设施完备，功能齐全，健身、运动、休闲、娱乐、休憩、赛事等功能都可以在体育公园中找到。同时由于其拥有山地、峡谷、森林等独特地理资源，成为赛事承办的绝佳场景。国务院下发的《关于构建更高水平的全民健身公共服务体系的意见》提出要培育赛事活动品牌，加快发展以自主品牌为主的体育赛事体系，培育形成具有世界影响力的职业联赛，支持打造群众性特色体育赛事，引导举办城市体育联赛[4]。成都市龙泉驿区东安湖体育公园总建筑面积约32万平方米，体育公园内包含4万座的综合运动场、1.8万座的多功能体育馆、5000座的游泳跳水馆和综合小球馆等场馆。其中，多功能体育馆是2023年第31届世界大学生夏季运动会的主场馆以及2025年第12届世界运动会的举办场馆[5]。东安湖体育公园将承办各种类型的全国性体育赛事。大运会即将来临，东安湖体育公园新晋成为成都市民的"网红"打卡地。赛事旅游场景的打造实现了让游客亲自参与体验体育赛事、观赏体育赛事，感受到度假的乐趣。

3 观赏场景

目的地是否具有观赏性是度假行为发生的一个重要因素。生态良好、自然清新的自然资源和文化历史属性丰富的人文资源是观光游的主要资源载体。旅游目的地仅凭借其自身独有的山、江、河、湖、海、寺、庙、公园等优质资源便可获得大众青睐。城市公园根据观赏场景分为生态旅游场景和人文旅游场景。

3.1 生态旅游场景

生态旅游场景是以生态植被和自然森林为依托，在生态理念的驱动下，满足居民高层次的休闲度假需求的场景。生态旅游场景贯彻落实了"生态文明""美丽中国""健康中国"等基本国策。"绿水青山就是金山银山"这一理念始终贯穿生态旅游场景建设全过程，以绿色生态为底色，推动生态文明建设，充分体现出生态旅游场景的价值。久居城市的居民更向往这种自然清新的生态目的地，生态旅游场景切实保证游客所处环境的植被覆盖度、空气的负离子含量，是一座座"天然氧吧"。天府锦城生态公园以景观生态为标准，精心建设 133 平方公里生态公园、20 平方公里生态水系、24 平方公里城市森林，形成 85 公里长城市生态景观带，使主城区人均绿地面积增加 10 平方米[6]，让城镇居民可以呼吸到新鲜空气，欣赏到宜人美景。生态旅游场景以良好的生态环境、复杂的山林地形及幽静的动植物景观为核心产品，满足城镇居民观光游览、身心放松的度假需求。

3.2　人文旅游场景

人文旅游是对非物质文化遗产、历史古迹、社会文化等富含文化气息的场景进行观光游览，很多历史文物、景观由于文化保护、文物保护等原因，将保护作为资源开发的前提，因此，人文旅游是以游览为主的一种观光型旅游方式。人文旅游场景具有历史性、文学性和艺术性的文化内涵。成都劼人公园就是一个依托名人文化而打造的公园，在劼人公园内，不少地方通过雕塑小品、景观节点等手法展现了老成都的记忆，长廊般的文化墙上用关键词的方式提取李劼人著作中具有成都语言文化特色的句子，多根竖立的石柱上则以李劼人著作中的经典名言为素材。劼人公园扩大了李劼人的文化影响力，让市民在行走中也能感受李劼人的文化。人文旅游场景依托其浓厚的历史底蕴和独有的文化性，突出了时代的文化气息，让游客沉浸式感受历史独有的魅力。

4　结论

后疫情时代，高品质的 2～3 天的微度假模式和城镇居民高频率周边游的出游特点不谋而合，在未来，微度假模式将受到更多市郊休闲群体的欢迎，有更广泛的市场前景。在微度假模式下，公园也不再是单纯的活动场所，能够打造出供更多市民欣赏、参与、消费的新场景，多样化场景满足了游客多样化的度假需求。场景更新精确把控目标群体的定位，完善了度假产品，提升游客度假体验。公园场景作为城市的有机组成部分，正在不断融入城市的整体发展之中。

参考文献

[1] 赵珊. 中国旅游兴起"微度假"[N]. 人民日报海外版, 2021 - 12 - 10 (012) . DOI: 10. 28656/n. cnki. nrmrh. 2021. 003745.

[2] 成都日报. 中共成都市委关于深入贯彻落实习近平总书记来川视察重要指示精神加快建设美丽宜居公园城市决定[N/OL]. https: //sichuan. scol. com. cn/cddt/201807/ 56340188. html, 2018 - 7 - 09.

[3] 邛崃中国酒村[EB/OL]. http: //www. ezout. cn/spots/show_ 253. html, 2022 - 03.

[4] 新华网. 关于构建更高水平的全民健身公共服务体系的意见[N/OL]. https: // www. ccps. gov. cn/xtt/202203/t20220323_ 153396. shtml, 2022 - 03 - 23.

[5] 36 氪四川. 建设"世界赛事名城", 成都进度怎么样? [N/OL]. https: // 36kr. com/p/1121741382479876, 2021 - 03 - 03.

[6] 四川日报. 成都 16920 公里天府绿道开建[N/OL]. https: //www. sc. gov. cn/ 10462/10464/11716/11718/2017/9/4/10432632. shtml, 2017 - 09 - 04.

[7] 黄燕玲, 黄震方. 城市居民休闲度假旅游需求实证研究——以南京为例[J]. 人文 地理, 2007 (03): 60 - 64 + 33.

[8] 赵西君, 吴殿廷. "微度假"旅游与城乡融合发展的耦合机制研究——以江苏省宜 兴市为例[J]. 开发研究, 2021 (04): 115 - 121. DOI: 10. 13483/j. cnki. kfyj. 2021. 04. 015.

[9] 王亚坤, 武传玺. 全域旅游视域下我国体育赛事旅游产业发展研究[J]. 体育文化 导刊, 2020 (07): 67 - 72.

[10] 廖四顺. 体验经济背景下人文旅游景区发展趋势探讨[J]. 未来与发展, 2017, 41 (04): 57 - 60 + 56.

磨西古镇红色文化旅游地游客重游意愿研究

［作　者］凡金玲　钟　洁（西南民族大学旅游与历史文化学院）

摘　要： 游客对红色文化旅游地的重游意愿及行为有利于激发文化和旅游消费潜力，促进旅游地的持续稳定发展。本文以红色文化旅游地的游客为调研对象，从理论框架 SOR（刺激—有机体—反映）路径出发，构建体验真实性、满意度与重游意愿的结构方程模型，并进行实证研究。最后基于分析结果得出实践启示，红色文化旅游地应以游客体验为着力点，促进红色文化旅游高质量发展；要深入挖掘旅游吸引物潜力，提升文化内涵，增强持续发展能力；要全面强化文化氛围和文化情境的营造，唤醒游客的深层情感；要实现"文化＋"模式带动产业融合发展，为游客打造沉浸式体验。

关键词： 红色文化旅游；体验真实性；重游意愿

引言

在《中华人民共和国国民经济和社会发展第十四个五年规划和 2035 年远景目标纲要》中，明确提出坚持以文塑旅，以旅彰文，打造独具魅力的中华文化旅游体验，推进红色旅游、文化遗产旅游、旅游演艺等创新发展[1]。发展红色文化旅游可以促进文化和旅游的融合及其高质量发展，对弘扬红色文化、传递中华民族精神、筑牢中华民族共同体意识具有重要意义。红色文化旅游是以红色文化和红色革命精神为内容，开展相应的旅游体验活动。游客在红色文化旅游目的地，可以通过学习、体验等方式，增强对红色文化的认知和感悟。在中国特色社会主义新时代背景下，发展红色文化旅游可以有效地促进红色文化传播，推动红色基因传承。现有的红色文化旅游研究主要集中在国家视野，探讨其价值、意义，研究内容集中于红色文化资源的开发及发展模式，而对红色文化旅游需求侧的微观分析的研究较为欠缺。因此，本文选取具有代表性的红色文化旅游地——四川甘孜州泸定县磨西古镇作为研究案例地，深入探讨游客的重游意愿，以期激发游客消费潜力，促进红色旅游地持续稳定发展。

1 研究假设与模型

1.1 研究假设

1.1.1 体验真实性对满意度的影响

游客开始重视"真实性"的旅游体验是在 19 世纪 70 年代，他们期望获得更真实、更深入的旅游体验。对真实性的研究最初来源于对客观对象原真性的关注，强调客观对象的固有属性，关注旅游客体的真实性。随后，建构主义真实性的概念被推广开来，真实性被视为一种"符号真实性"，强调基于客体真实性的主体差异，是游客在与各种环境因素互动中建构的自我意义。而王宁的存在主义真实性，则注重游客在有限空间中主体体验的真实性，对旅游体验采取开放性态度。故本研究中的体验真实性划分为以上三个维度。

王新新（2011）以古村落旅游为例，实证研究旅游真实性感知和游客满意度的关系，发现真实性感知正向影响游客满意度[2]。沙润（2007）探讨"真实感—满意度"测评模型，结果显示模型因果关系显著[3]。李静（2021）通过定性研究构建了节庆游客视角的"动机—真实性感知—满意度"模型，并通过定量分析发现真实性感知对满意度有显著的正向影响[4]。基于以上文献的梳理，提出假设：

H1：游客客观主义体验真实性对满意度存在显著的正向影响。

H2：游客建构主义体验真实性对满意度存在显著的正向影响。

H3：游客存在主义体验真实性对满意度存在显著的正向影响。

1.1.2 满意度对重游意愿的影响

在国内外诸多研究中，重游意愿是指旅游者再次回到旅游地参与旅游活动的可能性；也有学者认为，重游意愿是游客参与旅游活动结束后，所产生的再次前往该地的意愿，也是游客忠诚度的表现。目前，国内学者关于游客重游意愿研究主要集中在其影响因素和影响机制等方面。在国内外相关研究之中，满意度往往与游客重游意愿共现，但以满意度作为中介，探讨体验真实性与游客重游意愿的实证研究还不常见。

朱峰等（2015）以威海为案例地，分析地方依恋、满意度与重游意愿之间关系，满意度直接影响重游意愿[5]。许春晓等（2011）以湖南凤凰古城为案例地，采用问卷调查并建立结构方程模型从求新动机、满意度两个方面考究游客重游间隔意愿的形成机制，发现满意度对短期、中期和长期重游意愿有显著的正向影响[6]。基于以上文献的梳理，提出假设：

H4：游客满意度对其重游意愿存在显著的正向影响。

1.1.3　满意度在体验真实性和重游意愿之间的中介作用

江琴（2019）研究三河古镇游客真实性感知、体验价值和重游意愿的关系，发现真实性感知通过体验价值影响其重游意愿[7]。晁小景等（2021）探讨真实性感知、地方依恋和游客忠诚的关系，以天津"五大道"为例进行实证研究，发现客体相关真实性感知通过对地方依赖和地方认同的影响间接作用于游客忠诚的链式中介效应成立[8]。基于以上文献的梳理，提出假设：

H5：游客满意度在客观主义体验真实性对重游意愿的影响中起中介作用。

H6：游客满意度在建构主义体验真实性对重游意愿的影响中起中介作用。

H7：游客满意度在存在主义体验真实性对重游意愿的影响中起中介作用。

1.2　研究模型

本文使用"刺激—有机体—反应"（SOR）理论作为框架。刺激（Stimulus）是影响个体认知和内部状态的因素，即体验真实性，包括客观主义体验真实性、建构主义体验真实性、存在主义体验真实性三个变量；而有机体（Organism）是对个体内部认知和情绪的处理加工，即满意度，这个过程联结刺激和反应因素；反应（Response）是个体的最终决策，即重游意愿。研究模型如图9-1所示。

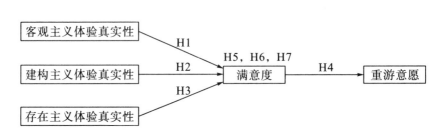

图 9-1 游客体验真实性、满意度与重游意愿的关系研究模型

Fig. 9-1 Research model of the relationship between tourist experience authenticity, satisfaction and revisit intention

2 研究过程

2.1 案例地选择

磨西古镇位于四川甘孜州泸定县南部，贡嘎山东坡，是汉、彝、藏民族聚居地。磨西古镇是红军进入甘孜的第一镇。1935 年毛泽东同志随中央红军进入磨西镇，并主持召开了磨西会议，确定了飞夺泸定桥的作战方案，为中国革命胜利奠定了基础。磨西镇是国家长征文化主题公园四川段的重要组成部分，是四川红色旅游和爱国主义教育基地。现有毛泽东同志住地旧址、磨西红军长征纪念馆、桂花坪和磨岗岭红军长征路线遗址等红色学习教育资源。其中磨西红军长征纪念馆以史实为依据，分上、中、下三层展厅共计四个单元，以丰富的图片、展板、实物及仿真雕塑再现的故事场景为主体，真实重现了红军长征的艰苦岁月和英勇顽强的革命精神。磨西古镇依托红军进藏第一战——桂花坪、红军进藏第一寨——柏秧坪、磨岗岭遗址等，开发重走长征路研学游、体验游、科普游等旅游产品。磨西古镇作为红色文化旅游的典型代表，为本文提供了研究情境。

2.2 问卷设计与变量测量

本文的问卷分为两大内容：一是游客的基本信息，包括性别、年龄、受教育程度、平均月收入等。二是游客主体问卷内容，分别测量（1）体验真实性：包括客观主义体验真实性、建构主义体验真实性、存在主义体验真实性。（2）满意度。（3）重游意愿。体验真实性的测项参考陈晨、陈志钢（2021）的量表，最终形成客观主义体验真实性（Objectivism experiences authenticity）、建构主义体验真实性（Constructivism experiences authenticity）、存在主义体验真实性（Existentialism experiences authenticity）的 12 个测项[9]；满意度（satisfaction degree）的测项参考杨艳荣（2015）量表，最终形成 4 个题项[10]；重游意愿（Revisit intention）的测项参考池毛毛等（2019）量表，最终形成 3 个题项[11]。各变量的测量题项及参考来源见表 9-1。

　　由于所有测项均借鉴国内外学者的成熟量表分析结果，确保了一定的信度和效度。对体验真实性、满意度和重游意愿，均按照 5 点李克特量表进行（1 代表非常不同意，2 代表不同意，3 代表中立，4 代表同意，5 代表非常同意）。

表 9-1　研究变量题项与来源

Table 9-1 Study variable items and their sources

变量	测量题项	参考文献
客观主义体验真实性（OEA）	OEA1：磨西古镇反映了红色革命历史	陈晨等（2021）[9]
	OEA2：磨西古镇体现了红色文化	
	OEA3：磨西古镇的建筑风格有特色	
	OEA4：磨西古镇提供红色旅游纪念品	
建构主义体验真实性（CEA）	CEA1：到访红色文化旅游地对我来说很有意义	陈晨等（2021）[9]
	CEA2：此次红色文化之旅给我留下了美好的回忆	
	CEA3：相比其他形式旅游我更喜欢红色文化旅游	
	CEA4：当我离开红色文化旅游地时会恋恋不舍	
存在主义体验真实性（EEA）	EEA1：红色文化旅游让我想起很多曾经的经历	陈晨等（2021）[9]
	EEA2：红色文化之旅让我获得了独特的精神体验	
	EEA3：我沉浸在当地红色文化的氛围中	
	EEA4：在红色文化旅游地让我找到了真实的自我	
满意度（SD）	SD1：红色文化旅游的目的得以实现	杨艳荣（2015）[10]
	SD2：与理想中的红色文化旅游相似	
	SD3：我对这次红色文化之旅非常满意	

变量	测量题项	参考文献
重游意愿 （RI）	RI1：我非常喜欢这次红色文化之旅	池毛毛等 （2019）[11]
	RI2：以后我还会到红色文化旅游地进行游览	
	RI3：我会向亲朋好友等推荐此红色文化旅游地	

2.3 数据搜集与样本描述

在这项研究中，数据搜集分为两个阶段——预调查和正式调查，目标人群是磨西古镇的游客。为了确保数据的科学性和有效性，本研究在设计测量问项时参考了成熟的量表，并对 73 名游客进行了预调查。根据预调查的结果，完善了相关问项的提问方式，并为本研究制定了正式的调查问卷。最后本人与课题组成员于 2021 年 8 月—9 月在毛泽东住地旧址、磨西红军长征纪念馆和柏秧坪附近进行正式问卷调查及数据搜集，共向游客发放问卷 500 份，去掉问卷填写不完整等无效问卷 36 份，得到有效样本为 464 份，样本有效率 92.8%。运用 SPSS20.0 进行人口变量描述性统计分析，如表 9-2。

表 9-2　人口变量描述性统计

Table 9-2 Descriptive statistics of population variables

项目	类型	频率	百分比（%）
性别	男	236	50.86
	女	228	49.14
年龄	18~25 岁	182	39.22
	26~30 岁	154	33.19
	31~40 岁	84	18.10
	41~50 岁	25	5.39
	51~60 岁	14	3.02
	>60 岁	5	1.08

续表

项目	类型	频率	百分比（%）
学历	小学及以下	47	10.13
	初中	28	6.03
	高中	88	18.97
	本科	208	44.83
	研究生及以上	93	20.04
平均月收入	5000元以下	101	21.77
	5001～8000元	199	42.89
	8001～17000元	96	20.69
	17001～30000元	36	7.76
	30000元以上	32	6.90

3　数据分析

3.1　信度和效度检验

本研究借助结构方程软件 Smart PLS 3.0 计算各变量的 Cronbach's α 系数、因子载荷、组成信度（CR）和平均方差提取（AVE）以检验量表的信度和效度。如表 9-3 所示，各变量的 Cronbach's α 系数在 0.764～0.826 之间，均高于 0.7 的标准值；组合信度（CR）系数在 0.773～0.896 之间，均高于 0.7 的标准值。以上两个指标综合说明了本研究各潜变量具有很好的内部一致性，问卷测量信度较好。效度是指每个观察到的变量能在多大程度上实际测量相应的变量，主要有收敛效度和区别效度。收敛效度主要是通过因子负荷量与平均提取方差值（AVE）来衡量，其中因子标准化载荷系数在 0.607～0.871 之间，均在 0.6 以上，平均方差提取（AVE）在 0.535～0.742 之间，均大于 0.5 标准。以上两个指标表明各观测变量具有较好的收敛效度。区别效度结果（如表 9-4）各变量 AVE 的算术平方根均大于其与其他变量的相关系数，说明各观测变量之间具有良好的区别效度。综上所知，测量模型信效度良好。

表9-3　信度与收敛效度检验

Table 9-3 Reliability and convergence validity tests

变量	测量题项	因子载荷	Cronbach's α	组合信度（CR）	平均方差提取（AVE）
客观主义体验真实性（OEA）	OEA1	0.742	0.764	0.850	0.586
	OEA2	0.781			
	OEA3	0.819			
	OEA4	0.716			
建构主义体验真实性（CEA）	CEA1	0.774	0.796	0.867	0.620
	CEA2	0.804			
	CEA3	0.767			
	CEA4	0.805			
存在主义体验真实性（EEA）	EEA1	0.710	0.785	0.861	0.609
	EEA2	0.821			
	EEA3	0.783			
	EEA4	0.804			
满意度（SD）	SD1	0.789	0.753	0.773	0.535
	SD2	0.783			
	SD3	0.607			
重游意愿（RI）	RI1	0.847	0.826	0.896	0.742
	RI2	0.865			
	RI3	0.871			

表9-4　变量 AVE 平方根与相关系数比较

Table 9-4 Variable AVE square root compared with correlation coefficient

变量	OEA	CEA	EEA	SD	RI
OEA	**0.766**				
CEA	0.734	**0.788**			
EEA	0.732	0.773	**0.781**		
SD	0.635	0.659	0.614	**0.731**	

续表

变量	OEA	CEA	EEA	SD	RI
RI	0.273	0.272	0.241	0.383	**0.861**

注：表格对角线上的粗体数据是相应变量的 AVE 的算术平方根。

3.2 结构模型及假设检验

3.2.2 结构模型

本研究用 R^2（决定系数）来检测本文结构模型的解释能力。由图9-2可以看出满意度和重游意愿的 R^2（被解释方差）分别是0.491和0.384，表明该模型具有良好的预测效果。

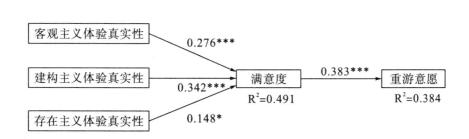

图9-2 结构模型路径分析结果

Fig. 9-2 Structural model path analysis results

*表示在0.05水平上显著相关，***表示在0.001水平上显著相关。

3.2.3 假设检验

本研究利用Bootstrap（原始=464，抽样=500）得出模型的路径系数和显著性水平，如图9-2和表9-5所示。体验真实性对满意度的影响方面，客观主义体验真实性（β=0.276，p=0.000***，t=5.031）、建构主义体验真实性（β=0.342，p=0.000***，t=5.858）和存在主义体验真实性（β=0.148，p=0.012*，t=2.520），均显著影响满意度，即H1，H2，H3得到支持。满意度对重游意愿的影响方面，满意度（β=0.383，p=0.000***，t=6.324）显著影响重游意愿，即H4得到支持。

表 9 - 5 　直接效应检验结果

Table 9 - 5 Direct effects test results

假设	变量关系	t 值	p 值	结果
H1	客观主义体验真实性 OEA→满意度 SD	5.031	0.000***	支持
H2	建构主义体验真实性 CEA→满意度 SD	5.858	0.000***	支持
H3	存在主义体验真实性 EEA→满意度 SD	2.520	0.012*	支持
H4	满意度 SD→重游意愿 RI	6.324	0.000***	支持

注：***、**、*分别代表 P 在 0.001、0.01、0.05 水平上显著。

3.3　中介效应检验

本文运用 Bootstrap 程序分析满意度的中介作用。如表 9 - 6 所示，满意度在客观主义体验真实性（$\beta = 0.106$，$p = 0.000$***，$t = 3.723$）、建构主义体验真实性（$\beta = 0.131$，$p = 0.000$***，$t = 4.315$）、存在主义体验真实性（$\beta = 0.057$，$p = 0.021$*，$t = 2.300$）与重游意愿间的中介效应显著，即 H5，H6，H7 得到支持。

表 9 - 6 　中介效应的检验

Table 9 - 6 Mediating effect test

路径关系	中介效应	t 值	p 值	置信区间		结果
				上限	下限	
H5：OEA→SD→RI	0.106	3.723	0.000***	0.053	0.164	支持
H6：CEA→SD→RI	0.131	4.315	0.000***	0.073	0.192	支持
H7：EEA→SD→RI	0.057	2.300	0.021*	0.010	0.107	支持

注：***、**、*分别代表 P 在 0.001、0.01、0.05 水平上显著。

4　研究结论

4.1　三种体验真实性均对满意度具有显著的正向影响

游客在磨西古镇的三种体验真实性对满意度均具有显著的正向影响，影响系数均为正数，即游客在磨西古镇的真实性体验越强，就越具有较高的满意度。由此可见，磨西古镇注重游客的体验性，积极为游客提供相关体验性活动，让游客留下独特的经历，促使游客产生自我关联。磨西古镇依托文化资源积极开展系列"重走红军长征路"的红色文化体验活动，一是在红军长征路过的磨西镇磨岗岭村，成功打造了"中国最北彝寨"和以红军长征为主题的体验式教学、红色党性教育景区，充分挖掘当地红色文化资源。二是举办飞夺泸定桥越野挑战赛（赛道起点为磨西会议旧址）、贡嘎山百公里国际山地户外运动挑战赛等一系列活动，把红色资源作为学习教育的生动教材，沿着当年革命前辈的足迹，重走长征路，寻找红色记忆，重温红军长征的艰辛和困难。三是在毛泽东同志住地旧址和磨西红军长征纪念馆，为游客提供红军长征的历史地位、深刻内涵和感人故事等方面的生动讲解，让游客身体力行体验红色文化。

4.2 满意度对重游意愿具有显著的正向影响

游客在磨西古镇的满意度直接影响其重游意愿，游客对磨西古镇满意度越高，则重游意愿就越强。旅游地独特的旅游吸引物资源和游客的主观感受都是影响游客满意度和重游意愿的重要因素，因此磨西古镇积极从以下三个方面采取措施：一是开放红色教育资源。全面开放毛泽东同志住地旧址、磨西红军长征纪念馆、桂花坪和磨岗岭红军长征路线遗址等红色学习教育资源。二是开办红色导讲服务。以磨西红军长征纪念馆为主体，开办红军长征历史专题讲解。举办景区红色旅游讲解大赛，进一步挖掘红色资源，提升导讲水平，讲好红军长征的历史。三是开发红色研学产品。依托桂花坪、柏秧坪、磨岗岭遗址等，开发重走长征路研学游、体验游、科普游等旅游产品，让"红+绿"更加彰显特色，在旅游中学习历史，深入了解红色文化，从长征精神中汲取奋进力量。磨西古镇通过开放旅游吸引物资源，营造独特的环境氛围，增强游客的体验供给，为游客创造独一无二的旅游经历，从而增强游客满意度和重游意愿。

4.3 满意度在体验真实性和重游意愿间起中介作用

游客在磨西古镇的满意度在体验真实性和重游意愿间起中介作用。高的满意度来源于对旅游地真实性的体验，最终促使重游意愿或积极推荐他人前来等行为。如果仅有真实性的体验，可能并不能激发游客强烈的重游意愿，但可以通过提升游客的满意度进而促使其重游意愿的产生。无论是磨西古镇的客观存在，还是旅游者在磨西古镇的主观体验感受，都将影响游客对该地的满意度和重游意愿。其中，满意度在建构主义体验真实性和重游意愿间的中介作用最大。因此，磨西古镇要充分挖掘旅游资源的潜力，营造独特的文化氛围，注重游客更深层次的体验，实现游客的真实性体验尤其是建构主义真实性体验，则需要对磨西古镇提出更高的要求和条件。在竞争日益激烈的旅游市场，重游意愿是促进旅游地可持续发展不可忽视的因素，因此磨西古镇要积极构建游客重游意愿的条件。

5 实践启示

5.1 要深入挖掘旅游吸引物潜力，提升文化内涵增强持续发展能力。

红色文化旅游地的可持续发展离不开文化支撑。通过挖掘旅游地文化特色，塑造有代表性的核心吸引物，构建红色文化旅游发展的灵魂。红色文化旅游地应更加关注文化与旅游的融合，通过结合文化内涵和旅游功能，创造独特而持久的吸引力。将传统文化和现代文化与游客的新需求相结合，为游客打造深度体验和感受历史文化的新场景，进一步丰富业态类别。红色文化旅游目的地应深入挖掘当地文化资源、文化特色和文化基因，并与现代人的旅游需求和现代表现形式相结合，形成独有文化基因。磨西古镇红色文化资源丰富，1935 年中央红军在磨西古镇、桂花坪、雅家埂、磨岗岭等地留下了 40 余公里长的革命历史足迹和红色故事。因此磨西古镇要深度挖掘红色文化旅游资源，讲好红军长征在磨西的故事，弘扬和传承红军长征精神，推动文旅融合高质量发展。

5.2 要全面强化文化氛围和文化情境的营造，唤醒游客的深层情感。

浓厚的文化氛围和情境是游客满意度和重游意愿的一个重要影响因素。磨西古镇应从物质文化、精神文化等方面实现全方位的文化氛围和情境营造。第一是围绕红色文化的主题，从外部可见的实物入手，将红色文化融入景观和建筑设计，注重文化的细节体现。磨西古镇要将旅游设施与红色文化结合，将红色精神物化于旅游产品中，进一步开发类似《云中贡嘎》旅游演艺项目，给予游客最直观的文化体验。第二是要内化红色文化旅游地居民的文化意识和观念，使当地居民形成良好的精神状态，成为地方形象的代言人。如举办面向磨西当地居民的"讲好红色故事·传承红色基因"红色故事讲解大赛，营造"人人都是讲解员、人人争做宣传员"的良好氛围。这样不仅提高了居民积极弘扬宣传地方文化的意识，使他们主动热情接待游客，而且提高了服务人员的文化素养，保持和传承了艰苦奋斗的革命精神，形成艰苦奋斗、勇于拼搏的形象。

5.3　要实现"文化＋"模式带动产业融合发展，为游客打造沉浸式体验。

红色文化旅游地可以结合其他产业形成多产业融合发展。磨西古镇可积极开展"红色文化教育＋生态教育＋乡村旅游"的"文化＋"模式，带动产业融合发展。例如，柏秧坪村每年陆续迎来嗨啰亲子、才智少年、贝尔熊等教育机构10余批次1000余人的青少年研学团队入住村寨，开展乡村体验夏令营活动。因此，磨西古镇要将红色文化、绿色生态融入乡村研学实践中，持续推广以柏秧坪村为中心，以海螺沟冰川森林公园、磨西红军长征纪念馆、毛主席住地旧址、红军小道等景点为支撑的"红＋绿"精品研学线路，将红色文化课堂延伸至生态教育和乡村旅游。此外，依据文化和旅游部在2020年发布的《关于推动数字文化产业高质量发展的意见》要求，磨西古镇可充分运用虚拟现实、增强现实等技术，大力开发沉浸式旅游演艺、沉浸式红色主题教育体验产品，满足游客深层次红色文化体验需求。

参考文献

[1] 中华人民共和国国民经济和社会发展第十四个五年规划和2035年远景目标纲要[M].北京：人民出版社，2021：107.

[2] 徐伟，王新新.旅游真实性感知及其与游客满意、行为意向的关系——以古村落旅游为例[J].经济管理，2011，33（04）：111-117.

[3] 冯淑华，沙润.游客对古村落旅游的"真实感—满意度"测评模型初探[J].人文地理，2007（06）：85-89.

[4] 李静，戴光全.节庆旅游动机、真实性和满意度研究——基于集体主义视角[J].技术经济与管理研究，2021（01）：93-98.

[5] 朱峰，王江哲，王刚.游客地方依恋、满意度与重游意愿关系研究——求新求异动机的调节作用[J].商业研究，2015（10）：180-187.

[6] 许春晓，朱茜.求新动机、满意度对重游间隔意愿的影响——以凤凰古城旅游者为例[J].旅游科学，2011，25（05）：57-66.

[7] 江琴.三河古镇游客真实性感知、体验价值及重游意愿的关系研究[D].广西大学，2019.

［8］晁小景，王庆生．真实性感知、地方依恋与游客忠诚的关系研究——以天津"五大道"为例［J］.企业经济，2021，40（05）：110－120.

［9］陈晨，陈志钢．旅游者商业化符号感知与体验真实性研究——以西安回民街为例［J］.浙江大学学报（理学版），2021，48（02）：249－260.

［10］杨艳荣．历史文化街区旅游真实性感知与游客满意度关系研究［D］.暨南大学，2015.

［11］池毛毛，刘姝君，卢新元，等．共享住宿平台上房东持续参与意愿的影响机理研究：平台网络效应的视角［J］.南开管理评论，2019，22（04）：103－113.

体育对红色旅游的创新发展

——以长征国家文化公园四川段的建设为例

[作 者] 邢亚楠

摘 要： 四川省是红军长征路上的重要环节，是全国唯一有见证三大主力红军长征文物的省份。长征国家文化公园在四川段的建设有着丰富的红色资源基础，长征文物遗存类型多样，如何有效改善文物保护现状并合理开发这些资源发挥其经济价值，使其避免陷入同质化严重和吸引力不足的僵局，这就需要立足于四川本土优势的深度挖掘，进行差异化、创新化发展，体育可以通过与红色故事、红色名人、红色旅游融合发展以及打造红色体育旅游新场景促使其更好地实现创造性转换和创新性发展，助力红色旅游向前发展。

关键词： 长征国家文化公园四川段；红色旅游；体育；创新发展

1 长征国家文化公园四川段建设

1.1 长征国家文化公园四川段建设的困境

为加强红色文化尤其是革命文化的保护、发掘、利用、传承，《长城、大运河、长征国家文化公园建设方案》出台，自此拉开了分阶段、分重点实践建设的新图景序幕，国家文化公园建设正式成为国家战略。建成后要形成可复制、可推广的成果和经验，将对提升资源开发地区的经济活力、更好地传承当地的特色文化、建成环境保护和资源节约型机制具有重要作用[1,2]。

尽管建设长征国家文化公园有丰富的红色资源基础，但在现实开发过程中仍面临着地域环境复杂、边界阻碍明显、开发利用程度不高等现实问题[3]。四川省在长征国家文化公园的建设上处于探索阶段，在对长征文物的开发利用方面水平不高，开发模式比较单一且存在着市场竞争力不足、市场化程度不高、游客来源单一等问题，在交通、餐饮、旅游公共服务、旅游接待等基础建设方面明显滞后。据此可以借鉴贵州段、江西段、福建段、陕西段、甘肃段等重点先发区的红色经验，同时要避免陷入同质化严重和吸引力不足的僵局，要立足于四川的本土优势深度挖掘，进行本土化改造后差异化、创新化发展。

1.2 将体育融入长征国家文化公园四川段建设的作用

面对四川省红色资源较为丰富、创新性发展不足的困境，体育因其参与性所带来的体验性、趣味性和娱乐性作用不容小觑。体育要素的融入可以通过特有手段和方式，创新实际生活中游客喜闻乐见的项目，带动游客的主动参与，从而避免旅游产品、内容、形式的单调性[4]，提高游客尤其是青少年参观红色旅游目的地的积极主动性，提高游客的参与度与满意度，提高游客回头率。此外，红色旅游要避免走传统的政治说教的老路，要尽可能地增强旅游过程中的趣味性，让游客充当主角，用增强与游客互动的方式提高其参与性，寓教于游，寓教于乐，进而达到潜移默化的效果[5]，发挥生动活泼的作用促使其突破困境。

2 体育与长征国家文化公园四川段建设的创新融合路径

2.1 推动体育项目和红色文化相结合

以红色故事、红色名人为主线开发红色旅游产品，新要素的融入和亮点的打造是提高红色旅游产品特色的重要途径[6]。为了丰富游客的体验性心理需求，可开展如主题为"伟人足迹追寻""重走红军路""重建革命根据地""忆苦思甜"等以现代体育为载体的活动。"运动要经常"是延安"九一"扩大运动会上，朱德总司令的亲自题词。在红色名人的倡导呼吁下，红色体育日渐经常化、生活化[7]。在现当代要在红色基地上践行老前辈的题词，要靠人们对红色文化的追忆和对体育运动的热情，将两者有效结合是国家文化公园四川段创新建设的有力举措。

体育与红色故事的结合以红军长征途经的"彝海结盟"遗址为例，该遗址于2016年入选《全国红色旅游景点景区名录》。该故事所体现的军民一家亲的思想、兄弟结盟的故事、誓死守卫的精神感染着一代又一代人，至今仍在当地广为传颂。要塑造"欢迎红军""建立政权""彝海结盟""护送红军"的历史场景，可以结合该遗址为彝海结盟旧址的条件，开发一系列"红色兄弟体育"的相关活动。在彝海结盟重点展示园，通过参观彝海结盟纪念馆，观看相关影视作品，有了一定的故事背景后，组织游客参与一些体育游戏，设计一些竞争类游戏体现彝族群众受到蒙蔽对红军处处刁难的历史背景，如撕名牌、抢椅子等。后面接一些合作类游戏体现彝族群众与红军打破心中隔阂、结为兄弟的历史事实，让有意愿参与的游客自由组队，分为"红军队"和"彝族队"，如允许年龄相仿的男性自由组队参赛的"兄弟跑"马拉松、"兄弟骑"自行车赛等。

四川省作为邓小平、朱德、陈毅等同志的故乡，在其居住地必然留下了很多红色物质文化遗产和精神文化遗产。可以结合红色名人的优秀事迹，以体育为题材，创造出优秀的体育电影、舞台剧等作品，让游客通过切身的观看先获得视觉体验，触动其心灵使之产生英雄情结，最后激发身体活动的本能。在丰富多彩的体育形式中感受红色文化的力量、实现红色精神的传承，代入红色名人的身份，体验红军当时遇到艰难险阻仍英勇奋战的精神，通过红色文化和体育文化相碰撞产生的双重体验，获得思想上的洗礼和升华。

2.2 红色主题对体育旅游产品的融入

体育产品与红色旅游的融合不仅仅应是一个体育主动融合红色文化的过程，而应该是一个双向融合的过程。在一些自然资源丰富的地区，可以充分依托四川盆地周围多山地、川西多高山峡谷和攀西地区山高谷深、盆地交错的特色，加入长征的主题文化，多维度、多层次开发相关体育特色产品。如在平原地区建设红色文化健身步道，将红色文化蔓延到居民的常住地，同时方便居民进行家门口的体育锻炼。在山地地区，发展以长征文化为主题，以红色旅游景点为起点或终点的徒步、登山、山地马拉松、攀岩等活动，在活动中充分保障参与人员的安全问题，使人们在闲暇时间能通过户外锻炼磨砺意志、学会坚强。在丛林、巷战、泥地、峡谷等场地，根据市场需求及户外运动发展的趋势，打造西部户外拓展教育、训练、军事基地的首选地，并加入长征元素打造新场景[8]。在冰雪资源丰富的地区，依托滑雪、滑冰、冰球、冰壶等项目，与红军爬雪山过草地的故事相结合，打造"红色冰雪旅游季"等主题活动促进冰雪赛事发展。

夏季可以在长江、嘉陵江、岷江、大渡河流域以长江漂流、飞碟射击、水上运动为基础，开发小型水上观光、滨水休闲、水上运动、水上节事等滨水度假产品，同时与"飞夺泸定桥""巧夺金沙江"等长征主题相联系，开展各类体验式休闲活动为补充的运动健身休闲游让人民对红色史事有所了解。

在一些文体旅发展基础较好且地势条件允许的区域开发低空观光、低空体育运动、娱乐飞行体验、航空主题度假等大众化低空旅游产品，鼓励经济条件允许且游客兴致较高的地区建设低空旅游基地，形成一定规模后支持开通低空旅游示范线路，探索构建以成都、康定、九寨沟等为中心的低空旅游观光圈，培育航空旅游小镇，举办综合性的航热气球、跳伞、滑翔等专项航空运动赛事，也可以定期加入一些红色主题的活动，以抗日战争时期四川境内发生的红军英勇抗争的空中保卫战为原型，增添文体旅融合中的新元素，形成产品组合丰富、海陆空消费互促的立体网络化旅游体系。

在红色旅游地或周边且森林资源丰富、气候宜人的生态环境优良地区，可以深度挖掘康养类体育项目的价值，开展避暑纳凉、森林康养、山地运动、生态休闲、体育康养等森林避暑度假产品。开发生态体育休闲项目、研发适合修养身心的大众体育精品课程，如太极拳、瑜伽等，实现"红色搭台、绿色唱戏、体育助力"的目的，增强红色旅游的多样性和吸引力，增加游客的景区驻留时间。

2.3 体育活动挖掘红色民俗文化

在文化兴旅、体旅融合的大背景下，在一些少数民族地区充分挖掘当地的民俗文化，结合当地的习俗习惯、历史文化和民俗庆典仪式，开展红色体育活动、演讲比赛、文艺会演娱乐活动等。建立高度相关性对外传播，将趣味性的体育活动打造成少数民族地区的一张特色名片，当人们一想到该地区就会想到该地区的体育活动，如西双版纳的泼水节、内蒙古的那达慕大会。将当地突出的体育项目融入到地区红色文化的建设中，如峨眉武术与国家长征文化公园四川段的融合。通过保护和传承当地的民俗文化，有效利用当地的特色庆祝活动，建立特色民族体育活动品牌。

2.4 体育运动对红色乡村游模式的构建

农业文化遗产既是一种特殊的记忆符号，也是一种特定的记忆选择[9]。四川省属于农业大省，在一些欠发达的老少边穷革命地区，可以以"红色体育旅游"为主题，以健身体育为载体，借山水之韵做文章，发展乡村体育旅游模式，带动城市人口去周边地区乡村游。将农耕文明的相关知识和体育项目有机融合，增强当地农民对体育文化的认同感，带动游客在体育运动中感受农业，提高他们的参与度，让游客通过乡村旅游活动的参与，红军助农劳动的开展，体会红军与农民深厚的情感。还可以利用国家对革命老区的各项扶持政策增加体育活动场所和健身休闲载体，定期组织"情系革命老区"等健身活动[10]。

2.5 打造红色体育旅游新场景，关注不同的需求

青少年群体是祖国的明天，人民的寄托，中国共产党的革命接班人。在传播红色文化的过程中要格外注意青少年的需求，红色读本的撰写、教育活动的安排、旅游场景的打造要符合青少年认知特点，设计出他们喜闻乐见的新形式、新场景，增加红色旅游的趣味性，吸引青少年的参与。参与者自愿选择要扮演的角色成为战斗中的一员，全副武装地投入走、跑、跳的战斗中，通过体验战争的惊险缅怀革命先烈英勇战斗的大无畏精神，这种亲身参与的体验，既锻炼了体魄，又陶冶了情操。可以在红色战役的发生地，如赤水河畔、金沙江沿线、泸定桥等地，还原游击战的场景。如1935年红一方面军与红四方面军在懋功（今小金县）胜利会师。依托红军在小金县胜利会师的历史事件，以红军胜利会师为蓝本，以故事的发生地小金县为主场景，策划星际穿越、户外探险、红色知识竞赛等参与性强和经济效益好的体育项目。如设计多个"重走长征路竞赛"情景迷宫，将红军在长征途中历经的包括突围之旅、转折之旅等8条专题线路穿插到迷宫的设计当中。在迷宫设计的过程中加入红军长征途中恶劣的环境情景，用战争遗迹进行战争场景再现，如突围之旅和翻越崇山峻岭的情景结合，转折之旅和过草地的情景结合，出奇之旅和飞越大渡河的情景结合等。游客可以自由选择红一队和红四队，每支队伍各走一个迷宫，当两队队员全部走出迷宫即为会师成功。

3 结语

长征路是中国共产党史上的重要转折点，红军经历九死一生，终于在敌人的层层封锁下突出重围，留下了很多鼓舞人心的励志故事，因此高质量建设长征国家文化公园具有重要意义。将体育元素融入其中可以使文化公园焕发出新的生命力，开创出具有中国特色的体育发展道路，文化、体育、旅游三者的创新融合将更好地体现互利共赢的关系，也符合现代社会的发展趋势，助力红色体育旅游的转型升级。

参考文献

[1] 赵云，赵荣．中国国家文化公园价值研究：实现过程与评估框架[J].东南文化，2020（4）：6－12，190－191.

[2] 刘禄山，王强．关于长征国家文化公园建设路径的思考：以长征国家文化公园四川段建设为例[J].毛泽东思想研究，2021，38（1）：108－113.

[3] 邹统钎，常梦倩，赖梦丽．国家文化公园管理模式的国际经验借鉴[N].中国旅游报，2019－11－05（003）.

[4] 姚洁．红色旅游与体育旅游资源融合开发可行性分析[J].体育文化导刊，2006（06）：58－60.

[5] 邹利江．江西省红色旅游与体育旅游融合开发的理性思考[J].农业考古，2009（03）：139－141.

[6] 张河清，苏斌．迟发展效应对我国建设红色旅游区的启示[J].湘潭大学学报（哲学社会科学版），2006（05）：81－84＋89.

[7] 王增明，党挺，李颖，等．中国红色体育的发展进程与历史经验[J].西安体育学院学报，2021，38（03）：257－262.

[8] 王洁．利用井冈山红色旅游资源开展户外运动的策略研究[J].中国商贸，2011（36）：159－160＋163.

[9] 彭兆荣．文化公园：一种工具理性的实践与实验［J/OL］．民族艺术，2021（03）：107－116.［2021－07－04］.https：//doi.org/10.16564/j.cnki.1003－2568.2021.03.009.

[10] 冉学东，文烨．西部老少边穷地区农民体育健身的思考[J].成都体育学院学报，2011，37（06）：18－22.

红色旅游演艺产品开发策略思考

［作　者］龚　宇（四川省旅游景区管理协会旅游与艺术分会）
　　　　　马　腾（四川师范大学影视与传媒学院）

摘　要： 我国系统推进红色旅游发展至今已有近 20 年，红色旅游是构筑中国精神和中国价值、彰显中国文化自信与凝聚中国力量的重要实践。传统红色旅游主要采用单一参观模式、固定线路游览和简单讲解的方式，已经不能满足当下旅游发展的要求，新时代红色旅游产品融合多种艺术形式，呈现出新的精神风貌，形成日趋丰富的文旅新业态，其中，红色旅游演艺是宣传红色精神的重要渠道，也是传播红色文化的重要载体。四川省拥有丰厚的红色文化资源，与旅游演艺的融合发展起步较晚，目前主要问题有项目数量极少、缺乏具有影响力的作品、市场占有率低、产品体系不够完善、开发的目标市场不明确、产品单一化、区域联合意识不强等。本文通过梳理红色旅游演艺剧目创作原则与思路，探寻成功经验，进一步总结开发策略，对未来红色旅游演艺发展提供一定的启发。

关键词： 红色旅游；旅游演艺；四川红色旅游开发

2021 年 3 月 11 日，全国两会通过的《中华人民共和国国民经济和社会发展第十四个五年规划和 2035 年远景目标纲要》（以下简称《纲要》）中，明确提出"坚持以文塑旅，以旅彰文，打造独具魅力的中华文化旅游体验，推进红色旅游、文化遗产旅游、旅游演艺等创新发展"[1]。《纲要》中对红色文化资源的深度开发与创新发展均提出了具体要求，尤其强调红色旅游资源开发必须以红色文化的弘扬与传承为重点。

红色旅游资源作为我国民族民主革命的产物，是特有的历史文化旅游资源，更是树立文化自信和增强国家认同的精神高地。随着 2019 年新中国成立 70 周年及 2021 年中国共产党成立 100 周年重要节庆活动的展开，红色旅游的关注度空前高涨，各地在教育、研学、文艺创作、景观设计等方面，积极打造出一批具有影响力、可全国推广的红色旅游发展新模式。从 2006 年第一部红色旅游演艺作品《洪湖赤卫队》开始，一大批红色旅游演艺作品如雨后春笋般涌现，如韶山《中国出了个毛泽东》（2013）、延安《延安保育院》（2017）、三亚《红色娘子军》（2018）等实景演出深受游客喜爱。不仅给红色革命老区带来了地方品牌效应，同时也带动地方经济、社会全面发展。

2022 年，中国共产党的二十大胜利召开，也使得这一年成为展现国家层面红色文旅产业创新发展成果的关键之年。截至目前，国内已建成 300 家红色旅游经典景区，近三年来，全国红色旅游接待游客累计达 34.78 亿人次，综合收入达9295 亿元[2]。未来红色旅游将朝着更加丰富、覆盖范围更广的方向发展，所以，如何挖掘红色文化深层内涵，红色旅游 IP 如何开发，旅游演艺如何为红色旅游景区发展赋能，成为具有历史意义和现实意义的重要命题。

1　红色旅游演艺发展现状

1.1　红色旅游与旅游演艺的融合发展过程

我国首部旅游演出作品，普遍认为是 1982 年陕西省歌舞剧院古典艺术团推出的《仿唐乐舞》，作品主要接待来访的国家首脑和政府官员，高度注重文化娱乐性和欣赏性，标志着我国旅游演艺产业的开端。从 20 世纪 90 年代开始，各地方开始打造小型团体演出，旅游演艺的庞大市场逐渐被打开，如 1995 年深圳世界之窗的《欧洲之夜》和 1997 年杭州宋城集团的《宋城千古情》等。直至 2000年前后，旅游"黄金周"和双休日的实施，催生了旅游演艺产品：2001 年，张家界推出第一部旅游演艺节目《魅力湘西》；宋城 2004 年推出首部实景演出《印象刘三姐》；湖北洪湖景区在 2006 年打造了第一部红色旅游实景演出《洪湖赤卫队》，开启了我国红色旅游演艺的序幕。这一时期涌现了大量建造于著名景区的大型舞台演艺剧目，并逐步衍生出印象系列（张艺谋）、又见系列（王潮歌）和山水系列（梅帅元）等数部作品，自此，旅游演艺行业的产业化运作也逐步形成规模。2008 年后，旅游演艺进入高速发展时期，如张家界在《魅力湘西》基础上陆续推出 7 部旅游演艺项目。从 2007 年四川省内的第一部山水实景剧《天下峨眉》问世开始，我省的旅游演艺产业进入集中发展阶段，主要有都江堰《放水大典·道解都江堰》（2014）、九寨沟《九寨千古情》（2014）、西昌《阿惹妞》（2016）、《亚丁·三怙主》（2017）、峨眉山《只有峨眉山》（2019）、阆中市南津关古镇《阆苑仙境》（2019）、广元昭化《葭萌春秋》（2020）等众多作品，逐步实现4A级以上景区、省级旅游度假区旅游演艺全覆盖。

红色旅游是主要依托中国共产党在革命和战争中的纪念地和标志性建筑，以革命事迹、革命历史和革命精神为内涵，组织并接待游客参观游览、学习的特殊旅游活动。传统旅游方式大多以文本、图片等静态方式展示，景点多以红色纪念馆、历史遗迹为主，通过旅游参观、讲解等方式传播。在旅游业和文化产业大发展、大繁荣的大背景下，红色旅游演艺也呈现出快速发展之势。陕西、山西、浙江、山东等地相继推出《12·12》（2016）、《延安十三年》（2021）、《太行山上》（2021）、《铁道游击战》（2021）等一系列红色旅游演艺产品。目前来看，红色旅游演艺表现为借助舞台、场景、科技、灯光、音效手段，在具有红色文化氛围或自然环境氛围的空间场景中进行具有革命意义、教育意义的演出。通过挖掘真实的红色历史故事，建构具有电影特效般震撼的舞台效果，将红色文化内涵用舞台艺术形式表现，提升红色文化感染力与时代性，为红色旅游的发展注入新的活力。

1.2 红色旅游演艺产品主要问题

红色旅游演艺虽然发展势头迅猛，但也存在大量问题。如内容与形式不够融合、地域发展不平衡、缺乏品牌意识、地方代表性项目少等问题较为普遍。陕西、湖南、湖北等省份因红色资源丰富，红色旅游演艺发展起步相对较早，所以项目数量多，国内影响力大。如湖南韶山就陆续推出了《中国出了个毛泽东》（2013）、《梦回韶山》（2019）、《最忆韶山冲》（2021）等大型红色旅游演艺作品。2019年中国红色旅游演艺五强入围名单（表9－7）可以发现，知名作品都集中于以上地区。相对而言，四川、河南、山东等地红色资源并不缺乏，但因观念较为传统、魄力不够等限制，红色旅游演艺发展相对缓慢，在如何打造特色红色旅游演艺项目上仍处于"破题"阶段。

红色旅游演艺产品虽然从数量上来说越来越多，各个红色旅游景区也积极开发演艺项目，但真正做到品牌化运作、规模化发展、亮点突出、具有一定知名度的作品仍屈指可数。延安、韶山、井冈山等著名红色旅游地，因本身知名度较高，且重视红色旅游演艺的开发和运营，成功打造出精品红色旅游演艺产品，而除此以外，虽然目前市场庞大，但依然很缺乏专业团队打造，精品作品匮乏，不能满足市场需求。

表 9 - 7　2019 年中国红色旅游演艺五强入围名单

（资料来源：搜狐网）

作品名称	机构名称
《12·12》	陕旅集团陕西华清宫文化旅游有限公司
《红色娘子军》	三亚苑鼎演艺有限公司
《井冈山》	井冈山华严文化发展有限公司
《娄山关大捷》	遵义市加盛文化旅游有限公司
《太行山》	山西红星杨旅游发展有限公司
《延安保卫战》	延安文化产业投资有限公司
《延安保育院》	延安唐乐宫文化餐饮有限公司
《延安延安》	陕西文化产业投资控股（集团）有限公司

1.3　新时代红色旅游演艺发展趋势

首先，红色旅游演艺受众人群较为年轻。从游客年龄层来看，青少年群体逐渐成为主要观演人群。中国旅游研究院发布的数据显示，2019 年上半年，14 岁及以下的游客参与红色旅游比例按可比口径同比增长 17.23%[3]。2019 年暑假期间，80 后、90 后以及 00 后出游人群总数占红色旅游人数的 49%，逐步成为红色旅游市场的主力军，红色旅游年轻化趋势愈加明显[4]。同年 9 月，参加红色旅游群体的 80 后和 90 后成员占比增至 41%，10 后占比同比增长 54%，参与红色旅游的平均游客年龄从 2018 年的 31.8 岁下降到 2019 年的 27.9 岁[3]。

其次，展演形式更为多元。新时代下，红色旅游演艺发展既要注重旅游业和演艺业的融合，同时注重科技、智慧等技术手段的应用，通过活化场景和故事，满足游客的身心体验。产品体系可以更加多元化，除了大型实景演出外，也不乏小型环境戏剧、儿童剧、歌舞剧、虚拟现实等多种方式的呈现。

最后，演艺多场景打造与教育融合，实现全业态发展。随着研学旅行市场的日渐繁荣，红色旅游演艺营造的场景为红色研学提供了绝佳的学习空间，在演出过程中以故事树立中国文化自信，实现爱国主义教育的重要功能；在传播的过程中讲好中国故事，传播中国形象，并与旅游目的地形成"共生"关系。所以，红色旅游演艺可以通过艺术、文化、舞台，表现中国革命奋斗的艰辛历程，融合艺术场景，提高青少年学习认知方式，主动探寻红色文化内涵。用演艺串联红色旅游景区间散点分布的现状，推动更大范围的红色文化深度游、地区文化热点游、当地民族、民俗风情体验游等以体验研学为目的的旅行线路，打造动态活化的旅游演艺。

2 红色旅游演艺作品创作核心与开发原则

2.1 尊重历史，注重叙事

首先，红色旅游演艺作品创作在开发时必须以尊重历史为基本原则。习近平总书记讲："关于发展革命根据地旅游项目，要把握好两个概念。红色根据地，爱国主义教育，这是一个概念。发展红色旅游，是另一个概念。两方面要统筹。建设红色纪念设施要恰当，不要贪大求洋，不要搞一堆同红色纪念毫不相干的东西，甚至是影响红色纪念发挥作用的东西。"[5]红色旅游演艺作品创作在开发时应以真实历史为创作根本，重塑历史的真实感，引发观众的情感共鸣，使观众切身体会到理想与信念的革命精神。因此，尊重历史是红色旅游演艺作品创作的原则，既要遵循旅游者观赏的价值核心，又要保留红色基因原本的深刻内涵。艺术化的改编要尊重历史原貌，维护好景区环境的真实性。演员表演、台词、动作、道具等均要遵循这一原则，尽可能把红色故事转化为鲜活的历史情境。

其次，叙事结构要准确、合理、具有艺术性。红色旅游演艺选择哪些故事，如何讲述故事，需要将故事内涵与舞台表现形式高度融合，避免一味追求特效奇观，忽略故事情节的连贯性与合理性。同时，故事构思与角色呈现方式要符合现代审美需求，叙事应做到与时俱进，先进的舞美手段必须牢牢把握叙事内核。剧本本身也应紧扣红色主旋律，注重剧本的原创性，故事情节、角色设计、服装道具还需与地方文化结合。创作应符合新时代树立中国文化自信的要求，创新中国红色故事的叙述方式，剧情元素的提取、场景转换、演员的舞台表演，均要保持统一，做到形式为内容服务。如《延安保育院》的创作通过历史调查，真实记录历史，还原红色革命故事，深度挖掘大量的第一手珍贵史料，编排了1938年7

月陕甘宁边区儿童保育院接收培养边区干部、军人的子女和革命烈士遗孤的故事，以独特的视角，大胆启用现代舞台剧表现形式，用超前创作意识打造红色旅游文化精品剧目，全剧取材真实，结合舞蹈、民歌、秧歌、道情等极具地方特色的艺术表现形式，让观众仿佛置身于革命年代的真实氛围，为之感动、为之震撼。

2.2 重体验感与具身认知

红色旅游演艺观赏过程实际上是游客在观赏过程中的主观感受，需要在创作开发过程中注重身体感知，如视、听、嗅、味、触等感官，适当增强某些刺激，可以增强游客观赏过程的直观体验。所以，身体主动参与是游客获取感知的主要途径，对红色旅游演艺产品的认可度取决于身体的参与程度、参与的具体感受、参与质量的高低等因素。正如《体验性红色旅游开发问题讨论》中提出的观点："创作时候要充分考虑旅客的参与主体性，将更有意义、有乐趣的交互项目融入红色旅游当中，实现人与历史的'时空穿越''情感共鸣'。"[6]

增强参与度，深化体验感，是新时代文旅融合发展大势所趋。与之相同，红色旅游演艺的深度体验性转型既是自身持续发展所需，也符合新型的游客消费市场需要。从目前发展来看，游客更加注重沉浸式互动体验而非单纯的观赏，新奇的体验类型更容易获得年轻人的青睐。动态、沉浸式的体验，让红色故事有了新的展示空间。将科技手段运用到舞台场景中，打造非传统的沉浸式剧场，让游客融入剧情，身临其境，从而与红色旅游彰显的精神产生深度共情共鸣。如陕西西安临潼区华清宫景区、陕西黄河壶口瀑布景区、关中风情与影视文化结合的白鹿原影视城，以及井冈山革命圣地等，均凭借旅游演艺形象化、动情化的表述和对当地红色故事的挖掘，让游客深度体验革命历史年代，感知红色体验的情感性和艺术性，体会到独有的历史凝重感，革命精神触及思想最深处。

2.3 市场引导，细化类型

借用旅游演艺成功的运营模式，对红色景区的情况进行评估，制定合理有效的作品。红色旅游演艺开发应始终遵循市场导向，通过满足不同年龄段游客的个性化需求来获取经济价值与影响力。产品设计初期应深入分析消费市场，主要以年龄结构、性别比例、出行时间、消费水平以及消费倾向为主要指标，综合分析后确定消费重点人群与消费倾向，研判后决定作品的呈现方式。值得注意的是，应充分考虑到市场的差异化需求，对红色旅游产品的开发要有侧重点，作品形式也不应仅限于大型演艺，而是根据市场需求，精准定位产品类型。

从现有案例来看，知名的红色旅游演艺项目均为大型实景剧，特点为投入大、成本高，对剧本、舞台设计、演员表演、音乐、服装、化妆等综合要求极高，这些成熟案例并不适用于所有地区的红色旅游资源。不同地域、不同级别的红色旅游景区，演艺的规模和成本投入与剧本类型也有所区别。相对而言，国内知名红色景区已经很成熟，具有一定的影响力，知名度高，客流量大，打造演艺项目时具有先天优势，可实现景区商业价值、人文价值、历史价值、思想教育价值的多维提升。与之不同，其他地区的一般红色景区在进行演艺产品打造时，不应盲目跟风，一味追求大投入，还应考虑实际情况不断创新形式。除传统大型实景演艺、剧场演艺外，光影演艺和沉浸式演艺凭借运营成本低、产品迭代快、沉浸体验好等优势，呈现出更受市场和资本追捧的态势。如中视巅峰《梦回下花园》（2018）、安仁古镇《今时今日是安仁》（2021）等低投入高产出的演艺方式，亦可成为后续红色旅游演艺开发过程中可借鉴的新思路。

2.4 重视传播和品牌效应

中国社科院旅游研究中心发布"2021年中国旅游十大热点"中第六点特别强调了红色旅游热，其中列举了三个重要案例，分别是赣州方特东方欲晓主题公园、延安红街和山东红嫂故乡临沂[7]。这三个案例都实现了品牌化IP打造与多平台传播、整体互动的特点。

红色旅游演艺未来的发展可以有两个维度，线下依托于景区和旅游空间延展，线上则成为可以和影视、书籍、歌曲、文创产品等联动的系列产品，多方共同打造、剧目联动形成品牌效应。传播过程中除主流官方媒体宣传外，各平台的个人用户也能成为红色旅游演艺宣发的重要传播主体。从传播平台来看，传统媒体、自媒体、短视频、直播、音频等平台在产品属性、算法推荐等方面各有特色，也使得同一剧目在不同平台的传播特点有较大差异，未来的传播发展更应重视各平台间的整体互动，传播方式日益多元化。

3 高质量开发策略

3.1 深挖文化内涵，避免同质化

红色旅游景区发展要尊重各地红色文化的差异，找准发展的独特定位。红色旅游不同于其他类型的旅游资源，每一处红色旅游目的地都具有自身的背景意义与时代风貌，开发前期应凝练本地红色旅游资源的内涵。通过实地调研对红色旅游景区的自然环境资源、人文环境资源进行统筹归类，明确本地红色旅游景区的突出优势和特色，将红色旅游资源内部具有的红色基因、所包含的革命故事以及历史文化特征凸显出来，进而挖掘出该景区红色文化的精神内核和品牌特征，综合考量后最终确定演艺的开发方案。

四川省拥有丰富的红色文化资源，共有省级爱国主义教育基地 161 处 [1995年第一批爱国主义教育基地名单（55 个），1998 年第二批爱国主义教育基地名单（12 个），2003 年第三批爱国主义教育基地名单（17 个），2006 年第四批爱国主义教育基地名单（15 个），2011 年第五批爱国主义教育基地名单（38 个），2013年第六批爱国主义教育基地名单（8 个），2017 年第七批爱国主义教育基地名单（7 个），2020 年第八批爱国主义教育基地名单（9 个）]，全国爱国主义教育示范基地 25 处，全国红色旅游经典景区 9 处[8]。发展好四川省红色旅游演艺事业，就需要从省内众多典型人物、真实历史、红色遗址、红色精神、红色事迹、红色文物中寻找灵感。如四川泸州"四渡赤水"红色旅游产品开发中，要体现"四渡赤水出奇兵"故事的特殊性、典型性，将文化精髓凝练提取为"在极不确定情势中捕捉战机，团结队伍，实现了红军从被动向主动的战略转折"的思想高度。同时契合新时代发展要求，与党的二十大提出的"当前，世界百年未有之大变局加速演进，世界进入新的动荡变革期。我国发展进入战略机遇和风险挑战并存、不确定难预料因素增多的时期"时代背景对应，理解践行"江山就是人民，人民就是江山"的理论内涵，从而建立起红色文化与新时代的内在联系。

3.2 科技赋能，增强红色旅游演艺体验

随着科技的不断赋能和深入，红色旅游演艺已开发出更多新模式。如体验式、情景式、线上线下相融合等模式，旨在通过演艺为游客带来耳目一新的红色旅游体验，引发年轻一代更深层次的感触和共鸣。以科技感、现代化、先锋性的艺术表现手法，使游客成为历史事件的"亲历者"，追寻先辈足迹，触摸历史脉搏，让历史"活"起来，更"火"起来。

《中国出了个毛泽东》主要利用了 3D、全息投影等技术，将实景与高科技立体舞台装置结合，综合展现了歌曲、舞蹈、特效、杂技等元素。《最忆韶山冲》独创 180 度镜框式舞台，利用光影矩阵打造重复无限延伸的视觉奇观，让舞台拥有更多的视觉想象空间。用科技感、现代化、先锋性的艺术表现手法，呈现"诗音光影画卷"的唯美视听效果。《延安保育院》则以表演的内容需求入手，借助科技手段赋能，演出舞台设计为异形舞台，融合高科技、多媒体舞美、置景于一体，开辟了室内舞台剧演出的里程碑。环幕投影和水幕的高科技，逼真的人工爆破、激光技术、仿真轰战机技术等科技手段，增强了红色旅游演艺的体验度。

虽然科技可以增强艺术表现力和视觉的刺激性，但也要与红色文化的内涵结合，不能一味增加科技追求感官刺激，而忽视红色文化的主题。科技赋能红色旅游演艺应把教育属性置于娱乐属性之前，红色旅游演艺不同于一般演艺，体验深度与感染力的提升需以提供教育环境和引发游客主动学习为首要任务。

3.3   注重场景搭建，强化红色文化标示

红色旅游演艺要将现场体验感和情感升华作为开发重点。随着游客旅游经验不断丰富，参与红色旅游也不再满足于简单的看和简单的了解，更希望在游览过程中，增加阅历，深度体验红色文化之魅。"信息提供、情感互动、参与度、服务主导逻辑，在不同程度上影响游客体验价值感知"[6]。红色旅游演艺作品注重综合场景的搭建，利用舞美设计，让游客身临其境各类历史场景，依托信息获取、情感互动，通过历史纵深对比让游客感知时代变化，提升敬仰情绪，从外到内理解和强化红色符号记忆。如影视作品《风筝》《伪装者》等谍战剧，《建党伟业》《建军大业》《我和我的祖国》等主旋律电影，都是以影视艺术手段，搭建了银幕上的红色文化场景，配合符合新时代特征的表现形式，依托明星效应和立体化的全媒体推广，增强游客符号记忆，从而产生号召力，形成红色文化标示。这些主旋律影视作品的成功思路也可成为红色旅游演艺发展的重要参考，即顺应社会发展趋势，增强时代感，从场景构建到推广运营再到符号化传播，共同构建国家红色文化重要标识。

3.4   严控投入产出比

据企查查数据显示，受疫情影响，2021 年注销的旅游演艺相关企业不在少数，2020 年全年吊注销的相关企业数为 273 家，2021 年则吊注销了 155 家[9]。2022 年 4 月，曾拥有 7000 多场演出的《云南映象》演出团队被迫解散。据不完全统计，80% 的旅游演艺项目都处于亏损状态，真正盈利的不到 9%。投入高、运维成本高以及回报周期长是旅游演艺的最大特点，后期运营的重要性不亚于产品创作与开发。以国内知名的旅游演艺上市公司宋城演艺为例，自 2019 年开始，

也面临着营收下滑的问题（如表9-8）。2018年时宋城演艺营收来到最高值32.11亿元，2019年下滑至26.12亿元，此后，2020年9.02亿元，2021年11.84亿[10]。此外，宋城演艺在一些主要旅游目的地城市（如三亚、桂林、丽江、张家界）的项目收入下跌幅度远大于客流下跌幅度。由于宋城演艺在自营项目上布局点位极佳，在收入大幅下降时，依然保有一定的收益，主要原因在于旅游演艺产品"大众消费品"的盈利模型在品质、接受度、成本控制、可复制性之间得到了完美平衡，然而，这样的全国性旅游目的地屈指可数，且成功经验很难复制。

表9-8　宋城演艺2017—2021年经营效益

（资料来源：景鉴智库）

	2017年	2018年	2019年	2020年	2021年
营业收入（万元）	302,383	321,119	261,175	90,259	118,486
收入增长率	14.36%	6.20%	-18.67%	-65.44%	31.27%
其中：现场演艺	149,997	167,400	187,117	67,587	100,971
互联网演艺	124,013	123,060	38,341	0	0
旅游服务	28,373	30,360	35,717	22,671	17,515
营业成本（万元）	111,302	107,809	74,719	35,267	57,959
毛利（万元）	191,081	213,310	186,456	54,992	60,528
毛利率	63.19%	66.43%	71.39%	60.93%	51.08%
营业利润（万元）	134,623	160,326	172,558	-169,935	37,246
净利润（万元）	106,927	127,756	136,490	-176,695	30,259
利润增长率	16.67%	19.48%	6.84%	-229.46%	-117.13%
净利率	35.36%	39.78%	52.26%	-195.76%	25.54%
资产总额（万元）	875,468	1081,716	1104,108	919,534	982,651
负债总额（万元）	127,690	112,873	115,869	146,008	187,130
资产负债率	14.59%	10.43%	10.49%	15.88%	19.04%

与后疫情时代旅游演艺市场的落寞相比，红色旅游演艺有其特殊性。一般旅

游演艺产品并非受众必看，而红色旅游演艺几乎是游客必看剧目，甚至不乏以红色旅游演艺剧目为主线的旅游线路。2022 中国红色文化演艺发展研讨会中国文旅演艺专家梁红杰总结："疫情之下，活下来的文旅演艺中，一半以上是红色演艺。中国红色旅游演艺发展的新思维中，必须要重视'三重'原则。首先是策划重于规划，先做好策划再做设计和规划建设；其次是市场重于资源，要以市场为引导，最重要的是把资源变成产品，产品变成能盈利的项目；最后是运营重于建设，要把运营前置。"[11] 由此可见，实现红色旅游演艺的开发离不开游客数据、市场调研、产出比、盈利能力、盈利周期等多方面考量，以实现自我盈利和增强"造血"功能的可持续发展为目标。

4 结语

红色旅游产品经历了由静态展示向动态体验的创新升级。传统方式以参观、游览和讲解方式呈现，而目前创新发展则更注重科技赋能，多以沉浸式体验型产品为主，真正实现文旅深度融合。红色旅游演艺不再单纯追求视听刺激和实景炫耀的感官享受，只有引起观众身心共鸣才能实现红色精神传承，通过"思想上立得住、艺术上树得起、市场上坐得稳"的开发理念实现红色旅游演艺高质量发展。

《四川省"十四五"文化和旅游发展规划》中重点强调"推进长征国家文化公园四川段建设和川陕片区红色文化公园建设，加强名人故居将帅故里保护展示，大力发展红色旅游"等工作要求，这为推动四川地区红色旅游高质量发展提供了必要的政策支持。四川省是红色旅游资源大省，暂缺乏具有知名度的红色旅游演艺作品，在红色旅游演艺案例分析过程中发现，应深度挖掘"红色文化 + 旅游演艺"的潜能，开发出具有影响力和精神内涵的高质量红色旅游演艺项目。这是四川讲好红色故事、发展好红色旅游的使命所在，也是打造高品质文旅产品、推动文旅产业高质量发展、提升文旅产业整体生产力与生命力的重要支撑。

参考文献

[1] 中华人民共和国国民经济和社会发展第十四个五年规划和 2035 年远景目标纲要

［M］. 北京：人民出版社，2021：107.

［2］执惠. 演艺、景区步履维艰，红色文旅赋能何以逆势增长？［N/OL］. https：//www. sohu. com/a/573689934_ 467197，2022 - 08 - 02.

［3］光明日报. 红色旅游成错峰出行重要选项［N/OL］. https：//app. gmdaily. cn/as/opened/n/9f3fe77f37f94d899ffa5fa285687808，2019 - 09 - 09.

［4］人民日报海外版. 红色旅游越游越红［N/OL］. http：//travel. people. com. cn/n1/2019/0703/c41570 - 31209856. html，2019 - 07 - 03.

［5］新华网. 习近平：在河北省阜平县考察扶贫开发工作时的讲话［N/OL］. http：//www. xinhuanet. com/2021 - 02/15/c_ 1127102919. htm，2021 - 02 - 15.

［6］付璐. 体验导向型红色旅游开发问题探讨［J］. 社会科学家，2020（9）：40 - 44.

［7］文旅中国. 社科院旅游研究中心发布"2021 年中国旅游十大热点"［N/OL］. https：//www. 163. com/dy/article/GSHQ870005505AV6. html，2021 - 12 - 31.

［8］发展改革委网站. 关于印发全国红色旅游经典景区名录的通知［EB/OL］. http：//www. gov. cn/xinwen/2016 - 12/30/content_ 5154944. htm，2016 - 12 - 30.

［9］钛媒体 APP. 原本就 8 成项目在亏损，2021 的旅游演艺有多难？［N/OL］. https：//www. sohu. com/a/483280878_ 116132，2021 - 08 - 13.

［10］慢节奏旅行. 旅游演艺龙头宋城演艺，为何难以冲破桎梏？［N/OL］. https：//www. sohu. com/a/550007224_ 121124431，2022 - 05 - 23.

［11］腾讯网. 中国红色文旅演艺发展的新思维［N/OL］. https：//new. qq. com/rain/a/20220826A0708800，2022 - 08 - 26.

高职院校旅游专业"课程思政"教学改革探究

——以《导游业务》为例

[作　者] 罗雪翠（四川幼儿师范高等专科学校）

摘　要： "课程思政"理念的提出给高职旅游教育提供了新思路，传统的高职旅游教育主要是基础理论知识与技能知识的叠加，但随着社会、行业对旅游从业者的高需求，拥有正确的人生观、世界观及价值观的人才更能促进导游行业的健康发展。因此，本文以《导游业务》课程为研究案例，研究高职院校旅游专业课程思政教学的困境，充分挖掘该课程的思政元素，改变传统的教学模式，旨在实现专业课程与思想政治教育"协同育人"，以期为高职旅游教育课程思政做理论借鉴。

关键词： 高职旅游；课程思政；教学改革；导游业务

2022 年是深入落实《"十四五"文化和旅游发展规划》和《"十四五"旅游业发展规划》的关键一年，高质量的旅游人才培养关系着旅游业的健康有序发展。在全国高校思想政治工作会议上，习近平总书记发表重要讲话，特别指出"课堂教学是课程思政的主渠道，各门课程都要守好一段渠、种好责任田"[1]。"课程思政"是目前各高校积极落实习总书记指示的实践探索，也是高校培养学生正确思想信念的重要手段。传统的学生思想政治教育是思政老师通过思政课程进行教授，导致思政课程与专业课程相互独立，但新时代的发展对于专业旅游人才的需求既要求"政治素质过硬"，又要求"业务能力精湛"，所以将思政元素与专业课程相结合对培养高素质、复合型的旅游人才尤为重要。《导游业务》是高职旅游管理的专业核心课程，同时也是全国导游资格考试的必考科目，作为学生从事旅游行业的重要理论知识和技能支撑，课程思政有重要意义。笔者在CNKI 数据库进行文献模糊检索，以"课程思政"为主题词发现有 32，899 条文献，以"导游业务课程思政"为主题词，仅有 25 条参考文献。不难发现，对

《导游业务》课程思政实践研究已经开展，但并没有形成较系统的理论实践体系。

1　课程思政的内涵

学术界对课程思政的内涵的解释大致有三种观点。第一，"融入说"，认为应当把思政元素融入到专业课程教学，如陆道坤认为："课程思政"是将思想政治教育融入课程教学的各个环节，以"隐性"的思政教育与"显性"思政教育共同构建课程的育人功能[2]；第二，"挖掘说"，这一观点认为应当在课程中去挖掘思政元素。如肖香龙和朱珠认为："课程思政的内涵可以理解为：在课程教学中去提炼课程中蕴含的爱国情怀、社会责任感、文化自信、人文精神等元素，对学生认知、情感和行为等指引正确的方向。"[3]第三，"综合说"，这一观点是前两种的结合，既认为思政元素可以融入到课程中，也认为可以挖掘课程中的思政元素进行教学。但罗云和倪非凡认为，以上三种观点不能准确表达课程思政的内涵，认为"课程思政"简单地说是"课程思想政治教育"的简称。课程思政有广义和狭义之分，广义的课程思政包含思政课程和其他相关课程的思想政治教育，且用途广泛，狭义的课程思政是指除思政课程以外的其他课程的思政教学，且仅用于教学[4]。因此，本文结合高职旅游专业的教学特点，借鉴"综合说"的理论基础，将《导游业务》课程思政的内涵界定为：将思想政治元素包括思想政治教育的理论知识、价值理念以及精神追求等融入到《导游业务》中去，同时深度挖掘《导游业务》知识体系中的思政元素，在教学过程中潜移默化地对学生的思想意识、行为举止产生影响。

2　开展课程思政的必要性

为践行思政课程和各专业课程的"协同育人"理念，高职院校旅游专业《导游业务》课程需与思政课程同向而行，共同承担"立德树人"的历史使命，应结合专业课程自身的特点，融入并挖掘思政元素，从旅游专业、旅游职业、旅游行业角度实现"全方位育人"。第一，作为高职旅游专业的一门专业核心课程，承担着学生专业知识学习的基础理论及技能，学生在《导游业务》学习过程中通过课程思政元素引导，能够培养良好的世界观、人生观和价值观，热爱专业，主动学习，清楚导游行业在旅游业的重要性，明确旅游管理专业存在与发展的社会意义以及旅游专业学生从事旅游业的社会使命[5]。第二，通过《导游业务》基础理论的指导，学生在获得导游从业资格证书以后将直接从事旅游行业的窗口职业——导游。历年来，旅游业的相当一部分旅游纠纷与导游人员综合素质有很大关系。究其原因，在于导游人员从事导游职业过程中的敬业精神及职业道德缺乏、导游人员的价值观念影响导游人员的职业态度。因此，在导游职业培养过程中，让学生养成良好的职业能力、职业素质和职业道德，对导游职业的发展及高素质导游人员的培养有重要作用。第三，在消费升级的大趋势下，高质量的旅游体验日益成为游客的共同追求。高职旅游教育与本科旅游教育最明显的区别不是理论与技能知识的侧重，而是通过理论及技能知识的学习，最终培养的人才是否具备某一行业或某一类通用业务不同岗位之间的迁移能力，以及应对行业变迁的适应能力[6]。高职层次的教育在这方面能力的培养相对较弱，因此培养的人才更具行业导向性。导游是旅游行业第一线的尖兵，导游的数量和业务水平反映着一座旅游城市的软实力。目前全国持证导游人员大约有 80 万人，2021 年全国报考导游资格考试的考生达 17.1 万人，而受疫情影响，这一数据较 2020 年减少了 5.78 万人。旅游业正处于转型的关键期，旅游教育旅游人才培养过程中通过思政理念树立学生的专业认同、专业自信对旅游行业的可持续发展，也尤为重要。

3　课程思政的现状及困境

"课程思政"作为一种新的教育观，将思政育人与专业育人结合起来，为专业课程的教学提供了新思路，但在《导游业务》课程实际教学过程中，仍面临诸多困境。

3.1　学生学习动机不足

笔者通过问卷及访谈对学生进行初步调研发现，无论是基于自身还是行业、社会因素，对旅游管理专业的认同度都不高，对专业课程的学习也呈现消极态度。受访者中，95.58% 的学生是单招入校，且接近 50% 的学生属于专业调剂，本身综合素质及对专业的认同程度均导致专业学习的主动性较差。00 后作为新时代大学生主体，具有鲜明的个性心理特点，如思想敏锐、眼界开阔、独立意识较强、勇于创新、敢于挑战权威，但同时受多元因素影响也存在价值认同弥散、个体意识强烈等倾向[7]。青少年是国家社会主义现代化建设的重要力量，但在日常专业学习过程中，课堂主动性不足、学习能力差、迟到早退、睡大觉、玩手机、不按时完成作业、混日子等现象层出不穷，爱国、爱社会、爱专业等人生观、价值观理念不强，使旅游专业的发展、旅游行业的可持续发展都面临着冲击。因此，学校"立德树人"目标的实现面临着巨大挑战。

3.2 教师教学层面

在教师课程思政教学层面面临两大问题。第一，课程思政理念认识不足。长期以来，高职院校旅游教育思政课程与专业课程分离，相互独立，各司其职。大多数专业教师均未对课程思政理念引起高度重视，认为旅游管理专业教师只负责专业课程的理论知识讲解和技能训练，思政育人主要是思政教师或辅导员的工作。第二，课程思政践行思路不清。教师清楚思政育人在专业课程中的重要性，但实际教学中对思政元素的运用未成系统，大多属于生搬硬套。如《导游业务》课程专门在课堂上抽取几分钟时间灌输思政教育，学生畅谈价值观，其他教学流程照常按照传统专业教学模式教学，从本质上来说还是另一种思政教育与专业教育的分离，这与课程思政提倡"协同育人"的理念相背离。2019年3月，习近平总书记在学校思想政治理论课教师座谈会上指出："坚持显性教育和隐性教育相统一"[1]，"课程思政"是在坚持思政课程主体地位不动摇的前提下，充分挖掘各门课程中隐含的思政教育资源，采用潜隐的教育形式把思政教育融入到专业教学中，思政寓课程，课程融思政[8]，而不是陷入形式主义误区。

3.3 学校课程思政效果评价模糊

课程思政育人效果如何，如何评价课程思政实施效果，是课程思政在实施过程中必须认真思考的问题。在实际教学工作中，无论是理论还是实践，都缺乏类似的检验工具、理论体系及技术支撑。目前，关于课程思政效果评价的研究还处于探索阶段，现有研究发现存在对评价不够重视、评价主体单一、与教育目标结合不紧密、忽视课外教育环节的评价等问题[9]。同时，学校各职能部门相互独立，如马克思主义学院与各系部之间，各系部与负责考核教学效果的处室之间，专业课程的教学更多为系部组织实施，大多高职院校对课程思政的实施效果缺乏高效的评价、激励、保障措施，导致导游业务思政教学效果有待提升。因此，思政效果的评价，更多是理论的研究层面，具体实际操作很困难。

4　课程思政教学改革路径探索

4.1　教学目标增加"素质目标"

《导游业务》是直接面向导游这一职业的最主要专业课程，以往的教学注重导游"知识目标"，如导游人员的基本概念、工作职责，导游业务的相关基础知识，各种导游的服务规程与规范等知识；导游"能力目标"，如团队协作能力、应变能力、观察能力、服务能力、管理能力、带团服务技巧，带团过程中特殊问题事故的处理及预防等。但旅游业目前正处于关键转型期，高素质、复合型的导游人才更符合旅游业的需求，课程思政的教学需增加学生的"素质目标"，如培养学生带团工作中强烈的爱国主义、集体主义思想和为人服务的品质；培养学生对旅游事业的热爱和爱岗敬业精神；培养学生养成在对游客服务过程中高尚的人格和良好的生活作风；培养学生遵纪守法的职业习惯。

4.2　教学内容融入"育人资源"

《导游业务》课程教学过程蕴含多种思政元素，并不需要每节课每个章节体现一个思政元素，在教学过程中恰当适时、无形地引入育人资源效果更优。按照《导游业务》课程内容，整理课程思政教学思路，如：（1）导游服务认知中，引入以"全国三八红旗手""2009感动中国"人物、全国优秀导游员文花枝"身残志坚"，在带团过程中舍己救人的案例探讨旅游人爱岗敬业，树立正确的世界观、人生观、价值观，提高思想政治素质；（2）地方导游服务规程与服务质量中，通过教学视频"导游强制购物"的观看、探讨及案例分析，树立学生遵纪守法的职业道德，以及为游客着想的良好职业态度；（3）领队服务规程与服务质量中，通过导游接待外宾一视同仁、不卑不亢的案例分享，分析导游人员在态度上、行为上对待任何游客都要一视同仁，切忌以地位和钱财取人，以容貌和肤色取人；（4）散客服务规程与服务质量中，切入"工匠精神"，引导学生认识到认真细致的学习态度对今后从事导游工作的重要性以及通过专业知识的积累带来更加专业的服务。

4.3　教学方法挖掘"思政元素"

以往的《导游业务》课程教学方法多采用教师主导、学生被动接受的方式，实施课程思政教育，要遵循教学活动的客观规律和依据学生的学情，循序渐进地有序开展[10]。在保证教学质量的同时，提高学生自主学习能力，激发学生学习兴趣。以"地方导游购物服务"这部分教学为例，（1）课前展示：教师可以重视"课前五分钟"的利用，通过分享旅游购物时事新闻等方式发挥学生的主观能动性，引导学生对课程做积极的准备；（2）课堂案例导入：通过观看"导游宰客"视频，引导学生探讨分析导游在购物环节的不当之处，一方面帮助学生建立遵纪守法的职业道德感，另一方面树立其在实际工作中严谨、有责任、有担当的职业态度；（3）课堂讲解：引入"中国四大名玉"知识，引导学生学习商品鉴赏知识，协助游客理性购物，推介祖国土特产品，增强地方文化认同感；（4）情景模拟教学：分组情景模拟导游带团到购物店环节，课堂展示，小组互评，找出问题，总结问题，将职业道德、职业法律法规、是非观等育人资源融入教学。

综上，本文将《导游业务》课程思政元素运用到课程教学如下表：

表9-9　思政元素与教学内容

思政元素	教学内容	教学方法	育人目标
服务人民、奉献社会	导游人员及素质要求	案例教学法 讲授法	通过对导游人员及导游工作的教学，培养旅游管理专业大学生的责任感和使命感，帮助大学生树立严谨学习和工作的态度。
职业道德、法制素养	地陪、全陪、领队、景区导游的服务规程与服务质量	项目驱动法 案例教学法	培养学生的是非观、荣辱观；自觉抵制导游过程中的物质诱惑和精神污染；做到作风正派，为旅游业的可持续发展做贡献。培养学生品德高尚、作风正派的服务品质。
家国情怀、爱国主义	导游词创作与讲解	讲授法 演示法	展示我国美丽的景色，鼓励学生游览祖国各地，通过导游词的搜集，感受祖国大美河山，激发爱国情怀，强化学生使命感与责任感。
马克思主义理论、方法	特殊问题事故的处理及预防	案例教学法 情景模拟法	提升用全面、联系、发展等哲学观点分析问题、解决问题的能力

4.4 教学评价考核"思政效果"

高职院校旅游教育不仅要落实课程思政教学观，同时还要践行"三全育人"理念，切实做到"全员育人、全程育人、全方位育人"。第一，评价主体多元化。除专业教师以外，学校各处室、各部门均应作为课程思政效果评价主体，学校制定课程实施总体目标，系部制定实施方案，专业教师践行课程思政教学，相关部门制定考核指标及激励机制，做到"全员育人"。第二，评价过程持续性。育人实效是课程思政的价值体现，学生对专业知识、技能的掌握是有形且可以显性评价的，但课程思政教学效果对学生的影响却是隐形和长效的。因此，课程思政的实施效果评价不仅应包含学生的课堂表现、期末成绩等显性成果，也应包含课后在日常生活中体现的育人效果，甚至是毕业后在导游职业工作中体现的综合素养，应做到"全程育人"。第三，评价角度全方位。课程思政效果可从知识、能力、素质等角度进行考核，通过课程思政教学后，学生知识的掌握程度可通过期末考试、平时成绩展示，能力提升可根据导游词创作与讲解、导游实务工作等技能考核方式体现，但素质提升需要多主体、短期与长期、主观与客观、定性与定量等方式结合，做到"全方位育人"。

5　结语及展望

本文先理清《导游业务》课程思政的内涵，然后从学生、教师、学校角度分析了高职院校《导游业务》课程思政的困境，最后从教学目标、教学内容、教学方法、教学评价角度提出了教学改革路径。但由于思政教育与旅游专业课程的理论体系还有待完善，本文还有明显不足，如思政元素的选取、融入的章节还可更优化、课程思政效果的评价机制、不同地区高职院校旅游教育课程思政实施差异等领域可做今后进一步研究。

参考文献

[1] 习近平在全国高校思想政治工作会议上强调：把思想政治工作贯穿教育教学全过程开创我国高等教育事业发展新局面[N].人民日报，2016－12－09（1）.

[2] 陆道坤.课程思政推行中若干核心问题及解决思路——基于专业课程思政的探讨[J].思想理论教育，2018（03）：64－69.

[3] 肖香龙，朱珠."大思政"格局下课程思政的探索与实践[J].思想理论教育导刊，2018（10）：133－135.

［4］罗云，倪非凡．课程思政：内涵、属性与实施路径［J］.高等教育评论，2021，9（01）：49－58.

［5］唐欣然，张季云，阚志霞．"课程思政"理念下导游业务课程教学改革［J］.湖北开放职业学院学报，2020，33（23）：78－79.

［6］严旭阳．旅游教育的困境和旅游学科的使命［J］.旅游学刊，2022，37（04）：1－2.

［7］陈磊，沈扬，黄波．课程思政建设的价值方向、现实困境及其实践超越［J］.学校党建与思想教育，2020（14）：51－53.

［8］陈艳．高职"导游业务"课程思政实施路径初探［J］.科教导刊，2021（23）：115－117.

［9］陈艳．高校"导游业务"课程思政实施效果评价［J］.当代教育理论与实践，2021，13（06）：81－85.

［10］唐欣然，张季云，阚志霞．"课程思政"理念下导游业务课程教学改革［J］.湖北开放职业学院学报，2020，33（23）：78－79.

后　记

今年是连续第二年出版《四川旅游绿皮书》（系列年度报告）。《四川旅游绿皮书：2019—2020四川旅游发展报告》得到了业界的广泛认可与支持，也是我们不忘初心，扎根实践研究，持续编撰《四川旅游绿皮书：2021四川旅游发展报告》的精神动力。

回顾过去的一年，新冠疫情对旅游业带来的不确定影响为今年的《四川旅游绿皮书：2021四川旅游发展报告》的编撰、发布工作赋予了新的使命和任务。四川省旅游学会彰显"会员之家、学界之窗、企业之友、政府之谋"的服务宗旨，整合科研力量，坚持问题导向，跟踪发展实践，聚焦热点难点，从多维度多层面，对四川旅游业发展进行全面梳理和诠释，探索研究旅游业高质量发展路径。

在付梓之际，感谢四川省旅游学会陈加林会长为本书的策划组织、统筹协调付出大量时间和精力。感谢四川大学旅游学院刘俊教授对本书的编撰统稿和严格要求，以及各位副主编对本书质量的保障工作。

感谢编委们对本书的编撰和调研工作提供了诸多信息和建议。感谢行业专家学者、学会分支机构、会员单位和会员对本书组稿工作的踊跃支持。感谢四川人民出版社的领导和编辑们对本书的辛勤付出，使得《四川旅游绿皮书：2021四川旅游发展报告》得以顺利出版。

欣喜于《四川旅游绿皮书：2021四川旅游发展报告》出版之际，旅游业也迎来了抗疫复苏的战略转折点。当前是旅游业走向繁荣，提振市场信心，机遇与挑战并存的重要时期，旅游业将承载更多的新时代使命，从更高的政治站位服务国家战略，发挥综合带动作用。在下一部的《四川旅游绿皮书》（系列年度报告）编撰中，我们将继续响应国家战略，进一步丰富主题和研究案例，探索具有四川特色的中国式旅游业现代化发展路径。热忱地欢迎有关专家和广大读者们继续关心支持，并提出宝贵的建议。

奋斗创造奇迹，让我们一起迎接旅游业的新春天！

四川省旅游学会秘书长　杨　丹